Lothar Semper
Bernhard Gress

# DIE HANDWERKER-FIBEL

Dr. Lothar Semper
Dipl.-Kfm. Bernhard Gress

# DIE HANDWERKER-FIBEL

für die praxisnahe Vorbereitung auf die Meisterprüfung Teil III

**Band 3 Unternehmensführungsstrategien entwickeln**

mit Übungs- und Prüfungsaufgaben

53., überarbeitete Auflage

Holzmann Medien | Buchverlag

Die Handwerker-Fibel enthält in der Regel Berufsbezeichnungen, Gruppenbezeichnungen usw. nur in der männlichen Form. Wir bitten diese sinngemäß als Doppelbezeichnungen, wie zum Beispiel Frau/Mann, Handwerksmeisterin/Handwerksmeister, Betriebsinhaberin/Betriebsinhaber usw. zu interpretieren und anzuwenden.

53., überarbeitete Auflage 2015
**Band 3:** Artikel-Nr. 1763.35 | ISBN: 978-3-7783-0955-1



Lektorat: Achim Sacher, Holzmann Medien | Buchverlag
Umschlaggestaltung: Markus Kratofil, Holzmann Medien | Buchverlag
Bildquellen Umschlag: © contrastwerkstatt - Fotolia.com | © olly - Fotolia.com
Satz: abavo GmbH | Buchloe
Druck: Kessler Druck + Medien | Bobingen

# Vorwort

Die 53. Auflage der Handwerker-Fibel basiert auf der aktuellen Fassung der Verordnung über die Meisterprüfung in den Teilen III und IV im Handwerk und in den handwerksähnlichen Gewerben (Allgemeine Meisterprüfungsverordnung – AMVO), die zum 01.01.2012 in Kraft getreten ist. Nachdem seit 01.01.2010 die AMVO für Teil IV der Meisterprüfung und seit 01.08.2009 die Ausbildereignungsverordnung (AEVO) für die Vermittlung der berufs- und arbeitspädagogischen Kenntnisse die Handlungsorientierung vorsehen, wurde diese nunmehr auch für Teil III der Meisterprüfung umgesetzt. Der Stoff für jedes der drei Handlungsfelder wird in einem eigenen Band dargestellt, sodass die Handwerker-Fibel insgesamt vier Bände umfasst – Band 1-3 für Teil III und Band 4 für Teil IV der Meisterprüfung.

Grundlage für die Überarbeitung des Teils III der Meisterprüfung war die im Jahr 2008 im Auftrag des damaligen Bundesministeriums für Wirtschaft und Technologie durch das Forschungsinstitut für Berufsbildung im Handwerk (FBH) an der Universität zu Köln entwickelte Struktur für eine handlungsorientierte Prüfung im Teil III.

Als Richtschnur für die Gestaltung der betriebswirtschaftlichen Vorbereitungslehrgänge für junge Meisterinnen und Meister wurde unter der Federführung des Ludwig-Fröhler-Instituts in München ein handlungsorientierter Rahmenlehrplan erarbeitet, der die neuen Prüfungsanforderungen aufgreift. Er zeichnet sich durch Praxisnähe und Kompetenzorientierung aus, um die berufliche Handlungsfähigkeit sowie die unternehmerische Eigenverantwortung und Selbstständigkeit der Lernenden zu fördern.

Teil III der Meisterprüfung enthält drei Handlungsfelder, die sich an den Phasen eines Unternehmenslebenszyklus orientieren:

1. Wettbewerbsfähigkeit von Unternehmen beurteilen
2. Gründungs- und Übernahmeaktivitäten vorbereiten, durchführen und bewerten
3. Unternehmensführungsstrategien entwickeln.

Handlungsorientierung bedeutet, dass berufliche Handlungssituationen oder Handlungsfälle, die an der Betriebs- und Berufspraxis und an Geschäfts- und Arbeitsprozessen orientiert sind, beispielhaft zum Gegenstand der Ausbildung gemacht werden. Der Lernende soll selbstständig Handlungen planen, durchführen und kontrollieren sowie sich im Anschluss über die jeweiligen Zusammenhänge klar werden. Damit erreicht er berufliche Handlungskompetenz, das heißt, er kann in beruflichen Situationen im betrieblichen Gesamtzusammenhang sach- und fachgerecht durchdacht und in wirtschaftlicher und gesellschaftlicher Verantwortung handeln.

Die von den Meisterinnen und Meistern zu erwerbenden Fertigkeiten, Kenntnisse und Fähigkeiten sind für die einzelnen Handlungsfelder als Kompetenzen formuliert. Auf der Grundlage des Rahmenlehrplans ist der Inhalt dieses Bandes nach Handlungsfeldern und Lernsituationen gegliedert. Bei jeder Lernsituation sind die zu erwerbenden Kompetenzen vorangestellt.

Die Handwerker-Fibel versteht sich als elementare und unabdingbar notwendige Grundlage für ein erfolgreiches Lernen, für die Aneignung von Handlungs- und Problemlösungskompetenz und für das Bestehen der Meisterprüfung, sowohl in zulassungspflichtigen wie auch in zulassungsfreien Handwerken. Sie ist dafür sowohl das wichtigste Lernmittel und Begleitmaterial als auch Grundlage für das Selbststudium. Der Schwerpunkt der Inhalte ist nicht auf Begriffswissen, sondern in erster Linie auf anwendungsbezogenes Handlungswissen und berufliche Handlungsfähigkeit für die Praxis gelegt. Auch im Rahmen der handlungsorientierten Ausbildung und Vorbereitung auf die Meisterprüfung ist ein Lehrbuch wie dieser Band der Handwerker-Fibel für ein erfolgreiches Lernen, den Erwerb der erforderlichen Kenntnisse, für die Aneignung von Handlungskompetenz und das Bestehen der Prüfung unverzichtbar. Darüber hinaus hat sich die Handwerker-Fibel als Handbuch und Nachschlagewerk für die wirtschaftliche Betriebs- und Unternehmensführung des Handwerksmeisters nach der Meisterprüfung, sei es als selbstständiger Unternehmer oder als angestellte Führungskraft, bewährt. Dabei hilft den Nutzern ein umfangreiches Stichwortverzeichnis.

Nach den Textteilen zu den Lernsituationen folgen Wiederholungsaufgaben sowie handlungsorientierte, fallbezogene Übungs- und Prüfungsaufgaben. Dabei kommen folgende Aufgabentypen vor:

- Aufgaben mit programmierten Auswahlantworten bzw. Auswahllösungen
- Textaufgaben mit offenen Antworten bzw. Lösungen
- fallbezogene Aufgaben mit Leitfragen und offenen Lösungen
- fallbezogene Aufgaben mit frei formulierter Lösung
- fallbezogene Aufgaben mit Berechnungen
- Einsetzaufgaben und Zuordnungsaufgaben.

Sie dienen dem handlungsorientierten Vorgehen im Unterricht oder beim Selbststudium, ermöglichen eine den Lernprozess begleitende Kontrolle und eine rationelle Vorbereitung auf die Prüfung. Die fallbezogenen Aufgaben mit programmierten Auswahllösungen sind durch Ankreuzen von einer oder teilwiese auch zwei (dies ist dann bei der jeweiligen Aufgabe angegeben) der fünf vorgegebenen Lösungen zu bearbeiten. Die richtigen Lösungen sind am Schluss des Buches zur Kontrolle abgedruckt. Bei allen Aufgaben erfolgt am Ende der Aufgabenstellung ein Hinweis zum Textteil als Lösungshilfe und um bei festgestellten Lücken entsprechend nachlesen bzw. nacharbeiten zu können.

Alle vier Bände der Handwerker-Fibel sind auch für die Vorbereitung auf Fortbildungsprüfungen im Handwerk geeignet, in denen betriebswirtschaftliche, kaufmännische und rechtliche sowie berufs- und arbeitspädagogische Kenntnisse nach Maßgabe der Verordnung über gemeinsame Anforderungen in der Meisterprüfung im Handwerk und in den handwerksähnlichen Gewerben (AMVO) gefordert werden.

Für diese Auflage wurde der Inhalt wiederum an gesetzliche Änderungen und Neuregelungen angepasst.

Für Anregungen bei Abfassung des Textes für diesen Band danken wir Herrn Holger Scheiding, Herrn Ernst M. Schreyer und Herrn Stephan Dunkhorst.

Wir wünschen Ihnen bei der Vorbereitung und Ablegung Ihrer Prüfungen viel Erfolg.

Januar 2015

Die Autoren und
Holzmann Medien | Buchverlag

Mit den aktuellen Lehr- und Lernmitteln von Holzmann Medien erwerben Sie zusätzliche Sicherheit für die erfolgreiche Ablegung Ihrer Meisterprüfung:

> **Der MeisterTrainer.** Trainieren Sie handlungsorientierte, fallbezogene Übungsaufgaben – immer und überall: am PC, Tablet und Smartphone. Prüfungsvorbereitung einfach, schnell und sicher, online und offline. Auch als CD-ROM oder Download erhältlich.

> **Das Übungspaket zu Teil III und IV der Meisterprüfung.** Mit der Bearbeitung der Übungsbögen stellen Sie Ihr vorhandenes Wissen auf den Prüfstand. Gleichzeitig legen Sie den Grundstein für eine erfolgreiche Prüfung.

> **Die Handwerker-Fibel auf CD-ROM.** Der gesamte Inhalt (Text und Abbildungen) per Mausklick sofort abrufbar. Einfache Bedienung, hoher Benutzerkomfort.

Sämtliche Lehr- und Lernmittel können, sofern sie nicht vom Lehrgangsträger zur Verfügung gestellt werden, im Buchhandel oder direkt beim Verlag bezogen werden.

**Bestelladresse:** **Holzmann Medien GmbH & Co. KG**
Buchverlag
Gewerbestraße 2
86825 Bad Wörishofen
Tel.: 0 82 47 / 35 41 24
Fax: 0 82 47 / 35 41 90
E-Mail: buch@holzmann-medien.de
www.holzmann-medienshop.de

**Handlungsfeld 3: Unternehmensführungsstrategien entwickeln** 15

1. Bedeutung der Aufbau- und Ablauforganisation für die Entwicklung eines Unternehmens beurteilen; Anpassungen vornehmen 15

1.1 Aufbauorganisation 15
1.1.1 Aufgabenanalyse und -synthese 16
1.1.2 Stellenbildung 18
1.1.3 Organisationsformen (funktional, divisional, Team, Projekt) 18
1.1.4 Organisationsentwicklung 21

1.2 Ablauforganisation 21
1.2.1 Prozessanalyse und -gestaltung 22
1.2.2 Logistik 22
1.2.3 Qualitätsmanagement 23
1.2.4 Arbeitszeitmodelle 26
1.2.5 Gruppenorganisation 27

1.3 Verwaltungs- und Büroorganisation 28
1.3.1 Dokumentenmanagement 28
1.3.2 Einsatz moderner Informations- und Kommunikationstechnologien 36
1.3.3 Organisation des Rechnungswesens 50
Wiederholungsfragen 53

2. Entwicklungen bei Produkt- und Dienstleistungsinnovationen sowie Marktbedingungen, auch im internationalen Zusammenhang, bewerten und daraus Wachstumsstrategien ableiten 59

2.1 Analyse des Absatz- und Beschaffungsmarktes 59
2.1.1 Methoden der Marktanalyse und Marktforschung 59
2.1.2 Gegenstände der Marktanalyse und Marktforschung 61

2.2 Methoden zur Entscheidungsvorbereitung und -findung 66
2.2.1 Analyse der Wettbewerbssituation 66
Wiederholungsfragen 77

3. Einsatzmöglichkeiten von absatzmarktpolitischen Marketinginstrumenten für Absatz und Beschaffung von Produkten und Dienstleistungen begründen ____ 80

3.1 Marketingfunktionen und -instrumente auf der Absatzseite ____ 80

3.1.1 Produkt- und Sortimentspolitik/ Kundenorientierung und Kundenbehandlung ____ 80

3.1.2 Kommunikations- und Werbepolitik ____ 86

3.1.3 Preis- und Konditionenpolitik ____ 97

3.1.4 Vertriebspolitik ____ 99

3.2 Beschaffung ____ 103

3.2.1 Beschaffungsplanung (Lieferantenauswahl und -beziehung) ____ 103

3.2.2 Liefer- und Zahlungsbedingungen ____ 105

3.2.3 Material- und Rechnungskontrolle ____ 106

3.2.4 Vorratshaltung und Lagerdisposition ____ 107

Wiederholungsfragen ____ 108

4. Veränderungen des Kapitalbedarfs aus Investitions-, Finanz- und Liquiditätsplanung ableiten, Alternativen der Kapitalbeschaffung darstellen ____ 113

4.1 Investitions-, Finanz- und Liquiditätsplanung ____ 113

4.1.1 Investitionsplanung ____ 113

4.1.2 Finanz- bzw. Liquiditätsplanung ____ 114

4.2 Arten der Finanzierung ____ 118

4.2.1 Eigenfinanzierung ____ 118

4.2.2 Selbstfinanzierung ____ 120

4.2.3 Fremdfinanzierung (Kreditarten und -sicherheiten) ____ 120

4.2.4 Alternative Finanzierungsformen ____ 128

4.3 Zahlungsverkehr ____ 132

4.3.1 Barzahlung ____ 133

4.3.2 Bargeld sparende Zahlung ____ 134

4.3.3 Bargeldlose Zahlung ____ 134

Wiederholungsfragen ____ 139

5. Konzepte für Personalplanung, -beschaffung und -qualifizierung erarbeiten und bewerten sowie Instrumente der Personalführung und -entwicklung darstellen 145

5.1 Personalplanung 145
5.1.1 Personalbedarfsermittlung 145
5.1.2 Personalbeschaffung und -auswahl 147
5.1.3 Personaleinsatz und Stellenbesetzung 150
5.1.4 Arbeitszeitmodelle 154
5.1.5 Personalentwicklung 156

5.2 Personalverwaltung 157
5.2.1 Personalakte 157
5.2.2 Zeugniserteilung 158
5.2.3 Lohn- und Gehaltsabrechnung 159
5.2.4 Archivierung, Datenschutz 162

5.3 Entlohnung 162
5.3.1 Zeiterfassung 163
5.3.2 Arbeitsbewertung 163
5.3.3 Lohnformen 164
5.3.4 Betriebliche Altersversorgung 166

5.4 Mitarbeiterführung 167
5.4.1 Führungsstile und -mittel 168
5.4.2 Betriebsklima 172
5.4.3 Soziale Beziehungen 173
5.4.4 Fürsorge (Arbeits-, Unfall- und Gesundheitsschutz) 174
Wiederholungsfragen 175

6. Bestimmungen des Arbeits- und Sozialversicherungsrechts bei der Entwicklung einer Unternehmensstrategie berücksichtigen 181

6.1 Arbeitsrecht 181
6.1.1 Arbeitsvertrag 181
6.1.2 Kündigungsschutz 194
6.1.3 Tarifvertrag 200

6.1.4 Betriebsverfassung 201
6.1.5 Betrieblicher Arbeitsschutz 206
6.1.6 Arbeitsgerichtsbarkeit 214

6.2 Sozialversicherungsrecht (Versicherungsträger, -pflicht, -freiheit, -beiträge, -leistungen, Meldepflichten) 216
6.2.1 Übersicht zum Sozialversicherungsrecht 216
6.2.2 Kranken- und Pflegeversicherung 221
6.2.3 Arbeitslosenversicherung, Arbeitsförderung 227
6.2.4 Rentenversicherung 233
6.2.5 Gesetzliche Unfallversicherung 241

6.3 Lohnsteuer 244
6.3.1 Ermittlung und Entrichtung 244
6.3.2 Lohnsteuerhaftung 249
Wiederholungsfragen 250

7. Chancen und Risiken zwischenbetrieblicher Kooperationen darstellen 259

7.1 Zwischenbetriebliche Zusammenarbeit (Kooperation) 259
7.1.1 Wertschöpfungsketten 259
7.1.2 Kooperationsformen 261
Wiederholungsfragen 265

8. Controlling zur Entwicklung, Verfolgung, Durchsetzung und Modifizierung von Unternehmenszielen nutzen 267

8.1 Controlling 267
8.1.1 Aufgaben und Ziele 267
8.1.2 Schwachstellenanalyse 268
8.1.3 Kennzahlen und Kennzahlensysteme 269
8.1.4 Kennzahlenanalyse in der Praxis 271
8.1.5 Budgetierung 280
8.1.6 Szenario-Technik 282

8.2 Steuerung und Kontrolle von Kosten und Erlösen (Kosten- und Leistungsrechnung) 283

8.2.1 Aufgaben und Gliederung der fachübergreifenden Kostenrechnung 283

8.2.2 Kostenarten-, Kostenstellen-, Kostenträgerrechnung 285

Wiederholungsfragen 287

9. Instrumente zur Durchsetzung von Forderungen darstellen und Einsatz begründen 293

9.1 Forderungsmanagement und Zahlungsmodalitäten 293

9.2 Mahn- und Klageverfahren 293

9.2.1 Zuständige Gerichtsbarkeit 293

9.2.2 Zuständiges Gericht im Rahmen der ordentlichen Gerichtsbarkeit für bürgerliche Rechtsstreitigkeiten 294

9.2.3 Gerichtliches Klageverfahren 296

9.2.4 Rechtsmittel gegen ein Urteil (Berufung und Revision) 297

9.2.5 Gerichtliches Mahnverfahren 298

9.3 Inkasso und Zwangsvollstreckung 300

9.3.1 Inkasso 300

9.3.2 Zwangsvollstreckung 300

Wiederholungsfragen 304

10. Notwendigkeit der Planung einer Unternehmensnachfolge, auch unter Berücksichtigung von Erb- und Familienrecht sowie steuerrechtlicher Bestimmungen, darstellen und begründen 309

10.1 Familien- und Erbrecht 309

10.1.1 Eheliches Güterrecht 309

10.1.2 Erbfolge 312

10.2 Erbschaft- und Schenkungsteuer 318

10.2.1 Wertermittlung 318

10.2.2 Steuerklassen 320

10.2.3 Steuersätze 321

10.2.4 Steuerfreibeträge 321

10.2.5 Zehnjahresfrist 324
10.2.6 Verfahrensbestimmungen 324
Wiederholungsfragen 325

11. Notwendigkeit der Einleitung eines Insolvenzverfahrens anhand von Unternehmensdaten prüfen; insolvenzrechtliche Konsequenzen für die Weiterführung oder Liquidation eines Unternehmens aufzeigen 331

11.1 Insolvenzverfahren 331
11.1.1 Insolvenzfrühindikatoren 331
11.1.2 Insolvenzordnung 331

11.2 Sanierung und Liquidation 337
Wiederholungsfragen 339

Lösungen zu den Wiederholungsaufgaben sowie handlungsorientierten, fallbezogenen Übungs- und Prüfungsaufgaben 341

Stichwortverzeichnis 345

# Handlungsfeld 3: Unternehmensführungsstrategien entwickeln

## 1. Bedeutung der Aufbau- und Ablauforganisation für die Entwicklung eines Unternehmens beurteilen; Anpassungen vornehmen

**Kompetenzen**

- > Bereiche, Instrumente und Grundsätze der betrieblichen Organisation kennen.
- > Geschäftsprozesse unter Berücksichtigung der Aufbau- und Ablauforganisation dokumentieren.
- > Organigramme und Stellenbeschreibungen erstellen.
- > Vorschläge für Anpassungen der organisatorischen Gestaltung von Geschäftsprozessen erläutern.
- > Auswirkungen der geplanten Unternehmensentwicklung auf die betriebliche Organisation erkennen.

Unter Organisation versteht man den Prozess des organisatorischen Gestaltens des Aufbaus und der Abläufe in einem Handwerksbetrieb.

In der Praxis bedeutet dies, Produktionsfaktoren und Betriebsbereiche nach dem ökonomischen Prinzip zu steuern.

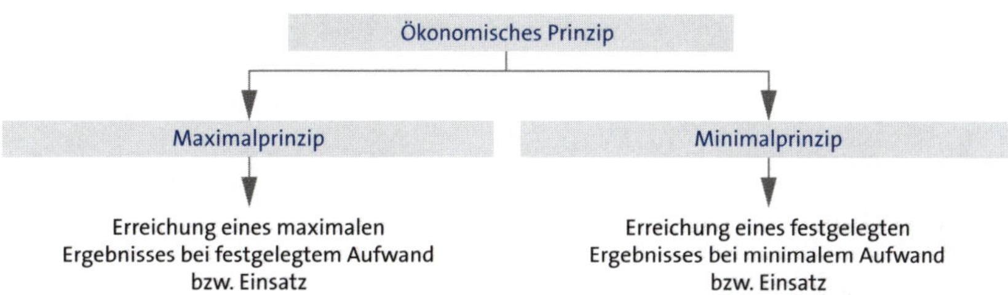


### 1.1 Aufbauorganisation

Die Aufbauorganisation umfasst die Gliederung des Handwerksbetriebes in Organisations- und Aktionseinheiten (Abteilungen und Stellen) bzw. Organisationsstrukturen und deren Koordination.

## 1.1.1 Aufgabenanalyse und -synthese

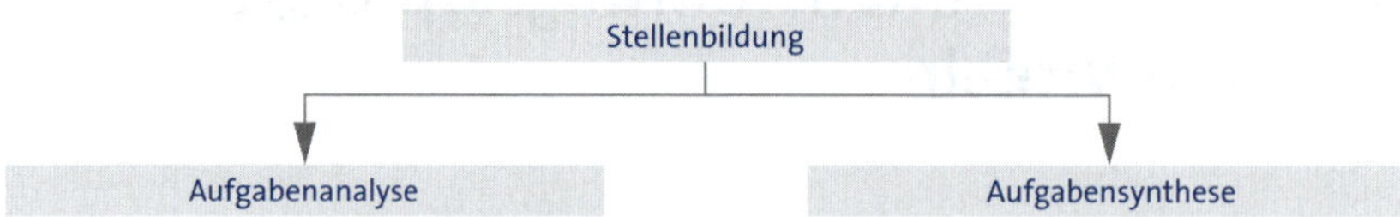


### a) Aufgabenanalyse

> Unter Aufgabenanalyse versteht man die Aufgliederung der Aufgaben eines Unternehmens.

Die Aufgabenanalyse kann erfolgen (dargestellt am Beispiel Metallbearbeitung):

Verrichtungsprinzip

- nach dem Verrichtungsprinzip (das heißt, welche Verrichtungen werden durchgeführt?)

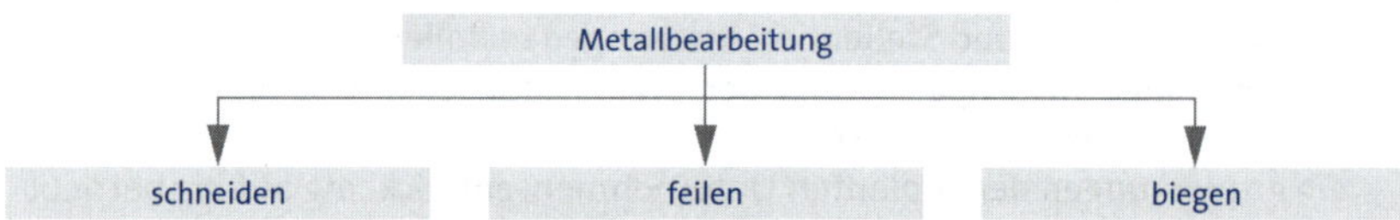


Gliederung nach Objekten

- nach der Art der Objekte

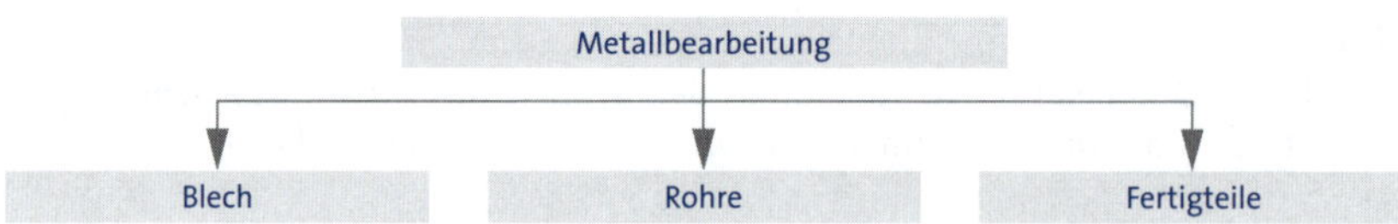


Arbeits- und Hilfsmittel

- nach den notwendigen Arbeits- und Hilfsmitteln

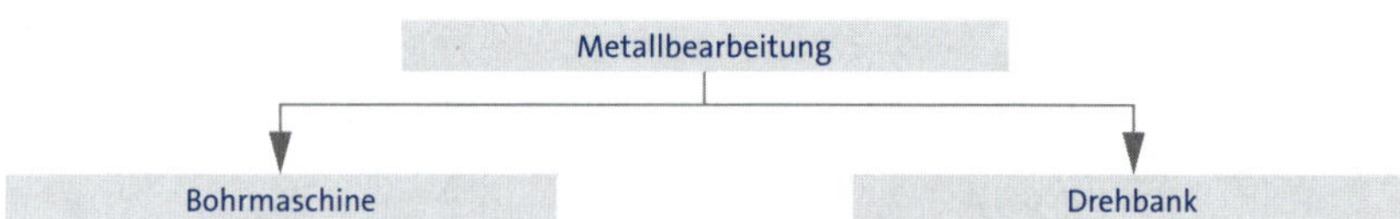


Rangfolge

- nach dem Rang

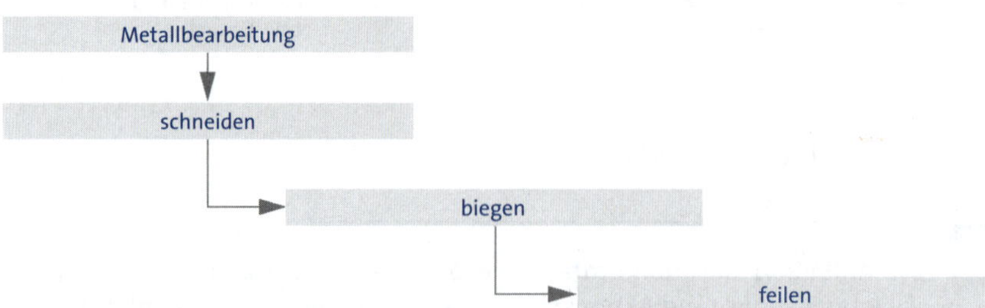

> nach der Phase

Phase

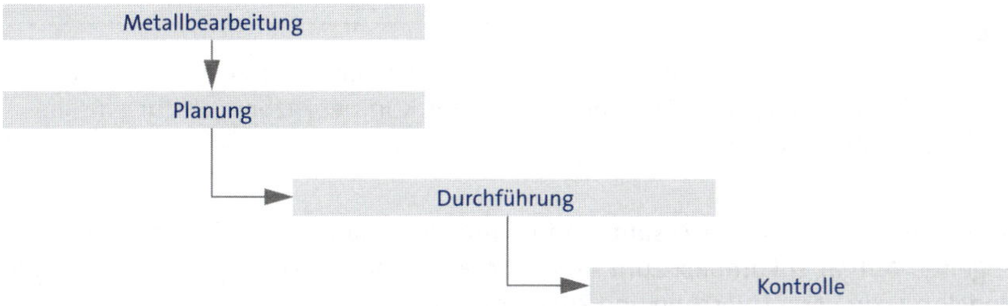


**b) Aufgabensynthese**

Unter Aufgabensynthese versteht man die Zusammenfassung der durch die Aufgabenanalyse festgelegten Teilaufgaben eines Unternehmens.

Im Anschluss an die Aufgabenanalyse erfolgt die Aufgabensynthese nach folgenden Prinzipien:

Prinzipien

- Prinzip des Verteilungszusammenhangs
  Verschiedene Aufgaben werden so auf einzelne Stellen verteilt, dass ein sinnvolles Konzept entsteht, das heißt, Aufgaben, die zusammenhängen, müssen möglichst einer Stelle zugeordnet werden.
- Prinzip des Leitungszusammenhangs
  Bei der Stellenbildung muss deutlich werden, in welchem Über-, Unter- und Nebenordnungsverhältnis die verschiedenen Stellen untereinander sind (Kompetenzen, Verantwortung).
- Prinzip des Arbeitszusammenhangs
  Die Stellen müssen so gebildet werden, dass sie einen funktionsfähigen Arbeitsprozess ermöglichen.

**Beispiel:**

Aufgabensynthese und Stellenbildung für die Stelle eines Lageristen in einem Handwerksbetrieb:

- Beschreibung der Aufgaben (Aufgabensynthese nach dem Verteilungszusammenhang):
  Beratung des Einkäufers, Auspacken, Sortieren etc.
- Anforderungen:
  Beschreibung der geforderten Vorbildung, Kenntnisse, Fertigkeiten
- Instanzenbildung (Aufgabensynthese nach dem Leitungszusammenhang):
  Beschreibung der Einordnung der Stelle (Über- und Unterordnung).

### 1.1.2 Stellenbildung

> Eine Stelle ist die kleinste organisatorisch festzulegende Einheit und grenzt aufgabenmäßig den Zuständigkeits- und Kompetenzbereich für eine bestimmte Person ab.

Sie bestimmt somit unter Zusammenfassung von Teilaufgaben einen personenbezogenen Aufgabenkomplex zum Arbeitsbereich einer Person unter gleichzeitiger Regelung von Verantwortung und Zuständigkeiten.
Folgende Arten von Stellen sind grundsätzlich zu unterscheiden:

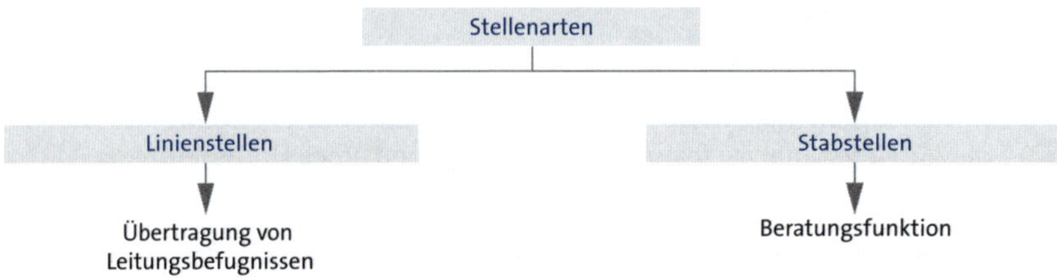


Der Aufgabeninhalt einer Stelle wird neben anderen wichtigen Punkten in der Stellenbeschreibung festgelegt.

Arbeitsplatz

Während eine Stelle nicht örtlich fixiert ist, bezeichnet der Begriff Arbeitsplatz den Ort der Aufgabenerfüllung.

Abteilung

Mehrere Stellen werden zu einer Abteilung zusammengefasst.

Organigramm

Die Darstellung der Aufbauorganisation bzw. Organisationsstruktur erfolgt in einem Organigramm.

> Unter einem Organigramm versteht man die schaubildartige Darstellung der Organisationsstruktur.

### 1.1.3 Organisationsformen (funktional, divisional, Team, Projekt)

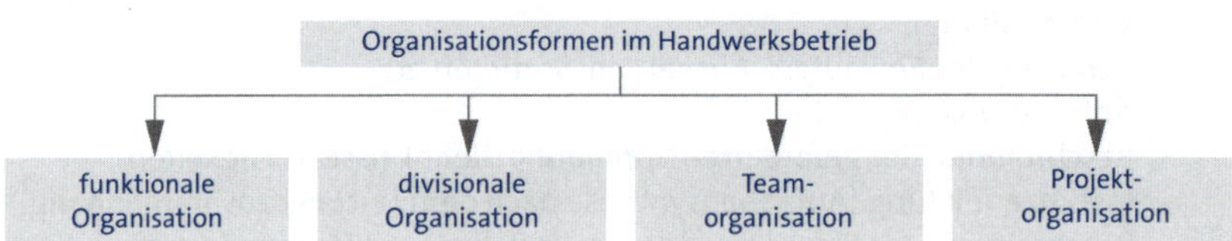

### a) Funktionale Organisation

> In der funktionalen Organisation erfolgt die Gliederung nach betrieblichen Aufgaben verrichtungsorientiert. Unterhalb der Unternehmensführung wird die Arbeitsteilung nach Funktionen vorgenommen.

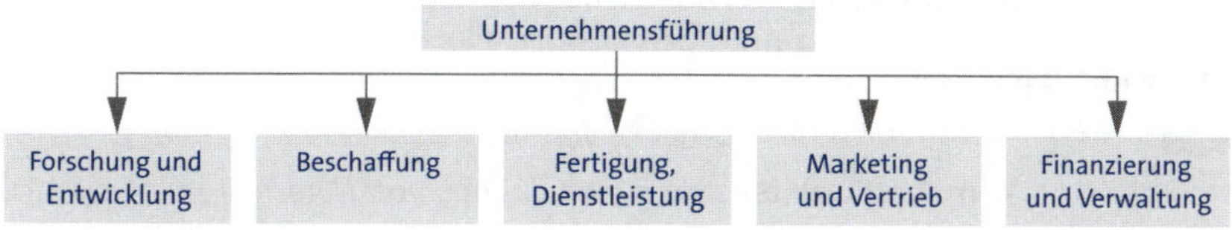


Vorteile: Vorteile

- Nutzung von Spezialisierungsvorteilen
- hoher Informationsgrad der Unternehmensleitung über alle Unternehmensbereiche
- hohe Wirtschaftlichkeit durch geringe Gefahr von Doppelarbeiten.

Nachteile: Nachteile

- Bereichsdenken und Ressortegoismus
- hoher Koordinationsbedarf bei der Unternehmensleitung.

### b) Divisionale Organisation

> Bei der divisionalen Organisation werden die Bereiche nach dem Objektprinzip gegliedert. Die Objektbereiche werden als Geschäftsbereiche, Sparten oder Divisions bezeichnet.

Ein Organisationsschema könnte für einen Handwerksbetrieb beispielhaft wie folgt aussehen:

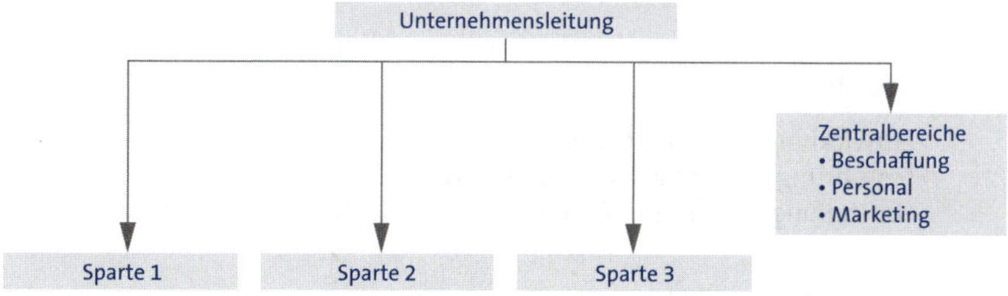


Bei der divisionalen Organisation hat jede Sparte selbstständig mindestens für die Bereiche Produktion und Vertrieb zu sorgen. Die Zentralbereiche arbeiten entsprechend ihren Aufgaben den einzelnen Sparten zu.

Vorteile

Vorteile:

> direkte Ergebnisverantwortung der einzelnen Sparten
> Entlastung der Unternehmensleitung
> geringerer Kommunikationsbedarf.

Nachteile

Nachteile:

> höhere Produktionskosten durch schlechtere Ausnutzung der Produktionsmittel
> Koordinationsschwierigkeiten zwischen den Sparten.

### c) Teamorganisation

Unter einem Team versteht man eine Gruppe von Mitarbeitern, die sehr eng zusammenarbeiten. Teamarbeit ist in verschiedenen Aufbauorganisationsformen möglich.

Eigenschaften

Eigenschaften von Teams in Handwerksbetrieben sind:

> funktionsgegliederte kleine Arbeitsgruppe
> gemeinsame Zielsetzung innerhalb des Teams
> intensive arbeitsbedingte wechselseitige Beziehungen
> ausgeprägter Gemeinschaftsgeist
> starker Gruppenzusammenhalt.

Die Teamarbeit ist im Handwerk unabängig von der Aufbauorganisation sehr erfolgreich. Durch die Arbeit im Team entstehen soziale Bindungen der Teammitglieder, die sich positiv auf die Arbeitsergebnisse auswirken können.

### d) Projektorganisation

Von Projektorganisation spricht man, wenn eine Gruppe von Mitarbeitern (Projektteam) zeitlich befristet eine innovative Aufgabe bearbeitet, von der in der Regel der gesamte Handwerksbetrieb, mindestens jedoch mehrere Teile, betroffen sind.

**Beispiel:**

> Entwicklung neuartiger Produkte
> Einführung eines neuen Arbeitszeitmodells
> Umstellung bestimmter Arbeitsvorgänge auf neue Technologien.

Ebenso wie die Teamorganisation ist die Projektorganisation unabhängig von der Aufbauorganisation. Sie ist eine effiziente Organisationsform für die Bewältigung übergreifender Aufgabenstellungen.

Projektmanagement

Für die erfolgreiche Durchführung eines Projektes ist das Projektmanagement von großer Bedeutung. Dieses regelt die organisatorische Gestaltung und die Einbindung des Projektes in die Gesamtorganisation des Handwerksbetriebes.

### 1.1.4 Organisationsentwicklung

**Organisationsentwicklung ist für den Handwerksbetrieb notwendig, um unterschiedlichsten internen und externen Veränderungen, die Auswirkungen auf die Ablauf- und Aufbauorganisation haben, Rechnung zu tragen.**

Ziele

Organisationsentwicklung sollte unter größtmöglicher Beteiligung der betroffenen Mitarbeiter betrieben werden.

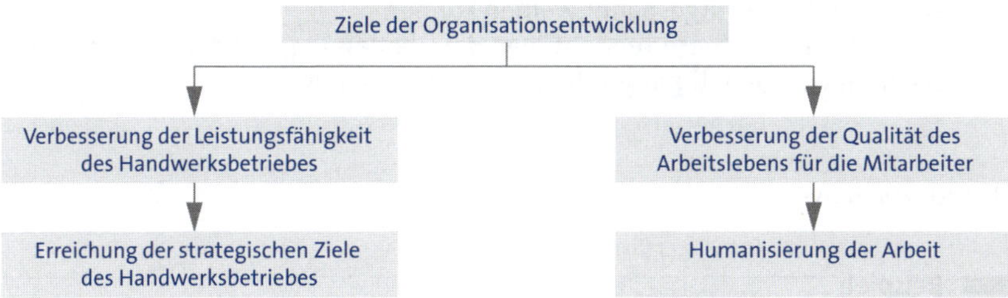


Diese zweiseitige Zielsetzung ist nicht immer konfliktfrei zu verwirklichen. Durch die intensive Einbeziehung der Mitarbeiter als Betroffene in den Veränderungsprozess („Betroffene zu Beteiligten machen“) gelingt jedoch in den meisten Fällen ein positiver Entwicklungsprozess.

Geschäftsprozessoptimierung

Die Optimierung von Geschäftsprozessen durch eine fortschrittliche Entwicklung der Organisationsstrukturen und Organisationsabläufe stellt einen wichtigen Faktor für den nachhaltigen Erfolg eines Handwerksbetriebes dar.

## 1.2 Ablauforganisation

**Unter Ablauforganisation versteht man die räumliche, zeitliche und zielgerichtete Strukturierung von Arbeitsprozessen.**

Die Ablauforganisation versucht, Arbeitsprozesse bezüglich Arbeitsinhalt, Arbeitszeit und Arbeitszuordnung so zu kombinieren, dass rationell gewirtschaftet wird. Ziel ist es, den Arbeitsablauf so zu gestalten, dass unter Berücksichtigung der bestmöglichen Auslastung aller Stellen alle Objekte mit optimaler Geschwindigkeit den Betrieb durchlaufen.

Leitsätze

Wichtige Leitsätze der Ablauforganisation und Ablaufplanung in einem Handwerksbetrieb sind:

- Ausrichtung der Abläufe an Regelfällen
- Anordnung der Arbeitsstationen entsprechend dem Arbeitsfluss
- Minimierung der Arbeitsstationen innerhalb des Arbeitsablaufs
- Minimierung der zu verrichtenden Tätigkeiten im Arbeitsablauf
- optimale Auswahl der Arbeitsmittel und Hilfsmittel
- bestmöglicher Einsatz des Personals
- dauernde Aufwands- und Leistungskontrolle (Soll-Ist-Abstimmung)
- Unabhängigkeit der Ablauforganisation von Personen.

### 1.2.1 Prozessanalyse und -gestaltung

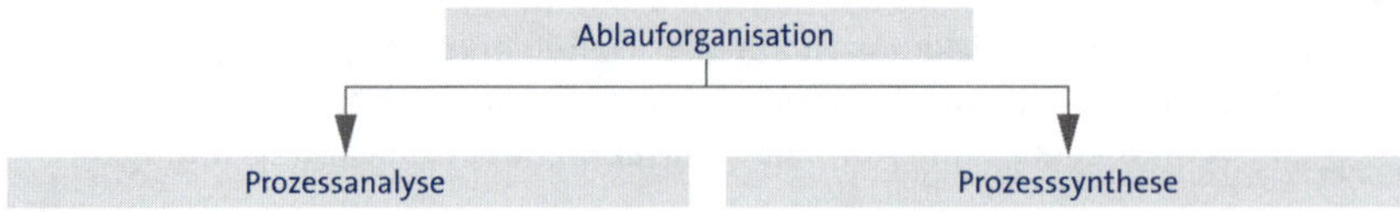


> Unter Prozessanalyse versteht man die Überlegung, wie Arbeits- und Geschäftsprozesse aufgespaltet werden können.
> Unter Prozesssynthese versteht man die Überlegung, wie Arbeits- und Geschäftsprozesse optimal kombiniert werden können.

Prozessanalyse

**a) Prozessanalyse**

**Beispiel:**

Ein Betrieb beschäftigt zwei Gesellen und fertigt Inneneinrichtungen.

Folgende Arbeitsprozesse bzw. Geschäftsprozesse wären denkbar:

- Geselle A fertigt nur Tische und Stühle, während Geselle B sich auf die Herstellung von Einbauschränken spezialisiert.
- Die Gesellen A und B fertigen beide je nach Arbeitsanfall Stühle, Tische und Einbauschränke.

**b) Prozesssynthese**

Prinzipien

Die Prozesssynthese erfolgt nach folgenden Prinzipien:

- Prinzip der inhaltlichen Verteilung: Welche Arbeitsgänge finden statt?
- Prinzip der personalen Arbeitsverteilung: Welche Person erledigt welche Arbeitsvorgänge?
- Prinzip der zeitlichen Verteilung: Wann findet welcher Arbeitsgang statt?
- Prinzip der räumlichen Verteilung: Wo findet welcher Arbeitsgang statt?

> Die Arbeitsverteilung sollte grundsätzlich so erfolgen, dass eine optimale inhaltliche, personelle, zeitliche und räumliche Abstimmung der Arbeits- und Geschäftsprozesse gewährleistet ist.

### 1.2.2 Logistik

> Unter Logistik versteht man eine Konzeption zur Koordination und Einordnung verschiedener Teilbereiche eines Handwerksbetriebes zur Steuerung des Güter- und Informationsflusses.

Der Aufbau eines effizienten Logistiksystems im Handwerksbetrieb bedarf der ganzheitlichen Betrachtung aller logistischen Aufgaben und deren Schnittstellen zu anderen betrieblichen und überbetrieblichen Systemen. Die Aufgaben der Logistik können nach den betrieblichen Funktionen eines Handwerksbetriebes gegliedert werden:

Aufgaben

> Beschaffungslogistik
> Produktionslogistik
> Vertriebslogistik.

Wichtige organisatorische Bereiche der operativen Logistik in einem Handwerksbetrieb sind:

Operative Logistik

> Organisation des innerbetrieblichen und außerbetrieblichen Transports
> Organisation der Lagerhaltung
> Organisation der Vorratsdisposition
> Organisation der zeitlichen und terminlichen Abstimmungen.

Die Aufgaben der Logistik sind vom Handwerksbetrieb durch verschiedene Einrichtungen zu lösen. Dies sind beispielsweise:

Einrichtungen

> Warenannahmen
> Fertigwarenlager
> Lager für Roh-, Hilfs- und Betriebsstoffe
> Verpackungsmateriallager
> Lager für Abfallstoffe
> Packereien
> Fahrzeuge.

### 1.2.3 Qualitätsmanagement

Unter Qualitätssicherung ist ein umfassender Begriff zu verstehen, der alle organisatorischen und technischen Maßnahmen zur Schaffung und Erhaltung eines hohen Qualitätsstandards einschließt.

Der Begriff Qualitätsmanagement wird verwendet, wenn strukturelle, organisatorische und wirtschaftliche Maßnahmen zur Qualitätssicherung aufeinander abgestimmt eingesetzt werden. Qualitätsmanagement ist ein Mittel zur optimalen Unternehmensführung.

Qualitätsmanagement ist damit der übergeordnete Begriff und bezeichnet die Gesamtheit aller qualitätsbezogenen Tätigkeiten und Zielsetzungen. Mit den organisatorischen Maßnahmen soll u. a. das Ziel erreicht werden, Fehler zu vermeiden, Qualität durch geregelte Abläufe zu produzieren und Missverständnisse zwischen Betrieb und Kunden oder zwischen den Mitarbeitern im Betrieb auszuräumen.

Die Qualitätssicherung und das Qualitätsmanagement nehmen für das Handwerk auch aufgrund gesetzlicher Regelungen wie der Produkthaftpflicht und wachsender Anforderungen von Kunden und Lieferanten eine bedeutende Funktion ein. Während früher vorrangig das wachsame Auge des Meisters für Qualität sorgte, sind heute umfassende Qualitätsmanagementsysteme im Einsatz.

### a) Aufbau eines Qualitätsmanagements

Die wichtigsten Schritte:

Wichtige Schritte

- schriftliche Formulierung der unternehmensspezifischen Qualitätspolitik durch den Betriebsinhaber oder die Geschäftsleitung
- Planung der Vorgehensweise bei der Einführung einschließlich Terminplanung
- Benennung eines Verantwortlichen für Ausarbeitung, Aufbau, Überwachung und Pflege des Systems und Rollenverteilung für die Übernahme von Detailaufgaben
- Analyse der bereits vorhandenen Qualitätssicherungsmaßnahmen
- Angleichung vorhandener Elemente und Ergänzung durch neue Maßnahmen
- Information und Schulung der Mitarbeiter vor und während der Einführungsphase
- ständige Überwachung, Anpassung und Verbesserung des Systems.

### b) Qualitätsmanagement-Handbuch (QM-Handbuch) eines Unternehmens

Qualitätsmanagement-Handbuch

Das Qualitätsmanagement-Handbuch enthält die Beschreibung des Qualitätssicherungssystems.
Folgendes ist dabei grundsätzlich zu beachten:

- konkreter und umfassender Inhalt
- der Inhalt muss der betrieblichen Wirklichkeit exakt entsprechen
- transparente Darstellung des organisatorischen Aufbaus und der Abläufe des Unternehmens
- Nennung personeller Verantwortlichkeiten, Zuständigkeiten und Qualifikationen.

> Das Qualitätsmanagement-Handbuch enthält inhaltlich Verfahrensanweisungen und Prozessbeschreibungen, in denen Vorgehensweisen und Zuständigkeiten konkret festgelegt sind.

Ergänzend gibt es in der Regel Arbeitsanweisungen für einzelne Tätigkeiten und Formblätter, die die Dokumentation erleichtern.

### c) Zertifizierung des Qualitätsmanagements

Zertifizierung

Erst wenn ein QM-System aufgebaut ist und im Betrieb praktiziert wird, kann man dies von einer externen Stelle, dem Zertifizierer, bestätigen lassen. Der Zertifizierung geht das Audit („Anhörung" bzw. die Überprüfung des Ist-Zustandes) voraus. Ist das Audit ohne Beanstandungen oder nach entsprechender Nachbesserung erfolgreich verlaufen, wird in einer Urkunde bestätigt, dass ein QM-System aufgebaut und eingeführt ist und erfolgreich angewandt wird.

> Wer von der Trägergemeinschaft (TGA) zur Zertifizierung anerkannt ist, darf Betriebe nach DIN EN ISO 9000 ff. zertifizieren.

Im Gegensatz zur Meisterprüfung, die in ihrer Funktion als Gütesiegel auf die Person abstellt, zielt die Zertifizierung auf den Betriebsablauf und die Leistungsabwicklung ab.

Die Norm DIN EN ISO 9001 beschreibt, nach welchen Regeln die Entwicklung, die Produktion, die Montage, das Design, der Kundendienst und die Kundenorientierung zu organisieren sind. Hinzu kommen Bereiche wie die Erschließung neuer Bezugsquellen, das Eingehen von Kooperationen, der Einsatz innovativer Techniken, Qualifikation und Motivation des Personals, Arbeitssicherheit, Umweltmanagement, Kreditmanagement und Rating. Die Norm zwingt den Betrieb zu einer fortlaufenden Schwachstellenanalyse. Weitere QM-Normen sind ggf. zu beachten. ISO 9001

Beim Zentralverband des Deutschen Handwerks gibt es eine eigene Zertifizierungsstelle mit dem Namen „ZDH-Zert". Ferner gibt es einige Zertifizierungsstellen bei Fachverbänden des Handwerks. „ZDH-Zert"

### d) Kostensenkung, Kundenzufriedenheit, Zukunftssicherung

Der zeitliche Aufwand und die Kosten für den Aufbau eines Qualitätsmanagementsystems sind hoch. Gefordert wird der Unternehmer, aber gleichermaßen auch die Mitarbeiter. Die beste Organisation ist nutzlos, wenn sie nicht von den Mitarbeitern in den Betrieben getragen und fortgeschrieben wird. Betriebsleitung und Mitarbeiter müssen fortlaufend bisher praktizierte Verhaltens- und Arbeitsweisen überprüfen und verbesserte Abläufe und Verfahren im Betrieb umsetzen.

Ein funktionierendes Qualitätsmanagement trägt zur Senkung der Kosten bei. Der wirtschaftliche Erfolg ist messbar und umso größer, je zufriedener die Kunden sind. Um das Ziel der Kundenzufriedenheit zu erreichen, genügt eine sorgfältige Endprüfung nicht. Zufriedenstellende Qualität ist das Resultat eines systematisch betriebenen Qualitätsmanagements, das sich über den gesamten Produktwerdegang erstreckt. Senkung der Kosten Kundenzufriedenheit

Qualitätssicherung und Qualitätsmanagement tragen dazu bei, die Zukunft des Unternehmens und des Handwerks in einem dauerhaften Entwicklungs- und Verbesserungsprozess zu sichern.

### e) Umwelt-Management-System

Das EMAS (Eco-Management-Audit-Scheme) ist ein System zur Planung, Bewertung, laufenden Verbesserung, Steuerung und Kontrolle des betrieblichen Umweltschutzes. Alle Aktivitäten des betrieblichen Umweltschutzes werden geprüft, koordiniert und systematisiert. Die Teilnahme ist für den Handwerksbetrieb freiwillig.

Die Handwerkskammern führen ein EMAS-Verzeichnis, in das die Betriebe eingetragen werden, die die Voraussetzungen erfüllen. Betriebe mit EMAS-Registrierung dürfen das EMAS-Logo verwenden. EMAS-Verzeichnis

Der Nutzen des Umwelt-Management-Systems für den Betrieb besteht u. a.: Betrieblicher Nutzen

- in der Verbesserung des betrieblichen Umweltschutzes
- in der Möglichkeit, durch geeignete Umweltschutzmaßnahmen Kosten einzusparen (z. B. Energieeinsatz, Entsorgung)

- im Marketingnutzen und Imagegewinn
- das Haftungsrisiko zu mindern
- Schwachstellen zu erkennen
- die betriebliche Organisation zu verbessern
- Produkte und Dienstleistungen zu verbessern
- dem steigenden Umweltbewusstsein der Kunden zu entsprechen
- die Mitverantwortung der Mitarbeiter zu erhöhen
- durch Werbung mit dem EU-einheitlichen Zeichen das Image des Betriebes und die Wettbewerbsfähigkeit zu erhöhen.

Beratung Handwerkskammer

Informationen zur EMAS-Verordnung, zu Förderungsmöglichkeiten und zur notwendigen Beratung sollten zuerst beim Umweltschutzberater der zuständigen Handwerkskammer eingeholt werden. Dies gilt auch für die Teilnahme am Qualitätsverbund umweltbewusster Betriebe (QuB), der ein eigenständiges Umwelt-Management-System hat, das auf kleine und mittelgroße Betriebe zugeschnitten ist und diese bei einer umweltgerechten und umweltbewussten Betriebsführung unterstützt.

### 1.2.4 Arbeitszeitmodelle

> Unter Arbeitszeitmodellen versteht man verschiedene Formen flexibler Arbeitszeitregelungen.

Arbeitsanfall

Durch den Einsatz von Arbeitszeitmodellen kann der Betrieb besser auf wechselnden qualitativen und mengenmäßigen Arbeitsanfall reagieren, eine höhere Produktivität erzielen, Kosten, Fehlzeiten und Überstunden senken und die Zufriedenheit der Mitarbeiter steigern.

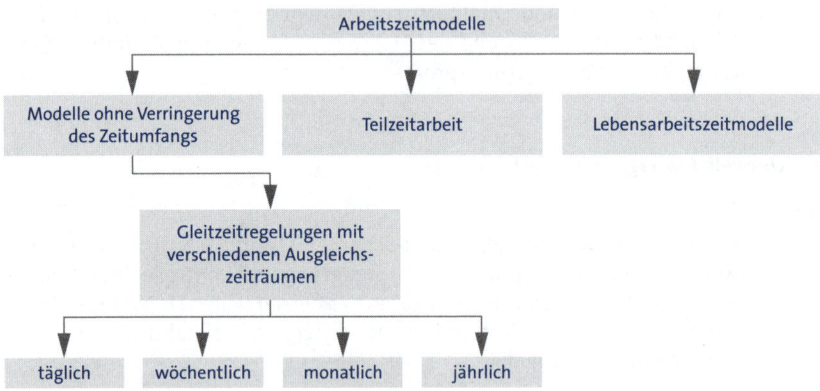


Gleitzeitmodelle

Gleitzeitregelungen geben den Mitarbeitern des Handwerksbetriebes innerhalb bestimmter Rahmenbedingungen die Möglichkeit, ihre Arbeitszeit flexibel zu gestalten. Dabei gibt es Ausgleichszeiträume, innerhalb derer die Arbeitszeit wieder ausgeglichen sein sollte. Auf die Einhaltung von täglichen Mindestarbeitszeiten ist zu achten.

Kernarbeitszeiten

Kernarbeitszeiten sind Zeiten, in denen der Mitarbeiter in jedem Fall seine Arbeitskraft zur Verfügung stellen muss.

Schichtarbeit

Ein weiteres Arbeitszeitmodell ohne Verringerung des Zeitumfangs stellt auch die Schichtarbeit dar. Bei der Schichtarbeit wird ein Arbeitsplatz im Laufe eines Tages von mehreren (zwei oder drei) Mitarbeitern besetzt. Somit kann die Produktionszeit dieses Arbeitsplatzes von 8 Stunden auf 16 oder 24 Stunden ausgedehnt werden.

Teilzeitarbeit

Eine Teilzeitregelung liegt vor, wenn zwischen Arbeitgeber und Arbeitnehmer eine kürzere als übliche wöchentliche, monatliche oder jährliche Arbeitszeit vereinbart ist.

**Beispiel:**

Einsatz von Saisonarbeitern, geringfügig oder kurzzeitig Beschäftigten.

Jobsharing

Eine weitere Form der Teilzeitarbeit ist das Jobsharing. Hier teilen sich in der Regel zwei Mitarbeiter eine Vollzeitstelle.

Lebensarbeitszeitmodelle

Lebensarbeitszeitregelungen sehen vor, dass der Ausgleichszeitraum von Zeitguthaben auf die gesamte Lebensarbeitszeit ausgedehnt wird. In der Praxis heißt das, dass der Arbeitnehmer über sein gesamtes Arbeitsleben Zeitgutschriften ansammeln kann, um dann früher in den Ruhestand zu gehen, oder ab einem bestimmten Lebensalter nur noch Teilzeitarbeit verrichtet.

Zeitarbeit

Einen Sonderfall eines Arbeitszeitmodells stellt der Einsatz von Zeitarbeitskräften dar. Hierbei werden Arbeitskräfte von Zeitarbeitsfirmen für einen bestimmten Zeitraum ausgeliehen. Zur Überbrückung kurzfristiger Arbeitsspitzen ist dies eine sinnvolle, zugleich aber auch teuere Ergänzung des Arbeitskräftepotenzials.

Telearbeit

Ein Arbeitszeitmodell mit oder ohne Verringerung der Arbeitszeit ist die Telearbeit, deren Einsatz sich durch die vielfältigen technischen Möglichkeiten stark erweitert hat. Dabei arbeiten Mitarbeiter ganz oder teilweise zu Hause.

### 1.2.5 Gruppenorganisation

Unter einer Gruppe versteht man mindestens zwei, in der Regel aber mehrere Mitarbeiter, die ein gemeinsames Arbeitsziel verfolgen und sich wechselseitig beeinflussen.
Das Arbeitsverhalten der einzelnen Mitarbeiter der Gruppe wirkt sich unmittelbar auf das der anderen Gruppenmitglieder aus.

Vorteile der Gruppenorganisation:

> Mitglieder der Gruppe üben Druck aufeinander aus.
> Gruppen denken ganzheitlicher.
> Gruppen erkennen Probleme eher als Einzelpersonen.
> Gruppen gleichen kurzfristige Leistungsausfälle aus.
> Schutz des Einzelnen bei Misserfolgen.

Nachteile der Gruppenorganisation:

> Gruppe engt Kreativität des Einzelnen ein.
> Entscheidungen werden in der Gruppe hinausgezögert.
> Keine klaren Verantwortlichkeiten in der Gruppe.
> Emotionale Konflikte innerhalb der Gruppe.

# 1.3 Verwaltungs- und Büroorganisation

## 1.3.1 Dokumentenmanagement

Unter Dokumentenmanagement versteht man die datenbankgestützte Verwaltung elektronischer Dokumente und die Verwaltung von Papierdokumenten in einer Schriftgutverwaltung.

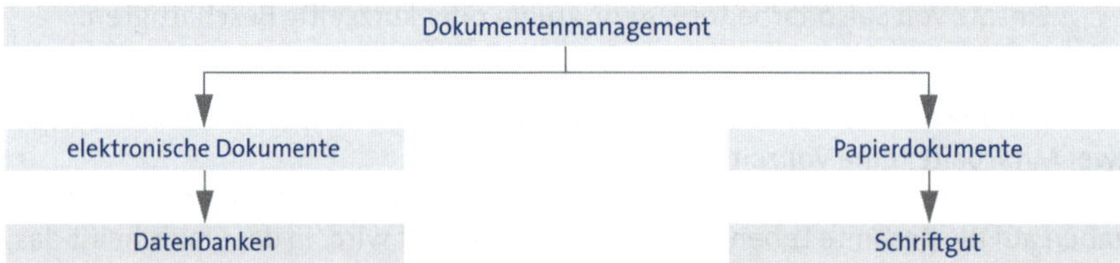


Die effiziente Organisation der Verwaltungsarbeiten und eine rationelle Büroorganisation sind wichtige Voraussetzungen für den Erfolg eines Handwerksbetriebes.

### Ablageorganisation

Die Schriftgutablage, auch Registratur genannt, ist die Aufbewahrungsstelle für alle wichtigen Unterlagen des Betriebes und Kopien des Schriftverkehrs. Meist erfolgt die Ablage auf Speicherdatenträgern in Dateiform.

Die nachfolgenden Ausführungen gelten sowohl für die Schriftgutablage als auch für die elektronische Ablage auf Speicherdatenträgern und in Dateiform.

Aktenplan

Aus Gründen der Übersichtlichkeit der Aktenablage ist die Erstellung eines Aktenplans zu empfehlen.

### Akten- bzw. Dateiordnung

Die Aktenordnung in Papier- bzw. Dateiform kann folgendermaßen aufgebaut werden:

**Aktenordnung**

- nach Sachgebieten, die sich nach den besonderen Gegebenheiten des Betriebes richten
  - z. B.:
    Dokumente
    Urkunden
    Verträge
    Schriftverkehr mit Behörden
    Kunden
    Lieferanten
    Banken
    Preisangebote
    Preislisten
    Steuern
    Versicherungen
    Personalpapiere
    Buchungsbelege
    Sonstiges
- nach betriebswirtschaftlichen Aufgaben im Betrieb
  - z. B.:
    Beschaffung
    Leistungserstellung
    Vertrieb (Absatz)
    Verwaltung
    usw.

### Organisation der Registratur/Dateiverwaltung

**Organisation der Registratur/Dateiverwaltung**

- zentral
  - d. h. die gesamten Akten/Dateien werden an einer Stelle aufbewahrt
- dezentral
  - d. h. die Akten/Dateien werden in verschiedenen Abteilungen aufbewahrt

### Organisation der Akten- und Dateiablage

**Organisation der Akten- und Dateiablage**

- alphabetische Ordnung
- Nummernordnung

Kombinierte Systeme

Daneben sind Kombinationen der genannten Aktenablagen möglich (z.B. Alpha-Nummern-Ordnung und Nummern-Alpha-Ordnung).
Bei der Alpha-Nummern-Ordnung werden alphabetische Gruppen gebildet und innerhalb dieser die dazugehörigen Akten nach Nummern gekennzeichnet. Bei der Nummern-Alpha-Ordnung ist der Aufbau umgekehrt.

> Für alle Organisationsformen der Akten- und Dateiablage ist wichtig, dass eine gute Übersicht das schnelle Auffinden der Schriftstücke und Dateien gewährleistet.

**Technische Lösung der Aktenordnung**

- horizontale Anordnung
- vertikale Anordnung
- Ordnersystem
- Systeme durch Platz sparende EDV-unterstützte Speicherung, z.B. optische Archivierung.

Optische Archivierung

**Schriftverkehr und Postbearbeitung**

> Ein wichtiges Hilfsmittel für die Kommunikation eines Unternehmens mit seiner betrieblichen „Umwelt" ist auch in Zeiten moderner Kommunikationsmittel der Geschäftsbrief.

Geschäftsbrief

Durch den Geschäftsbrief werden wesentliche Sachverhalte schriftlich erfasst, festgehalten und weitergegeben. So gesehen ist er auch im rechtlichen Sinne oft ein wichtiges Beweismittel. Beispiele hierfür sind: Bestellungen, Auftragsbestätigungen, Rechnungen, Lieferscheine, Reklamation, Gutschriften oder Ähnliches.

Visitenkarte des Unternehmens

Der Betriebsinhaber sollte sich immer wieder vor Augen führen, dass der Geschäftsbrief die Visitenkarte seines Unternehmens ist. Häufig werden durch den Geschäftsbrief das Bild und das Ansehen des Unternehmens bei Geschäftspartnern, Behörden und anderen Stellen geprägt.
Der Geschäftsbrief einer GmbH, einer ins Handelsregister eingetragenen Personengesellschaft (z.B. OHG, KG) und von ins Handelsregister eingetragenen Einzelunternehmen muss folgende Punkte enthalten:

- Name des Inhabers, des Unternehmens bzw. des Geschäftsführers oder Vorstands- bzw. Aufsichtsratsvorsitzenden
- Firma und Rechtsformzusatz
- Sitz des Unternehmens (Anschrift)
- zuständiges Handelsregister
- Handelsregisternummer.

Betroffen von dieser Regelung sind postalische Schreiben und E-Mails.
Der Geschäftsbrief von Gewerbetreibenden, für die keine Firma im Handelsregister eingetragen ist, muss folgende Punkte enthalten:

- Familiennamen mit mindestens einem ausgeschriebenen Vornamen
- ladungsfähige Anschrift.

> Der Betriebsinhaber hat der auslaufenden Korrespondenz eine besondere Aufmerksamkeit zuzuwenden und sollte wichtige Gestaltungsmerkmale beachten.

### Formale Gestaltung von Geschäftsbriefen

> Jeder Geschäftsbrief muss in der äußeren Form sauber und übersichtlich sein.

Für Form, Größe, Einteilung und Beschriftung des Briefblattes gibt es DIN-Normen. Der formale Inhalt eines Geschäftsbriefes erstreckt sich im Wesentlichen auf folgende wichtige Punkte:

Formale Gestaltungsmerkmale

- Briefrand
- Briefkopf
- Anschrift des Empfängers
- Postanschrift des Absenders
- Raum für Eingangs- und Bearbeitungsvermerke des Empfängers
- Bezugszeichenzeile mit Leitwörtern (z. B. Ihr Zeichen, Ihre Nachricht vom, Unser Zeichen, Datum)
- Betreffangabe (ohne Nennung des Wortes „Betreff")
- Straße, Hausnummer, ggf. Postfach, Postleitzahl, Ort
- Behandlungsvermerke (z. B. „Eilt")
- Falt- und Lochmarken
- Anrede
- Brieftext
- Briefabschluss (Grußformel, Unterschrift)
- Anlagen- und Verteilvermerke
- Kommunikationsdaten (Telefon, Telefax, E-Mail und Internetadresse)
- Bankverbindungen.

Bei der sprachlichen Gestaltung sollten folgende Grundsätze Berücksichtigung finden:

Sprache

- kurze und klare Formulierungen
- Beginn eines neuen Absatzes bei jedem neuen Sachverhalt
- Ausschluss von Rechtschreibfehlern.

E-Brief

Die Post ermöglicht den Geschäftsbriefversand über das Internet (E-Brief).
Bei dieser Form des Geschäftsbriefes übermitteln sich Sender und Empfänger ihre Post als verschlüsseltes E-Mail-Verfahren mit abgesicherter Identität der handelnden Personen. Derzeit spielt diese Form der Kommunikation in der Praxis eine untergeordnete Rolle.

### Inhaltliche Gestaltung von Geschäftsbriefen

> Der fachliche Inhalt des Geschäftsbriefes richtet sich nach der jeweiligen Aufgabenstellung.

Für Unternehmen des Handwerks sind folgende Gebiete des Schriftverkehrs von besonderer Bedeutung:

- Briefe bei der Betriebsgründung (z. B. Anmeldung bei Gewerbeamt, Handwerkskammer, Finanzamt)

- Schriftverkehr bei der Auftragsbeschaffung und bei Verträgen (z. B. Werbebrief, Angebot, Bestellung, Auftragsbestätigung, Mängelrüge)
- Mahnbriefe (z. B. bei Lieferungs- oder Zahlungsverzug)
- Briefe im Verkehr mit Banken (z. B. Kreditantrag, Zahlungsverkehr, Auskunftsansuchen)
- Schriftverkehr mit dem Finanzamt (z. B. Stundungsantrag)
- Briefe im Verkehr mit der Belegschaft (z. B. Bewerbungsschreiben, Kündigungsschreiben, Abmahnung).

**Beispiel:**

Bei der Erstellung eines Angebots ( >> Beispiel folgende Seite) ist es für den Handwerksbetrieb wichtig, sich inhaltlich möglichst von seinen Mitbewerbern zu unterscheiden. Folgende Möglichkeiten sind bei der Erstellung eines Angebots inhaltlich im Allgemeinen zu berücksichtigen:

Angebotserstellung

- Leistungen detailliert beschreiben, Arbeitszeiten detailliert aufschlüsseln
- Hinweis auf Termintreue, Garantie- und Serviceleistungen, eigenen Kundendienst und hohe Arbeitsqualität
- Abstimmung mit anderen Gewerken anbieten
- Gewährleistung der sorgfältigen Einhaltung von aktuellen Vorschriften
- Nebenleistungen in den Preis einschließen, Alternativen anbieten
- Referenzen nennen, Liefer- und/oder Ausführungszeit nennen
- Zahlungsmodalitäten erwähnen
- Mehrwertsteuer separat ausweisen
- Hinweis auf Geschäftsbedingungen
- Gewährleistung erwähnen.

Die einzelnen Punkte sind situationsbezogen und je nach Handwerkszweig zu prüfen und ggf. einzusetzen. Eine einfache Version eines Textes für einen Malerbetrieb könnte folgenden Text beinhalten:

Musterbrief

**Angebot**

**Maler und Lackierer**
**Hans Mustermann e. K.**
***Ihr fairer Partner in Farbe***

Musterstraße 1
80000 Musterhausen
Tel. 089/12345678
Fax 089/12345679
E-Mail: info@hm-mustermann.de
Internet: www.mustermann.de

Herrn
Lothar Schober
Schoberweg 1

80001 Musterheim

Sehr geehrter Herr Schober,

vielen Dank für Ihre Anfrage vom ...

Nach Besichtigung Ihrer Wohnung und einer besonders knappen Kalkulation kann ich Ihnen folgendes Angebot unterbreiten:

Tapezieren von Wohn- und Esszimmer (25 $m^2$) mit Erfurter Raufaser (120er Körnung), Streichen von Wohn- und Esszimmer mit Alpina Weiß und Neuanstrich der Diele (7 $m^2$) mit Alpina Weiß in qualitativ hochwertiger Ausführung.

Selbstverständlich sind alle anfallenden Nebenarbeiten wie Abdecken, Abkleben von Fußböden und Fensterrahmen und die fachgerechte Entsorgung der alten Tapeten im Endpreis eingeschlossen. Ansonsten gelten die allgemeinen Geschäftsbedingungen meines Handwerksbetriebes, die ich in Kopie beigefügt habe.

| | |
|---|---|
| Angebotspreis: | ________ EUR |
| Mehrwertsteuer 19 %: | ________ EUR |
| Gesamt: | ________ EUR |

Die Zahlung erfolgt nach vollständiger Fertigstellung der Arbeiten innerhalb einer Woche ohne Abzug.

Mit freundlichen Grüßen

Hans Mustermann e. K.

*Hans Mustermann*

Zuständige Kammer:
Handwerkskammer für München und Oberbayern,
Max Joseph Str. 4, 80333 München

Berufshaftpflichtversicherung: Pfefferminzi AG,
Pfefferminzstr. 4, 12345 Pfefferhausen

Im Rahmen der EU-Dienstleistungs-Informationspflichten-Verordnung (kurz: EU-Dienstleistungsrichtlinie) sind folgende Rahmenbedingungen einzuhalten:
Stets dem Kunden zur Verfügung zu stellende Informationen:

- Name
- Firmenname
- Rechtsform
- Anschrift
- Telefonnummer und E-Mail-Adresse
- Handels- oder andere Registereintragungen
- Angaben über die genaue Berufsbezeichnung
- Zugehörigkeit zu einer Handwerkskammer
- ggf. AGBs
- bei Bestehen einer Berufshaftpflichtversicherung Angaben zu Namen und Anschrift des Versicherers und dem räumlichen Geltungsbereich
- Preis der Dienstleistung in klarer und verständlicher Form, ggf. Kostenvoranschlag.

Auf Anfrage dem Kunden zur Verfügung zu stellende Informationen:

- berufsrechtliche Regelungen
- bestehende berufliche Gemeinschaften.

Die genannten Informationen müssen dem Kunden leicht zugänglich sein. Möglichkeiten hierfür sind die Homepage des Betriebes, ein Aushang in der Werkstatt oder schriftlich bei Vertragsabschluss oder am Ort der Leistungserbringung.
Nachstehende Inhalte sollten in den im Folgenden genannten Geschäftsbriefen hauptsächlich enthalten sein:

Auftrag

**Auftragsbestätigung**

- Dank an den Auftraggeber
- klare Auflistung der vereinbarten Leistungen und/oder Produkte
- vereinbarter Preis zzgl. Umsatzsteuer
- ggf. Hinweis auf weitere Kosten bei Auftragserweiterung und/oder weiteren Regiearbeiten (z. B. Preis pro Stunde nennen)
- Liefertermin bzw. Fertigstellungstermin nennen (evtl. Einschränkungen berücksichtigen)
- Hinweis auf die allgemeinen Geschäftsbedingungen
- Zahlungsmodalitäten vereinbaren bzw. bestätigen
- Grußformel und Unterschrift.

Rechnung

**Rechnung**

- vollständiger Name und vollständige Anschrift des leistenden Unternehmens
- Name und Anschrift des Leistungsempfängers
- Steuernummer oder Umsatzsteuer-Ident.-Nr. (USt-IdNr.)
- Ausstellungsdatum
- fortlaufende Rechnungsnummer
- Bezug zu Auftrag vom ...
- „Rechnung“ in der Betreffzeile aufnehmen
- Gegenstand der Leistung/Lieferung aufführen
- Zeitpunkt der Lieferung oder sonstigen Leistungen oder der Vereinnahmung des Entgelts beziehungsweise Teilentgelts

- Entgelt nach Mehrwertsteuersätzen aufschlüsseln
- Nettobetrag in Euro
- Mehrwertsteuersatz in Prozent
- Mehrwertsteuerbetrag in Euro
- Rechnungsbetrag (brutto)
- eventuelle Angaben von Skonto
- Steuersatz
- den auf das Entgelt entfallenen Steuerbetrag oder einen Hinweis auf die Steuerbefreiung
- bei Leistungen zwischen verschiedenen EU-Mitgliedsstaaten die USt-IdNr. des leistenden Unternehmers und des Leistungsempfängers
- Angaben der Bankverbindung
- Angaben eines konkreten Zahlungsziels.

Bei Rechnungen, die für handwerkliche Renovierungs- und Modernisierungsmaßnahmen in einem Privathaushalt erbracht werden, sind Materialkosten sowie Arbeits- und Fahrtkosten gesondert auszuweisen. Weiterhin sollte die jeweils darauf entfallende Umsatzsteuer getrennt ersichtlich sein, damit der Kunde den Steuerbonus (§ 35a Abs. 2 S. 2 EstG) auf die Arbeits- und Fahrtkosten einschließlich Umsatzsteuer geltend machen kann.
Elektronische Rechnungen, die per E-Mail versandt werden, müssen, um den Vorsteuerabzug beim Empfänger aufrechtzuerhalten, künftig weniger Anforderungen genügen als bisher (qualifiziertes Zertifikat).

**Mängelrüge**

Mängel

- eindeutige Bezugnahme auf die erbrachte Leistung und/oder Lieferung
- genaue fachmännische Beschreibung des Mangels oder der Mängel
- Fristsetzung, innerhalb der die Nachbesserung zu erfolgen hat
- Konsequenzen aufzeigen, falls Nachbesserung nicht innerhalb der Frist erfolgt (z. B. Minderung, Schadenersatz, Rücktritt)
- Vorbehalt weiterer Schadenersatzansprüche.

**Abmahnung**

Abmahnung

- Abmahnung ist als solche eindeutig zu kennzeichnen
- zu beanstandendes Verhalten so konkret wie möglich darstellen
- Hinweis auf arbeitsvertragliche Verletzung
- Schwere und/oder Häufigkeit der Pflichtverletzung ist darzustellen
- arbeitsrechtliche Konsequenz (z. B. Kündigung) muss angedroht werden
- Empfang der Abmahnung vom Arbeitnehmer bestätigen lassen
- Abschrift der Abmahnung für die Personalakte.

**Einfaches Zeugnis**

Zeugnisse

- persönliche Daten
- Art der Beschäftigung
- Dauer der Beschäftigung.

**Qualifiziertes Zeugnis**

- Personalien und Beschäftigungsdauer
- Beschreibung des Aufgabengebietes
- Leistungsbeurteilung
- Verhalten zu Mitarbeitern und Kollegen

> Angaben über Auflösung des Arbeitsverhältnisses
> Glückwünsche für die Zukunft.

Bewerbungen

**Bewerbungsschreiben**

> genaue Eigenanschrift
> genaue Empfängeranschrift (möglichst mit Nennung des Ansprechpartners)
> angemessene Anrede
> meist Bezugnahme auf Anzeige in einer Zeitung, Fachzeitschrift oder im Internet oder sonstiger Anlass der Bewerbung
> kurzer Abriss der derzeitigen Tätigkeit (evtl. auch frühere Tätigkeiten)
> Hinweis der Eignung für die angebotene Stelle
> Nennung des frühestmöglichen Eintrittstermins
> ggf. Einkommensvorstellungen
> Hinweis auf Vorstellungsgespräch
> Grußformel und Unterschrift
> Verzeichnis der Anlagen.

**Einsatz standardisierter Korrespondenz**

Zur Vereinfachung und Rationalisierung des Schriftverkehrs bei häufig wiederkehrenden gleichen oder ähnlichen Vorgängen ist die Anwendung standardisierter Korrespondenz zweckmäßig.

Textverarbeitung

Dazu wurden in der Geschäftspraxis Musterbriefe entwickelt, die der Betriebsinhaber bei Bedarf einsetzen kann. PCs bieten vielfältige Gestaltungsmöglichkeiten und erzeugen somit ein gutes Schriftbild und die Möglichkeit von Arbeitserleichterungen durch den Einsatz von Textbausteinen, Standardvorlagen, Serienbriefen u.Ä.

### 1.3.2 Einsatz moderner Informations- und Kommunikationstechnologien

Der Einsatz moderner Informations- und Kommunikationstechnologien ist für den Handwerksbetrieb ein wichtiger Erfolgsfaktor.

**a) Telekommunikationsmittel**

**Telefon**

Das Telefon ist der verbreitetste und einer der ältesten Fernübertragungsdienste sowie das im Geschäftsbereich immer noch wichtigste Kommunikationsinstrument.

Maßgeschneiderte Anlagen

Durch maßgeschneiderte Anlagen (Integration von Nebenstellen, Anrufbeantwortern, Wähl- und Rückrufautomatik, Rufweiterschaltung, Zusammenschaltung zu

Telefonkonferenzen etc.) kann das Telefon auf die individuellen Bedürfnisse des einzelnen Betriebes abgestimmt werden.

Von immer größerer Bedeutung wird das Telefonieren über das Internet (VoIP). Basis hierfür ist ein breitbandiger Internetzugang (z. B. DSL-Anschluss). Bei VoIP werden analoge Sprachdaten zu digitalen Paketen geschnürt und über das Internet zum Empfänger geschickt. ISDN

Durch den zusätzlichen Einsatz dieser Technik lassen sich die Telefonkosten häufig deutlich senken.

**Telefax**

> Telefax bietet die Möglichkeit, Vorlagen von Fernkopierern über das Telefonnetz an den vorgesehenen Empfänger zu übermitteln.

**Onlinedienste**

Die Kommunikationsmöglichkeiten durch Onlinedienste werden im Unterabschnitt „Nutzung des Internets im Handwerksbetrieb" behandelt.

**Mobilfunk**

Mobilfunk

Mobile Funknetze ermöglichen dem Benutzer eine drahtlose Telekommunikation sowohl innerhalb begrenzter Zonen als auch national und international.

Mobiltelefon

> Die bekannteste Art des Mobilfunks ist das Mobiltelefon (heute oft Smartphone). Mit dem Mobiltelefon können SMS-Nachrichten, E-Mails und Bilder (MMS) verschickt und empfangen sowie das Internet genutzt werden. Bei Smartphones können auch Zusatzprogramme in Form von Apps genutzt werden.

Navigation

Moderne Navigationsgeräte mit einer direkten Verbindung zur Firmenzentrale bieten die Möglichkeit, Fahrzeuge schnell zu lokalisieren und spontan auf Änderungen zu reagieren. Es ist eine optimale Routenplanung möglich, Verkehrsentwicklungen können berücksichtigt, Reports zu Fahrten erstellt und sogar Arbeitszeiten erfasst werden.

Zusammenfassend bieten sich für Handwerksbetriebe vielfältige Kommunikationswege, sowohl zur sprachlichen Verständigung wie auch zur Datenübertragung.

### b) Aufbau und Grundlagen eines IT-Systems

**Hardware**

> Unter Hardware versteht man die zur Datenverarbeitung erforderlichen technischen Geräte und Bestandteile.

Dies sind im Wesentlichen:

Bestandteile

- der Rechner (PC)
- die Tastatur zur Eingabe von Daten und Befehlen, ergänzt um die Maus zur Steuerung über Symbole

- der Bildschirm zur Kontrolle der Eingaben und zur Darstellung der Ergebnisse
- der Drucker zur schriftlichen Wiedergabe der Ergebnisse.

Für die Funktion eines PCs (Personal Computer) sind darüber hinaus folgende Bestandteile notwendig:

- die CPU (Central Processing Unit) als zentrale Recheneinheit, die sämtliche Rechenoperationen durchführt
- die Festplatte, die als Speichermedium eines PCs in der Regel fest eingebaut ist
- der RAM-Speicher (Random Access Memory), auch Arbeitsspeicher genannt, der zusammen mit der CPU den entscheidenden Faktor für die Leistung des PCs ergibt
- die Grafikkarte (Steckkarte zum Einbau in einen PC) zur Ausgabe der Benutzeroberfläche
- die Soundkarte (Steckkarte zum Einbau in einen PC) zur Aufzeichnung und Wiedergabe von Tonsignalen.

Als zusätzliche Speichermedien stehen zur Verfügung:

Speichermedien

- CD-ROMs (Compact Disc – Read Only Memory) als schreibgeschützte Datenträger für kleinere und mittlere Datenmengen
- CDRW (Compact Disc – Re-Write) als beschreibbare Datenträger für den Austausch kleinerer und mittlerer Datenmengen
- DVDs (Digital Versatile Disc) als Datenträger für größere Datenmengen, wie z.B. Videofilme. Auch DVDs können beschrieben werden.
- USB-Sticks (Universal Serial Bus) als Wechseldatenträger für große Datenmengen
- Flash-Cards als Speichermedium, auf dem beliebige größere Datenmengen gespeichert werden können
- externe Festplatten.

Die Leistungsfähigkeit eines modernen PCs wird im Wesentlichen durch zwei Faktoren bestimmt.

> Ausschlaggebend ist einerseits die Rechengeschwindigkeit der CPU. Diese wird durch die Hertz-Frequenzzahl angegeben. Der andere ausschlaggebende Faktor für die Leistung eines PCs ist der Arbeitsspeicher (auch Hauptspeicher). Der Arbeitsspeicher ist für die aktuell bearbeiteten Informationen relevant, d.h. je mehr Arbeitsspeicher, desto mehr Informationen können gleichzeitig von einem PC verarbeitet werden. Im Arbeitsspeicher werden vom PC ein Teil des Betriebssystems, die aktiven Treiber und die aktuell verwendeten Programme zwischengelagert.

Durch zu geringen Arbeitsspeicher entstehen Wartezeiten, die einen reibungslosen Ablauf eines Arbeitsprozesses behindern. In einigen Fällen kann dies auch dazu führen, dass der PC „abstürzt". In diesem Fall lässt der PC keine weitere Bearbeitung oder Eingabe zu. Dies kann im schlimmsten Fall zu Datenverlust führen, nicht gespeicherte Änderungen sind dann verloren.
PCs lassen sich so ausrüsten, dass Ton-, Radio- und TV-Wiedergabe sowie Datenübertragungen, Telefonieren und Videokonferenzen möglich sind.

Eine andere Art von PCs sind Notebooks und Laptops. Dies sind tragbare, netzunabhängige Rechner für den Einsatz unterwegs, die in ihrer Leistungsfähigkeit den stationären Geräten nicht nachstehen.

Natürlich sind sämtliche Funktionen eines normalen PCs, wie z. B. der Netzwerkanschluss, auch bei einem mobilen Gerät verfügbar.

Drucker

Bei der Wahl des Druckers stehen dem Handwerksbetrieb drei Alternativen zur Verfügung.

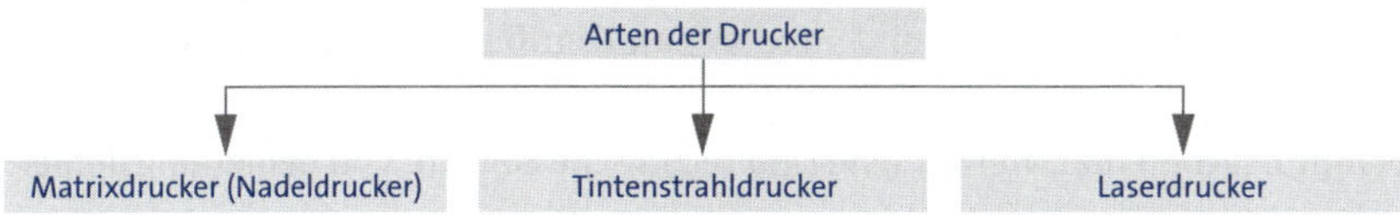


Nadeldrucker werden heute nur noch äußerst selten eingesetzt. Tintenstrahldrucker sind eine günstige Anschaffungsmöglichkeit, um auch Farbdrucke mit hoher Qualität auszudrucken. Für Massenausdrucke oder für viele Druckvorgänge in einem kurzen Zeitraum sind Laserdrucker vorzuziehen, da die Betriebskosten wie z. B. für Toner wesentlich geringer sind. Auch die Druckgeschwindigkeit ist deutlich höher als bei einem Tintenstrahldrucker.

Scanner

Ein Scanner ermöglicht als Zusatzgerät die automatische Eingabe von Texten, Zeichnungen und Fotos durch Abtasten und Digitalisieren. Durch entsprechende Anwendungssoftware können als elektronische Daten vorliegende Texte bearbeitet werden.

**Lokales Netzwerk**

Im Handwerk werden PCs teilweise noch einzeln eingesetzt. Häufiger jedoch werden sie vernetzt eingesetzt. Hier spricht man dann von einem LAN (Local Area Network = lokales Netzwerk). Darüber hinaus gibt es die Möglichkeit, PCs und insbesondere Notebooks per Funk (WLAN = Wireless LAN) in ein Netzwerk einzubinden.

Arten

Bei einem Netzwerk unterscheidet man ein Peer-to-peer-Netzwerk (Anschluss zu Anschluss), bei dem ein PC über Kabel direkt mit einem anderen PC verbunden wird, und die Verbindung aller PCs zu einem Server. Ein Server ist ein PC mit hoher Leistungskapazität, der zur Datenablage und Sicherung der Daten dient und die Verbindung der PCs untereinander gewährleistet. Diese Vernetzung erfolgt üblicherweise über Netzwerkkabel, kann aber auch über Funk erfolgen.

**Datensicherheit**

Unter Datensicherheit versteht man den Schutz von Daten vor Zerstörung und Verlust einerseits und unbefugtem Zugriff durch Dritte andererseits.

Datenverlust

Hauptursachen für Datenverluste sind technische Defekte und Bedienungsfehler:

> Versagen des Speichermediums (Festplatte, CD-ROM, DVD, USB-Stick etc.)
> Eingabefehler bei der Bedienung
> Programmabstürze
> Computerviren
> Manipulation
> Diebstahl, Zerstörung.

Der Betriebsinhaber sollte für eine ausreichende Sicherung der vorhandenen elektronischen Daten sorgen (Back-up).

Ein Computervirus ist ein sich selbst vermehrendes Computerprogramm, das sich in andere Computerprogramme einschleust und reproduziert.

Zum Schutz vor Computerviren sind folgende Maßnahmen empfehlenswert:

> Aufbau einer Firewall zum Schutz vor Virenangriffen aus dem Internet
> Einsatz von Anti-Viren-Programmen
> schriftliche Verpflichtungserklärungen der Mitarbeiter, keine externen Datenträger einzuspielen
> Verwendung lizenzierter Originaldatenträger
> regelmäßige Datensicherungen.

Drahtlose Computernetze (WLAN) ermöglichen in vielen Unternehmen die kabelfreie Vernetzung und den Zugang ins Internet. Auch in öffentlichen Einrichtungen können unter bestimmten Voraussetzungen Laptop-Besitzer drahtlos arbeiten und im Internet surfen. Die mobile Computernutzung bedeutet jedoch gleichzeitig ein erhöhtes Sicherheitsrisiko. Ohne ausreichende Verschlüsselung können Dritte unter Umständen Informationen empfangen, aufzeichnen oder manipulieren. Gerade Unternehmen sollten daher ihr Funknetz schützen und abwägen, auf welche Daten über WLAN zugegriffen werden darf.

### Software

> Die Software besteht zum einen aus dem Betriebssystem, das zum Betrieb des PCs notwendig ist, und zum anderen aus den Anwendungsprogrammen.

Zu den bekannten Betriebssystemen zählen die verschiedenen Varianten von Windows, Unix/Linux und MacOS. Windows

Betriebssysteme wie Windows erleichtern durch Benutzeroberflächen die Arbeit durch Symbole, die per Maus oder Tastatur bedient werden können.

Bei der Vernetzung von PCs mit unterschiedlichen Betriebssystemen, wie z. B. Windows und MacOS, kann es zu Problemen kommen. Auf die Kompatibilität der Betriebssysteme untereinander ist zu achten.

Die Anwendungssoftware dient der Lösung betriebswirtschaftlicher und technischer Probleme. Dabei ist zu unterscheiden zwischen:

- Standardprogrammen
- Branchenlösungen
- Individualprogrammen.

> Standardprogramme eignen sich insoweit, als sich die Anwendungsfälle in den einzelnen betrieblichen Teilbereichen ähnlich sind (Basisaufgaben). Viele Software-Hersteller bieten heute umfangreiche „Anwendungssoftware-Pakete“ an, im Rahmen derer einzelne Anwendungsbereiche integriert und aufeinander abgestimmt sind.

Als häufigstes Software-Paket ist hier Microsoft Office zu nennen. Hierin enthalten sind in der Regel

- eine Textverarbeitung (Word)
- eine Tabellenkalkulation (Excel)
- ein Präsentationsprogramm (Power Point)
- eine Datenbankanwendung (Access).

Darüber hinaus sind in dem Office-Paket auch noch andere Anwendungen integriert, die z. B. zur Verwaltung interner Betriebsabläufe verwendet werden können. Office-Paket

Auf Individual- oder Branchenlösungen kann zurückgegriffen werden, wenn betriebliche oder branchenmäßige Besonderheiten vorliegen, die im Rahmen von Standardprogrammen nicht berücksichtigt und gelöst werden können, sondern maßgeschneiderte Programme erfordern.

Für viele Handwerkszweige wurden bereits Branchenlösungen erarbeitet. Standardsoftware weist in der Regel gegenüber Branchen- oder Individuallösungen Kostenvorteile auf. Branchenlösungen

Besonders erwähnenswert sind die unterschiedlichen Software-Programme, die für die Datensicherung verantwortlich sein können. Diese können so konfiguriert werden, dass sie zu bestimmten Zeitpunkten automatisch die vorhandenen Daten auf ein separates Speichermedium sichern (Back-up).

## Einführung eines IT-Systems im Handwerksbetrieb

Der Entscheidung über den IT-Einsatz sollte in jedem Fall eine sorgfältige Problem- und Wirtschaftlichkeitsanalyse vorausgehen. Sie enthält folgende Punkte:

> Allgemeine Information

Information

- Fachzeitschriften und Internetrecherche
- Besuch von Messen, Vorträgen, Seminaren und anderen Informationsveranstaltungen
- Unternehmensberater
- Berufsorganisationen.

> Analyse des Ist-Zustandes

Datenmengengerüst

- Erfassung des betrieblichen Datenmengengerüstes (z.B. Mitarbeiterzahl, Lohnarten, Kundenzahl, Lieferantenzahl, Sachkontenzahl, monatliche Eingangs- und Ausgangsrechnungen, Anzahl der Buchungen, Anzahl der Angebote, Lagerartikel, monatliche Lagerzu- und -abgänge, Kostenstellen u.a.)
- Erfassung der Arbeitsabläufe
- Ermittlung von Schwachstellen im Betrieb.

> Entwurf einer Soll-Konzeption

Pflichtenheft

- Abfassung eines Pflichtenheftes (Zweck der IT-Einführung, Anwendungsbereiche, Form und Inhalt der angestrebten Ergebnisse, Anforderungen an die Hardware, Anforderungen an das Betriebssystem, Anforderungen an die Anwendersoftware, künftige Datenmengen, Ausbaufähigkeit, Nebenbedingungen).

> Ausschreibung

Angebote

- Einholung von Angeboten bei den infrage kommenden IT-Anbietern auf der Grundlage des Pflichtenheftes
- Vorführung einzelner IT-Systeme
- Einholung von Referenzen.

> Prüfung der Angebote/Kosten-Nutzen-Abwägung/Systementscheidung

Einmalige und laufende Kosten

- Kosten für Hardware einschließlich Lieferung und Installation sowie Software, Zubehör, Schulung, eventuell Programmanpassungen usw.
- laufende Kosten (z.B. Personalkosten, Verbrauchsmaterial)
- direkt bewertbare Einsparungen durch die IT (Rationalisierungseffekte)
- nicht direkt bewertbarer IT-Nutzen (z.B. Informationsverbesserung, schnellere Angebotsabgaben, Verbesserung der Materialdisposition, schnellere Rechnungsstellung, Entscheidungen auf der Basis besserer betrieblicher Daten)
- Vorhandensein geeigneter Anwendersoftware
- Wartung und Service, Programmpflege
- Qualität der Bedienungsunterlagen, Unterstützung bei Einarbeitung und Schulung
- Kompatibilität mit anderen Anlagen, Ausbaufähigkeit des Systems
- Benutzerfreundlichkeit
- Vertragsgestaltung (z.B. Liefertermin, Garantie, Zahlungsvereinbarungen, Zusicherung der im Pflichtenheft dargestellten Anforderungen, Rücktrittsmöglichkeit).

> Organisatorische Vorbereitung

Organisation

- geeignete Räumlichkeiten
- personelle Voraussetzungen (Einführungsschulungen)

- sachliche Voraussetzungen (Beleggestaltung, Stammdatenerfassung u. Ä.)
- Information der Mitarbeiter.

> Installation
- Testläufe
- Dokumentation von Anlaufschwierigkeiten
- Umsetzung.

Installation

Zu den reinen Anschaffungskosten für die Geräte müssen hinzugerechnet werden:

> laufende Kosten wie Schulung, Wartung, Versicherung, Materialien
> Beschaffung der Software und eventuell deren Installation.

Im Zusammenhang mit der Finanzierung eines IT-Systems stellt sich oft die Frage, ob sie gekauft oder geleast werden soll.

Für diese Entscheidung sind vor allem folgende Faktoren von Bedeutung:

> Kapitalverfügbarkeit
> Liquiditätsbelastung
> steuerliche Wirkung.

Ferner muss bedacht werden, dass IT-Systeme in der Regel sehr schnell veralten und damit in der Regel keinen Wiederverkaufswert besitzen. Man geht heute gerade noch von einer technologischen Lebensdauer von etwa 3 Jahren aus.

Lebensdauer

Ein Leasingvertrag bietet demgegenüber feste Laufzeiten sowie die Möglichkeit zur ständigen Systemerweiterung bzw. -erneuerung.

Mit Leasingverträgen sind allerdings oftmals auch kostensteigernde Wartungsverträge verbunden. Die Wahl zwischen Leasing und Kauf besteht jedoch nicht generell. Im Billigbereich werden kaum Leasingverträge angeboten.
Im Folgenden sind die verschiedenen Stufen zur Einführung der IT im Handwerksbetrieb zusammengefasst.

Wartungsverträge

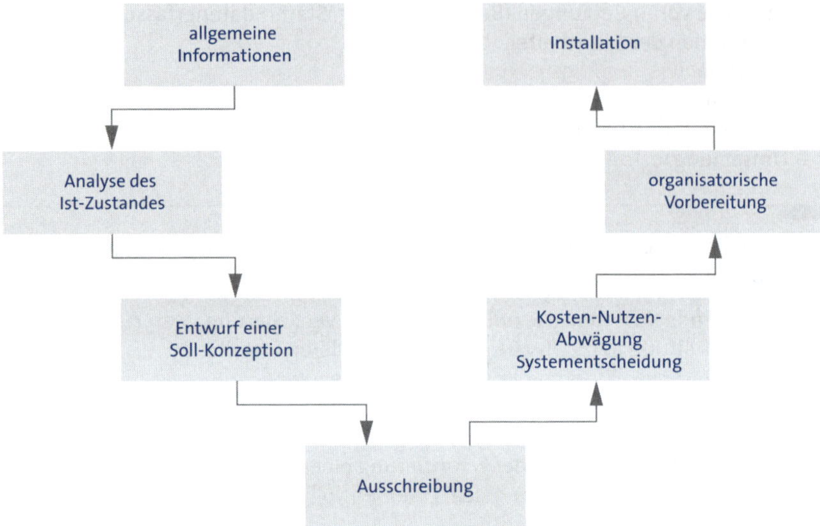


Beratung

Um die für den jeweiligen Handwerksbetrieb geeignetste Lösung zu finden, ist eine ausführliche Beratung durch unabhängige Stellen unentbehrlich. Geeignete Beratung und Information gibt es beispielsweise durch die technischen, betriebswirtschaftlichen und IT-Beratungsstellen der Handwerksorganisationen sowie durch freiberufliche Berater.

EDV-Dienste aus einer Hand

Daneben bieten auch Spezialfirmen komplette Servicekonzepte für das gesamte Spektrum der IT-Dienstleistungen aus einer Hand an (moderne Hardware, anwendungsgerechte Software, Software-Änderungsdienst usw.).

**Anwendungsbereiche der IT im Handwerksbetrieb**

Die IT kann sowohl

- im Büro,
- in der Werkstatt,
- als Instrument der Rationalisierung

eingesetzt werden.

Kaufmännische Verwaltung

Mögliche Anwendungsbereiche auf dem Gebiet der kaufmännischen Verwaltung, also im Büro, sind unter anderem:

- Angebotserstellung, Kalkulation
- Auftragsbearbeitung
- Projektplanung, Projektüberwachung
- Fakturierung (Rechnungsausstellung, Verbuchung der Eingänge, Mahnwesen)
- Führung von Kunden-, Lieferanten-, Auftrags- und Bestelldateien
- Lohn- und Gehaltsabrechnung
- Textverarbeitung und Schriftverkehr
- Anlagen- und Finanzbuchhaltung, Jahresabschluss, Kennzahlenauswertung, Betriebsvergleiche, Controlling, Liquiditätsplanung
- Steuervoranmeldungen

- Datenarchivierung
- Kommunikation (z. B. Onlinedienste, Internet etc.)
- Abwicklung des Zahlungsverkehrs.

Technische Verwaltung

Im Rahmen der technischen Verwaltung lassen sich durchführen:

- technische Berechnungen
- technische Zeichnungen
- Konstruktionen
- komplette Planerstellungen.

**Möglichkeiten und Grenzen des IT-Einsatzes im Handwerksbetrieb**

Vorteile

Zu den Vorteilen, die mit dem Einsatz der IT verbunden sind, gehören u. a.:

- Rationalisierungseffekte mit Kosten- und Personaleinsparungen
- geringere Fehlerquoten
- höheres Arbeitstempo
- weniger Schreibarbeiten (z. B. Verwendung von Textbausteinen, Standardvorlagen und Serienbriefen)
- Speicher- und Ablagemöglichkeiten
- rascherer Zugriff auf benötigte Daten
- zeitnahe Daten („Chefdaten“) für betriebliche Dispositionen.

**Nutzung des Internets im Handwerksbetrieb**

Das Internet ist die Gesamtheit aller weltweit zusammengeschlossenen Computernetzwerke. Diese kommunizieren nach einem standardisierten Verfahren miteinander.

Backbones

Dazu gehören einerseits die dauernd über Standleitungen verbundenen Knotenrechner und Server, deren „Hauptverkehrsstrecken“ und überregionalen Verbindungen „Backbones“ (Rückgrat) genannt werden. Andererseits sind auch die Computer der Internetnutzer, die nur zeitweise verbunden sind, Teil des Internets.

**Das ständige Netz**

Zum ständigen Netz gehören neben den Rechnern der Netzdienste und Provider (Zugangsanbieter) auch Computer von Universitäten, Behörden, sonstigen öffentlichen Einrichtungen und von mittleren und größeren Unternehmen.

Internetserver

Der technische Fortschritt führt dazu, dass sich auch kleine Organisationseinheiten einen Internetserver leisten. Der große Vorteil liegt darin, dass rund um die Uhr von jedem Punkt der Welt auf die Daten des Servers zugegriffen werden kann und Daten übermittelt werden können. Dies kann eine elektronische Nachricht (E-Mail) sein, ein Bild, ein Artikel, eine Bestellung oder einfach eine Suchabfrage an eine Datenbank.

### Die temporär angeschlossenen Computer

UMTS

> Der Internetnutzer stellt die Verbindung zum Internet in der Regel mit dem PC über die DSL-Technik her. Schnelle und vor allem mobile Übertragungsmöglichkeiten werden auch über die UMTS-Technik erreicht. Um mobil online zu gehen, ist ein sog. UMTS-Stick oder eine WLAN-Verbindung notwendig.

> Der Zugang zum Internet erfolgt gegen Gebühr über Onlinedienste (Internet-Provider).

Browser

Sobald der Browser (Programm zur Navigation im WWW = World Wide Web) als zentrales Programm zur Nutzung des Internets gestartet wird, stellt der Computer automatisch eine Verbindung zum Internet-Provider her.
In der Regel kommen sogenannte Flat-Rate-Tarife zum Einsatz. Diese besitzen nutzungsunabhängige festgelegte Gebührensysteme.

**Anwendungs- und Nutzungsmöglichkeiten**

Für den Handwerksbetrieb bieten sich grundsätzlich folgende wichtige Anwendungs- bzw. Nutzungsmöglichkeiten:

- Darstellung des Handwerksbetriebes und seiner Produkte und Dienstleistungen durch Einrichtung eines eigenen Internetauftritts (Homepage und weitere Seiten) unter einer eigenen WWW-Adresse (Domain-Name, z. B. www.IhrBetriebsname.de). Der Auftritt ist professionell zu gestalten. Ggf. ist zu überlegen, externe Hilfe (z. B. Agenturen) einzubeziehen.
  - Kundenbetreuung
    Über Internet können bspw. wichtige Serviceinformationen und Hintergrundwissen abgerufen werden.
  - Anschaulichkeit
    Anschauliche und ansprechende Darstellung der Inhalte durch multimediale Elemente mit Animationen und Ton.
  - Kostenersparnis
    Die Darstellung von Produkten und Dienstleistungen im Internet ist kostengünstig.
- Nutzung des WWW-Dienstes des Internets als Medium zur Beschaffung von Daten, Informationen und Waren
- Nutzung des E-Mail-Dienstes des Internets für die Korrespondenz mit Kunden und Lieferanten. (Achtung: Hier gelten die rechtlichen Vorschriften wie für Geschäftsbriefe.)
- Gewinnung von Mitarbeitern
- Teilnahme an öffentlichen Ausschreibungen
- elektronischer Geschäftsverkehr (E-Commerce) — E-Commerce
- elektronische Signatur.

Vorteile

Folgende Vorteile entstehen für den Handwerksbetrieb durch eine eigene Homepage:
  - Dialogfähigkeit
    Internet und E-Mail bieten im Gegensatz zu klassischen Informationsmedien

direkte „Feedback"-Möglichkeiten. Kunden können Aufträge erteilen, Kommentare hinterlassen, Nachfragen stellen etc.
- Nachprüfbarkeit
  Durch Abrufstatistiken kann der Betriebsinhaber feststellen, welche Webseiten der Interessent oder Kunde öffnet und welche Angebote somit angenommen werden.
- Zielgenauigkeit
  E-Mails sind ein effektives Medium der Kundenansprache.
- Schnelligkeit
  Über Internet und E-Mail können Informationen kurzfristig einem großen Personenkreis zugänglich gemacht werden.
- Veränderbarkeit
  Informationen können schnell und unbürokratisch verändert werden.
- Erreichbarkeit
  Potenzielle Kunden und Interessenten können den Handwerksbetrieb rund um die Uhr an 365 Tagen regional und überregional erreichen.
- Verfügbarkeit
  Informationen auf Websites sind rund um die Uhr und ortsunabhängig abrufbar.

Die wichtigsten Bereiche des E-Commerce sind:

> B2B (Business to Business)
  Funktionale B2B-Lösungen automatisieren die Geschäftsabläufe zwischen Anbietern und gewerblichen Käufern (wirtschaftliche Organisationen). Sie umfassen die Abfrage von Informationen, die Produktbestellung mittels elektronischer Warenkörbe, die Rechnungsstellung sowie die Bezahlung durch digitale Zahlungssysteme und die Auslieferungsorganisation.

> B2C (Business to Consumer)
  B2C bezeichnet den Vertriebsweg und die Kommunikation zwischen Unternehmen und Konsumenten.

> C2C (Consumer to Consumer)
  C2C bedeutet, dass Konsumenten direkt mit anderen Konsumenten in Kontakt treten. Die zentrale Plattform für diese Geschäfte sind Online-Auktionshäuser.

> B2A (Business to Administration) bzw. B2G (Business to Government)
  B2A bzw. B2G bezeichnet die Möglichkeiten, mit Verwaltungsorganisationen in Verbindung zu treten. Ein Beispiel hierfür ist die Möglichkeit der Online-Steuererklärung bei den Finanzämtern.

Zur Förderung der Anwendung von Informations- und Kommunikationstechnologien im Handwerk sind die Handwerksorganisationen tätig.

### Suchmaschinen

Von großer Bedeutung für den Handwerksbetrieb ist die gute Sichtbarkeit des Internetauftritts in den wichtigsten Suchmaschinen. Dies ist die Basis für die Generierung entsprechender Besucherzahlen. Eine noch so aufwendig und interessant gestaltete Homepage ist nicht effizient, wenn sie nicht eine entsprechende Anzahl von Besuchern bzw. Interessenten und Kunden durch Suchmaschinen-Marketing anlockt.

**Checkliste zur Einführung des Internets im Handwerksbetrieb**

1. Zieldefinition
   Welches Ziel hat der Internetauftritt?
   (z. B. Präsentation des Unternehmens, Bereitstellung von Informationen, Unterstützung des Vertriebs etc.)
2. Zeitplanung
   Wann soll der Internetauftritt online gehen?
   Durch die Erstellung eines Zeitplans können die Planungen besser eingehalten werden. Wichtig ist, dass zum Zeitpunkt der Produktivschaltung alle Funktionen einwandfrei funktionieren.
3. Zuständigkeiten festlegen
   Wer ist für die einzelnen Aufgaben zuständig?
   (z. B. Aufbau, Texte, Grafik, Technik, Pflege etc.)
4. Internetauftritt bewerben
   Wie wird der Auftritt beworben?
   (z. B. Geschäftspapier, Visitenkarten, E-Mail-Signatur, Pressemeldungen, Suchmaschinen etc.)
5. Erfolgskontrolle
   In welchem Umfang sind welche Teile des Internetauftritts erfolgreich?
   (z. B. Feedback-Formular, Internet-Seitenstatistik bzw. Logfiles etc.)
6. Impressumspflichten beachten
   (Name, Anschrift, Rechtsform, Vertretungsberechtigung, ggf. Kapital, Angaben zur Kontaktaufnahme, Registereintragungen, Umsatzsteuer-ID, ggf. Abwicklung/Liquidation).

**Hinweise für die Umsetzung des Internetauftritts**

1. Unterstützung suchen
   Die Gestaltung einer Homepage erfordert sowohl technisches Know-how als auch einige Marketingkenntnisse. Daher sollte der Betriebsinhaber bei der ersten Entwicklung bzw. der grundlegenden Neugestaltung des Internetauftritts die professionelle Hilfe einer Internetagentur in Anspruch nehmen. Weiterhin sollte ein „Internetverantwortlicher“ im Betrieb benannt werden.
2. Schnelles Laden der Startseite
   Die Startseite sollte möglichst schnell geladen werden, da Untersuchungen ergeben haben, dass der Internetnutzer innerhalb weniger Sekunden entscheidet, ob er auf der Internetseite bleibt.
3. Layout
   Notwendig ist eine klare und übersichtliche Verzeichnisstruktur und eine möglichst einfache Navigation.
4. Überprüfung von Links
   Vor Produktivschaltung sollten alle Hyperlinks überprüft werden, ob sie zur richtigen Seite führen.
5. Suchmaschineneintrag
   Am Beginn eines HTML-Dokuments können Angaben zur Seite gemacht werden, die im Quelltext, aber nicht auf der Web-Seite zu sehen sind. Die sog. Meta-Tags (u. a. Keywords) bieten die Möglichkeit, den Seiteninhalt kurz mit Schlagwörtern zu beschreiben. Diese sind sehr sorgsam auszuwählen, da sie die Signalwörter für Suchmaschinen sind.
6. Suchmaschinenanmeldung
   Eintragung in Kategorien bei Suchmaschinendiensten. Diese bieten auch die Möglichkeit, Anzeigen zu hinterlegen, die durch „Pay per click“ (= Zahlen für Anklicken) berechnet werden. Sie können auch lokal begrenzt geschaltet werden.
7. Aktualisierung
   Eine fortlaufende und regelmäßige Aktualisierung ist unabdingbar.

**Hinweise zur Sicherung der Betriebsdaten durch Viren**

Ein wichtiger Aspekt ist der wirkungsvolle Schutz des Unternehmens vor Computerviren aus dem Internet.
Folgende Maßnahmen sind in diesem Zusammenhang sinnvoll:

IT-Sicherheit

1. Festlegung der Verantwortlichkeit für das Thema IT-Sicherheit
2. Schulung der Mitarbeiter
3. Aktueller Virenschutz auf allen IT-Systemen
4. Regelmäßige Datensicherungen aller IT-Systeme
5. Sicherung durch Firewalls
6. Aktuelle Dokumentation der IT-Umgebung
7. Einrichtung einer systematischen Benutzerverwaltung.

### 1.3.3 Organisation des Rechnungswesens

Das betriebliche Rechnungswesen umfasst folgende Zweige:

Zweige des Rechnungswesens

> Buchführung und Jahresabschluss
  - Buchführung
  - Inventar
  - Jahresabschluss und dessen Auswertung
  - Sonder- und Zwischenbilanzen
> Kostenrechnung
  - Kosten- und Leistungsrechnungssysteme
  - Kalkulation
> Planungsrechnung
  - Finanzierung von Investitionsvorhaben
  - Prüfung der Rentabilität neuer Produktionsverfahren.

Wesentliche Aufgaben des Rechnungswesens sind

> Kontrolle der Wirtschaftlichkeit und des Erfolges des betrieblichen Geschehens und
> Lieferung von Informationen als Entscheidungsgrundlage an den Betriebsinhaber.

Das Rechnungswesen liefert nicht nur Informationen für Betriebsinhaber und Mitarbeiter (betriebsintern), sondern auch für Banken, Geschäftspartner, Finanzamt und Öffentlichkeit (betriebsextern).

### Einrichtung des betrieblichen Rechnungswesens

Ein geordnetes, auf die einzelbetrieblichen Verhältnisse abgestelltes Rechnungswesen ist unabdingbare Voraussetzung für eine erfolgreiche Betriebsführung. Deshalb sollte vor Betriebsbeginn für die Einrichtung einer ordnungsgemäßen Buchführung, einer sachgerechten Kostenrechnung und Kalkulation und ggf. eines funktionsfähigen Controllings Sorge getragen werden. Dabei ist darauf zu achten, dass das Rechnungswesen den gesetzlichen Anforderungen entspricht und dem Betriebsinhaber über seine Auswertung stets die zur Planung, Steuerung und Kontrolle notwendigen Chefdaten liefert.

#### Buchführung und Jahresabschluss

Folgendes Vorgehen ist zweckmäßig: Vorgehensweise

- Gesetzliche Vorschriften zu Buchführung und Jahresabschluss beachten.
- Aufbewahrungspflichten für Bücher, Datenträger, Belege und Geschäftsbriefe beachten.
- Anforderungsprofile an Inhalt und Gliederung der Buchführung für den zu gründenden Betrieb festlegen.
- Entscheidung für das System der Buchführung (in der Regel doppelte Buchführung) treffen.
- Entscheidung für die Verfahrenstechnik der Buchführung (in der Regel IT) herbeiführen.
- Anforderungen an die Auswertbarkeit des Zahlenmaterials festlegen.
- Entscheidung treffen, ob die Buchführungsarbeiten im eigenen Betrieb oder extern durchgeführt werden sollen.
- Inventar und Eröffnungsbilanz erstellen.
- Belegorganisation festlegen.

Bei den obigen Arbeiten ist es sinnvoll, einen Steuerberater einzuschalten. Steuerberater

#### Kostenrechnung und Kalkulation

Eine auf den zu gründenden Betrieb abgestellte Kostenrechnung und eine in dem jeweiligen Handwerkszweig übliche Kalkulationsmethode sind für die Kostenplanung, Kostenerfassung, Kostenverrechnung, Kostenkontrolle und die Angebotspreisberechnung dringend erforderlich.

Wichtige Schritte bei der Einrichtung der Kostenrechnung und Kalkulation sind: Wichtige Schritte

- Gliederung der Kostenrechnung vornehmen.
- Aufbereitung der Ausgangswerte aus dem Kostenplan und der Rentabilitätsvorschau für kostenrechnerische Zwecke durchführen.
- Gegebenenfalls Kostenstellen für die Kostenstellenrechnung festlegen.
- Kalkulationsmethode im Rahmen der Kostenträgerrechnung entscheiden.
- Art und Gliederung der Angebotspreisberechnung festlegen (Kalkulationsschema).

> Ermittlung des Stundenverrechnungssatzes für Handarbeit und Maschinenarbeit (dabei ist zum Zeitpunkt der Betriebsgründung von den Zahlen des Kostenplans und der Rentabilitätsvorschau auszugehen).
> Zeiterfassungssystem entwickeln und umsetzen.

## Wiederholungsfragen sowie handlungsorientierte, fallbezogene Übungs- und Prüfungsaufgaben

1. Was versteht man unter Organisation im Handwerksbetrieb?

>> Seite 15 |

2. Die Aufbauorganisation besteht aus

- [ ] a Marketing und Vertrieb.
- [ ] b Beschaffung und Vertrieb.
- [x] c Prozessanalyse und Prozesssynthese.
- [ ] d Teamorganisation und Projektorganisation.
- [ ] e Aufgabenanalyse und Aufgabensynthese.

>> Seite 16 |

3. Erklären Sie an einem selbst gewählten Beispiel die Aufgabenanalyse im Handwerksbetrieb!

>> Seite 16 |

4. Erklären Sie an einem selbst gewählten Beispiel die Aufgabensynthese im Handwerksbetrieb!

>> Seite 17 |

5. Zeigen Sie auf, inwieweit eine Stelle eine Abteilung beeinflusst!

>> Seite 18 |

6. Was ist in einem Organigramm dargestellt?

>> Seite 18 |

7. Erklären Sie kurz die divisionale Aufbauorganisation anhand eines selbst gewählten praktischen Beispiels!

>> Seite 19 |

8. Warum kann die Projektorganisation unabhängig von der Aufbauorganisation in einem Handwerksbetrieb hilfreich sein?

>> Seite 20 |

9. Ziele der Organisationsentwicklung sind

- a Ausbau des EDV-Einsatzes.
- b Einführung einer neuen Marketingstrategie.
- c Verbesserung der Leistungsfähigkeit des Handwerksbetriebes.
- d Einführung der Teamorganisation.
- e Verbesserung der Qualität des Arbeitslebens der Mitarbeiter.

>> Seite 21 |

10. Der starke Wettbewerb zwingt Sie als Inhaber eines Handwerksbetriebes, die Betriebsabläufe bestmöglich zu gestalten, d. h., die Arbeitsprozesse hinsichtlich Arbeitsinhalt, Arbeitszeit und Arbeitszuordnung so zu kombinieren, dass rationell gewirtschaftet wird. Um dieses Ziel zu erreichen, wollen Sie im Rahmen der Betriebsorganisation die Ablaufplanung und Ablauforganisation verbessern.

Aufgabe: Erklären Sie die wichtigsten Leitsätze der Ablaufplanung und Ablauforganisation, an denen Sie Ihre Arbeit im vorliegenden Fall ausrichten!

>> Seite 21 |

11. Die Ablauforganisation besteht aus

- a Prozessanalyse und Prozesssynthese.
- b Aufgabenanalyse und Aufgabensynthese.
- c Aufbauorganisation und Organisationsentwicklung.
- d funktionaler und divisionaler Organisation.
- e Teamorganisaiton und Projektorganisation.

>> Seite 22 |

12. Erläutern Sie wichtige logistische Aufgaben und Bereiche für den Handwerksbetrieb!

>> Seite 23 |

13. Was versteht man unter Qualitätssicherung?

>> Seite 23 |

14. Um die Zukunftschancen Ihres Handwerksbetriebes zu verbessern, das Unternehmen nachhaltig zu sichern sowie alle qualitätsbezogenen Zielsetzungen und Tätigkeiten bestmöglich umzusetzen, wollen Sie ein Qualitätsmanagementsystem einführen.

Aufgabe: Erläutern Sie die wichtigsten Schritte, wie Sie beim Aufbau des Qualitätsmanagements für Ihren Betrieb vorgehen!

>> Seite 24 |

15. Wer ist zur Zertifizierung des Qualitätsmanagements eines Unternehmens berechtigt?

- [ ] a Nur die jeweilige Innung.
- [ ] b Nur die jeweilige Kreishandwerkerschaft.
- [x] c Von der Trägergemeinschaft (TGA) anerkannte Stellen.
- [x] d Die Handwerkerhöfe.
- [ ] e Nur der TÜV.

>> Seite 24 |

16. Welche betrieblichen Vorteile können durch ein Qualitätsmanagementsystem erreicht werden?

>> Seite 25 |

17. Beschreiben Sie den Nutzen des Umwelt-Management-Systems für einen Handwerksbetrieb!

>> Seite 25 |

18. Sie sind Inhaber eines Handwerksbetriebes und haben zurzeit mit Ihren Mitarbeitern feste tägliche und wöchentliche Arbeitszeiten festgelegt. Um künftig in Ihrem Betrieb besser auf den qualitativ und mengenmäßig wechselnden Arbeitsanfall reagieren zu können und um auch den Wünschen Ihrer Arbeitnehmer auf mehr Flexibilität bei der Arbeitszeit entgegenzukommen, wollen Sie die Einführung von flexiblen Arbeitszeitregelungen prüfen.

Aufgabe: Stellen Sie die drei für Ihren Handwerksbetrieb grundsätzlich infrage kommenden Arbeitszeitmodelle kurz dar!

>> Seite 26 |

19. Von Kollegen haben Sie als Betriebsinhaber gehört, dass in Ihrem Handwerkszweig im Rahmen der betrieblichen Ablauforganisation vermehrt die Gruppenorganisation zum Tragen kommt. Das bedeutet, dass zwei oder mehrere Mitarbeiter gemeinsam einen Auftrag erledigen bzw. eine Arbeit ausführen. Sie prüfen, ob die Form der Gruppenorganisation für Ihren Betrieb sinnvoll ist.

Aufgabe: Erklären Sie die Vor- und Nachteile der Gruppenorganisation für Ihren Betrieb!

>> Seite 27 |

20. Was versteht man unter Dokumentenmanagement?

>> Seite 28 |

21. Wie organisieren Sie das Dokumentenmanagement in Ihrem Handwerksbetrieb?

>> Seite 29 |

22. Als Inhaber eines Handwerksbetriebes wissen Sie aus eigener Erfahrung, dass eine mangelhafte Dateiablage im Rahmen der Verwaltungs- und Büroorganisation unwirtschaftlich ist, weil der Zeitaufwand durch langes Suchen unnötige Kosten verursacht und zu Verzögerungen führt. Aus diesem Grunde wollen Sie die Übersichtlichkeit der Dateiablage verbessern und die Ordnung systematisieren.

Aufgabe: Stellen Sie kurz dar, wie Sie die Dateiordnung für Ihren Betrieb übersichtlich aufbauen können, unabhängig von der technischen Lösung!

>> Seite 29 |

23. Stellen Sie wichtige Kriterien für die formale und inhaltliche Gestaltung von Geschäftsbriefen fest!

>> Seite 31 |

24. Bietet die Anwendung von Musterbriefen Vorteile?

- [ ] a Ja, Musterbriefe können als Drucksache versandt werden.
- [ ] b Ja, damit Mitarbeiter des Betriebes von Routinebriefen entlastet werden.
- [ ] c Nein, Musterbriefe sollten nicht verwendet werden, weil sie zu schematisch sind.
- [x] d Nein, Musterbriefe werden von Empfängern als unpersönlich empfunden.
- [ ] e Nein, weil die Kosten für die Entwicklung von Musterbriefen zu hoch sind.

>> Seite 36 |

25. Der Einsatz moderner Informations- und Kommunikationstechnologien wird auch für Handwerksbetriebe immer wichtiger. Sie haben als selbstständiger Handwerker zwar schon verschiedene Telekommunikationsmittel im Einsatz, wollen sich aber nunmehr einen Überblick über alle für einen Handwerksbetrieb infrage kommenden Kommunikationsmittel verschaffen, um festzustellen, in welchen Bereichen in Ihrem Betrieb noch weitere Einsatzmöglichkeiten bestehen.

Aufgabe: Erstellen Sie eine Liste über die infrage kommenden Telekommunikationsmittel!

>> Seiten 36 bis 37 |

26. Beschreiben Sie die wichtigsten Elemente der Hardware im Allgemeinen und die wichtigsten Bestandteile eines PCs im Besonderen!

>> Seiten 37 bis 38 |

27. Erklären Sie kurz den Begriff Netzwerk und erläutern Sie seine Bedeutung für den Handwerksbetrieb!

>> Seite 39 |

28. Erläutern Sie wichtige Punkte, die der Handwerksbetrieb bei der Einführung eines IT-Systems beachten muss und wie man dabei vorgehen soll!

>> Seite 42 |

29. Als Inhaber eines Handwerksbetriebes wollen Sie prüfen, welche Möglichkeiten bestehen, das Internet für betriebliche Zwecke zu nutzen.

Aufgabe: Beschreiben Sie, auf welchen Gebieten Sie als Handwerksbetrieb das Internet nutzen können, und erläutern Sie kurz die wichtigsten Bereiche des E-Commerce!

>> Seiten 44 bis 47 |

30. Erklären Sie die wichtigsten Vorteile einer eigenen Homepage für den Handwerksbetrieb!

>> Seite 47 |

31. Wie gehen Sie bei der Einführung des Internets in Ihrem Betrieb vor?

>> Seite 48 |

32. Welches ist der wichtigste Zweig des betrieblichen Rechnungswesens?

- [ ] a Die Deckungsbeitragsrechnung.
- [x] b Der Jahresabschluss.
- [ ] c Die Kostenrechnung.
- [ ] d Die Buchführung.
- [ ] e Die Statistik.

>> Seite 50 |

33. Ein zweckmäßiges Rechnungswesen ist für Sie als Existenzgründer unabdingbare Voraussetzung für eine erfolgreiche Betriebsführung. Das Rechnungswesen muss einerseits den gesetzlichen Anforderungen entsprechen und andererseits über seine Auswertung stets die zur Planung, Steuerung und Kontrolle notwendigen Chefdaten liefern.

Aufgabe:

a) Erklären Sie, wie Sie bei der Einrichtung der Buchführung und des Rahmens für den Jahresabschluss im vorliegenden Fall vorgehen!

b) Erläutern Sie, welche Schritte bei der Einrichtung von Kostenrechnung und Kalkulation wichtig sind?

>> Seite 51 |

34. Vervollständigen Sie folgenden Lückentext:

Ein geordnetes, auf die einzelbetrieblichen Verhältnisse abgestelltes Rechnungswesen ist eine unabdingbare Voraussetzung für eine erfolgreiche Betriebsführung.

Deshalb sollte vor _______________ für die Einrichtung einer _______________ Buchführung, einer sachgerechten Kostenrechnung und _______________ und ggf. eines funktionsfähigen Controllings Sorge getragen werden.

Dabei ist darauf zu achten, dass das Rechnungswesen den _______________ Anforderungen entspricht und dem Betriebsinhaber über seine Auswertung stets die zur Planung, _______________ und Kontrolle notwendigen _______________ liefert.

>> Seite 51 |

# 2. Entwicklungen bei Produkt- und Dienstleistungsinnovationen sowie Marktbedingungen, auch im internationalen Zusammenhang, bewerten und daraus Wachstumsstrategien ableiten

**Kompetenzen**

> Informationsquellen zu Produkt- und Dienstleistungstrends systematisch erkunden, unter Berücksichtigung der Unternehmens- und Marktbedingungen auswerten und dokumentieren.
> Methoden der Marktforschung im Hinblick auf ihre Einsatzmöglichkeiten abwägen und auswählen.
> Kundendaten auswerten.
> Kundenbefragungen vorbereiten und durchführen.
> Stärken-Schwächen- und Chancen-Risiken-Analysen (SWOT-Analysen) durchführen und Strategien ableiten.
> Pro-Contra-Analyse sowie Wertanalysen durchführen und daraus Entscheidungen ableiten.

## 2.1 Analyse des Absatz- und Beschaffungsmarktes

Marktwirtschaft

Im Wirtschaftssystem der Marktwirtschaft ist jedes Unternehmen und somit auch jeder Handwerksbetrieb Teil des Marktes. Um erfolgreich zu sein, hat der Betriebsinhaber täglich eine Reihe bedeutender Entscheidungen zu treffen, die er ohne Kenntnis der Marktzusammenhänge und der dafür erforderlichen Informationen nicht treffen kann.

Die wichtigsten Märkte, die es für den Handwerksbetrieb zu beobachten und zu analysieren gilt, sind der Absatzmarkt und der Beschaffungsmarkt.

Die folgenden Ausführungen beziehen sich schwerpunktmäßig auf die Untersuchung des Absatzmarktes.

### 2.1.1 Methoden der Marktanalyse und Marktforschung

Ziel

Hauptziel der Marktanalyse und Marktforschung ist es, Handlungsalternativen für den Betriebsinhaber zu schaffen, die dazu beitragen, die Unternehmensziele zu verwirklichen.

Die systematische Untersuchung und Beobachtung der Stellung eines Unternehmens im Marktgeschehen stellt eine wichtige Grundvoraussetzung für den nachhaltigen Erfolg dar. Somit kommen der Marktanalyse und der Marktforschung innerhalb des Bereichs Marketing eine zentrale Bedeutung zu, sie bilden die Grundlage aller Aktivitäten in diesem Bereich.

> Die Marktforschung bildet die Grundlage für eine fundierte Marktanalyse. Die Marktanalyse als Zeitpunktbetrachtung ist die Basis für eine fortgesetzte Marktbeobachtung als Zeitraumbetrachtung.
> Nur dadurch ist sichergestellt, dass der Betriebsinhaber auf Chancen und Risiken rechtzeitig reagieren kann.

Die für den Handwerksbetrieb in diesem Bereich wichtigsten Elemente und Methoden werden im Weiteren dargestellt.

**a) Informationsbeschaffung**

Untersuchungsziel

Vor Beginn der Marktanalyse ist es wichtig, ein klares Untersuchungsziel festzulegen. Dieses bildet die Basis für eine gezielte, erfolgreiche Beschaffung der Informationen, die für die Erreichung der Unternehmensziele erforderlich sind.
Die Beschaffung der benötigten Informationen kann auf verschiedene Arten erfolgen:

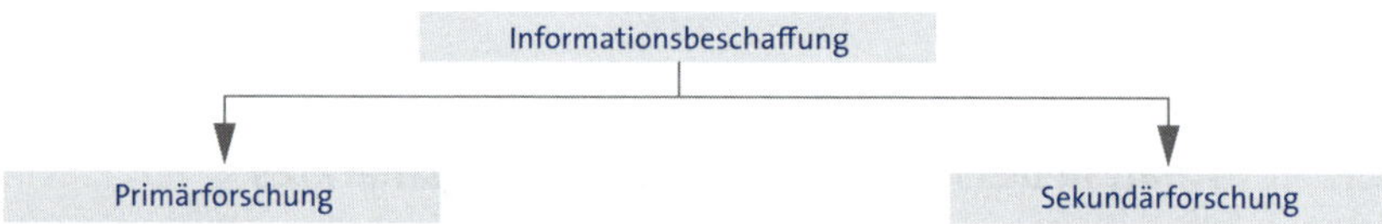


> Die Primärforschung beschäftigt sich mit der möglichst exakten Ermittlung von Meinungen, Einstellungen, Motiven und Wünschen der Kunden durch Befragungen und Beobachtungen.
> Die Sekundärforschung bezieht sich auf die Aufbereitung und Auswertung betriebsinterner und -externer Daten.

Informationsquellen

Wichtige Informationsquellen der Sekundärforschung sind:

Interne Quellen:

- Kundendateien bzw. -karteien
- Angebotsstatistiken
- Auftragsstatistiken
- Umsatzstatistiken
- Reklamationsstatistiken
- Mitarbeiterberichte.

Externe Quellen:

- Informationen von Wirtschaftsverbänden (z. B. Handwerkskammern, Fachverbände etc.)
  - Konjunkturberichte
  - Betriebsvergleiche
  - Branchenstatistiken
  - Sonderumfragen

- Informationen wirtschaftswissenschaftlicher Institute
  - Ludwig-Fröhler-Institut für Handwerkswissenschaften, Abteilung für Handwerkswirtschaft
  - Institut für Handelsforschung
  - Deutsches Institut für Wirtschaftsforschung
  - ifo-Institut
  - Gesellschaft für Konsumforschung (GfK)
- Informationen aus amtlichen Statistiken
  - Informationen des Statistischen Bundesamtes (z. B. statistisches Jahrbuch)
  - Informationen der statistischen Landesämter und Gemeinden
  - Informationen der Bundes- und Landesministerien
  - Berichte der Deutschen Bundesbank und der Europäischen Zentralbank
- Informationen externer Dienstleister
  - Marktforschungsagenturen
  - Werbeagenturen
  - Kreditinstitute
  - Adressverlage etc.
- Fachliteratur, Zeitungen, Zeitschriften
- elektronische Medien
- Internet.

#### b) Informationsauswertung

Die Auswertung der gewonnenen Informationen bildet die Grundlage zu einer laufenden Marktbeobachtung. Die für den Handwerksbetrieb wichtigsten praktischen Anwendungen werden im Folgenden dargestellt.

### 2.1.2 Gegenstände der Marktanalyse und Marktforschung

#### a) Auswertung von Kunden- und Produktdaten

> Neben der Kenntnis externer Daten ist die Auswertung der betriebsindividuellen Kundendaten für die Marktanalyse und Marktforschung von großer Bedeutung.

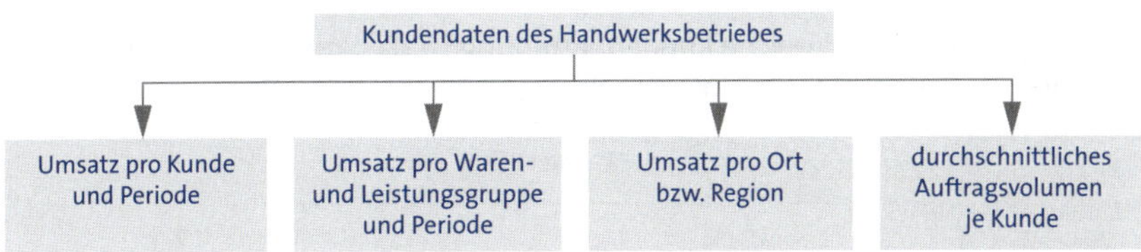


Ein besonderes Verfahren zur Ermittlung des Deckungsbeitrages für einzelne Produkte bzw. Produktgruppen ist die sog. ABC-Analyse. ABC-Analyse

**Beispiel:**

Ein Handwerksbetrieb bietet schwerpunktmäßig vier Produkte an. Der Umsatz verteilt sich wie folgt auf die Produkte und die Zahl der Kunden:

| Produkt | Umsatz | %-Anteil | Anzahl Kunden | %-Anteil |
|---|---|---|---|---|
| P 1 | 50.000,00 | 25,0 % | 10 | 21,3 % |
| P 2 | 75.000,00 | 37,5 % | 5 | 10,6 % |
| P 3 | 10.000,00 | 5,0 % | 25 | 53,2 % |
| P 4 | 65.000,00 | 32,5 % | 7 | 14,9 % |
| Gesamt | 200.000,00 | 100 % | 47 | 100 % |

Das Beispiel dokumentiert folgende Situation:

> 70 % des Umsatzes werden durch die Produkte P 2 und P 4 erzielt; es werden jedoch mit diesen Produkten nur 25,5 % der Kunden angesprochen.
> 30 % des Umsatzes werden durch die Produkte P 1 und P 3 erzielt; hier werden jedoch 74,5 % der Kunden angesprochen.

Für den Beispielbetrieb zeigt sich einerseits eine Abhängigkeit von wenigen Kunden. Andererseits liegt aber auch gegenüber dem Markt ein Spezialisierungsvorteil bei den Produkten P 2 und P 4 vor, der von der Konkurrenz derzeit nicht erreicht wird.

**Handlungsleitlinie**

Handlungsorientierung für diesen Betrieb könnte somit sein:

> intensive Betreuung der Kunden der Produkte P 2 und P 4 (VIP-Kunden)
> Sicherstellung einer hohen Servicebereitschaft gegenüber diesen Kunden (z. B. telefonische Erreichbarkeit)
> Untersuchung der Deckungsbeitragsanteile der Produkte P 2 und P 4 (Wird mit diesen Produkten auch ein angemessener Gewinn erzielt?)
> Prüfung der Möglichkeiten, den Absatz der Produkte P 1 und P 3 bei den Kunden der Produkte P 2 und P 4 zu erhöhen
> Förderung des Absatzes von Produkt P 3 (Ist dieses Produkt rentabel?).

Im Mittelpunkt des wirtschaftlichen Handelns steht der Kunde. Er bildet die Basis für eine erfolgreiche Marktforschung.

**Kundendatei**

Grundlage für die erfolgreiche Kundenbetreuung ist das Anlegen einer Kundendatei. Folgende grundsätzliche Unterscheidung ist hierbei zu treffen:

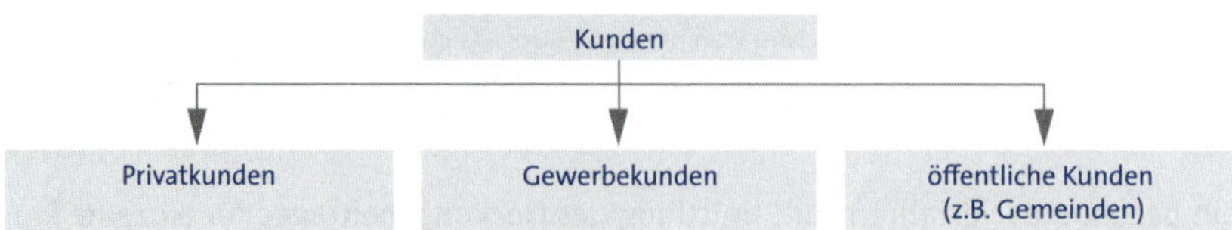


**Checkliste**

Nachfolgende Checkliste stellt die wichtigsten allgemeinen Inhalte einer Kundendatei dar:

> Name
> Anschrift
> Telefon, Mobiltelefon, Telefax, E-Mail
> Geschlecht
> Geburtstag
> Familienstand
> Beruf
> persönliche Interessen
> Kunde seit ...
> Umsatz pro Jahr/im letzten Jahr
> letzter Kontakt am ... / Inhalt
> nächster Kontakt am ... / Inhalt
> Zahlungsmoral
> Gesprächsberichte.

Bei Gewerbekunden sollte die Checkliste um folgende Angaben ergänzt werden:

> Branche
> Betriebsgröße
> Lieferadresse
> Ansprechpartner
> Namen und sonstige Daten wichtiger Entscheider.

CRM

Qualifizierte IT-Unterstützung ist bei der Anlage einer Kundendatei zweckmäßig. Das sog. CRM (Customer Relationship Management) hat das Ziel, erfolgreiche Kundenbeziehungen herzustellen und zu erhalten. Für die meisten Branchen gibt es heute CRM-Standardsoftware, die Auswertungen und Selektionen des Kundenbestandes nach wichtigen Kriterien ermöglicht (Beispiel: Suche alle Kunden, die in einer bestimmten Region wohnen etc.). Zu den Grundanforderungen an ein CRM-Tool zählen individuelle Kundenbetreuung, Adressmanagement, Kontaktdokumentation, Terminmanagement und eine Aufgabenverwaltung. Das Tool muss einfach bedienbar sein und eine Schnittstelle zu Standardsoftware (z. B. Outlook) haben.

Aktualisierung

Eine wichtige Rolle spielt auch die ständige Pflege der Aktualisierung der Kundendatei. Veraltete Adressen, die Nennung falscher Ansprechpartner und vieles mehr kann zu Verärgerungen bei Kunden führen.

### b) Beurteilung der allgemeinen Marktsituation (Öffentlichkeit)

Ein grundlegender Einflussfaktor für den einzelnen Betrieb ist die gesamtwirtschaftliche Lage.

Für den Betriebsinhaber ist es wichtig, die Auswirkungen von gesamtwirtschaftlichen Veränderungen für den eigenen Betrieb einschätzen zu können und entsprechend zu reagieren und zu handeln.

Volkswirtschaftliche Einflussgrößen

Wichtige volkswirtschaftliche Einflussgrößen sind unter anderem:

> Entwicklung der Inflationsrate
> Veränderung des Zinsniveaus
> Veränderung der privaten und staatlichen Konsumausgaben
> Entwicklung der Investitionsneigung

> Veränderung von Umweltschutzvorschriften
> Entwicklungen in der Rechtsprechung (z. B. Produkthaftung)
> Entwicklung der Wechselkurse.

**Beispiel:**

Bei steigenden Zinsen wird die Auftragslage für Handwerksbetriebe der Baubranche – wenn man nur diesen Einflussfaktor isoliert betrachten würde – eher rückläufig sein, weil die private und staatliche Investitionsneigung zurückgeht.

Informationsquellen

Wichtige Informationen zur Beurteilung der gesamtwirtschaftlichen Lage können den Konjunkturberichten der Handwerkskammern, aber auch der Tagespresse und dem Internet entnommen werden.

**Ermittlung von Strukturdaten**

Die Ermittlung von Strukturdaten ist eine wichtige Grundlage zur Beurteilung zukünftiger Absatzpotenziale.

Angaben über die demografische Struktur eines bestimmten Absatzgebietes lassen erkennen, wie die Verbrauchergewohnheiten in der betreffenden Region einzuschätzen sind.
Wichtige Strukturdaten sind beispielsweise:

> Struktur des Familienstandes
> Struktur der Familiengröße
> Altersstruktur
> Geschlechtsstruktur.

Quelle für die Ermittlung von Strukturdaten sind amtliche Statistiken, aber auch Statistiken von Verbänden und Kammern.

**Einbeziehung von Kaufkraftkennziffern**

Die Kaufkraft, d. h. der Geldbetrag, der den Verbrauchern tatsächlich zur Verfügung steht, hat erhebliche Auswirkungen auf die Absatzchancen eines Handwerksbetriebes.

Messung

Die Kaufkraft ist regional sehr unterschiedlich ausgeprägt. Eine Messung erfolgt durch sog. Kaufkraftkennziffern. Setzt man die durchschnittliche Kaufkraft in der Bundesrepublik Deutschland = 100, so ist die Kaufkraft z. B. in einer Region mit der Kennziffer 110 um 10 % höher als im Bundesdurchschnitt. Umgekehrt ist sie beispielsweise um 20 % niedriger in einem Gebiet mit Kaufkraftkennziffer 80.

**Beispiel:**

Ein Handwerksbetrieb, der sich mit der Herstellung und dem Vertrieb hochwertiger Luxusartikel beschäftigt (z. B. Goldschmied), wird in einem Gebiet mit einer möglichst hohen Kaufkraftkennziffer bessere Absatzchancen vorfinden als in einer Region mit geringer Kaufkraftkennziffer.

Aufschluss über die regionale Kaufkrafthöhe geben sog. Kaufkraftkarten, die beispielsweise bei der Gesellschaft für Konsumforschung (GfK) in Nürnberg erhältlich sind. Datenquelle

### c) Analyse der Beschaffungsmärkte (Lieferanten)

>> Dieser Abschnitt wird unter 3.2 „Beschaffung" in diesem Band ausführlich behandelt.

### d) Wettbewerber (Benchmarking)

**Ermittlung des Marktvolumens**

> Das Marktvolumen ist die Maßzahl für die Größe eines Marktes in einer bestimmten Region, gemessen an der Höhe des Umsatzes.

Das Marktvolumen berechnet sich folgendermaßen:
Marktvolumen = Umsatz pro Kopf der Bevölkerung x Anzahl der Einwohner

**Beispiel:**

Der Umsatz pro Kopf der Bevölkerung in der Bundesrepublik Deutschland betrage in einem Handwerkszweig 150,00 EUR im Jahr. Eine Stadt mit 50.000 Einwohnern hat somit ein Marktvolumen von 7.500.000,00 EUR.

Die Betrachtung des Marktvolumens ist gegenwartsbezogen. Wichtig für die weitere Entwicklung des einzelnen Betriebes ist der Blick in die Zukunft.
Nachfolgende Fragestellungen sind hierbei zu untersuchen: Fragestellungen

- Wie entwickelte sich der Umsatz der Branche in den letzten Jahren?
- Wie entwickelt sich der Umsatz der Branche voraussichtlich in den nächsten Jahren?
- Wie entwickelte sich das Produktionsvolumen der Branche in den letzten Jahren?
- Wie entwickelt sich das Produktionsvolumen voraussichtlich in den nächsten Jahren?
- Gibt es Möglichkeiten, das Marktvolumen durch Produktinnovationen auszuweiten?

**Ermittlung des Marktanteils**

> Der Marktanteil ist die Maßzahl für den Anteil eines Betriebes am Marktvolumen in einer bestimmten Region, gemessen an der Höhe des Umsatzes. Er gibt also das Umsatzvolumen eines Betriebes im Vergleich zum Marktvolumen an und gibt somit wichtige Aufschlüsse über die Stellung eines Unternehmens am Markt.

Marktanteil

Der Marktanteil berechnet sich wie folgt:
Marktanteil in % = eigener Umsatz/Marktvolumen × 100

**Beispiel:**

Beträgt der Umsatz eines Handwerksbetriebes 750.000,00 EUR und das im Beispiel ermittelte Marktvolumen 7.500.000,00 EUR, so ergibt sich ein Marktanteil von 10 %.
Ebenso wie die Ermittlung des Marktvolumens ist die Berechnung des Marktanteils gegenwartsbezogen.

Zahl der Anbieter

Zur Einschätzung der Marktposition ist außerdem die Zahl der übrigen Anbieter zu berücksichtigen. Gibt es beispielsweise nur noch einen anderen Anbieter, der 90 % Marktanteil hätte, so wäre die Marktsituation wesentlich ungünstiger, als wenn es 20 weitere Anbieter gäbe, die sich den Markt nahezu zu gleichen Anteilen aufteilen.

**Ermittlung des Marktbesetzungsfaktors**

Der Marktbesetzungsfaktor zeigt auf, wie hoch der Anteil an Kunden einer Region, gemessen an der Gesamtbevölkerung dieser Region, ist. Er bietet somit ein wirksames Instrument zur Ermittlung möglicher versteckter Potenziale im Einzugsgebiet.

Marktbesetzungsfaktor

Der Marktbesetzungsfaktor wird folgendermaßen ermittelt:
Marktbesetzungsfaktor in % = Anzahl Kunden/Anzahl Einwohner × 100

**Beispiel:**

Beträgt die Anzahl der Kunden eines Handwerksbetriebes 500 und die Zahl der Einwohner seines entsprechenden Einzugsgebietes 50.000, so beträgt der Marktbesetzungsfaktor 1 %.

Potenziale

Die Ermittlung des Marktbesetzungsfaktors ist ebenso wie der Marktanteil und das Marktvolumen eine gegenwartsbezogene Zeitpunktbetrachtung. Er zeigt an, welche Potenziale in einzelnen Regionen für den Handwerksbetrieb noch vorhanden sind. Der Umsatz und abgesetzte Mengen des einzelnen Betriebes bleiben hier unberücksichtigt.

## 2.2 Methoden zur Entscheidungsvorbereitung und -findung

### 2.2.1 Analyse der Wettbewerbssituation

In den vorangegangenen Ausführungen wurde deutlich, dass die volks- und betriebswirtschaftlichen Rahmenbedingungen erheblichen Einfluss auf die Stellung eines Handwerksbetriebes am Markt haben.

Stärken und Schwächen

Für den eigenen betrieblichen Erfolg ist jedoch in erster Linie der Betrieb selbst verantwortlich. Aufbauend auf den Stärken eines Betriebes, die das Fundament bilden, gilt es individuelle Schwachstellen abzubauen, eigenständig am Markt aufzutreten und das eigene Unternehmen von den Mitbewerbern abzuheben. Die Bildung von Alleinstellungsmerkmalen (einzigartiges Waren- und/oder Dienstleistungsangebot) ist ein wichtiger Erfolgsfaktor.

Alleinstellungsmerkmal

Zur Ermittlung der eigenen Stärken und Schwächen, aber auch der der Mitbewerber, gibt es verschiedene Verfahren.

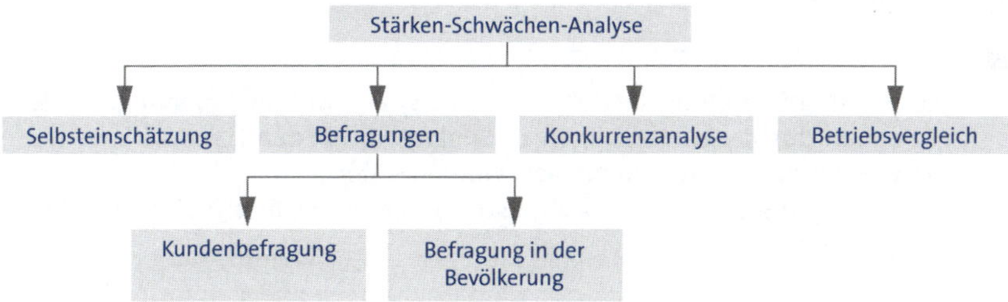


### a) Selbsteinschätzung

> Bei diesem Verfahren gilt es, den eigenen Handwerksbetrieb selbstkritisch zu analysieren. Der Betriebsinhaber hat die Aufgabe, die Stärken und Schwächen seines Unternehmens zu erkennen und mit den Wettbewerbern zu vergleichen.

Nachfolgende Checkliste gibt einen Überblick hinsichtlich wichtiger Vergleichsmaßstäbe:

Checkliste

- Betriebsgröße
- Qualifikation des Betriebsinhabers
- Qualifikation der Mitarbeiter
- Auftreten gegenüber den Kunden
- technische Ausstattung des Betriebes
- Art der Unternehmensführung
- Standort des Betriebes
- Produkt- bzw. Dienstleistungsangebot
- Ertragssituation
- Betriebsorganisation
- Öffentlichkeitsarbeit
- Werbung
- Zukunftschancen.

Diese Kriterien gilt es im Vergleich zu den Wettbewerbern zu beurteilen. Dabei wird es Bereiche geben, die besser, gleich gut oder schlechter eingeschätzt werden.

**Beispiel:**

Kommt der Betriebsinhaber zur Einschätzung, dass sein Dienstleistungsangebot im Vergleich zu den Wettbewerbern besser ist, jedoch die Ertragssituation aufgrund einer verbesserungsbedürftigen Betriebsorganisation leidet, so wird sein zukünftiges Handeln schwerpunktmäßig in der Verbesserung der Betriebsabläufe zu finden sein.

Der Betriebsinhaber muss sein Handeln selbstkritisch auf den Abbau der erkannten Schwächen lenken und gleichzeitig die vorhandenen Stärken weiter ausbauen.

### b) Befragungen

Unter einer Befragung versteht man eine systematische Erhebung, bei der Personen durch gezielte Fragen zu konkreten, für den Handwerksbetrieb verwertbaren Aussagen veranlasst werden sollen.
Die Befragung gilt als die wichtigste Methode der Informationsbeschaffung im Marketing.

Zielgruppenauswahl

Ein wichtiger Aspekt bei der Planung und Durchführung von Befragungen ist die Zielgruppenauswahl. Sie bestimmt, welche Personen befragt werden sollen. Es ist zu beachten, dass die befragte Zielgruppe weitgehend mit der Zielgruppe des Handwerksbetriebes übereinstimmt.

**Beispiel:**

Befragt werden sollen Frauen zwischen 20 und 50 Jahren, die über ein Familiennettoeinkommen von mehr als 15.000,00 EUR im Jahr verfügen und einem Angestelltenhaushalt angehören.

Befragungswege

Bei der Planung und Durchführung von Befragungen ist weiterhin festzulegen, auf welchem Weg die Zielgruppe befragt werden soll.

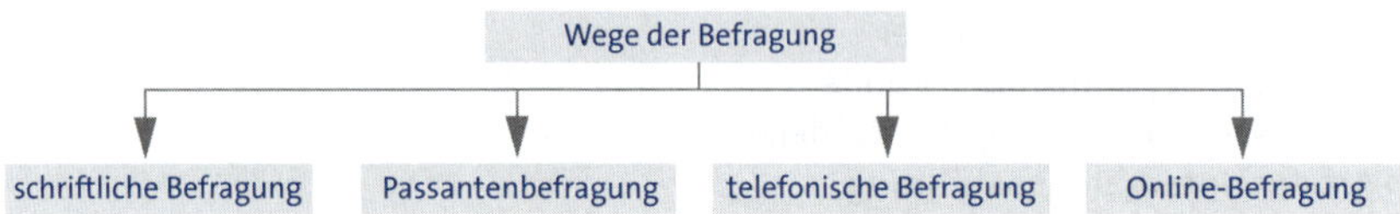


Vor- und Nachteile

Vorteile der schriftlichen Befragung:

- gute Repräsentativität
- Möglichkeit, komplexere Fragen zu stellen
- Angebot von Auswahlmöglichkeiten durch vorformulierte Antworten.

Nachteile der schriftlichen Befragung:

- teurere und aufwendige Methode
- geringe Rücklaufquote.

Vorteile der Passantenbefragung:

- relativ kostengünstige Methode
- Möglichkeit genaueren Nachfragens.

Nachteile der Passantenbefragung:

> geringe Repräsentativität
> Anwendung von Antwortalternativen schwierig.

Vorteile der telefonischen Befragung:

> relativ geringer Zeitaufwand
> hohe Repräsentativität.

Nachteile der telefonischen Befragung:

> Telefoninterviews werden häufig abgebrochen
> Anwendung von Antwortalternativen schwierig.

Vorteile der Online-Befragung:

> schnelle Umsetzung
> geringe Kosten
> Daten und Auswertungen zeitnah verfügbar.

Nachteile der Online-Befragung:

> geringe Repräsentativität
> Abbruch leicht möglich
> technische Voraussetzungen notwendig.

Welche der genannten Methoden den Bedürfnissen des einzelnen Handwerksbetriebes am besten entspricht, hat der Betriebsinhaber unter Berücksichtigung der genannten Vor- und Nachteile individuell zu entscheiden.

In der Praxis ist oftmals eine telefonunterstützte schriftliche Befragung im Handwerk der geeignetste Weg.

Um eine möglichst hohe Rücklaufquote zu erhalten, können folgende Techniken die Bereitschaft zur Mitarbeit bei den Befragten erhöhen: Rücklaufquote

> Beilegen eines frankierten Rückkuverts
> schriftliche Zusicherung von Anonymität und Vertraulichkeit
> Formulierung einfacher und klar strukturierter Fragen
> übersichtliche, nicht zu umfangreiche Gestaltung des Fragebogens
> Verwendung farbiger Fragebögen
> individuelle Gestaltung des Anschreibens
> Angebot einfacher Antwortalternativen
> telefonische Vorankündigung einer schriftlichen Befragung
> telefonische Nachfassaktion starten.

Eine Rücklaufquote bei einer schriftlichen Befragung zwischen 5 % und 20 % gilt trotz dieser unterstützenden Maßnahmen allgemein als Erfolg und ist bei einer ausreichend großen Stichprobe als repräsentativ zu betrachten.

### c) Kundenbefragung

Marketing bedeutet kunden- und marktorientiertes Denken und Handeln. Aus diesem Grund ist die Befragung von Kunden für den Betriebsinhaber wichtig. Der Unternehmer muss genau wissen, was der Kunde denkt und will.

Eine Kundenbefragung hat grundsätzlich zwei positive Aspekte. Einerseits erfährt der Betriebsinhaber die Wünsche seiner Kunden, zum anderen erkennt der Kunde, dass es dem Betrieb ernst damit ist, die Wünsche und Anregungen der Kunden zu erfahren und umzusetzen.

**Beispiel:**

Für eine Fleischerei könnte ein Fragebogen für eine schriftliche Kundenbefragung folgendes Aussehen haben:

Fragebogen

Sehr geehrte Frau / Herr,

hervorragende Produktqualität und bestmöglicher Service sind unsere Ziele, um in Zukunft noch besser auf Ihre individuellen Kundenwünsche eingehen zu können.

Deshalb bitten wir Sie, an unserer diesjährigen Kundenbefragung teilzunehmen und die wenigen nachfolgenden Fragen zu beantworten. Natürlich ist die Umfrage völlig anonym! Um Ihnen keine Kosten zu verursachen, haben wir ein Rückkuvert beigelegt, bei dem die Postgebühr vom Empfänger bezahlt wird.

Bitte kreuzen Sie nachfolgend die zutreffenden Antworten an.

Vielen Dank für Ihre Mitarbeit!

1. Warum kaufen Sie in der Fleischerei Kalb ein?

| | |
|---|---|
| Lage des Geschäftes | ☐ |
| Nähe zum Wohnort | ☐ |
| Gute Verkehrsanbindung | ☐ |
| Gute Parkmöglichkeiten | ☐ |
| Frische der Produkte | ☐ |
| Auswahl der Produkte | ☐ |
| Einkaufsatmosphäre | ☐ |
| Freundliche Bedienung | ☐ |
| Sonstiges | ☐ |

2. Wie beurteilen Sie die Produktqualität der Fleischerei Kalb?

| **Fleischwaren** | sehr gut | gut | befriedigend | schlecht |
|---|---|---|---|---|
| > Rindfleisch | ☐ | ☐ | ☐ | ☐ |
| > Kalbfleisch | ☐ | ☐ | ☐ | ☐ |
| > Schweinefleisch | ☐ | ☐ | ☐ | ☐ |
| > Putenfleisch | ☐ | ☐ | ☐ | ☐ |
| > Sonstiges | ☐ | ☐ | ☐ | ☐ |

| **Wurstwaren** | sehr gut | gut | befriedigend | schlecht |
|---|---|---|---|---|
| > Bierschinken | ☐ | ☐ | ☐ | ☐ |
| > Salami | ☐ | ☐ | ☐ | ☐ |
| > Leberwurst | ☐ | ☐ | ☐ | ☐ |
| > Sonstiges | ☐ | ☐ | ☐ | ☐ |

3. Wie beurteilen Sie das Erscheinungsbild der Fleischerei Kalb?

| | sehr gut | gut | befriedigend | schlecht |
|---|---|---|---|---|
| > Gebäude und Fassade | ☐ | ☐ | ☐ | ☐ |
| > Schaufenstergestaltung | ☐ | ☐ | ☐ | ☐ |
| > Ladeneinrichtung | ☐ | ☐ | ☐ | ☐ |
| > Warenpräsentation | ☐ | ☐ | ☐ | ☐ |

4. Wie beurteilen Sie das Verkaufspersonal?

| | sehr gut | gut | befriedigend | schlecht |
|---|---|---|---|---|
| > Freundlichkeit | ☐ | ☐ | ☐ | ☐ |
| > Höflichkeit | ☐ | ☐ | ☐ | ☐ |
| > Schnelligkeit | ☐ | ☐ | ☐ | ☐ |
| > Sauberkeit | ☐ | ☐ | ☐ | ☐ |
| > Fachkompetenz | ☐ | ☐ | ☐ | ☐ |
| > Erscheinungsbild | ☐ | ☐ | ☐ | ☐ |

5. Welche Verbesserungsvorschläge haben Sie im Allgemeinen?

______________________________________________

______________________________________________

______________________________________________

______________________________________________

______________________________________________

6. Statistische Angaben

Alter ____________________

Geschlecht ____________________

Familienstand ____________________

Zahl der Kinder ____________________

Wohnort ____________________

### d) Umfragen in der Bevölkerung

Die Ermittlung der Stellung eines Unternehmens am Markt in den Augen der Öffentlichkeit ist neben der Ermittlung der Kundenmeinung für einen Handwerksbetrieb wichtig.
Durch die Befragung der Bevölkerung kann vor allem das Image eines Betriebes untersucht werden. Ebenso können Meinungen zu Konkurrenzbetrieben ermittelt werden.

**Beispiel:**

Für einen Betrieb des Elektrotechniker-Handwerks könnte ein Fragebogen folgendes Aussehen haben:

Fragebogen

Guten Tag, wir führen eine Meinungsumfrage durch, und Sie wurden zufällig aus dem Telefonbuch ausgewählt ...

1. Welche Elektrohandwerker und -betriebe hier aus der Umgebung kennen Sie, wenn auch nur dem Namen nach?

   ____________________

2. Jetzt geht es um den Einkauf verschiedener Elektroartikel und um Elektroinstallation. Sagen Sie mir bitte, welchen Betrieb Sie bevorzugen:

   ____________________

3. Sie haben Ihren Fernseher gekauft bei:

   ____________________

4. Wo lassen Sie Ihren Fernseher reparieren?

   ____________________

5. Sie lassen Elektroinstallationen machen von:

______________________________________________

6. Sie lassen Anlagen reparieren bei:

______________________________________________

7. Sie haben Ihre Waschmaschine gekauft bei:

______________________________________________

8. Wo lassen Sie Ihre Waschmaschine reparieren?

______________________________________________

9. Können Sie sich an die Werbung eines dieser Geschäfte erinnern?
   ☐ ja
   ☐ nein
   Wenn ja, wissen Sie auch noch, welches oder welche Geschäfte da geworben haben?

______________________________________________

10. Sie sagen, Sie kaufen bei der Fa.:____________________
    (oben überwiegend genannt) Wie beurteilen Sie dort ...?

| | 1 | 2 | 3 | 4 | 5 |
|---|---|---|---|---|---|
| Auswahl | ☐ | ☐ | ☐ | ☐ | ☐ |
| Fachberatung | ☐ | ☐ | ☐ | ☐ | ☐ |
| Preise | ☐ | ☐ | ☐ | ☐ | ☐ |
| Freundlichkeit der Mitarbeiter | ☐ | ☐ | ☐ | ☐ | ☐ |
| Serviceleistungen | ☐ | ☐ | ☐ | ☐ | ☐ |
| Reparaturpreise | ☐ | ☐ | ☐ | ☐ | ☐ |

1 = sehr gut, 2 = gut, 3 = weniger gut, 4 = schlecht, 5 = keine Angabe

11. Die Firma Elektro Watt möchte sich in Zukunft noch besser auf ihre Kunden einstellen. Was könnte bei der Firma Watt geändert oder verbessert werden, damit Sie persönlich lieber dort einkaufen würden?
    ☐ bin zufrieden ☐ kein Vorschlag ☐ unbekannt
    ☐ kenne ich, kaufe dort aber nicht
    ☐ Verbesserungsvorschlag: ____________________

Statistik:

12. Wo wohnen Sie?

1 in Stromstadt

2 außerhalb in ______________________

13. Wie alt sind Sie?

1 □ bis 20 2 □ 20–30 3 □ 30–50

4 □ über 50 Jahre

... vielen Dank für Ihre Mithilfe ...

(aus Marketing im Elektroinstallateur-Handwerk, Hrsg. Institut für Handwerkswirtschaft, München)

**e) Konkurrenzanalyse (Benchmarking)**

Um die Stellung eines Handwerksbetriebes am Markt beurteilen zu können, ist auch die Analyse der Mitbewerber bzw. Konkurrenten notwendig.

Hauptziel der Konkurrenzforschung ist die Ermittlung der Fähigkeiten, Stärken und Schwächen der derzeitigen und potenziellen Konkurrenten. Vor allem die Erforschung von deren Kernkompetenzen ist von Bedeutung.

Grundsätzlich gilt es festzulegen, welche Einzelinformationen über die Mitbewerber zu sammeln sind.

Wichtige Daten

Folgende Daten sind in der Regel wichtig:

> Name, Anschrift
> Alter und Ausbildung des Betriebsinhabers und weiterer Führungskräfte
> Umsatz
> Mitarbeiterzahl
> Qualifikation der Mitarbeiter
> Produkt- und Leistungsprogramm (Sortimentsgestaltung, Qualität)
> Preise
> Arbeitstechniken und Maschinenausstattung
> Kundengruppen
> Absatzgebiet
> Marketing- und Vertriebsmethoden
> Stärken und Schwächen.

Mitbewerber

Der erste Schritt bei der Konkurrenzanalyse ist die Ermittlung der Mitbewerber. Zum einen sind dies Betriebe, die im gleichen Absatzgebiet gleiche oder ähnliche Produkte anbieten. Zum anderen sind aber auch Unternehmen zu beachten, die sog. Substitutionsgüter (Ersatzgüter) im Angebot haben.

**Beispiel:**

Ein Konkurrent eines Schreinereibetriebes bietet Kunststofftüren statt der vom Schreiner gefertigten Holztüren an.

Außerdem bieten manche Betriebe auch Produkte und Leistungen anderer Handwerkszweige an.

**Beispiel:**

Verkauf von Brot in der Metzgerei.

Der Handwerksbetrieb kann sich im Ergebnis an den besten Mitbewerbern im Markt messen. Diese bilden dann die sog. Benchmark, also die Bezugsgröße der besten Mitbewerber. Dies geschieht sowohl in qualitativer als auch in quantitativer Hinsicht.

#### f) Betriebsvergleich

Informationen können auch aus veröffentlichten Betriebsvergleichen gewonnen werden, soweit sie sich auf marketingrelevante Daten beziehen. (>> Weitere Informationen zu diesem Thema in Band 1, Kapitel 4.4.3)

#### g) SWOT-Analyse

Die SWOT-Analyse ist Grundlage vieler Entscheidungen im Bereich des Marketings. Sie gibt dem Betriebsinhaber eine Positionsbeschreibung, von der ausgehend Maßnahmen entwickelt werden können.

Die SWOT-Analyse wird sehr häufig in Form der nachfolgenden Matrix dargestellt. Sie zeigt dem Betriebsinhaber, wo Stärken und Schwächen sowie Risiken und Chancen bestehen.

| SWOT-Analyse | | Interne Analyse | |
|---|---|---|---|
| | | Strenghts = Stärken | Weaknesses = Schwächen |
| Externe Analyse | Opportunities = Chancen | SO: Stärken nutzen => Chancen nutzen | WO: Schwächen abbauen => Chancen nutzen |
| | Threats = Risiken | ST: Stärken nutzen => Risiken vorbeugen | WT: Schwächen abbauen => Risiken vorbeugen |

Auf Basis der SWOT-Analyse gilt es eine Unternehmensstrategie zu entwickeln. Mögliche Strategien sind:

SO-Strategie: Nutzung von Stärken und Chancen des Unternehmens

**Beispiel:**
Neuentwicklung von Produkten und / oder Dienstleistungsangeboten.

ST-Strategie: Entschärfung von Risiken durch die Nutzung von Stärken

**Beispiel:**
Ausbau der Marktposition durch Forcierung erfolgreicher bestehender Produkte und / oder Dienstleistungsangebote.

WO-Strategie: Nutzung von Chancen durch Abbau von Schwächen

**Beispiel:**
Einführung neuer ergänzender Produkte und / oder Dienstleistungen, um den Umsatz zu steigern.

WT-Strategie: Reduzierung des Risikos durch den Abbau von Schwächen

**Beispiel:**
Einführung neuer ergänzender Produkte und / oder Dienstleistungen, um Kunden nicht an andere Anbieter (Komplettanbieter) zu verlieren.

Zur Entwicklung einer nachhaltig erfolgreichen Strategie gilt es vor allem Entwicklungen in der Zukunft zu berücksichtigen. Stärken und Schwächen können sich im Zeitverlauf verändern, daher ist die Betrachtung immer wieder neu durchzuführen und zu bewerten.

**h) Nutzwertanalyse**

Die Nutzwertanalyse ist ein Verfahren, das dem Betriebsinhaber die Möglichkeit gibt, verschiedene Handlungsalternativen zu bewerten und zu vergleichen. Dabei werden Argumente pro eine Entscheidungsmöglichkeit und kontra eine Entscheidungsmöglichkeit bestimmt.
Im Ergebnis bildet sich dann eine ggf. verbesserte Grundlage für eine fundierte Entscheidung.

Folgende Schritte können bei einer Nutzwertanalyse durchgeführt werden:

1. Festlegung des Ziels
2. Bestimmung von Bewertungskriterien
3. Festlegung von „KO-Kriterien“
4. Beschreibung der Alternativen
5. Gewichtung der Ziele
6. Bewertung der Alternativen
7. Ermittlung der Ergebnisse
8. Bildung einer Rangfolge der möglichen Entscheidungen.

## Wiederholungsfragen sowie handlungsorientierte, fallbezogene Übungs- und Prüfungsaufgaben

1. Beschreiben Sie wichtige Methoden der Marktanalyse und Marktforschung!

   >> Seite 59 |

2. Als selbstständiger Handwerker wissen Sie, dass die Untersuchung und Beobachtung der Stellung Ihres Betriebes im Marktgeschehen eine wichtige Grundvoraussetzung für den nachhaltigen Erfolg ist. Deshalb wollen Sie künftig systematische Marktanalyse betreiben. Dazu sind eine Reihe von Informationen erforderlich.

   Aufgabe: Erläutern Sie wichtige Methoden und Wege der Informationsbeschaffung für den genannten Zweck!

   >> Seite 60 |

3. Die Kundenbetreuung ist eine wichtige Voraussetzung für eine erfolgreiche betriebliche Arbeit im Handwerk. Eine elementare Grundlage für die Kundenbetreuungsarbeit ist eine Kundendatei, die alle bedeutsamen Daten über die Kunden enthalten muss. Als selbstständiger Handwerker wollen Sie eine Kundendatei auf EDV-Basis aufbauen.

   Aufgabe: Stellen Sie in einer Checkliste fest, welchen Inhalt diese Datei haben soll!

   >> Seiten 62 bis 63 |

4. Wie werden Kaufkraftkennziffern in der Marktforschung eingesetzt?

   >> Seite 64 |

5. Was versteht man unter dem Marktvolumen?

   >> Seite 65 |

6. Im Rahmen der Marktforschung wollen Sie als Inhaber eines Handwerksbetriebes feststellen, welchen Anteil Ihr Betrieb am Marktvolumen, gemessen am Umsatz in Ihrer Region, hat.

   Aufgabe: Erläutern Sie, wie Sie bei der Ermittlung des Marktanteils für Ihren Betrieb vorgehen!

   >> Seite 65 |

7. Warum sind bei der Ermittlung und Beurteilung des Marktanteils eines Handwerksbetriebes auch die Marktanteile der Mitbewerber zur Beurteilung der Marktsituation von Bedeutung?

   >> Seite 65 |

8. Der Marktbesetzungsfaktor ist

- [ ] a eine Zeitpunktbetrachtung.
- [ ] b eine Zeitraumbetrachtung.
- [ ] c eine Zeitpunkt- und eine Zeitraumbetrachtung.
- [ ] d zeitpunktunabhängig.
- [ ] e zeitraumunabhängig.

>> Seite 66 |

9. Sie wollen als Inhaber eines Handwerksbetriebes künftig den Kundenerwartungen besser entsprechen als bisher. Deshalb soll das Instrument der Kundenbefragung eingesetzt werden.

Aufgabe: Erklären Sie die vier gebräuchlichen Wege der Befragung und stellen Sie die Vor- und Nachteile der Befragungsarten fest!

>> Seiten 68 bis 70 |

10. Sie sind in einem Handwerksbetrieb mit Ladengeschäft als Meister angestellt und u.a. für den Bereich Kundenbetreuung zuständig. Vom Betriebsinhaber erhalten Sie den Auftrag, eine schriftliche Kundenbefragung durchzuführen. In Ausführung dieses Auftrages haben Sie zuerst einen entsprechenden Fragebogen zu erstellen und Ihrem Chef vorzulegen.

Aufgabe: Stellen Sie die wichtigsten Inhalte des von Ihnen erarbeiteten Fragebogens dar!

>> Seiten 70 bis 72 |

11. Als Inhaber eines Handwerksbetriebes wollen Sie Ihre eigene Stellung am Markt, vor allem in Bezug auf Ihre unmittelbare Konkurrenz, beurteilen. Im Wege einer durchzuführenden Konkurrenzanalyse sind die Fähigkeiten, Stärken und Schwächen Ihrer Konkurrenten zu ermitteln.

Aufgabe: Erläutern Sie stichwortartig, welche Einzelinformationen für Sie in der Regel wichtig sind und wie Sie im Rahmen der verschiedenen Analyseverfahren (Konkurrenzanalyse, Benchmarking, SWOT-Analyse und Nutzwertanalyse) vorgehen können!

>> Seiten 75 bis 76 |

12. Vervollständigen Sie folgenden Lückentext:

Die SWOT-Analyse ist Grundlage vieler ______________ im Bereich des Marketings. Sie gibt dem Betriebsinhaber eine ______________, von der ausgehend ______________ entwickelt werden können.

>> Seite 75 |

13. Die Nutzwertanalyse ist ein Verfahren, das dem Unternehmer die Möglichkeit gibt,

- [ ] a Handlungsalternativen zu bewerten.
- [ ] b Handlungsalternativen zu vergleichen.
- [ ] c Fehlentscheidungen in ihrem Ausmaß zu bewerten.
- [ ] d EDV- Geräte auszunutzen.
- [ ] e Personal auszuwählen.

>> Seite 76 |

14. In welchen Schritten kann eine Nutzwertanalyse durchgeführt werden?

>> Seite 76 |

15. Erstellen Sie eine Nutzwertanalyse an einem selbstgewählten Beispiel!

>> Seite 76 |

# 3. Einsatzmöglichkeiten von absatzmarktpolitischen Marketinginstrumenten für Absatz und Beschaffung von Produkten und Dienstleistungen begründen

**Kompetenzen**

- Bereiche und Instrumente des Marketings im Überblick darstellen und Gemeinsamkeiten sowie Unterschiede des Marketings auf Beschaffungs- und Absatzmärkten erläutern.
- Konsequenzen von absatzpolitischen Entscheidungen ermitteln und Entscheidungen für einen Marketing-Mix begründen.
- Den Ablauf von Beschaffungsprozessen erläutern sowie Schwachstellen analysieren.

## 3.1 Marketingfunktionen und -instrumente auf der Absatzseite

**Marketingfunktionen und -instrumente auf der Absatzseite**

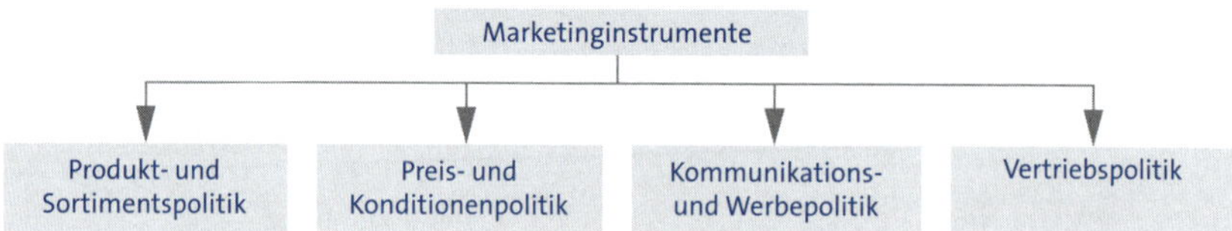


### 3.1.1 Produkt- und Sortimentspolitik/Kundenorientierung und Kundenbehandlung

**a) Produkt- und Sortimentspolitik**

Die Aufgabe der Produktpolitik ist, ein an den Bedürfnissen der Nachfrager orientiertes Angebot zu konzipieren. Ihr Ziel ist, sich durch die Schaffung eines bedarfsgerechten Güter- und Dienstleistungsangebotes positiv vom Angebot der Mitbewerber abzuheben.

Einem Produkt lassen sich grundsätzlich folgende Eigenschaften zuordnen:

Produkteigenschaften

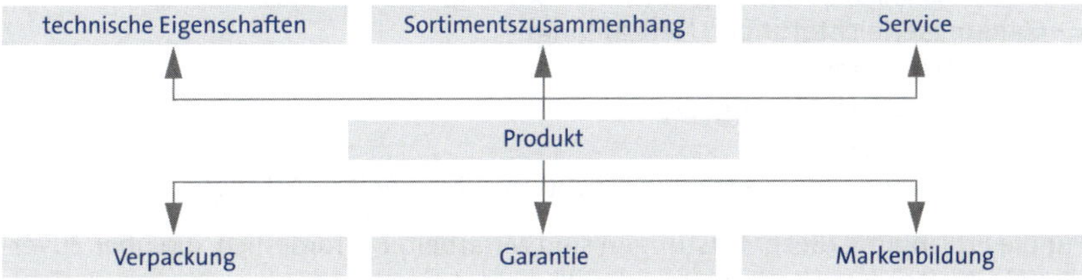


Leistungsprogramm

Die Produktpolitik bildet die Basis für das Leistungsprogramm des Handwerksbetriebes. Aufgabe des Betriebsinhabers ist es, die Leistungsbereiche festzulegen. Hierbei ist in Haupt- und Nebenleistungen zu unterscheiden.

**Beispiel:**

Eine Bäckerei hat ihr Produktprogramm zusammenzustellen. Es gilt also z.B. auszuwählen, welche Brotsorten angeboten werden. Bei der Überlegung der Sortimentsgestaltung ist hier beispielsweise festzulegen, ob auch Feinbackwaren angeboten werden sollen. Das Produkt- bzw. Sortimentsangebot bildet dann die Hauptleistung. Eine mögliche Nebenleistung wäre im Beispiel ein Lieferservice.

Das Produkt- und Leistungsprogramm eines Handwerksbetriebes muss sich immer aktuell den Marktbedürfnissen anpassen.

Ein Angebot, das die Kunden zu einem bestimmten Zeitpunkt attraktiv finden, kann bereits in kurzer Zeit seine Attraktivität verlieren. Aufgabe des Handwerksbetriebes ist es daher, sein Produkt- und Leistungsprogramm immer wieder zu überprüfen und entsprechend den technischen Veränderungen und den Marktbedürfnissen anzupassen. Möglichkeiten hierzu entstehen durch Produktinnovationen und Produktvariationen.

Unter Produktinnovation versteht man die Entwicklung und Einführung neuer Produkte. Produktvariation nennt man die Veränderung und Anpassung bestehender Produkte.

Wie bereits erwähnt, sind auch Zusatz- bzw. Nebenleistungen Bestandteile des gesamten Leistungsprogramms und somit der Produktpolitik. Es geht dabei um Leistungen, die der Verkäufer seinem Abnehmer während und nach dem Kauf anbietet, um den Erwerb, Einsatz und Gebrauch eines Produkts oder einer Leistung zu ermöglichen bzw. zu erleichtern.
Wichtige Kundendienstleistungen sind beispielsweise:

Kundendienstleistungen

> technische Leistungen
  - Installation
  - Wartung
  - Reparatur
  - Ersatzteilversorgung

- kaufmännische Kundendienstleistungen
  - Finanzierungsvermittlungen (Kredit, Leasing)
  - Zahlungserleichterungen (Teilzahlung)
- Transportleistungen
  - Abhol- und Auslieferungsdienst
- Entsorgungsleistungen
  - Mitnahme und sachgerechte Entsorgung alter Geräte, Materialien.

Anforderungen an Mitarbeiter

Für die Erbringung dieser Leistungen sind Mitarbeiter erforderlich, die über Zuverlässigkeit, Gewissenhaftigkeit, Schnelligkeit, Ideenreichtum sowie psychologisches und technisches Einfühlungsvermögen verfügen.
Kundendienstleistungen kosten zwar Geld; sie sind jedoch wichtige Investitionen in Kunden, Produkte und Verfahren.

Komplette Problemlösung

Kundendienstleistungen steigern die Kundenzufriedenheit, fördern die Marken- und Herstellertreue und helfen mit, einen engen und intensiven Kontakt zum Kunden aufzubauen und ihn zum Stammkunden zu machen. Sie sind damit eine wichtige Voraussetzung für eine insgesamt erfolgreiche Produkt- und Leistungsgestaltung. Zusehends möchte der Kunde nicht nur das Produkt kaufen, sondern er verlangt eine komplette Problemlösung und besten Service.

Seniorenmarkt

Zunehmende Bedeutung kommt dem Seniorenmarkt zu. Ältere Menschen werden als Zielgruppe immer wichtiger, da ihr Anteil an der Gesellschaft stark wächst und sie einkommensstärker sind als ihre Vorgängergeneration. In dieser Zielgruppe ist die Kombination von Produkt und Dienstleistung stark gefragt. Um die Umsatzchancen in diesem Bereich effektiver zu nutzen, muss sich das Handwerk auf diese Zielgruppe intensiv einstellen.

**Wichtige Merkmale für die äußere Produkt- und Leistungsgestaltung**

Äußere Merkmale

Nicht nur die technische Ausstattung, sondern auch die „Aufmachung" der Produkte ist ein wichtiger absatzpolitischer Faktor. Bei der äußeren Produkt- und Leistungsgestaltung sind als besonders wichtige Merkmale zu nennen:

- Präsentation, Material, Farbe, Formgebung, Passform, Handhabung, Verpackung, Transportfähigkeit, Haltbarkeit.

### b) Kundenorientierung und Kundenbehandlung

**Kundenorientierung**

> Die Ausrichtung aller marktrelevanten Maßnahmen eines Betriebes an den Wünschen, Bedürfnissen und Problemen des Kunden (Kundenorientierung) ist eine zentrale Aufgabe der Betriebsführung im Handwerk. Ein wichtiger Erfolgsfaktor ist die persönliche Beziehung der Unternehmensleitung und der Mitarbeiter zum Kunden. Gegenüber dem Kunden präsentiert sich der Handwerksbetrieb als zuverlässiger Dienstleister und Problemlöser: sachkundig, freundlich und kompetent.

Oberstes Ziel ist die Zufriedenheit des Kunden, die vor allem von folgenden Faktoren beeinflusst wird:

Einflussfaktoren

- Freundlichkeit
- Pünktlichkeit, Termintreue
- Zuverlässigkeit
- Fachwissen
- Qualität der Produkte und Leistungen, Produktberatung
- Service, kompetente Beratung und Problemlösung
- Kostenverbindlichkeit (Übereinstimmung von Angebot und Rechnung)
- optimales Preis-Leistungs-Verhältnis.

Kundenbefragung

Kundenzufriedenheit führt zu Kundentreue. Deshalb wird die Betriebsführung in einem permanenten Prozess Kundenzufriedenheitsanalysen (Stärken-Schwächen-Analysen) durchführen und in periodischen Abständen auch das Instrument der Kundenbefragung einsetzen. Dabei und durch ein gezieltes Beschwerdemanagement werden die Zufriedenheitsdefizite festgestellt, die in neue Strategien zum Abbau der Defizite und zur Verbesserung der Zufriedenheit münden. Die Betriebsführung setzt anschließend die erarbeiteten Maßnahmen um und kontrolliert die Ergebnisse.

Voraussetzung für die Umsetzung aller Ziele der Kundenorientierung ist ein kundenorientiertes Personalmanagement. Nur wenn alle Mitarbeiter das Programm mittragen und im Alltag praktizieren, wird sich der gewünschte Erfolg einstellen. Speziell ausgerichtete Mitarbeiterbesprechungen und Schulungen in Kundenorientierung und Service sind eine Daueraufgabe der Betriebsführung und für die Motivation der Mitarbeiter wichtig.

Wichtige Leitsätze sind:

- mit Kompetenz überzeugen,
- mit Information, Beratung und Leistung Kunden binden,
- mit Kulanz Kunden behalten und
- mit Geschick verlorene Kunden zurückgewinnen.

**Kundenbehandlung**

Für das Verhalten von Betriebsinhaber, Gesellen und Auszubildenden sowie anderen Mitarbeitern lassen sich folgende Regeln aufstellen:

Am Telefon

- Am Telefon
  - Klar und deutlich sprechen.
  - Stets Firmennamen und persönlichen Namen nennen sowie Grußformel („Guten Tag“, „Grüß Gott“ u. Ä.) verwenden.
  - Höflichkeit und Geduld zeigen, insbesondere den Ansprechpartner ausreden lassen.
  - Mit dem Kunden bzw. Interessenten konkrete Vereinbarungen treffen, um ihm das Gefühl zu geben, dass seine Anliegen ernst genommen werden (z. B. Terminvereinbarung, Zusenden von Prospekten, Beratung u. Ä.) bzw. Rückruf zusichern, falls dem Anliegen des Kunden nicht sofort entsprochen werden kann.

Im Betrieb

> Im Betrieb und Ladengeschäft
- Sauber, gepflegt, korrekt und freundlich auftreten.
- Alle Kunden höflich begrüßen, mit Namen (soweit bekannt).
- Ausführlich und bereitwillig beraten, z. B. anhand von Prospekten, Katalogen, Mustern oder ggf. der Gebrauchsanleitung gekaufter Produkte, Pläne, Skizzen und Zeichnungen; dem Kunden muss dabei immer das Gefühl vermittelt werden, dass man ihn ernst nimmt und seine Fragen für angebracht und berechtigt hält.
- Zusicherung geben, dass der Kunde sich bei Fragen jederzeit wieder an den Betrieb wenden kann.

Beim Kunden

> Beim Kunden (z. B. bei Arbeiten in Wohnungen, im Kundenbetrieb, auf Baustellen)
- Pünktlich sein und vereinbarte Termine exakt einhalten (Verlässlichkeit); bei unerwarteter Verhinderung sofortige Benachrichtigung des Kunden mit dem Angebot von Ersatzterminen.
- Qualitativ einwandfreie und fachgerechte Auftragsdurchführung.
- Sauber und höflich auftreten (z. B. Vermeidung von Musikhören, Rauchen, Trinken und nicht sachbezogenen Gesprächen).
- Auf Sauberkeit und umweltgerechtes Verhalten bei der Arbeit achten (Beseitigung von Unrat, Materialresten und Verpackungsabfall mit entsprechender Entsorgung, besenreine Übergabe von Wohnungen u. Ä.).

Zusätzliche Maßnahmen

> Weitere empfehlenswerte Maßnahmen
- Sicherstellung der ständigen Erreichbarkeit für den Kunden, z. B. durch Anrufbeantworter, Telefax, Mobilfunk, E-Mail.
- Annahme und schnelle Ausführung auch von Kleinaufträgen (bei Zufriedenheit des Kunden folgen diesen oft größere Aufträge).
- Jeder Reklamation sofort nachgehen und fehlerhafte Arbeit ohne Wenn und Aber ausbessern.
- Eine Kundendatei bzw. Datenbank anlegen, um Kunden eventuell auch regelmäßig zum Geburtstag oder anderen Jubiläen gratulieren zu können sowie sie über Sortimentsänderungen und Sonderangebote auf dem Laufenden zu halten (Kundenpflege), Treuebonus gewähren.
- Eine offensive Öffentlichkeitsarbeit, beispielsweise durch Tage der offenen Tür und Pressemeldungen, Kundenseminare und Gruppenveranstaltungen mit Kunden durchführen.
- Kostenvoranschläge so klar und sorgfältig anfertigen, dass sie betragsmäßig auch eingehalten werden können; bei Betragsüberschreitungen Abweichungen verständlich begründen.
- Vereinbarte Preise einhalten.
- Dem Kunden Angebote, ggf. Kostenvoranschläge, Stundenverrechnungssatz und Rechnungen auf Verlangen ausführlich erläutern.

Verrechnungssatz für eine Handwerkerstunde

Nur wenige Kunden und nicht alle Mitarbeiter können ohne genauere Information nachvollziehen, wie der Verrechnungssatz für eine Handwerkerstunde zustande kommt. Deshalb gibt es auch vielfach bei der Bevölkerung ungerechtfertigte Vorurteile über angeblich zu hohe Preise gegenüber dem Handwerk.
Wie sich der durchschnittliche Preis für eine Handwerkerstunde beispielsweise zusammensetzt, kann folgendem Schema entnommen werden:

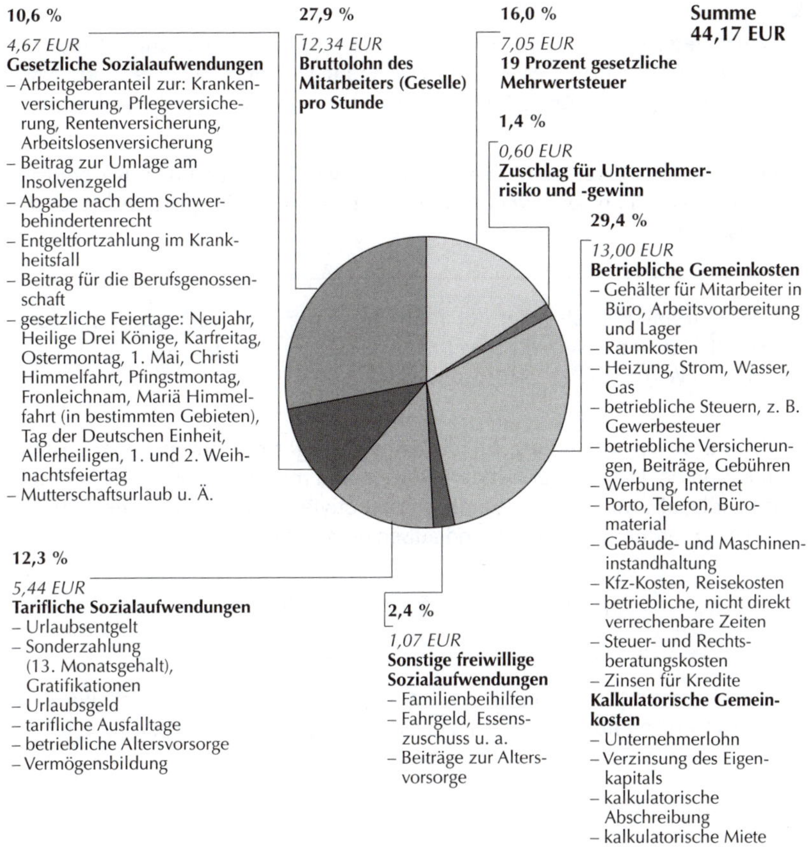


Dabei sind bei verschiedenen Handwerksbetrieben und Handwerkszweigen Abweichungen von Einzelansätzen und vom Durchschnittswert selbstverständlich.

### c) Imagepflege

> Das Bild bzw. die Vorstellung, die Kunden und Öffentlichkeit von einem Betrieb haben, nennt man auch Image.

Diese Einstellungen werden durch persönliche Erfahrungen gewonnen und weiterentwickelt. Sie hängen maßgeblich ab vom

> Erscheinungsbild des Handwerksbetriebes und
> direkten Umgang des Betriebsinhabers und seiner Mitarbeiter mit dem Kunden.

Jeder selbstständige Handwerker und seine Mitarbeiter werben für die Erhaltung und für die Erweiterung eines Betriebes durch ihre fachliche Leistung und durch ihr Verhalten gegenüber dem Kunden. Dazu gehören insbesondere:

> Kundendienst
> Kundenbetreuung
> qualifizierte fachliche Beratung.

Zufriedene Kunden sind für einen Betrieb die beste Werbung (Mund-zu-Mund-Werbung). In diesem Zusammenhang spricht man heute häufig von Empfehlungsmarketing. Zufriedene Kunden empfehlen den Betrieb weiter.

Gerade für den Handwerker, der vielfach intensiven Kontakt zum Endverbraucher hat, kommt es deshalb besonders darauf an, zum Kunden eine gute Vertrauensbasis herzustellen.

Der einzelne Betrieb prägt durch Erscheinungsbild und Umgang mit dem Kunden nicht nur sein eigenes Image, sondern zugleich das Image des gesamten Wirtschaftsbereichs Handwerk.

Motivation

Betriebsinterne Voraussetzung für die Entwicklung eines guten Images ist die Identifikation der Mitarbeiter mit dem Betrieb und mit den Firmenzielen. Dazu ist es notwendig, alle Mitarbeiter ständig so zu motivieren, dass ihre Gemeinsamkeit für das Unternehmen nach innen und außen demonstriert wird.

### 3.1.2 Kommunikations- und Werbepolitik

Die Kommunikationspolitik von Handwerksbetrieben beinhaltet alle Entscheidungen und Handlungen zur Gestaltung und Übermittlung von Informationen an Kunden oder potenzielle Kunden.

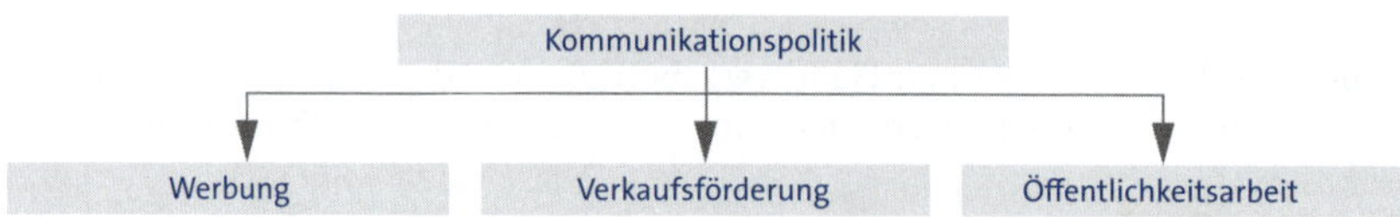


#### a) Werbung

**Begriff und Ziele der Werbung**

Unter Werbung versteht man den Versuch, Kunden und Verbraucher durch Maßnahmen so zu beeinflussen, dass sie von sich aus in einer bestimmten Art und Weise handeln beispielsweise ein bestimmtes Produkt des Betriebes erwerben.

Jeder Handwerksbetrieb verfolgt mit seiner Werbung bestimmte Zielsetzungen:

Werbeziele

- Einführung neuer Produkte und Dienstleistungen
- Erhaltung und Sicherung des Absatzes
- Erweiterung von Umsatz und Marktanteilen
- Ansprache bestimmter Zielgruppen

> Steigerung des Absatzes in verkaufsschwachen Gebieten
> Sicherung des Absatzes in verkaufsstarken Gebieten
> Weckung neuen Bedarfs
> Steigerung des Bekanntheitsgrades
> Verbesserung des Images.

Für jeden Handwerksbetrieb hat die Werbung einen hohen Stellenwert. Nicht von ungefähr gilt der Satz: „Wer nicht wirbt, der stirbt." Jeder Betrieb ist auf Kunden angewiesen. Er muss daher bestrebt sein, einen Kundenkreis zu erwerben, zu sichern und auszuweiten.

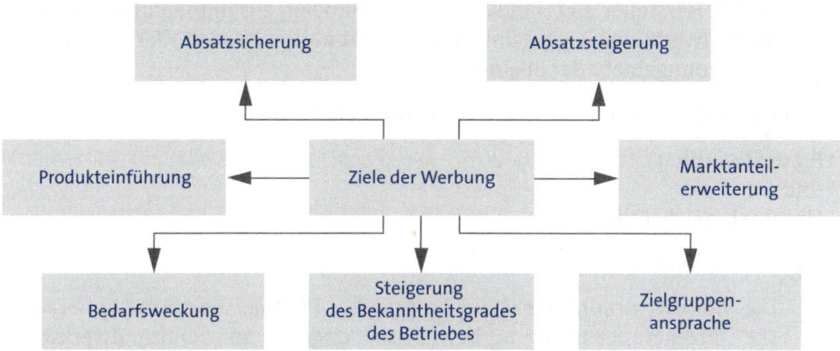


**Arten der Werbung**

Je nach Blickwinkel ergeben sich unterschiedliche Arten der Werbung. Hat man die jeweiligen Adressaten im Blick, so lassen sich unterscheiden:

> die direkte Werbung
und
> die indirekte Werbung.

Von Direktwerbung spricht man, wenn der Werbeadressat, insbesondere der Endverbraucher, ganz persönlich angesprochen wird. Diese Werbeart wird immer stärker eingesetzt.
Als indirekte Werbung dagegen werden allgemeine verkaufsfördernde Maßnahmen bezeichnet, vor allem solche der Produzenten gegenüber Händlern.

Darüber hinaus unterscheidet man grundsätzlich zwischen

> Einzelwerbung
und
> Gemeinschaftswerbung.

Einzelwerbung

Gemeinschaftswerbung

Einzelwerbung bedeutet, dass jeder Betrieb seine Werbeaktivitäten selbst organisiert bzw. für sich durch eine Agentur betreiben lässt.
Bei der Gemeinschaftswerbung dagegen schließen sich mehrere Unternehmen der gleichen Wirtschaftsstufe zur Durchführung gemeinsamer Werbemaßnahmen zusammen.

Eng verbunden damit sind

- die Verbundwerbung, bei der mehrere Unternehmen verschiedener Wirtschaftsstufen (z. B. Hersteller und Handwerker oder Händler) zusammenarbeiten, und
- die Sammelwerbung als gemeinsame Aktivität beispielsweise aller Handwerker in einem Wohngebiet oder in einer Straße.

Weiterhin unterscheidet man nach dem Werbeobjekt die

- Produktwerbung
  und die
- Unternehmenswerbung.

Die Produktwerbung stellt ein bestimmtes Produkt werbemäßig heraus. Die Unternehmenswerbung bezieht sich dagegen auf den Handwerksbetrieb und dessen Leistungsfähigkeit.

**Werbewege und Werbemittel**

Werbewege

Die häufigsten Werbewege für den Handwerksbetrieb sind:

- Printmedien, also Druckerzeugnisse
- die elektronischen Medien, also Fernsehen, Rundfunk, Kino, Video, CD-ROM, DVD, Internet, E-Mail, SMS
- Medien der Außenwerbung wie Plakate, Firmenfahrzeuge, Leuchtschriften etc.

Werbemittel

Im Rahmen dieser Werbewege kommen jeweils spezifische Werbemittel zum Einsatz, wobei in einzelnen Fällen Werbeweg und Werbemittel nicht exakt zu trennen sind.
Die wichtigsten Werbemittel sind:

- bei der gedruckten Werbung (Printwerbung): Anzeigen, Poster, Beilagen, Prospekte, Kataloge, Handzettel, Werbebriefe, Adressbücher, Branchenfernsprechbücher, Gelbe Seiten, Telefonbücher
- bei der elektronischen Werbung: Fernseh- und Rundfunkspots, Kinowerbung, Werbung im Internet, E-Mail-Werbung, Firmenvideo, Online-Netzwerke (Social Media)
- bei der Außenwerbung: Plakate, Litfaßsäulen, Anschlagtafeln, öffentliche Verkehrsmittel, Leuchtschriften, Firmenfahrzeuge, Banden bei Sportplätzen, Trikots, Schaufenster, lebende Werkstätten, spezielle Werbeveranstaltungen.

Für einzelne Werbemittel, die gerade auch im Handwerk von Bedeutung sind, sollte der Betriebsinhaber folgende Grundsätze beachten:

**Anzeigenwerbung**

Hier sind für den Handwerker, dessen Absatzgebiet zumeist regional und lokal begrenzt ist, insbesondere

> Lokalzeitungen und
> Anzeigenblätter

von Bedeutung. Bei branchenbezogenen Angeboten kommen auch Fachzeitschriften infrage.

Anzeigengestaltung

Anzeigen sollen kurz, knapp, aber nicht zu klein und gut lesbar gestaltet sein. Wiederholte Anzeigen in gleicher Form, bei denen auch das Firmenzeichen und eventuell ein branchen- oder firmenspezifischer Slogan (Claim) besonders herausgestellt werden, prägen sich besser ein.

**Werbebrief / Direktmarketing / Dialogmarketing**

Der Werbebrief muss klar, überzeugend, geschmackvoll und übersichtlich gestaltet sein und damit aus der Alltagspost hervorstechen, um Kunden und Verbraucher direkt und gezielt ansprechen zu können. Der klassische Werbebrief hat im Rahmen der Direktwerbung und des Direkt- bzw. Dialogmarketings einen hohen Stellenwert.

Persönlich adressiert und individuell gestaltet erreicht der Werbebrief die Aufmerksamkeit des Empfängers.

Mailingaktion

In diesem Zusammenhang spielt die Durchführung von Mailingaktionen auch für den Handwerksbetrieb eine immer wichtigere Rolle im Bereich des schriftlichen Kundendialogs. Wer sich regelmäßig bei Kunden und Interessenten in Erinnerung bringt, hat gute Chancen, auch den nächsten Auftrag zu erhalten.

Durchführung

Folgende Schritte sind bei der Durchführung einer Mailingaktion im Besonderen zu beachten:

> Definition des Ziels der Aktion
> Auswahl der Zielgruppe
> Nutzenargumentation gegenüber dem Adressaten
> Konzentration auf eine Kernbotschaft
> einfache Antwortmöglichkeit (Response), z. B. Fax, E-Mail, Antwortkarte, Telefon
> schnelle Reaktion auf Interessentenfragen.

Wichtige Hinweise für die Durchführung von Mailingaktionen gibt z. B. das Direkt Marketing Center der Deutschen Post (www.deutschepost.de/direktmarketing).
Je gezielter Werbung auf den Adressaten zugeschnitten ist, umso eher erzielt man damit Erfolge. Gerade kleine und mittlere Unternehmen sowie Handwerksbetriebe, die nah am Kunden arbeiten und täglich Kundenkontakt haben, kennen ihre Zielgruppe sehr genau. Sie können den Erfolg ihrer Marketingkonzepte unmittel-

bar abfragen und somit schnell auf die Bedürfnisse und Wünsche der Kunden eingehen. Direktmarketingmaßnahmen und das sogenannte Dialogmarketing bieten gute Rückmeldemöglichkeiten und sollten somit im Vordergrund jeder erfolgreichen Werbestrategie stehen – vor allem, wenn das Marketingbudget nicht so üppig ist.
Wichtige Kernelemente eines erfolgreichen Direkt- und Dialogmarketings sind:

> Adressqualität
  Aktualität der jeweils verwendeten Adressdaten sicherstellen
> Kontinuität
  regelmäßige Kunden- bzw. Interessentenansprache (mind. 4- bis 6-mal pro Jahr)
> Individualität
  individuelle Ansprache von Kunden und Interessenten durch Ansprache mit Namen und Berücksichtigung von Interessengebieten
> Zusatznutzen
  Darstellung des zusätzlichen Nutzens des Kunden bei Inanspruchnahme der Leistung des Handwerksbetriebes
> Mehrkanalkommunikation
  Nutzung verschiedener Kommunikationskanäle (z. B. Brief, Mail, Fax, Telefon, SMS etc.)
> Zustimmung
  Einholen der Zustimmung des Interessenten bei elektronischer Kommunikation.

**Werbe- und Handzettel**

Werbe- und Handzettel dienen zur kurzen und sprachlich aufgelockerten Information über das Dienstleistungs- bzw. Warenangebot eines Betriebes, vor allem aber zum Hinweis auf besonders interessante oder Sonderangebote.

Verteilung

Neben der Auslage im Ladengeschäft selbst sollten Werbe- und Handzettel durch Verteilung von Hand zu Hand, in Form einer Zeitungsbeilage oder als Infopost oder Postwurfsendung im Einzugsgebiet des Betriebes verteilt werden. Auf diese Weise können auch mögliche neue Kunden erreicht werden.

**Prospekt**

Prospekte sind ausführlicher gestaltet als Werbe- und Handzettel und weisen oftmals auch bildliche Elemente auf.

Die Verbreitungswege für Prospekte sind dieselben wie für Werbe- und Handzettel. Sie können aber auch im Kundengespräch eingesetzt werden.

**Plakat**

Plakate werden einerseits in bestimmten Branchen als Motivplakate eingesetzt. Andererseits werden sie von den einzelnen Betrieben als sogenannte Preisplakate genutzt, um insbesondere auf Sonderangebote aktuell hinweisen zu können.

Inhalte

Plakate eignen sich vor allem für das Schaufenster sowie für Litfaßsäulen, Werbetafeln und andere Werbeflächen.

**Hörfunkwerbung, Kinowerbung, Fernsehwerbung, Internet, E-Mail**

Unter den elektronischen Werbemitteln kommen für den Handwerksbetrieb vorrangig die Hörfunkwerbung, die Kinowerbung und die Werbung im Internet infrage. Auch E-Mails und SMS-Nachrichten werden als Werbemedium eingesetzt.

Datenschutz

Bei der Durchführung von Mailingaktionen per SMS oder E-Mail sind die Regelung des Datenschutzes und insbesondere die Inhalte des „Gesetzes zur Bekämpfung unerlaubter Telefonwerbung und zur Verbesserung des Verbraucherschutzes bei besonderen Vertriebsformen" und weitere Datenschutzregelungen zu beachten.

Grundsätzlich dürfen personenbezogene Daten nur mit Einwilligung des Betroffenen zu Zwecken der Werbung per E-Mail, SMS oder Telefon eingesetzt werden.

Das Einholen der Einwilligung erfordert zwar zusätzlichen Aufwand und verringert in der Regel die Zahl möglicher Empfänger und somit potenzieller Neukunden, ist aber rechtlich unabdingbar.

Lokale Rundfunk- und Fernsehsender

Interessant für lokal und regional begrenzt orientierte Betriebe sind die lokalen Rundfunksender oder auch lokale Fernsehprogramme. Damit lassen sich Kunden vor Ort gezielt, schnell und preisgünstig ansprechen. Eine große Anzahl von Handwerksbetrieben wirbt durch eigene Homepages und durch Verlinkungen und Bannerwerbung auf für den Betrieb interessanten Homepages anderer Unternehmen. Zunehmende Bedeutung hat auch die attraktive Platzierung eines Betriebes in den wichtigsten Suchmaschinen.

Internet

**Firmenvideo**

Firmenvideo

Firmenvideos sind immer häufiger eine Ergänzung der klassischen Werbemittel. Sie werden sowohl online (meist im Rahmen des Internetauftritts) als auch offline auf Speichermedien (DVD) eingesetzt.

Das Drehen des Firmenvideos ist grundsätzlich in professionelle Hände zu geben. Folgendes ist im Besonderen zu beachten:

> Erstellung eines interessanten und abwechslungsreichen Drehbuchs
> Darstellung typischer Szenen im Betrieb unter Berücksichtigung von Produkten und/oder Dienstleistungen
> Maximallänge 5 Minuten
> Berücksichtigung der Perspektiven und Beleuchtung
> Kosten im Auge behalten.

**Online-Netzwerke (Social Media)**

Social Media Online-Netzwerke

Als Social Media werden Online-Netzwerke und Netzgemeinschaften verstanden, die als Kommunikationsplattform dienen. Wichtige Anbieter im Businessbereich sind Xing, Twitter und Facebook.

Für den Handwerksbetrieb bietet sich die Möglichkeit zur Geschäftsanbahnung und zur Kundenpflege und -kommunikation in den genannten Online-Netzwerken.

**Schaufenster**

Schaufenster sind die Visitenkarte eines Betriebes und werden genutzt, um das Angebot des Handwerksbetriebes optimal darzustellen. Schaufenster sind geeignet, erste Eindrücke über das Sortiment eines Geschäfts zu vermitteln und dessen Leistungsfähigkeit darzustellen.

Schaufenstergestaltung

Wichtige Grundsätze für die Gestaltung eines Schaufensters sind:

> Übersichtlichkeit
> Erzielung eines hohen Aufmerksamkeitswerts, z. B. durch Gegensätze in Form und Farbe, Beleuchtung und Gestaltung eines Blickfangs, bewegte Objekte, Präsentationsprogramme, Diashows
> Wechsel der ausgestellten Waren, eventuell entsprechend der jeweiligen Saison, nach spätestens vier Wochen
> „Blickfang" in Augenhöhe
> Sauberkeit.

Schaukasten

Handwerksbetriebe, die über keine Schaufenster verfügen, können ihre Waren auch in einem Schaukasten oder in einer Vitrine anbieten. Im Übrigen wirken die Verkaufs- und Arbeitsräume ebenfalls als Schaufenster. Es sollte deshalb in diesen Räumen u. a. auf besondere Sauberkeit und Ordnung geachtet werden.

**Leuchtreklame**

Die Beleuchtung („ins rechte Licht setzen") spielt bei der Werbung insgesamt eine sehr wichtige Rolle. Besondere Effekte lassen sich hier durch die Beleuchtung des Firmenschildes bzw. des Firmenzeichens und durch die helle, indirekte Beleuchtung des Ladens sowie die gezielte Ausleuchtung von Waren im Schaufenster erreichen.

Maßnahmenbündel

In der Praxis wird selten nur eines der genannten Werbemittel allein eingesetzt. Vielmehr lassen sich durch ein abgestimmtes Bündel verschiedener Werbemittel in der Regel gute Erfolge erzielen.

**Werbegrundsätze**

Jeder Betriebsinhaber sollte bei seinen Werbemaßnahmen vor allem auf vier wichtige Grundsätze achten:

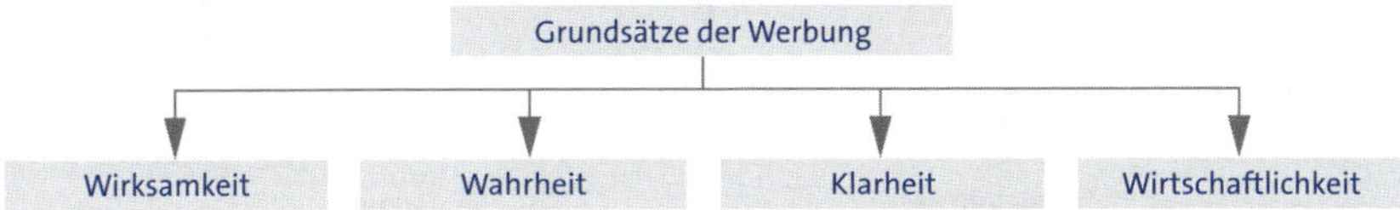


Wirksamkeit bedeutet, dass die Werbung auch tatsächlich den beabsichtigten Zweck erreichen soll.
Nach dem Grundsatz der Wahrheit darf Werbung nicht irreführend sein und nicht gegen die guten Sitten verstoßen. Diese Anforderung wird nicht nur durch rechtliche Bestimmungen gestützt, sondern liegt auch im Eigeninteresse jedes Betriebsinhabers, da bei Verstößen sein guter Ruf auf dem Spiel stehen kann.
Es muss darauf geachtet werden, dass alle in der Werbung zugesicherten Eigenschaften auch tatsächlich in den Lieferungen und Leistungen enthalten sind.
Der Grundsatz der Klarheit bedeutet, dass die Werbeaussagen leicht verständlich und deutlich sein müssen.
Wirtschaftlich ist Werbung dann, wenn sie zu einem messbaren Werbeerfolg führt. Der Erfolg durch Werbung lässt sich allerdings nur sehr schwer exakt sachlich und zeitlich abgrenzen.

Hilfsmaßstäbe sind:

- Absatzentwicklung
- Entwicklung des Marktanteils
- Daten aus Kundenbefragungen
- Werbewirksamkeitsmessungen.

Werbekosten

Wegen dieser Erfolgsmessprobleme verdienen die Kosten der Werbung besondere Aufmerksamkeit. Wichtige Anhaltspunkte über die Wirtschaftlichkeit der Werbung können sich durch sog. Werbewirksamkeitsanalysen ergeben.

**Werbeplanung**

> Aufgrund der Bedeutung der Werbung ist es sehr wichtig, diese systematisch zu planen, das heißt, Werbewege und Werbemittel genau auf die Werbeziele auszurichten.

Elemente einer systematischen Werbeplanung

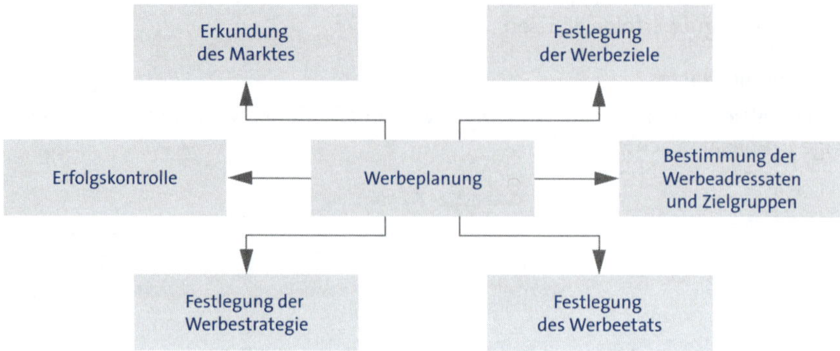


Handlungsschritte

In der betrieblichen Praxis sind folgende Handlungsschritte durchzuführen:

1. Festlegung des Werbeetats
2. Zusammensetzung wichtiger Markt- und Firmeninformationen
3. Entwicklung der Werbekonzeption
4. Gestaltung der Werbemittel
5. Erstellen des Mediaplanes
6. Werbeerfolgskontrolle und Werbewirksamkeitsanalyse.

### b) Öffentlichkeitsarbeit

Der Begriff Öffentlichkeitsarbeit (Public Relations) fasst alle kommunikativen Maßnahmen und Handlungen eines Handwerksbetriebes zusammen, die geeignet sind, das Ansehen und das Image eines Betriebes in der Öffentlichkeit zu steigern.

Im Gegensatz zum Bereich Verkaufsförderung dient die Öffentlichkeitsarbeit nicht der unmittelbaren Umsatzsteigerung, sondern bereitet eine allgemein wohlwollende und vertrauensbildende Atmosphäre für die unternehmerischen Handlungen des Betriebes in der Öffentlichkeit und bei den Zielgruppen.

Instrumente

Wichtige Instrumente der Öffentlichkeitsarbeit sind:

> Kontaktpflege zu den Medien
> Unterrichtung der Öffentlichkeit (z. B. Pressekonferenzen, Geschäftsberichte, PR-Berichte)
> Öffnung des Betriebes für die Öffentlichkeit (z. B. Tag der offenen Tür)
> finanzielle Unterstützung öffentlicher Anliegen
> Herausgabe von Firmen- und Kundenzeitschriften
> Übernahme von Schirmherrschaften
> Darstellung im Internet
> Informationsübermittlung durch Newsletter-Service.

Adressaten der Öffentlichkeitsarbeit

- Lieferanten
- Abnehmer

Durch eine erfolgreiche Öffentlichkeitsarbeit werden die Unternehmensziele positiv beeinflusst.

**Beispiel:**

Ein Handwerksbetrieb veranstaltet einen Tag der offenen Tür. Zu diesem Termin werden Lieferanten, Kunden und potenzielle Kunden eingeladen.

Für eine erfolgreiche Gestaltung und Durchführung des Tages müssen sich die Mitarbeiter positiv mit „ihrem" Betrieb identifizieren. Kunden, potenzielle Kunden und Lieferanten sollen von der Leistungsfähigkeit des Betriebes und seiner Mitarbeiter überzeugt werden.

### c) Verkaufsförderung

Unter Verkaufsförderung (Sales-Promotion) versteht man Maßnahmen und Handlungen des Betriebsinhabers, mit denen Kunden und Verbraucher zum Erwerb von Gütern, Sach- oder Dienstleistungen veranlasst werden sollen.

Handlungsorientierte Beeinflussung potenzieller Kunden

| direkt | indirekt |
| --- | --- |
| – Verteilung von Werbegeschenken<br>– Durchführung von Preisausschreiben<br>– Gestaltung von Einführungspreisen<br>– Überlassung von Mustern/Testgeräten<br>– Vorführungen | – Schulung und Information von Absatzhelfern<br>– Erstellung von Prospekten und Broschüren<br>– Bereitstellung von Verkaufshilfen<br>– Erarbeitung von Verkaufsargumentationen<br>– Durchführung von Verkaufswettbewerben |

Mittel der Verkaufsförderung

Wichtige Mittel der Verkaufsförderung sind:

Sachliche Mittel:

> aktuelle Informationssysteme
> Hand- und Hilfsbücher, Informationsbroschüren
> Sonderdrucke aus Fachzeitschriften
> Verkaufsmappen, CD-ROMs und DVDs
> Werbefilme, Werbebriefe
> Bildschirmpräsentationen
> Werbeblätter
> Produktpräsentationen
> Messen und Ausstellungen
> Muster und Proben, Modelle
> Informationsdienste
> Gewinnspiele, Preisausschreiben
> Newsletter per E-Mail
> Internetportale
> Intranet und Extranet.

Personenbezogene Mittel:

> Verkaufsschulungen/Fachschulungen
> Produktvorstellungen/Produkteinführungen
> Vorführungen
> Sonderangebote/Gutscheinaktionen
> Weiterempfehlungsaktionen
> Verkaufswettbewerbe.

Für die Verkaufsförderung spielen Messen und Ausstellungen eine wichtige Rolle. Sie sind hervorragende Möglichkeiten für Information und Anbahnung von Marktkontakten sowie für den direkten Verkauf.

Für einzelne, vor allem kleinere Handwerksbetriebe eignen sich dazu insbesondere Gemeinschaftsstände und Gemeinschaftsbeteiligungen, die oftmals auch öffentlich gefördert werden.

**Sponsoring**

Sponsoring

Unter Sponsoring versteht man die Förderung einer Einzelperson (z. B. Einzelsportler) oder einer Gruppe von Menschen bzw. einer Organisation (z.B Verein) in Form von Geld- oder Sachzuwendungen mit dem Ziel, die eigenen Marketingziele zu unterstützen.

Folgende Aspekte sind beim Sponsoring für den Handwerksbetrieb zu beachten:

> Durch das Sponsoring soll ein verbesserter Zugang zu Kunden und potenziellen Kunden erfolgen.
> Das Sponsoringengagement muss mit Zielen, Werten und Image des Betriebes übereinstimmen.

> Kosten müssen in angemessenem Verhältnis zum Nutzen stehen.
> Keine langfristigen Sponsoringverträge eingehen, um in Krisenzeiten keine unnötigen Belastungen zu haben.

### 3.1.3 Preis- und Konditionenpolitik

Gegenstand der Preispolitik ist die Bestimmung einer Preisforderung, die unter der jeweiligen Marktsituation (Preise der Mitbewerber) und den einzelbetrieblichen Daten aus der Kostenrechnung und Kalkulation den vorgegebenen Zielen (z. B. Gewinnerzielung) entspricht.

Preisbildung
Interne Faktoren

Wichtige Einflussgrößen auf die Preisbildung im Handwerksbetrieb sind:
Betriebliche Bestimmungsfaktoren der Preisbildung (interne Faktoren):

- Betriebsstandort
- Betriebsgröße
- Betriebsstruktur
- Produktionstechnik
- Produktqualität
- Kapazität
- Kapazitätsauslastung
- Kostenstruktur.

Externe Faktoren

Bestimmungsfaktoren des Marktes auf die Preisbildung (externe Faktoren):

- Marktgröße
- Marktzusammensetzung
- Konkurrenzsituation
- Konkurrenzverhalten
- Nachfrageverhalten.

Entscheidungssituationen

Folgende Entscheidungssituationen sind in einem Handwerksbetrieb für den Betriebsinhaber zu unterscheiden und Grundlage seines Handelns:

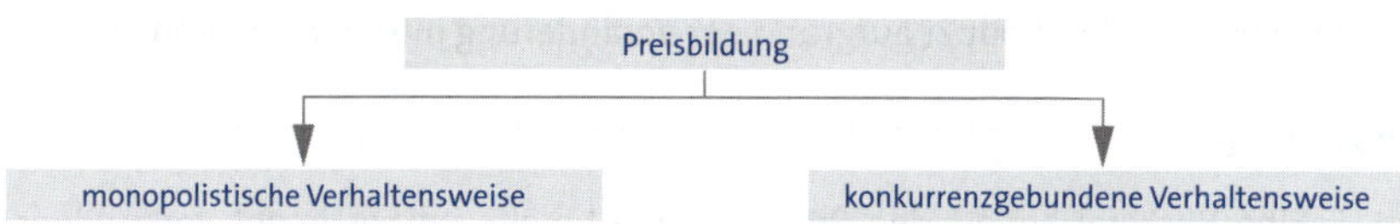


Verhaltensweisen

Bei der monopolistischen Verhaltensweise geht der Betriebsinhaber davon aus, dass der Absatz seiner Güter und Dienstleistungen von den eigenen preispolitischen Maßnahmen und dem Käuferverhalten abhängig ist. Das Verhalten der Konkurrenten spielt keine Rolle.
Die konkurrenzgebundene Verhaltensweise geht davon aus, dass der Absatz von Gütern und Dienstleistungen sowohl von der eigenen Preispolitik und dem Käuferverhalten als auch vom Verhalten der Konkurrenten und Mitbewerber abhängt.

### Arten der Preisbildung

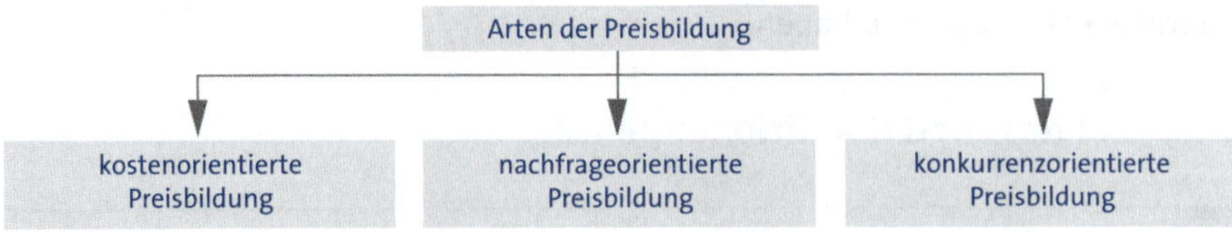


Die kostenorientierte Preisbildung geht davon aus, dass der Preis hauptsächlich von den Kosten bestimmt wird, die das Leistungsprogramm verursacht.
Die nachfrageorientierte Preisbildung basiert auf der Überlegung, dass die Bedarfsentwicklung durch den Grad der Marktsättigung und das Käuferverhalten bestimmt wird.
Die konkurrenzorientierte Preisbildung legt die Annahme zugrunde, dass der Preis durch die Preisbildung der Konkurrenten und Mitbewerber bestimmt wird.

### Anlässe der Preisbildung

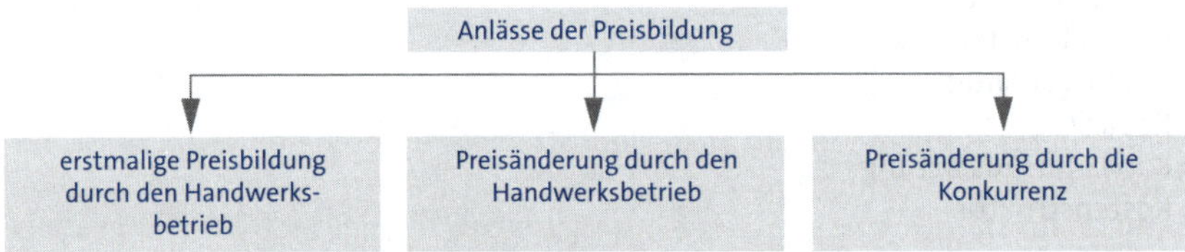


Erstmalige Preisbildung

Bei der erstmaligen Preisbildung ermittelt der Handwerksbetrieb den Preis für eine Leistung (Ware oder Dienstleistung).

**Beispiel:**

Eine Bäckerei ermittelt den Preis für eine neue Brotsorte.

Preisänderung

Bei der Preisänderung durch den Handwerksbetrieb ändert sich der Preis für ein bereits bestehendes Produkt aufgrund der Veränderung interner Faktoren.

**Beispiel:**

Eine Bäckerei ändert den Preis für eine bereits im Sortiment vorhandene Brotsorte aufgrund von Veränderungen der internen Kostenstruktur.

Konkurrenzverursachte Preisänderung

Bei der Preisänderung durch die Konkurrenz hat der Handwerksbetrieb die Aufgabe, seine eigene Preispolitik zu überprüfen und gegebenenfalls anzupassen.

**Beispiel:**

Der Konkurrent einer Bäckerei verändert den Preis für eine Brotsorte, die auch vom eigenen Betrieb in gleicher oder ähnlicher Form angeboten wird.

## 3.1.4 Vertriebspolitik

> Die Vertriebspolitik beschäftigt sich mit Handlungen und Entscheidungen des Handwerksbetriebes, die die Art und Weise des Absatzes von Produkten und Dienstleistungen betreffen.

Aufgabe

In Abgrenzung zu den Bereichen Werbung, Verkaufsförderung und Öffentlichkeitsarbeit, die alle den Vertrieb vorbereiten bzw. unterstützen, ist es Aufgabe des Vertriebs, Waren und Dienstleistungen zu verkaufen.

### a) Vertriebswege

Direkter Vertrieb

Unter direktem Vertrieb versteht man den unmittelbaren Verkauf einer Sach- oder Dienstleistung direkt vom Handwerksbetrieb an den Verbraucher oder an Weiterverarbeiter (z. B. Zulieferungen an die Industrie) ohne Einschaltung von Zwischenhändlern oder Absatzmittlern.

Indirekter Vertrieb

Unter indirektem Vertrieb versteht man den Verkauf einer Sach- oder Dienstleistung des Handwerksbetriebes über Zwischenhändler oder Absatzmittler. Dies können einerseits Großhändler sein, andererseits aber auch Einzelhändler, Handelsvertreter oder Makler.

Beim direkten Vertrieb hat der Handwerksbetrieb je nach Art seiner Tätigkeit eine Reihe von Aufgaben selbst vorzunehmen. Dies sind unter anderem:

- Festsetzung des Preises
- Festsetzung der Lieferbedingungen
- Beratung und Überzeugung des Käufers
- Präsentation und Erklärung der Leistung
- Bereithaltung der Ware
- Lieferung der Ware
- Installation
- Verkaufsabschluss
- Inkasso.

Beim indirekten Vertrieb gehen einige Aufgaben auf die Absatzmittler über, u. a.

- Gestaltung des Sortiments nach individuellen Kundenwünschen
- Angebotserstellung
- Verkauf der Ware
- Bereithaltung der Ware
- Lieferung der Ware.

Zusammenfassend kann festgehalten werden, dass der direkte Absatz arbeits- und kostenintensiver ist, jedoch den großen Vorteil des unmittelbaren Kundenkontaktes hat.

Entscheidend für die Auswahl des Vertriebsweges im Handwerk ist die Art der Produkte oder Dienstleistungen, die ein Handwerksbetrieb anbietet.

**Beispiel:**

Verkauf von Brot in einer Bäckerei direkt an den Endverbraucher (direkter Vertrieb).
Verkauf von Türen einer Schreinerei über Großhändler (indirekter Vertrieb).

### b) Vertriebsformen

Die Wahl der Vertriebsform beschäftigt sich unabhängig vom Vertriebsweg mit Fragen der Absatzorganisation, sowohl in Bezug auf institutionelle als auch auf personelle Aspekte.

Personelle Fragen

Hinsichtlich des Personaleinsatzes ist zu klären, über wen die Geschäftskontakte abgewickelt werden sollen. Dies kann geschehen durch:

- Betriebsinhaber
- Bedienungspersonal
- Außendienstmitarbeiter
- Zwischenhändler.

Neue Vertriebswege

Dabei sind im Einzelnen auch verschiedene Kombinationen denkbar. Eine besondere Form des Außendienstes stellen Vertriebswege wie die sogenannten „rollenden Verkaufswagen“ bzw. Servicemobile dar. Letztgenannte sind Kundendienstfahrzeuge, die mit bester Ausstattung und Besetzung in der Regel rund um die Uhr schnell benötigte Leistungen ausführen bzw. Sofortaufträge abwickeln.
Die institutionelle Regelung der Absatzorganisation betrifft zunächst die Frage, ob der Verkauf

Institutionelle Regelungen

- zentralisiert (über einen Betrieb oder ein Ladengeschäft) oder
- dezentralisiert (über Filialen)

erfolgen soll und wo der geeignete Standort dafür liegt.

Im Weiteren ist dann zu klären, wie Geschäfts- und Ladenräume unter absatzpolitischen Erwägungen eingerichtet werden sollen. Hier sind Faktoren von Bedeutung wie:

- Raumausstattung
- Raumgestaltung
- Kassenanordnung
- Parkmöglichkeiten.

Personal

Zu einer erfolgreichen Vertriebsorganisation gehört ferner geschultes Personal, das eine entsprechende Fachberatung durchführen kann. Eine systematische Verkaufsorganisation ist sowohl

> beim Absatz von selbst hergestellten Waren als auch
> bei ausschließlicher Handelstätigkeit notwendig.

Absatzorganisation und Vertriebseinrichtungen können branchenspezifisch derart unterschiedlich sein, dass sie hier nicht im Detail behandelt werden können.

**Beispiel:**

Die Absatzorganisation eines Bauunternehmens ist zu unterscheiden von der eines Bäckereibetriebes oder eines Zulieferbetriebes an die Industrie.

Wesentliche Fragen der Absatzorganisation und Vertriebseinrichtungen lassen sich wie folgt nochmals im Überblick zusammenfassen:

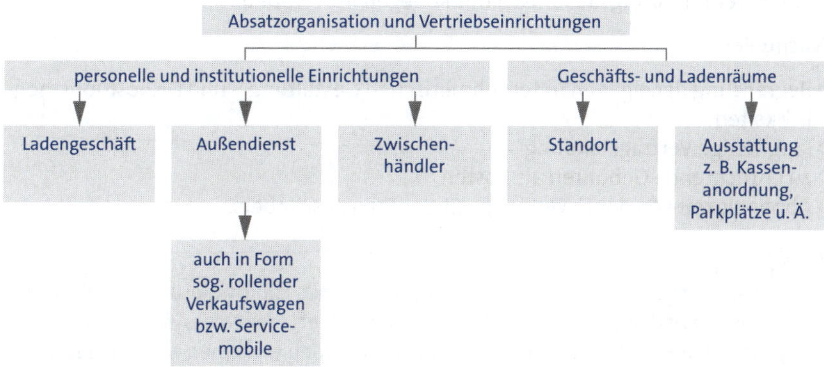


### c) Franchising

Eine Vertriebsform besonderer Art, die auch im Handwerk Anwendung findet, ist „Franchising".

Unter Franchising versteht man ein Geschäftskonzept bzw. ein Vertriebssystem für Waren und Dienstleistungen unter einem einheitlichen Marketingkonzept. Grundlage ist ein Vertrag zwischen Franchisegeber und Franchisenehmer, in dem die Rechte und Pflichten geregelt sind. Die Inhalte des Konzepts sind meist in einem sog. Franchisehandbuch niedergelegt.

Franchisenehmer

Der Franchisenehmer ist im Handwerk als selbstständiger Handwerker im eigenen Namen und für eigene Rechnung tätig. Er hat das Recht und die Pflicht zur Nutzung des „Franchisepakets" gegen Entgelt.

Franchisegeber

Der Franchisegeber richtet je nach Inhalt der vertraglichen Vereinbarung z.B. den Verkaufsraum ein, sorgt für ein einheitliches Marketing, liefert Werbemittel und Dekorationsmaterial, Produkte und Vorprodukte, gibt Richtlinien für die Verarbeitung und den Vertrieb. Er bietet Messedienste an und führt Verkaufsberatung und Personalschulung durch.
Ferner sorgt er für überregionale Werbe- und Absatzstrategien unter einheitlichem Zeichen.

Vorteile

Vorteile:

> erleichterte Möglichkeit zur Selbstständigmachung für Existenzgründer
> sinnvolle Arbeitsteilung
> Teilhabe an der Marketingstrategie und am Know-how des Franchisegebers
> bessere Konditionen beim Einkauf
> Aufgabenentlastung bei Sortiments-, Preis- und Marketingpolitik
> Stärkung der Wettbewerbsfähigkeit
> weniger betriebliche Risiken
> laufender Erfahrungsaustausch mit Kollegen im Verbund.

Nachteile

Nachteile:

> Begrenzung der eigenen unternehmerischen Gestaltungs- und Dispositionsmöglichkeiten
> langfristige Vertragsbindung
> zu entrichtende Gebühren als Kosten
> Abhängigkeit von der Zuverlässigkeit des Franchisegebers.

In der Regel führen Franchisesysteme zu einer Uniformierung von Waren- und Dienstleistungsangeboten. Vielfach bilden Franchisesysteme aber die Grundlage für den Gesamtbetrieb oder für einen einzelnen Geschäftszweig.

Vor einer Entscheidung sollte sich der selbstständige Handwerker gründlich beraten lassen.

### d) Verkaufsverhandlungen

Verkaufsverhandlungen bzw. Verkaufsgespräche haben in erster Linie das Ziel, den Kunden im persönlichen Gespräch zum Kaufabschluss zu bewegen.

Sie richten sich vielfach nach den in einer Branche üblichen Grundsätzen, müssen aber dennoch mit jedem Kunden individuell geführt werden. Wichtige Hilfsmittel dafür sind Prospekte und andere Unterlagen. Von Personen, die Verkaufsverhandlungen führen, sind dafür insbesondere

Personal

> Fachkenntnisse,
> rechtliche Kenntnisse,
> psychologisches Geschick

gefordert.

Das Verkaufspersonal sollte für den richtigen Umgang mit Kunden und den Erfolg im Verkaufsgespräch regelmäßig in den wichtigsten Verhandlungs- und Gesprächstechniken geschult werden.

Verkaufspsychologie

Dazu gehören vor allem das Kennenlernen der verschiedenen Käufertypen und der Grundsätze der Verkaufspsychologie, das heißt, wie man auf den Kunden eingeht und ihn, ohne dass er es aufdringlich findet, zu einem Kaufabschluss hinführen kann.
Folgende Punkte sollten in jedem Fall beachtet werden:

> Herausstellen von Stärken in der Produkt- und Dienstleistungsberatung (z. B. angenehmer persönlicher Umgangston, pünktliche Auftragsabwicklung, Produktstärken, Nutzen für den Kunden)
> Zusatznutzen bieten durch Produkterklärung, Produkterweiterung und Dienstleistungsvorteile
> Standardisierung von Verkaufsgesprächen durch Strukturierung des Verkaufsgesprächs in eingeübte Phasen
> Problemlösungskompetenz durch individuelle Beratung und individuelle Lösungsansätze zeigen
> faire Preiskalkulation.

## 3.2 Beschaffung

Aufgabe der Beschaffung ist die Deckung des Bedarfs eines Betriebes an Gütern und Dienstleistungen, die für die Erreichung des Betriebszweckes benötigt werden.

### 3.2.1 Beschaffungsplanung (Lieferantenauswahl und -beziehung)

Folgende Beschaffungsmärkte sind für die Beschaffungsplanung von wichtiger Bedeutung:

#### a) Erkundung des Beschaffungsmarktes

Einkaufsplanung

Der Betrieb ist aufgrund der Verflechtung mit den verschiedenen Beschaffungsmärkten erheblich vom Marktgeschehen abhängig. Durch gute Einkaufsplanung werden günstige Marktpositionen ausgenutzt. Sie ist für den nachhaltigen wirtschaftlichen Erfolg eines Betriebes von großer Bedeutung.

Systematische Informationsbeschaffung und eingehende Kenntnisse über die Verhältnisse auf den Beschaffungsmärkten sind für erfolgreiches betriebliches Handeln unabdingbar. Daher ist die fortlaufende Markterkundung und Marktbeobachtung für den Betriebsinhaber eine wichtige Aufgabe.

Marktanalyse
Beschaffungsmarkterkundung

Hinzu kommt in bestimmten Zeitabständen der Einsatz fundierter Marktanalysen. Die Beschaffungsmarkterkundung erstreckt sich vor allem auf folgende Gebiete:

> Preisentwicklung
> technische Neuerungen, qualitative Veränderungen
> grundsätzliche Marktveränderungen
> Bezugsquellen
> Liefertermine
> Transportwege, Liefer- und Zahlungskonditionen u. v. m.

Zweckmäßigerweise erfolgt die Beschaffungsmarkterkundung durch folgende Vorgehensweise:

> Materialsammlungen und Datenbanken über wichtige Marktdaten
> Information im Internet
> Informationen auf Messen und Ausstellungen
> Einholung von konkreten Angeboten
> karteimäßige bzw. IT-gestützte Erfassung der wichtigsten Lieferanten
> Beschaffung von Mustern und Proben
> Auswertung von Veröffentlichungen verschiedenster Art.

Spezifische Einkaufsplanung

Aus einer erfolgreichen Beschaffungsmarkterkundung ergibt sich dann die spezifische Einkaufsplanung des Handwerksbetriebes. Als Hilfsmittel können dabei zweckentsprechende Formulare bzw. Dateien und Unterlagensammlungen verwendet werden.
Für eine erfolgreiche Unternehmensführung ist die Beschaffung von Informationen auf den verschiedensten Gebieten notwendig.

**b) Beschaffungsobjekte**

Die Beschaffung sämtlicher Objekte sollte von dem Grundsatz getragen sein: „Schon im Einkauf liegt der Gewinn."

Es gilt für den Betriebsinhaber, die günstigsten Beschaffungsobjekte und Bezugsquellen zu ermitteln.

Dies geschieht vor allem durch:

> Preisvergleich
> Mengenvergleich
> Qualitätsvergleich
> Konditionenvergleich.

**Informations- und Bezugsquellen**

Wichtige Informationsquellen für die Erkundung des günstigsten Beschaffungsmarktes sind:

Informationsquellen

> Fachzeitschriften
> Wirtschaftsteil der Tageszeitungen
> Informationen der Berufsorganisationen
> Marktberichte
> Angebote
> Preislisten
> Datenbanken
> Kataloge
> Internet usw.

In Branchen mit einem umfangreichen Beschaffungssortiment empfiehlt sich die Anlage eines Bezugsquellenkatalogs.
In zahlreichen Handwerkszweigen erfolgt die Beschaffung wichtiger Objekte (vor allem Waren) vermehrt über das Internet (E-Procurement).

Bezugsquellenkatalog

## 3.2.2 Liefer- und Zahlungsbedingungen

**Bezugsmengen**

Die Bezugsmengen richten sich nach dem Bedarf an einzelnen Beschaffungsobjekten. Für die Mengenfeststellung ergeben sich unterschiedliche Methoden, die je nach den Beschaffungsobjekten ausgerichtet sind.

Auf die Personalbeschaffung und die Kapitalbeschaffung wird in den Lernsituationen 4 und 5 dieses Bandes eingegangen.

**Liefertermine**

Die Liefer- bzw. Bezugstermine sind so festzulegen, dass der pünktliche Einsatz der Beschaffungsobjekte gewährleistet ist und somit seitens der Beschaffung keine Störungen im Betriebsablauf auftreten.

Besonderheiten der Lieferbedingungen ergeben sich aus der vertragsrechtlichen Gestaltung (z. B. Kaufvertrag, Werkvertrag). Einzelnen Bedingungen kommt hierbei je nach Branche besondere Bedeutung zu (z. B. Transport, Fracht).

**Preisgestaltung**

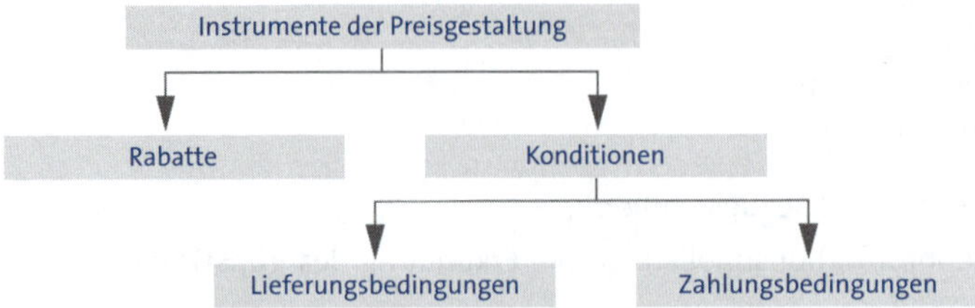


Rabatte

Rabatte sind Preisnachlässe, die in Form von Preisabschlägen (Nominalrabatt) oder Mengenzugaben (Naturalrabatt) an Kunden gewährt werden.

Konditionen

Konditionen in Form von Lieferungs- und Zahlungsbedingungen beeinflussen die Höhe und Struktur der Preise eines Handwerksbetriebes. Lieferungsbedingungen sind:

- Lieferort
- Transport- und Frachtkosten
- Transport- und Versandart
- Verpackungskosten
- Lieferbedingungen
- Lieferfristen
- Gefahrenübergang
- Fristen für Beanstandungen und Mängelrügen
- Gewährleistung
- Erfüllungsort, Gerichtsstand.

**Zahlungsbedingungen**

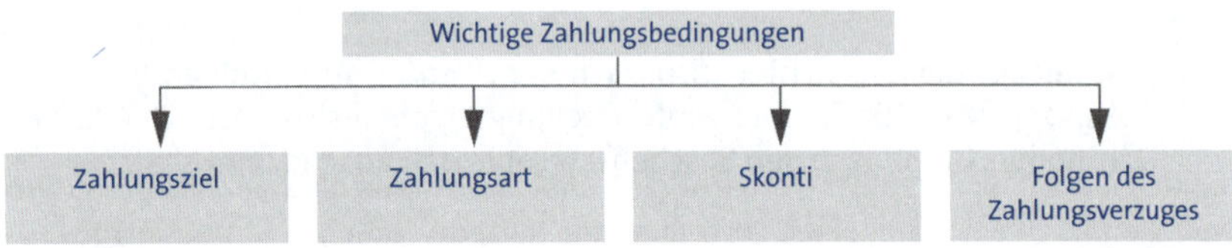


Das Skonto gilt im Allgemeinen als das wichtigste Instrument der Preisgestaltung und der Steuerung des Geldeingangs. Die Höhe des jeweiligen Abschlages richtet sich nach der vereinbarten Zahlungsweise.

### 3.2.3 Material- und Rechnungskontrolle

Nach Eintreffen der beschafften Waren und Materialien im Betrieb ist eine Materialkontrolle erforderlich.

Diese bezieht sich auf:

- Zahl
- Menge
- Qualität.

Nach der Materialprüfung ist eine Rechnungskontrolle notwendig. Dabei werden die berechneten Positionen mit der eingegangenen Ware verglichen. Rechnungskontrolle
Die Durchführung einer Material- und Rechnungsprüfung ist wichtig, um Rechtsnachteile zu vermeiden und Verluste zu verhindern.

## 3.2.4 Vorratshaltung und Lagerdisposition

Die Vorratshaltung ist so abzustimmen, dass einerseits nur wirtschaftliche Niederstbestände auf Lager sind (Vermeidung einer zu hohen Kapitalbindung), andererseits aber Rohstoffe und Materialien in ausreichendem Maße vorhanden sind (Vermeidung der Behinderung von Fertigung und Leistungserstellung).

Im Rahmen der Vorratshaltung ist dafür zu sorgen, dass die Vorratsgüter fachgerecht gelagert und entsprechende Vorkehrungen gegen Diebstahl getroffen sind. Fachgerechte Lagerung
Die Lagertechnik (z. B. Regalsysteme, Stapeltechnik usw.) richtet sich nach den Anforderungen der Branche und der einzelnen Betriebsgröße.
Die Alternative zur Vorratshaltung bildet die sogenannte „Just-in-time-Produktion". Hierbei wird die Lagerhaltung beinahe völlig abgebaut und durch genau abgestimmte Beziehungen zu Vorlieferanten und ein umfangreiches und zuverlässiges Transportwesen ersetzt. Die Just-in-time-Produktion ist jedoch nicht für alle Fertigungs- und Leistungsbereiche geeignet.

Im Rahmen der Lagerhaltung ist auf eine ausreichende Kontrolle der Materialausgabe zu achten, um Verlustquellen wie Materialverschwendung und Diebstahl zu verhindern.

Dazu bedarf es des Einsatzes entsprechender Formulare (z. B. Materialentnahme-/Materialausgabescheine) und der Organisation entsprechender Arbeitsabläufe, die sich am sinnvollsten per EDV erledigen lässt. Bei entsprechender Betriebsgröße erscheint es zweckmäßig, eine Person mit der verantwortlichen Betreuung des Lagers zu beauftragen.

## Wiederholungsfragen sowie handlungsorientierte, fallbezogene Übungs- und Prüfungsaufgaben

1. Die wichtigsten Marketinginstrumente sind:

☐ a Vertriebspolitik, Produktpolitik, Preispolitik, Kostenrechnung.

☐ b Buchhaltung, Kostenrechnung, Preispolitik, Kommunikationspolitik.

☐ c Werbepolitik, Verkaufsförderungspolitik, Personalpolitik, Vertriebspolitik.

☐ d Marktforschung, Konkurrenzbeobachtung, Kundenbefragung, Logistik.

☐ e Produktpolitik, Preispolitik, Kommunikationspolitik, Vertriebspolitik.

>> Seite 80 |

2. Aufgabe der Produkt- und Sortimentspolitik ist es,

☐ a ein an den Bedürfnissen der Anbieter orientiertes Angebot zu konzipieren.

☐ b ein an den Bedürfnissen der Nachfrager orientiertes Angebot zu konzipieren.

☐ c kostenorientierte Preisbildung vorzunehmen.

☐ d ein an den Bedürfnissen der Mitbewerber orientiertes Angebot zu konzipieren.

☐ e ein an den Bedürfnissen der Kostenrechnung orientiertes Angebot zu konzipieren.

>> Seite 80 |

3. Sie wollen sich als Inhaber eines Handwerksbetriebes durch Schaffung eines bedarfsgerechten Güter- und Dienstleistungsangebots positiv vom Angebot der Mitbewerber abheben. Deshalb gestalten Sie Ihre Produkt- und Sortimentspolitik neu. Neben bereits festgelegten Produkterneuerungen wollen Sie Ihre Kundendienstleistungen als Bestandteil des gesamten Leistungsprogramms ausbauen.

Aufgabe:

a) Stellen Sie einige Kundendienstleistungen, die Sie anbieten wollen, dar!

b) Erläutern Sie kurz, über welche Eigenschaften Ihre Mitarbeiter bei diesen Kundendienstleistungen verfügen müssen!

>> Seiten 81 bis 85 |

4. Sie sind Inhaber eines Handwerksbetriebes und stellen fest, dass sich das Verhalten und die Ansprüche der Kunden laufend verändern. Deshalb wollen Sie das Marktverhalten Ihres Betriebes stärker an den Wünschen, Bedürfnissen und Problemen der Kunden ausrichten und die Kundenorientierung zu einer zentralen Aufgabe der Betriebsführung machen, um ein Höchstmaß an Kundenzufriedenheit zu erreichen.

   Aufgabe:

   a) Durch welche Faktoren wird die Kundenzufriedenheit beeinflusst?

   b) Welche Instrumente setzen Sie zur stärkeren Kundenorientierung in Ihrem Betrieb ein?

   c) Stellen Sie stichwortartig vier Leitsätze der Kundenorientierung dar!

   >> Seiten 82 bis 84 |

5. Sie stellen als Inhaber eines Handwerksbetriebes nicht zuletzt im Hinblick auf Beschwerden und Reklamationen von Kunden immer wieder fest, dass sich mancher Mitarbeiter des Betriebes im Umgang mit dem Kunden nicht richtig oder zumindest so verhält, dass es dem Image des Betriebes schadet. Deshalb halten Sie es für wichtig, diesen Themenbereich mit Ihren Mitarbeitern zu besprechen. Dabei wollen Sie ihnen eine Liste übergeben, aus der die wichtigsten Verhaltensregeln der Mitarbeiter im Umgang mit den Kunden hervorgehen.

   Aufgabe: Listen Sie die wichtigsten Verhaltensregeln für Ihre Mitarbeiter in folgenden Bereichen auf:

   a) am Telefon

   b) im Betrieb

   c) beim Kunden vor Ort!

   >> Seiten 83 bis 84 |

6. Wichtige äußere Merkmale für die Produkt- und Leistungsgestaltung im Handwerksbetrieb sind:

- [ ] a Preis und Form.
- [ ] b Funktionalität und Gestaltung.
- [ ] c Farbe und Form.
- [ ] d Unternehmensstruktur und Unternehmensleitbild.
- [ ] e Corporate Identity und Corporate Design.

>> Seite 82 |

7. Die wichtigsten Teilbereiche der Kommunikationspolitik sind:

- [ ] a Buchhaltung, Kostenrechnung, Werbung.
- [ ] b Öffentlichkeitsarbeit, Verkaufsförderung, Marktforschung.
- [ ] c Marktforschung, Werbung, Vertrieb.
- [ ] d Werbung, Verkaufsförderung, Öffentlichkeitsarbeit.
- [ ] e Betriebsorganisation, Öffentlichkeitsarbeit, Vertrieb.

>> Seite 86 |

8. Sie sind Inhaber eines Handwerksbetriebes und wollen die Werbung für Ihre Produkte und Dienstleistungen verstärken. Bevor Sie das auf Ihren Betrieb speziell zugeschnittene Werbekonzept überarbeiten, setzen Sie sich mit den Zielen der Werbung grundsätzlich auseinander.

Aufgabe: Erläutern Sie wichtige Ziele!

>> Seiten 86 bis 87 |

9. Sie sind in einem größeren Handwerksbetrieb für den Bereich Vertrieb, Marketing, Werbung zuständig. Ihr Chef beauftragt Sie, im Rahmen der Überprüfung und Neugestaltung des betrieblichen Werbekonzepts die wichtigsten Arten der Werbung zusammenzustellen, um anschließend über den Einsatz der für den Betrieb geeignetsten Werbemittel entscheiden zu können.

Aufgabe: Stellen Sie für Ihren Chef die wichtigsten Arten der Werbung zusammen!

>> Seiten 87 bis 89 |

10. Erklären Sie kurz die wichtigsten Kriterien für die erfolgreiche Durchführung einer Mailingaktion!

>> Seiten 89 bis 90 |

11. Erklären Sie die wichtigsten Handlungsschritte einer erfolgreichen Werbeplanung!

>> Seiten 93 bis 94 |

12. Öffentlichkeitsarbeit dient

- [ ] a der unmittelbaren Umsatzsteigerung.
- [ ] b das Image des Handwerksbetriebes zu verbessern.
- [ ] c der Bilanzanalyse.
- [ ] d der Verbesserung der Sortimentsgestaltung.
- [ ] e der Personalentwicklung.

>> Seiten 94 bis 95 |

13. Stellen Sie die wichtigsten direkten und indirekten Mittel der Verkaufsförderung dar!

>> Seite 95 |

14. Ein wichtiges Marketinginstrument ist für Sie als Inhaber eines Handwerksbetriebes die Preis- und Konditionenpolitik. Zwar stellen die betrieblichen Daten aus der Kostenrechnung und der Kalkulation die wichtigsten Bestimmungsfaktoren für die Preisbildung des Betriebes dar. Daneben müssen aber auch Bestimmungsfaktoren des Marktes, d. h. nachfrageorientierte und konkurrenzorientierte Gesichtspunkte, berücksichtigt werden.

Aufgabe: Erläutern Sie wichtige Instrumente der Preisgestaltung im Rahmen der Preis- und Konditionenpolitik!

>> Seiten 97 bis 98 |

15. Beschreiben Sie kurz den Unterschied zwischen direktem und indirektem Vertrieb!

>> Seite 101 |

16. Erläutern Sie kurz das Vertriebssystem Franchising!

>> Seiten 101 bis 102 |

17. Erklären Sie wichtige Voraussetzungen des Betriebsinhabers und seiner Mitarbeiter zur Führung erfolgreicher Verkaufsverhandlungen!

>> Seiten 102 bis 103 |

18. Wie gehen Sie bei der Erkundung des Beschaffungsmarktes vor?

>> Seiten 103 bis 104 |

19. Zur Feststellung der günstigen Beschaffungsobjekte ist es vor allem notwendig,

- [ ] a einen eigenen Einkäufer im Betrieb einzustellen.
- [ ] b die Beschaffung einer Einkaufsgenossenschaft zu übertragen.
- [ ] c sich über Rabatte und Sonderaktionen zu informieren.
- [ ] d Preisvergleiche durchzuführen.
- [ ] e Preis-, Mengen-, Konditionen-, Qualitätsvergleiche aufzustellen.

>> Seiten 104 bis 105 |

20. Erläutern Sie wichtige Liefer- und Zahlungsbedingungen!

>> Seiten 105 bis 106 |

21. Lieferungs- und Zahlungsbedingungen

- [ ] a richten sich nach den Vorgaben der Handwerkskammer.
- [ ] b werden einzelbetrieblich festgelegt.
- [ ] c werden zwischen Betriebsinhaber und Betriebsrat vereinbart.
- [ ] d sind vorrangig in Großbetrieben üblich.
- [ ] e müssen von der Gewerbeaufsicht genehmigt werden.

>> Seite 106 |

22. Auf welche Bereiche bezieht sich in der Regel die Material- und Rechnungskontrolle?

>> Seiten 106 bis 107 |

23. Vervollständigen Sie folgenden Lückentext:

Die Vorratshaltung ist so abzustimmen, dass einerseits nur wirtschaftliche ______________ auf Lager sind (Vermeidung einer zu ______________ Kapitalbindung), andererseits aber Rohstoffe und ______________ in ______________ Maße vorhanden sind (Vermeidung der ______________ von Fertigung und Leistungserstellung).

>> Seite 107 |

# 4. Veränderungen des Kapitalbedarfs aus Investitions-, Finanz- und Liquiditätsplanung ableiten, Alternativen der Kapitalbeschaffung darstellen

**Kompetenzen**

> Formen des Zahlungsverkehrs unterscheiden.
> Möglichkeiten der Kapitalbeschaffung aus der finanziellen Situation des Unternehmens ableiten.
> Arten von Kreditsicherheiten unterscheiden und deren Bedeutung kennen.

## 4.1 Investitions-, Finanz- und Liquiditätsplanung

Teilpläne der Unternehmensplanung

Sowohl die Investitionsplanung als auch die Finanz- und Liquiditätsplanung sind wichtige Bestandteile und somit Teilpläne der gesamten strategischen Unternehmensplanung. Sie ergibt sich ihrerseits wieder aus vorgelagerten Teilplänen aus den verschiedenen Betriebsbereichen, vor allem aus Produktions-, Dienstleistungs- und Absatzplänen.

### 4.1.1 Investitionsplanung

Allen Investitionsentscheidungen geht eine entsprechende Investitionsplanung voraus.

Der Investitionsplan beinhaltet die kurz-, mittel- und langfristigen Investitionen in kostenmäßiger Hinsicht für einen bestimmten Zeitraum.

Investitionsrechnung

Grundlage dafür sind zum einen die betrieblichen Erfordernisse und zum anderen die Ergebnisse der Investitionsrechnung, mit deren Hilfe die Vorteilhaftigkeit einer Investition oder mehrerer Alternativen beurteilt wird. Geht man vom Investitionsvolumen einer Periode aus, so ergibt sich die in der nachfolgenden Abbildung dargestellte Gliederung für die Investitionsplanung.

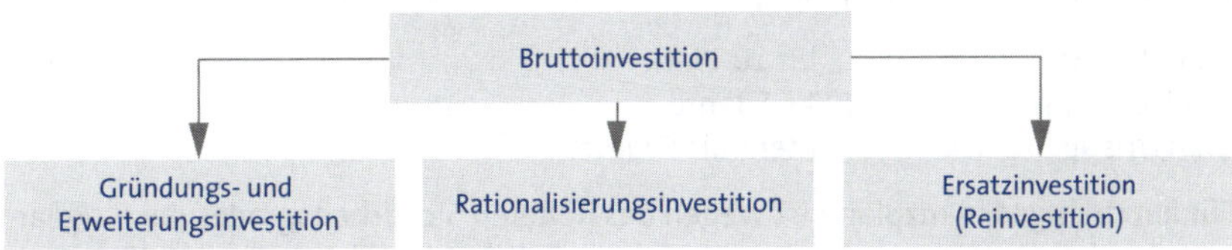


Aufgrund dieser Grobeinteilung kann der individuelle Investitionsplan erstellt werden.

Positionen

Die wichtigsten Positionen eines Investitionsplans sind je nach den Investitionsanlässen:

> Beschaffung eines Grundstückes
> bauliche Investitionen: Neubauten, Umbauten, Erweiterungen, Renovierungen, Einbauten, Installationen
> Maschinen und Werkzeuge
> Betriebs- und Geschäftsausstattung
> Ladeneinrichtung
> Büromöbel, Büromaschinen, Büromaterial
> Hard- und Software für die EDV
> Telekommunikationsmittel
> Kraftfahrzeuge
> Mietvorauszahlung, Mietkaution.

### 4.1.2 Finanz- bzw. Liquiditätsplanung

Der Finanzplan dient vorrangig der Liquiditätsplanung und Erhaltung der Zahlungsbereitschaft eines Unternehmens. Er ist ein wichtiges Teilgebiet der gesamten Unternehmensplanung. Einerseits basiert er auf vorgelagerten betrieblichen Planungsbereichen wie Produktions- und Absatzplänen. Andererseits beeinflusst der Finanzplan die Teilpläne anderer Planungsbereiche. Aufgrund dieser Abhängigkeiten ist der Finanzplan nur im Verbund mit dem Gesamtplanungsprozess durchführbar.

#### a) Kurz-, mittel- und langfristige Finanzpläne

Der Finanzplan hat die Aufgabe, von der finanziellen Seite her gesehen einen reibungslosen Betriebs- und Geschäftsablauf zu gewährleisten. Zu diesem Zweck werden alle Einnahmen und Ausgaben geplant. Der Finanzplan beinhaltet zukunftsbezogene Berechnungen.

Planungszeitraum

Der Finanzplan wird für eine bestimmte Zeitspanne (Planungszeitraum) erstellt. Je nach Dauer des Planungszeitraumes unterscheidet man zwischen kurz-, mittel- und langfristigen Finanzplänen:

> kurzfristig = bis zu 1 Jahr
> mittelfristig = 1 – 5 Jahre
> langfristig = mehr als 5 Jahre.

Für kurzfristige Finanzpläne ist wegen des höheren Sicherheitsgrades der eingearbeiteten Informationen eine Feinplanung möglich. Langfristige Finanzpläne weisen hingegen wegen der bestehenden Unsicherheit in der Regel nur eine Grobstruktur auf.

Folgende Grundsätze sollten, soweit möglich, beachtet werden:

Planungsgrundsätze

- Vollständigkeit
- Termingenauigkeit
- Betragsgenauigkeit.

**b) Vorgehen bei der Aufstellung eines Liquiditätsplans**

> Die Liquiditätsplanung besteht aus einer Einnahmen- und Ausgabenplanung für einen bestimmten Zeitraum.

Einnahmenseite

Auf der Einnahmenseite sind, bezogen auf den jeweiligen Planungszeitraum, im Wesentlichen zu berücksichtigen:

- Stand der Zahlungsmittel zu Beginn der Planungsperiode
- Summe der in der Planungsperiode voraussichtlich eingehenden alten und neu entstehenden Forderungen auf der Basis der Umsatzerlöse
- eingehende Wechsel, Schecks und Überweisungen in der Planungsperiode
- Einnahmen aufgrund laufender Leistungs- und Lieferungsverträge in der Planungsperiode
- Zinsen
- Mieten
- Aufnahme von Krediten
- Einlagen aus Privatvermögen
- sonstige Einnahmen.

Ausgabenseite

Auf der Ausgabenseite sind im vorgesehenen Planungszeitraum unter anderem von besonderer Bedeutung:

- Löhne und Gehälter
- Lohnzusatzkosten
- Waren- und Materialeinkauf
- betriebliche Steuern und Abgaben
- Marketing, Vertrieb, Werbung
- Gebühren, Beiträge, Versicherungen
- Fremdleistungen
- Reparaturen
- Energiekosten
- Miete, Pacht
- Zins- und Tilgungsbeträge für Kredite und Darlehen
- Fälligkeit von Wechseln
- Investitionen
- Privatentnahmen.

Auf der Grundlage der obigen Einnahmen- und Ausgabenpositionen lässt sich folgendes vereinfachtes Schema für einen kurzfristigen Liquiditätsplan erstellen:

**Liquiditätsplan für die Zeit vom ... bis ...**

| | Planungszeitraum | | | | | |
|---|---|---|---|---|---|---|
| | 1. Monat | | 2. Monat | | 3. Monat | |
| | Soll | Ist | Soll | Ist | Soll | Ist |
| A. Bestand an flüssigen Mitteln + freien Krediten | | | | | | |
| = Summe flüssiger Mittel | | | | | | |
| B. Einnahmen:<br>1. Forderungseingänge bzw. Umsatzerlöse<br>2. Eingehende Wechsel, Schecks, Überweisungen<br>3. Besondere Einnahmen aus Leistungs- und Lieferverträgen<br>4. Zinsen<br>5. Mieten<br>6. Aufnahme von Krediten<br>7. Einlagen aus Privatvermögen<br>8. Sonstige Einnahmen | | | | | | |
| = Summe der Einnahmen | | | | | | |
| C. Ausgaben:<br>1. Löhne und Gehälter<br>2. Lohnzusatzkosten<br>3. Waren- und Materialeinkauf<br>4. Betriebliche Steuern und Abgaben<br>5. Gebühren, Beiträge, Versicherungen<br>6. Marketing, Vertrieb, Werbung<br>7. Fremdleistungen<br>8. Reparaturen<br>9. Energiekosten<br>10. Miete, Pacht<br>11. Zins- und Tilgungsbeträge für Kredite<br>12. Fälligkeit von Wechseln<br>13. Investitionen<br>14. Privatentnahmen | | | | | | |
| = Summe der Ausgaben | | | | | | |

| | Planungszeitraum | | | | | |
|---|---|---|---|---|---|---|
| | 1. Monat | | 2. Monat | | 3. Monat | |
| | Soll | Ist | Soll | Ist | Soll | Ist |
| D. Ergebnis<br>Flüssige Mittel<br>+ Einnahmen<br>./. Ausgaben | | | | | | |
| = Überdeckung (+)<br>Unterdeckung (–) | | | | | | |

### c) Liquiditätsmanagement

Zur stetigen Erhaltung ausreichender Liquidität empfiehlt sich die Durchführung eines Liquiditätsmanagements.

Liquiditätsmanagement

Dies sollte u. a. folgende Elemente enthalten:

- Berücksichtigung aller möglichen Finanzierungsarten (Eigenfinanzierung, Selbstfinanzierung, Fremdfinanzierung, Leasing, Factoring, Beteiligungsfinanzierung)
- Bonitätsprüfung der Vertragspartner
- zügige Rechnungsstellung
- Teilzahlungsvereinbarungen mit Kunden
- Forderungsüberwachung
- Überwachung der Zahlungseingänge
- betriebliches Mahnwesen
- Durchführung des gerichtlichen Mahnverfahrens
- Klageverfahren
- Zwangsvollstreckung
- zeitliche Streckung eigener Zahlungen
- Ausgabeneinsparungen.

Zahlungsreserve

Um bei etwaigen Einnahmeausfällen oder nicht voraussehbaren Mehrausgaben keine Störung im finanziellen Ablauf eintreten zu lassen, sollte in jedem Fall noch eine Liquiditätsreserve (Zahlungsreserve) in Form einer Kreditausschöpfungsmöglichkeit (Kontokorrentkredit) vorhanden sein.

Soll-Ist-Vergleich

Den im Liquiditätsplan in Ansatz gebrachten Planung-Soll-Zahlen sind am Ende der Planungsperiode die Ist-Zahlen gegenüberzustellen.
Aus den Abweichungen ergeben sich brauchbare Hinweise und Korrekturmöglichkeiten für eine noch größere Genauigkeit künftiger Pläne.
Die Liquiditätsplanung wird vermehrt auch computerunterstützt durchgeführt.

**Investitions- und Finanzierungsanlässe im Handwerksbetrieb**

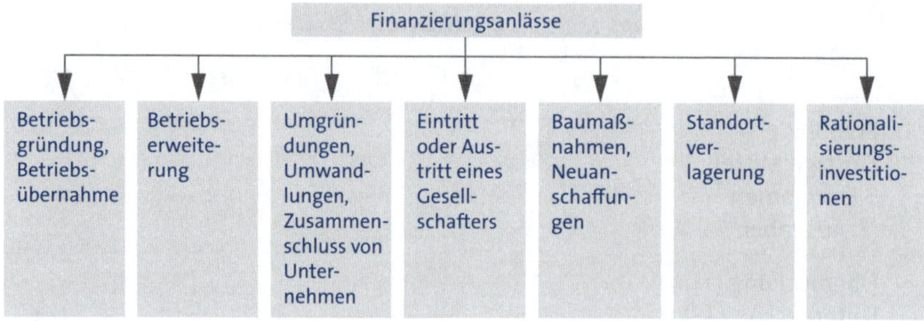


## 4.2 Arten der Finanzierung

Bei den Arten der Finanzierung kann man grundsätzlich zwischen Kapitalherkunft (Außen- und Innenfinanzierung) und Kapitalbildung (Darstellung der Finanzierungsarten) unterscheiden:

**Kapitalherkunft**

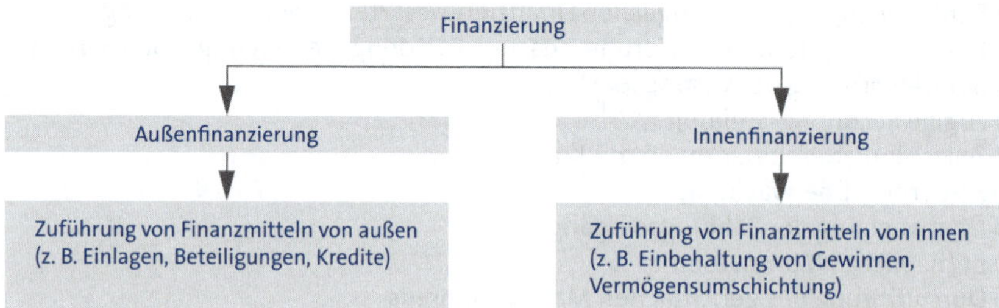


**Kapitalbildung**

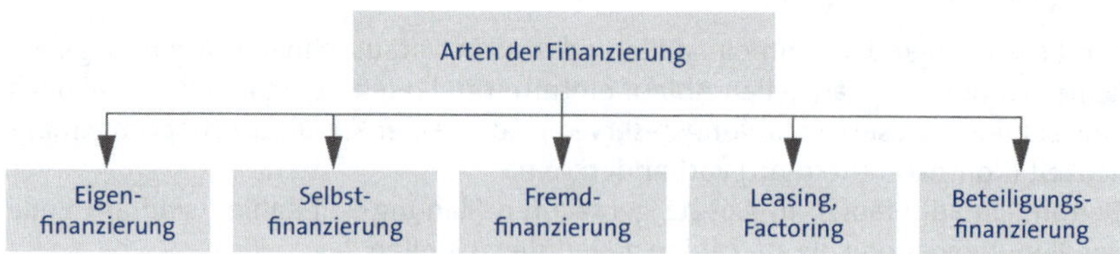


### 4.2.1 Eigenfinanzierung

Unter Eigenfinanzierung versteht man den Einsatz von Mitteln des Privatvermögens für betriebliche Zwecke.

Die Ansammlung des Kapitals kann erfolgen durch Sparen, Erbschaft, Heirat, Schenkung o. Ä.

Jeder gut finanzierte Betrieb sollte über eine vertretbare Eigenkapitalbasis verfügen, da diese die persönliche Kreditwürdigkeit und die sachliche Kreditfähigkeit erhöht. Daher ist es für einen Handwerker empfehlenswert, Kapital zu bilden, um sich einen finanziellen Grundstock für eine spätere Betriebsgründung zu schaffen.

Beteiligungsfinanzierung

Eine besondere Art der Eigenfinanzierung bzw. der Zuführung von Eigenkapital durch Kapitaleinlagen von vorhandenen oder neu hinzukommenden Gesellschaftern ist die Beteiligungsfinanzierung. Zu nennen ist in diesem Zusammenhang die sog. „offene Beteiligung“. Diese Finanzierungsform bedeutet für den Betriebsinhaber die Aufnahme eines Gesellschafters und ist bei allen Gesellschaftsformen möglich. Der neue Gesellschafter erhält Gesellschafterrechte, Gewinn- und Verlustbeteiligung und haftet je nach Gesellschaftsform.

Eine weitere Möglichkeit bildet die sog. „stille Beteiligung“. Der stille Gesellschafter tritt nach außen nicht in Erscheinung und hat in seiner typischen Form keine Mitbestimmungsrechte. Er ist in der Regel nicht an einem entstehenden Verlust beteiligt, sondern erhält ein fixes Entgelt und eine Gewinnbeteiligung.

| Vorteile einer stillen Beteiligung | Nachteile einer stillen Beteiligung |
|---|---|
| langfristige Finanzmittel | Einräumung von Informationsrechten |
| Stärkung der Eigenkapitalbasis und damit Stärkung der Verhandlungsposition gegenüber der Hausbank | Liquiditätsbelastung durch Beteiligungsentgelte und Rückzahlung des Kapitals am Ende der Laufzeit der Beteiligung |
| keine Bindung von Sicherheiten | |
| kein Einfluss auf die Geschäftsführung, Betriebsinhaber bleibt alleiniger Gesellschafter | |

Mezzaninkapital

Immer wichtiger für Betriebe, die zu wenig Eigenkapital besitzen, werden alternative – Eigenkapital ersetzende – Finanzierungsformen. Diese werden unter dem Begriff Mezzaninkapital zusammengefasst. Mezzaninfinanzierung ist eine Zwischenform von Eigenkapital und Fremdkapital. Es müssen keine Sicherheiten hinterlegt werden. Im Falle einer Insolvenz des Kapitalnehmers haftet dieses Kapital nachrangig gegenüber anderen Gläubigern. Zur Mezzaninfinanzierung gehören u. a. nachrangige Darlehen und stille (typische und atypische) Beteiligungen.

Mezzaninkapital ist zu verzinsen und in der Regel tilgungspflichtig. Die Höhe der Zinsen richtet sich nach der Bonitätsrate des Unternehmensratings und ist in der Regel etwas höher als bei der klassischen Kreditfinanzierung.

Als zusätzlicher Finanzierungsbaustein wird Mezzaninkapital vor allem für Investitionen und Wachstum eines Betriebes eingesetzt.

### 4.2.2 Selbstfinanzierung

Bei der Selbstfinanzierung erfolgt die Kapitalbildung durch „Sparen im Betrieb“ bzw. dadurch, dass der Betrieb die Mittel selbst aus erzielten und nicht entnommenen bzw. nicht ausgeschütteten Gewinnen aufbringt.

Die zur Selbstfinanzierung zur Verfügung stehenden Mittel errechnen sich wie folgt:

Selbstfinanzierungsquote

Gewinn
\+ Abschreibungen (Abschreibungserlöse!)
– Privatentnahmen
– Gewinnausschüttungen
= Selbstfinanzierungsmittel (zur Selbstfinanzierung zur Verfügung stehender Betrag)

Die Selbstfinanzierung hat gegenüber der Fremdfinanzierung den Vorteil, dass keine periodischen Zins- und Tilgungsleistungen anfallen und die Liquiditätslage somit positiv beeinflusst wird.
Die Selbstfinanzierung ist die volkswirtschaftlich wünschenswerteste Finanzierungsart. Sie wird erheblich von der staatlichen Steuerpolitik beeinflusst.
Zu beachten ist, dass die Selbstfinanzierung nicht zur Überfinanzierung führt, da das brachliegende Kapital dann die Rentabilität schmälern würde.

### 4.2.3 Fremdfinanzierung (Kreditarten und -sicherheiten)

Unter Fremdfinanzierung versteht man die Geld- und Kapitalbeschaffung von dritter Seite in Form von Krediten.

Das Fremdkapital verursacht Zahlungsverpflichtungen für Verzinsung und Rückzahlung (Tilgung). Die gezahlten Zinsen mindern – als steuerlich abzugsfähige Betriebsausgaben – den Gewinn.
Für Fremdkapital müssen in der Regel Sicherheiten gegeben werden.

**a) Kreditarten**

Laufzeit

Nach der Laufzeit können Kreditarten wie folgt eingeteilt werden:

- kurzfristige Kredite: Laufzeit bis zu 1 Jahr
- mittelfristige Kredite: Laufzeit bis zu 5 Jahren
- langfristige Kredite: Laufzeit von mehr als 5 Jahren.

### Kontokorrentkredit

> Der Kontokorrentkredit ist ein Kredit in laufender Rechnung, ist kurzfristig und dient dem Betrieb als Liquiditätsstütze zur Aufrechterhaltung der betrieblichen Zahlungsbereitschaft und zur Finanzierung wesentlicher Teile des Umlaufvermögens (z. B. Waren- und Materialbestand, Forderungen).

Je nach Bedarf kann der Kontokorrentkredit in wechselndem Umfang bis zur vereinbarten Höchstgrenze in Anspruch genommen werden; der jeweils in Anspruch genommene Kreditbetrag muss verzinst werden. Höchstgrenze

Die Kosten für den Kontokorrentkredit belaufen sich je nach allgemeinem Zinsniveau auf ca. 8 bis 12 Prozent und beinhalten verschiedene Positionen (Zinsen, eventuell anfallende Überziehungszinsen, Kreditprovisionen, sofern diese nicht bereits im Soll-Zins enthalten sind, Umsatzprovisionen, verschiedene Auslagen usw.). Kosten

Grundlage für den laufenden Kredit ist ein Kontokorrentkreditvertrag mit der Hausbank. Der Kontokorrentkredit hat in der Regel die größte Bedeutung für den Handwerksbetrieb.

### Lieferantenkredit

> Der Lieferantenkredit ist ein kurzfristiger Kredit. Er besteht darin, dass man die von den Lieferanten eingeräumten Zahlungsziele bei der Beschaffung von Waren, Materialien und Leistungen ausnutzt und an den Lieferanten erst nach Ablauf des Zahlungsziels oder manchmal auch später zahlt.

Der Lieferantenkredit verursacht wie alle Kredite Kosten, weil Lieferanten im Falle der Bezahlung innerhalb einer bestimmten Frist in der Regel Skontoabzug gewähren. Kosten

Je häufiger sich die Verbindlichkeiten aus Lieferungen und Leistungen im Jahr „umschlagen", desto größer ist der finanzielle Vorteil, der durch Skontoabzug entsteht.

Verzicht auf Skontoabzug bedeutet hohen Zinsaufwand bzw. entgangenen Gewinn. Skontoabzug

Der Zusammenhang wird im folgenden Beispiel deutlich:

Wir kaufen Ware zum Rechnungsbetrag von 10.000,00 EUR, zahlbar innerhalb von 10 Tagen mit 3 % Skonto oder nach 30 Tagen ohne Abzug.

Die Bezahlung am 10. Tag durch Überziehung des Bankkontos erbringt einen Skontoabzug in Höhe von 300,00 EUR.

Die Inanspruchnahme des Kontokorrentkredits ergibt folgenden Zinsaufwand:

$$\text{Zinsaufwand} = \frac{\text{Überweisungsbetrag} \times \text{Zinssatz} \times \text{Anzahl der Tage}}{100 \times 360 \text{ Tage}}$$

Bei einem Zinssatz von 12 % ergibt sich somit:

$$= \frac{9.700{,}00 \times 12 \times 20}{36.000} = 64{,}67 \text{ EUR}$$

Die Einsparung beträgt im Beispiel somit 235,33 EUR.

Das Beispiel zeigt, dass es durchaus vorteilhaft sein kann, zur Ausnutzung eines Skontoabzugs einen kurzfristigen Bankkredit aufzunehmen, nämlich dann, wenn die Kreditkosten innerhalb eines bestimmten Zeitraums geringer sind als die durch Skontoabzug erzielten Erträge.

**Wechselkredit**

Man unterscheidet nach der Verwendung zwischen

- Handels- und Warenwechseln, die der Finanzierung von Waren und Materialien dienen, und
- Finanzwechseln, die reine Kreditgeschäfte darstellen.

Die Banken kaufen in erster Linie Handelswechsel an.
Der Wechselkredit spielt im heutigen Wirtschaftsleben eine untergeordnete Rolle.

**Kundenanzahlungskredit**

Der Kreditvorgang beim Kundenanzahlungskredit besteht darin, dass der Kunde bezahlt, bevor der die Zahlung empfangende Unternehmer die Leistung abschließend ausgeführt hat.

In verschiedenen Branchen ist es üblich, dass Kunden vor oder während der Auftragsdurchführung Anzahlungen bzw. Vorauszahlungen im Wege der Vorfinanzierung zu leisten haben.

**Darlehen**

Das Darlehen ist ein mittel- oder langfristiger Kredit mit festgelegten Zins- und Tilgungsraten.

Wichtig ist, dass die Laufzeit des Darlehens sorgfältig geprüft und je nach Verwendung der Darlehensmittel festgelegt wird.

Formen

Man unterscheidet im Wesentlichen folgende Darlehensformen:

- Endfälliges Darlehen (Festdarlehen bzw. Kündigungsdarlehen)
  Hier werden die Darlehensmittel am Ende der vereinbarten Laufzeit oder nach Ablauf der Kündigungsfrist getilgt.
  Die Mittel stehen aber dem Betriebsinhaber während der gesamten Laufzeit in vollem Umfang zur Verfügung. Er hat in dieser Zeit nur die Zinszahlungen zu leisten.
- Tilgungsdarlehen (Abzahlungs- bzw. Ratendarlehen)
  Die Rückzahlung des Darlehens erfolgt während der gesamten Darlehenslaufzeit in gleich bleibenden Raten. Die Zinszahlungen verringern sich aber während der Laufzeit des Darlehens, da die Zinsen nur noch von der jeweiligen Restschuld zu zahlen sind. Der Gesamtbetrag der Zahlungen sinkt also durch die reduzierten Zinsbeträge während der Darlehenslaufzeit.

> Annuitätendarlehen
Hier bleibt der zu leistende Kapitaldienst während der gesamten Darlehenslaufzeit gleich hoch.
Durch die anteiligen Tilgungsraten reduziert sich die Darlehensrestschuld. Es fallen dadurch laufend niedrigere Zinsen an. Somit erhöht sich die Tilgungsrate entsprechend.
- Während der Darlehenslaufzeit sind außerplanmäßige Tilgungen üblicherweise nur möglich, wenn dies im Darlehensvertrag vereinbart wurde.
- Fehlt eine solche Vereinbarung und der Betriebsinhaber will trotzdem vorzeitig zurückzahlen, fällt in der Regel für die Sonderrückzahlung eine Vorfälligkeitsentschädigung der Bank an.

Außerplanmäßige Tilgungen

Vorfälligkeitsentschädigung

Hinsichtlich der in bestimmten Fällen anwendbaren gesetzlichen Kündigungsmöglichkeiten sollte sich der Darlehensnehmer im Bedarfsfall beraten lassen.

Als Finanzierungskosten können bei allen Darlehensformen je nach Konditionen anfallen:
Zinsen, Disagio bzw. Abgeld (Unterschiedsbetrag zwischen dem Nennbetrag des Darlehens und dem tatsächlich an den Darlehensnehmer ausgezahlten Verfügungsbetrag), Provisionen und sonstige Gebühren.

Zinsen

Die Höhe der Zinsen richtet sich nach den im Darlehensvertrag getroffenen Vereinbarungen. Dabei ist einerseits das Zinsniveau am Geld- und Kapitalmarkt ausschlaggebend, andererseits die Bonität des Kreditnehmers.

Zinsbindung

Von Bedeutung in diesem Zusammenhang ist die sog. Zinsbindung. Sie bezeichnet den Zeitraum, in dem der Zinssatz des Darlehens unverändert bestehen bleibt.

### b) Kreditsicherheiten

Kreditsicherheiten haben den Zweck, den Kreditgeber im Falle einer Insolvenz des Betriebes oder einer Abwicklung aus sonstigen Gründen aus den Sicherheiten zu befriedigen.

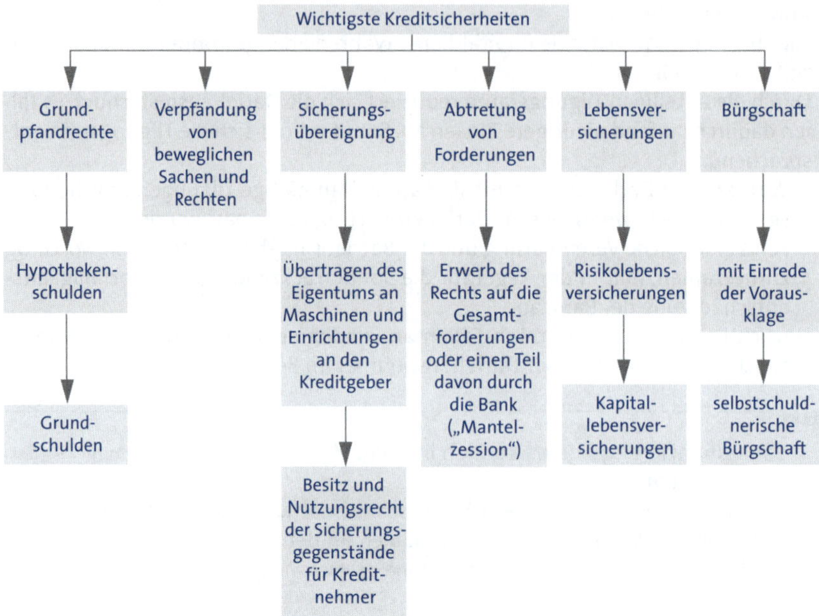


### Grundpfandrechte

**Die wichtigsten Grundpfandrechte sind die Hypothek und die Grundschuld.**

- Die Hypothek ist die Belastung eines Grundstücks in der Weise, dass zugunsten des Berechtigten (Hypothekengläubiger = Kreditgeber) eine bestimmte Geldsumme wegen der diesem zustehenden Forderung (z. B. Baudarlehen) aus dem Grundstück zu zahlen ist.

Grundschuld

- Die Grundschuld belastet ein Grundstück in der Weise, dass diese für die Zahlung einer bestimmten Geldsumme haftet. Sie ist, anders als die Hypothek, rechtlich nicht zur Sicherung einer Forderung bestellt, wenngleich dies der Praxis entspricht.

Beide Arten von Grundpfandrechten werden ins Grundbuch eingetragen. Für die Bestellung ist die notarielle Beurkundung erforderlich.
Die Grund- und Hypothekenschulden müssen werthaltig sein, das heißt, durch die realen Werte des Pfandobjektes gedeckt sein.

### Verpfändung von beweglichen Sachen und Rechten

Zur Absicherung von Krediten können bewegliche Sachen und Rechte verpfändet werden. Häufig geschieht dies in der Praxis mit Wertpapieren.

### Sicherungsübereignung

> Sicherheit für Kredite kann auch durch die Sicherungsübereignung von Maschinen und Einrichtungsgegenständen geleistet werden.

Vertrag

Notwendig hierbei ist der Abschluss eines Sicherungsübereignungsvertrages zwischen Kreditgeber und Kreditnehmer. In diesem Vertrag müssen alle Gegenstände einzeln aufgeführt sein.
Dem Kreditgeber wird durch den Vertrag das Eigentum an den Sicherungsgegenständen übertragen. Gleichzeitig bleibt das Sicherungsgut im unmittelbaren Besitz des Kreditnehmers, der dieses weiter benutzen kann, um überhaupt den Kredit zurückzahlen zu können.

### Abtretung von Forderungen

> Sicherheit für Kredite kann durch Abtretung einer Forderung an einen Dritten (Zession) geleistet werden.

Globalzession

In diesem Zusammenhang wird in der Regel eine sogenannte „Globalzession" vorgenommen, wodurch sämtliche gegenwärtige und zukünftige Forderungen an einen Gläubiger (z. B. Bank) abgetreten werden.

### Lebensversicherungen

> Zur Sicherung von Krediten können auch Lebensversicherungen herangezogen werden.

Folgende Formen kommen zur Kreditabsicherung in Frage:

Risikolebens- und Kapitallebensversicherungen

- Risikolebensversicherungen (Ablebensversicherungen)
  Die Sicherheit bezieht sich auf das Ableben des Kreditnehmers.
- Kapitallebensversicherungen
  Die Sicherheit bezieht sich auf den sogenannten Rückkaufswert (einbezahlte Prämien, Gewinnanteile und Zinsen abzüglich Risiko) bzw. die Ablaufleistung.

### Bürgschaft

> Kredite können auch durch Bürgschaften abgesichert werden.

Grundsätzlich sind zwei Arten von Bürgschaften zu unterscheiden:

- Bürgschaft mit Einrede der Vorausklage
- selbstschuldnerische Bürgschaft.

Selbstschuldnerische Bürgschaft

Die selbstschuldnerische Bürgschaft spielt in der Praxis die bedeutendere Rolle. In jedem Fall sind für die Sicherung von Krediten die Vermögens- und Einkommensverhältnisse des Bürgen von Bedeutung.

### c) Bedeutung der Bankverbindung – Bonitätsprüfungsverfahren (Rating)/ Kreditantragsverfahren

Kreditwürdigkeit

Für jede Kreditgewährung ist es wichtig, eine gute Bankverbindung (Hausbank) zu haben. Im Laufe der Zeit entsteht ein wichtiges Vertrauensverhältnis. Dennoch wird die Kreditgewährung immer von der persönlichen und wirtschaftlichen Kreditwürdigkeit (Bonität) des Antragstellers abhängen.
Die persönliche Kreditwürdigkeit hängt unter anderem ab von Fleiß, fachlicher Tüchtigkeit, Überzeugungskraft, betriebswirtschaftlichen Kenntnissen, Zuverlässigkeit, Sparsamkeit, persönlichem Ansehen und den familiären Verhältnissen.
Die wirtschaftliche Kreditwürdigkeit wird abgeleitet von den geordneten betrieblichen Verhältnissen, vom überzeugenden Unternehmenskonzept, von der Ertragslage, von der Branche, von der Marktstellung des Betriebes und von der Angemessenheit des Vorhabens, das durch den Kredit mitfinanziert werden soll.

Banken führen nach den Kreditvergaberichtlinien ein Bonitätsprüfungsverfahren (Rating) durch, von dessen Ergebnis die Kreditgewährung und die Höhe der Verzinsung des Kredits abhängt. Im Hinblick auf die Festlegung der Verzinsung gilt die Faustregel: Hohe Kreditausfallwahrscheinlichkeit = hohes Risiko der Bank = hohe Zinsen und umgekehrt.
Im Ratingprozess werden alle erfolgsrelevanten Merkmale eines Handwerkbetriebes mithilfe von statistischen Verfahren untersucht. So wird eine Bonitätsaussage über ein Unternehmen getroffen und im Regelfall auch eine Ratingnote erteilt.

Banken verwenden Ratingverfahren seit vielen Jahren. „Basel I, II und III" (Festlegung von Eigenkapitalrichtlinien der Banken) hat dieses Thema jedoch mehr in den Blickpunkt der Öffentlichkeit gerückt.
Durch veränderte rechtliche Rahmenbedingungen sind die Banken gezwungen, ihre Kreditvergabe und die Kreditkonditionen an objektiv messbare und nachvollziehbare Kriterien zu knüpfen. Das Verfahren hierzu ist das Rating.
Für den Handwerksbetrieb ist eine optimale Vorbereitung auf dieses Rating absolut notwendig. Die Vermittlung der Unternehmensstrategie und deren wirtschaftliche Tragfähigkeit müssen der Bank transparent vermittelt werden. Weitere Faktoren sind die Beurteilung der letzten Jahresabschlüsse, der aktuelle Geschäftsverlauf und die Kontoführung, aber auch die Beurteilung der Geschäftsleitung, der Kalkulation, des Controllings und des Finanzwesens sowie die Beurteilung der Marktsituation.

Checkliste

Die nachfolgende Checkliste entspricht in weiten Teilen einer Veröffentlichung des Bundesministeriums für Wirtschaft und Arbeit.

**Analyse wirtschaftlicher Verhältnisse**

- Bilanzen und Jahresabschlüsse der letzten beiden Jahre
- Umsatz- und Leistungsentwicklung
- Kostenentwicklung und Kostenstruktur
- Ertragsentwicklung
- Rentabilität
- Liquidität
- Eigenkapitalquote

> Schuldentilgungsdauer
> Firmenvermögen, Privatvermögen, Sicherheiten.

**Management und Organisation**

> fachliche und kaufmännische Qualifikationen der Unternehmensleitung
> Einblick der Unternehmensleitung in die wirtschaftliche Situation des Unternehmens
> Zuverlässigkeit der Kalkulationen auf einer gesicherten Zahlengrundlage
> Absicherung der Kontinuität in der Unternehmensführung
> Regelung der Nachfolge
> Nachwuchsförderung.

**Unternehmensstruktur**

> Effektivität der Organisationsstrukturen im Unternehmen
> Ausrichtung der Unternehmensstruktur an den Erfordernissen des Marktes und der Branche
> Qualitätsmanagement im Unternehmen.

**Personal**

> Qualifikationen der Mitarbeiter
> Abhängigkeit von Schlüsselpersonen im Unternehmen
> Zufriedenheit der Mitarbeiter
> Personalplanung für die Zukunft.

**Markt und Branche**

> Marktpotenzial des Unternehmens
> aktueller Auftragsbestand
> zukünftige Auslastung
> Branchenentwicklung
> Abhängigkeit des Unternehmens von Markt- und Branchentrends
> Abhängigkeit des Unternehmens von der Konjunktur
> Erfolgspotenzial der Geschäftsfelder.

**Produkte und Leistungen**

> Angebotssortiment
> Qualität der Produkte und Leistungen
> Positionierung des Unternehmens im Markt
> Positionierung des Unternehmens in seinem derzeitigen Preis- und Leistungssegment
> Produktentwicklung und Innovationsgeschwindigkeit im Unternehmen.

**Kunden**

> Zufriedenheit der Kunden
> Erfolgswahrscheinlichkeit mit dem derzeitigen Kundensegment
> Bonität der Kunden
> Abhängigkeit von bestimmten Kunden
> „Treue“ der Kunden.

**Konkurrenz**

> Marktanteil des Unternehmens
> Zahl der Wettbewerber
> Wettbewerbsvorteil gegenüber der Konkurrenz.

**Lieferanten**

> Einkaufskonditionen
> Qualität und Zuverlässigkeit der Lieferanten
> Abhängigkeit von Lieferanten.

**Vertrieb**

> Vertriebsorganisation.

**Marketing**

> Marketingkonzept.

**Beziehung Unternehmen – Hausbank**

> Inanspruchnahme des Kreditrahmens (Konto überzogen, Konto nicht überzogen)
> Kontoumsätze im Vergleich zum Kontokorrent-Kreditrahmen.

**Information**

> Informationsverhalten gegenüber der Bank (notwendige Informationen pünktlich, ausreichend geliefert)
> Aussagekraft der Informationen
> Kommunikation mit der Bank bei wichtigen Informationen und strategischen Entscheidungen
> Zuverlässigkeit bei Vereinbarungen mit der Bank.

**Unternehmensentwicklung und Unternehmensplanung**

> Unternehmenskonzept
> Erfolgswahrscheinlichkeit der lang- und kurzfristigen Entwicklungs- und Planziele
> Erfolgswahrscheinlichkeit der Umsatz- und Absatzplanung
> Erfolgswahrscheinlichkeit der Kostenplanung
> Kostenvor- und -nachkalkulation
> Erfolgswahrscheinlichkeit der Ertragsplanung
> Erfolgswahrscheinlichkeit der Investitionsplanung
> Erfolgswahrscheinlichkeit der Liquiditätsplanung (Kapitaldienstfähigkeit)
> Qualität des Rechnungswesens und Controllings
> Qualität des Mahnwesens
> Seriosität im Umgang mit Unternehmensrisiken (Umweltrisiken, Gewährleistungsrisiken, Produkthaftungsrisiken, Versicherungen und Rücklagen).

## 4.2.4 Alternative Finanzierungsformen

### a) Leasing

Eine auch im Handwerk bedeutende Finanzierungsart ist das Leasing.

### Begriff

> Beim Leasing werden Gebäude, Maschinen, Werkzeuge, Betriebs- und Geschäftseinrichtungen, EDV-Anlagen, Fahrzeuge usw. von Leasinggesellschaften oder direkt vom Produzenten einzelnen Unternehmen gegen Vergütung (Zahlung in Raten) zum Gebrauch bzw. zur Nutzung überlassen. Die Leasingverträge können auch Wartung und Service einschließen.

### Rechtsgrundlagen

Grundlage des Leasinggeschäftes ist immer ein Vertrag zwischen Leasinggeber („Überlasser") und Leasingnehmer, der seiner Rechtsnatur nach als Mietvertrag einzustufen ist, aber in seiner Ausgestaltung je nach Einzelbedingungen erheblich von den Grundsätzen des Mietvertragsrechts nach BGB abweichen kann (Bandbreite vom normalen Mietvertrag bis zum verdeckten Ratenkaufvertrag). Leasingvertrag

### Mögliche Gestaltungen von Leasingverträgen

> Grundsätzlich wird das Leasingobjekt nach Ablauf der Grundmietzeit vom Leasingnehmer an die Leasinggesellschaft zurückgegeben. In vielen Fällen wird dem Leasingnehmer jedoch ein Anrecht (Option) eingeräumt, die Nutzung des Leasinggegenstandes nach Ablauf der Grundmietzeit fortzusetzen.

Folgende Varianten werden praktiziert:

- Kaufoption Kaufoption
  Dem Leasingnehmer wird das Recht eingeräumt, den Leasinggegenstand nach Ablauf der Grundmietzeit zum Restwert zu kaufen.
- Mietoption Mietoption
  Dem Leasingnehmer wird das Recht eingeräumt, die Mietzeit des Gegenstandes zu verlängern.

Grundsätzlich zu unterscheiden sind Voll- und Teilamortisation:
Vollamortisation: Die Anschaffungskosten des Leasingobjektes werden während der Vertragslaufzeit vollständig über die Leasingraten abgegolten.
Teilamortisation: Die Anschaffungskosten des geleasten Gegenstandes werden während der Vertragslaufzeit nur teilweise abgegolten. Es erfolgt eine Sonderzahlung zu Vertragsbeginn, und/oder es bleibt ein Restwert, der durch eine anschließende Verwertung ausgeglichen werden muss.

### Vorteile des Leasings aus finanzwirtschaftlicher Sicht

- Ein entscheidender Vorteil des Leasings besteht darin, dass die Nutzung des Leasinggegenstandes sofort möglich ist, die Zahlungen dagegen werden auf die betriebswirtschaftlich sinnvolle Nutzungsdauer verteilt. Vorteile
- Leasing schont die Kreditfähigkeit durch Freihalten der Sicherheiten für andere Anschaffungen.
- Die Beschaffung von Investitionsgegenständen auf der Basis eines Leasingvertrages ist sinnvoll, wenn das notwendige Kapital nicht oder nur zu sehr ungünstigen

Bedingungen aufgenommen werden kann und die Liquidität des Betriebes geschont werden soll.

- Steuerliche Überlegungen können für das Leasing maßgebend sein, da die Leasingraten in wesentlichem Umfang steuermindernd als Betriebsausgaben abgesetzt werden können.
- Leasing kann dann vorteilhaft sein, wenn Gegenstände beschafft werden sollen, die technisch schnell veralten, oder wenn besondere Maschinen oder Geräte nur für die Durchführung seltener Aufträge benötigt werden.

**Nachteile des Leasings aus finanzwirtschaftlicher Sicht**

Nachteile

- Die Summe der anfallenden Leasingraten übersteigt die Anschaffungskosten des Leasingobjektes. Die Kosten betragen in der Regel etwa 130 % des Kaufpreises.
- Leasing engt den Unternehmer in seiner Dispositionsfreiheit ein und führt ihn in eine rechtliche und wirtschaftliche Abhängigkeit zum Leasinggeber.
- Erhöhung der monatlichen Fixkosten.

### b) Factoring

Eine auch im Handwerk zunehmende Finanzierungsart ist das „Factoring“.

> Factoring bedeutet den Verkauf von Außenständen (Kundenforderungen = Forderungen aus Lieferungen und Leistungen) an ein spezialisiertes Finanzierungsinstitut (Factor).

Dieses Factoringinstitut übernimmt das Mahnwesen und den Einzug der Forderungen, in manchen Fällen auch den Teil der Buchführung, der sich auf die Außenstände bezieht (Debitorenbuchführung).
Es zahlt 70 % bis 90 % der verkauften Kundenforderungen zunächst in Form eines Vorschusses nach Abzug einer bestimmten Vergütung für Gebühren, Risiko und Zinsen sofort an den Betrieb aus.
Dabei bestehen in der Praxis unterschiedliche Möglichkeiten der Vertragsausführung.

**Vorteile des Factorings**

- Verbesserung der Liquidität
- Möglichkeit der Skontierung von Lieferantenrechnungen; Nutzung von Sonderrabatten im Einkauf
- Erweiterung des Kreditrahmens
- Vereinfachung des Inkasso- und Mahnwesens
- Steuervorteile.

**Nachteile des Factorings**

- mögliche Belastung der Kundenbeziehungen durch Einschaltung des Factors
- Factoring ist teurer als die Finanzierung mittels eines Bankkredits.

Forfaitierung

Zunehmende Bedeutung hat das Exportfactoring, auch Forfaitierung genannt. Hier werden Wechsel oder Forderungen bei Vorliegen guter Sicherheiten ohne Rückgriff auf den Exporteur durch Spezialinstitute aufgekauft. Der Verkäufer befreit sich dabei vom Risiko und verbessert seine Zahlungsfähigkeit durch Umwandlung der Forderung in bares Geld.

### c) Spezielle Finanzierungshilfen für den Handwerksbetrieb

Öffentliche Finanzierungshilfen

Bund und Länder fördern aus volkswirtschaftlichen Gründen Handwerksbetriebe durch Gewährung von speziellen öffentlichen Finanzierungshilfen.
Zentraler Ansprechpartner für öffentliche Fördermittel ist die KfW-Mittelstandsbank. Unter www.kfw-mittelstandsbank.de finden sich wichtige Informationen über Fördermöglichkeiten.
Der interaktive Förderberater zeigt auf, welche Programme im Einzelfall infrage kommen.

> Wer öffentliche Fördermittel nutzen möchte, darf mit seinem Vorhaben noch nicht begonnen haben.

Die Bundesländer haben zum Teil noch ergänzende Programme wie Mittelstandskreditprogramme.

> Es ist empfehlenswert, dass sich Interessenten für die genannten und alle anderen Finanzierungshilfen mit den Betriebsberatungsstellen der Handwerkskammern oder mit ihren Hausbanken in Verbindung setzen. Hier wird über Voraussetzungen und Antragswege sowie Konditionen beraten.

#### Aufgaben der Bürgschaftsbanken

> Da viele Handwerker gerade bei der Geschäftsgründung oder bei späteren Betriebserweiterungen keine banküblichen Sicherheiten leisten können, hat das Handwerk in Zusammenarbeit mit dem Staat und den Banken Selbsthilfeeinrichtungen in Form der Bürgschaftsbanken geschaffen.

Die Bürgschaftsbanken bestehen in allen Bundesländern (in Hamburg „Bürgschaftsgemeinschaft", in Rheinland-Pfalz „Investitions- und Strukturbank").
Zusammengeschlossen haben sich die Institute der einzelnen Bundesländer im Verband Deutscher Bürgschaftsbanken (www.vdb-info.de).

Ausfallbürgschaften

Die Bürgschaftsbank gewährt selbst keine Kredite, sondern übernimmt Ausfallbürgschaften für mittel- und langfristige Kredite an Handwerksbetriebe, denen bankmäßig ausreichende Sicherheiten nicht in dem erforderlichen Maße zur Verfügung stehen.
Verbürgt werden können Kredite für die Finanzierung von Investitionen, Existenzgründungen, Geschäftsübernahmen und Betriebsmittelbedarf und Konsolidierungsmaßnahmen. Unter bestimmten Voraussetzungen können auch Leasingfinanzierungen verbürgt werden.
Die Bürgschaft wird bis maximal 80 % des Kreditbetrages übernommen. Die Laufzeit beträgt bis zu 15 Jahre (bauliche Maßnahmen: bis zu 23 Jahre).

Kreditwürdigkeit

Der Kreditnehmer muss wirtschaftlich und persönlich kreditwürdig sein und nach der gesamten betriebswirtschaftlichen Lage die Gewähr dafür bieten, dass sein Betrieb existenz- und wettbewerbsfähig ist oder durch einen verbürgten Kredit werden kann. Das betriebliche Rechnungswesen muss überdies geordnet sein und jederzeit eine Überprüfung der Vermögens-, Finanz- und Ertragslage ermöglichen.

Antragsweg

Ein entsprechender Antrag auf Übernahme der Bürgschaft ist in der Regel über die Hausbank an die Bürgschaftsbank zu richten.
Die Handwerkskammer nimmt gutachterlich Stellung.

**Aufgaben der Kapitalbeteiligungsgesellschaften**

Zur Förderung von Handwerks- und Gewerbebetrieben auf dem Gebiet der Finanzierung bestehen Kapitalbeteiligungsgesellschaften.

> Die Kapitalbeteiligungsgesellschaften sollen Unternehmern des Handwerks die Kapitalbeschaffung auf Basis der Beteiligung zu tragbaren Bedingungen ermöglichen.

Beteiligungsfinanzierung

Diese Form der Beteiligungsfinanzierung kommt insbesondere für größere Handwerksbetriebe infrage. Über nähere Einzelheiten erteilen die Betriebsberatungsstellen der Handwerkskammern Auskunft.

## 4.3 Zahlungsverkehr

Folgende Grundformen des Zahlungsverkehrs sind zu unterscheiden:

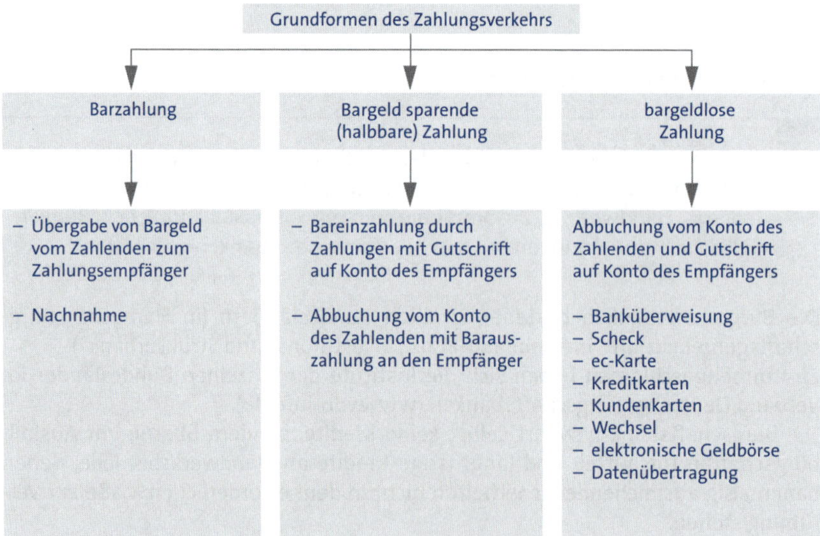


Kontoverbindung

Bargeld sparende und bargeldlose Zahlungen erfordern zur Abwicklung eine Kontoverbindung bei einer Bank, einer Sparkasse oder der Postbank. Insbesondere hinsichtlich der technischen Abwicklung des Zahlungsverkehrs bestehen zwischen den einzelnen Bankinstituten keine großen Unterschiede.
Ein oder mehrere Bankkonten sind heute für jeden Betrieb zur Erledigung des Zahlungsverkehrs, also zur Abwicklung des Geldzugangs wie des Geldabgangs, unerlässlich.
Die folgende Abbildung stellt die wesentlichen Vorgänge dar, wie Geld auf das Konto zufließt bzw. vom Konto abfließt.

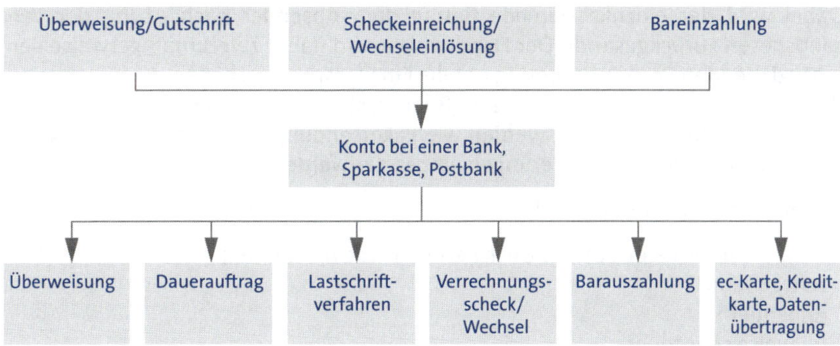


## 4.3.1 Barzahlung

### a) Inhalt der Barzahlung

Unter Barzahlung versteht man die persönliche Übergabe von Hart- und Papiergeld, das heißt die „Zahlung von Hand zu Hand".

Die Barzahlung findet in der Regel nur Anwendung, wenn es sich um kleinere Beträge handelt.
Folgendes ist zu beachten:

- Erstellung von Rechnungs- und Zahlungsbelegen auch für Kleinstbeträge, um die Ordnungsmäßigkeit der Buchführung zu erhalten. Regeln
- Anschaffung einer Registrierkasse zur Aufzeichnung der Zahlungsvorgänge bei Ladengeschäften.
- Leistung von Zahlungen nur an Berechtigte (Inkassovollmacht); der Überbringer einer Quittung gilt nach dem Gesetz als ermächtigt (Beweismittel). Quittung
- Genereller Annahmezwang für Banknoten; für Münzen nur bis zu einem festgelegten Umfang.

### b) Möglichkeiten der Barzahlung

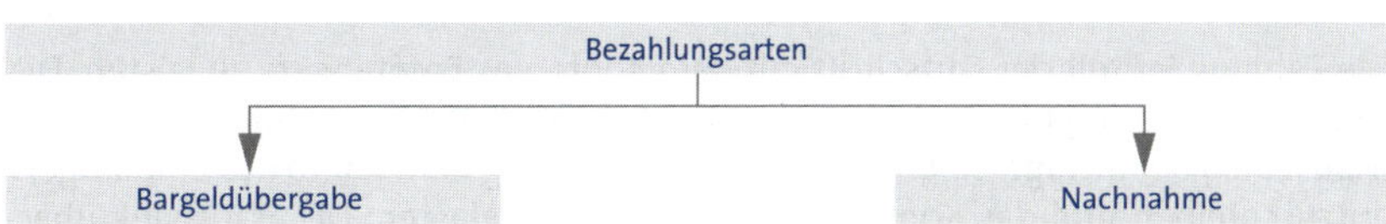


**Nachnahme**

Die Nachnahme ist eine Sendung, welche dem Empfänger nur gegen Bezahlung des angegebenen Betrages ausgehändigt wird.

Dabei wird der einzukassierende Betrag dem Absender nach Abzug der Versandspesen zurückgesandt. Der Handwerker wird daher zweckmäßigerweise den einzuziehenden Rechnungsbetrag um die Einzugsspesen erhöhen.
Per Nachnahme können Sendungen (Brief, Postkarte, Warenprobe, Geschäftspapiere usw.) ebenso versandt werden wie Paketsendungen. Ferner kann die Nachnahme zum Einzug von Forderungen eingesetzt werden.

Nachteile der Barzahlung sind:

> Gefahr des Verlierens bringt Unsicherheit in die Barzahlung
> zeitraubend
> unbequem
> teilweise sehr teuer.

Die Barzahlung verliert im Geschäftsleben gegenüber den vielfältigen Möglichkeiten der bargeldlosen Zahlung immer mehr an Bedeutung.

### 4.3.2 Bargeld sparende Zahlung

Bei der Bargeld sparenden Zahlungsweise wird der Zahlungsvorgang zum Teil durch Barzahlung und zum Teil über ein Bankkonto abgewickelt.

### 4.3.3 Bargeldlose Zahlung

**Zahlung durch SEPA-Überweisung**

Die Banküberweisung ist vollkommen bargeldlos und vollzieht sich von Konto zu Konto.

Die Zahlung ist mit der Gutschrift auf dem Konto des Empfängers zu leisten. Die Überweisung erfolgt in der Weise, dass der Schuldner das kontoführende Institut (Hausbank) beauftragt, einen bestimmten Geldbetrag dem Konto des Empfängers gutzuschreiben und das Konto des Schuldners zu belasten. Die Hausbank überweist den Betrag an die Bank des Zahlungsempfängers, die ihrerseits ihren Kunden mittels Kontoauszug über den Geldeingang informiert.

Dauerauftrag

Für bestimmte Beträge, die in regelmäßigen Abständen zu überweisen sind, können Daueraufträge eingerichtet werden.
Die Abwicklung von Überweisungen erfolgt durch das europaweit bestehende bargeldlose SEPA-Verfahren. Mit dem SEPA-Verfahren können Inlands- und Auslandsüberweisungen in Euro vorgenommen werden.

Folgende Angaben sind auf einer SEPA-Überweisung auszufüllen:

1. Name des Begünstigten
2. IBAN (internationale Kontonummer des Begünstigten)
3. BIC (internationale Bankleitzahl des Begünstigten)
4. Überweisungsbetrag
5. Verwendungszweck
6. Angaben zum Absender
7. IBAN des Absenders bzw. Kontoinhabers

**Zahlung durch SEPA-Lastschrift**

SEPA-Lastschrift

Bei diesem Verfahren erfolgt der „Geldeinzug" mittels Lastschrift. Im Gegensatz zur Überweisung wird der Zahlungsvorgang vom Zahlungsempfänger ausgelöst.

Voraussetzung hierfür ist allerdings eine Einverständniserklärung des Zahlungspflichtigen.
Für die SEPA-Lastschrift gibt es zwei Verfahren: die SEPA-Basislastschrift (SEPA Core Direct Debit) sowie die SEPA-Firmenlastschrift (SEPA Business to Business Direct Debit), die ausschließlich für den Verkehr mit Geschäftskunden vorgesehen ist. Das SEPA-Basislastschriftverfahren enthält vom deutschen Einzugsermächtigungslastschriftverfahren zahlreiche bekannte Elemente. Das SEPA-Firmenlastschriftverfahren berücksichtigt die Bedürfnisse von Geschäftskunden und ist dem heutigen Abbuchungsauftragsverfahren ähnlich.
Damit sind im einheitlichen Euro-Zahlungsverkehrsraum erstmals auch grenzüberschreitende Lastschriften möglich. Wer regelmäßige Zahlungen, z. B. in ein Nachbarland im Euroraum entrichten muss, kann die fälligen Beträge nun von seinem Inlandszahlungskonto als SEPA-Lastschrift abbuchen lassen. Seit Februar 2014 löst die SEPA-Lastschrift die nationalen Lastschriftverfahren in den Euro-Ländern grundsätzlich ab. Banken und Sparkassen können nach Absprache mit dem Kunden Einzugsermächtigungen im nationalen Altformat noch ausnahmsweise akzeptieren. Einreichungen von Lastschriften nach dem Abbuchungsauftragsverfahren werden von Banken und Sparkassen seit dem 1. Februar 2014 nicht mehr angenommen. Ebenso wie bei SEPA-Überweisungen werden für SEPA-Lastschriften grundsätzlich IBAN (International Bank Account Number, internationale Kontonummer) und BIC (Business Identifier Code, internationale Bankleitzahl) anstatt Kontonummer und Bankleitzahl benötigt.

**Zahlung durch Bankscheck**

Der Scheck ist eine schriftliche Anweisung des Kontoinhabers an sein Kreditinstitut, eine bestimmte Summe aus dem Guthaben des Antragstellers auszubezahlen.

Die früher übliche und weit verbreitete Zahlungsform per Scheck ist im heutigen Geschäftsverkehr nur noch sehr selten möglich. Grund hierfür ist die seit 2001 abgeschaffte Euro-Scheckgarantie durch die Banken. Seitdem lehnen viele Gläubiger die Scheckzahlung ab.

### Zahlung mit Bankkarte (ec-Karte)

Die Bankkarte in Verbindung mit der persönlichen Geheimzahl (PIN-Nummer) bietet für den Karteninhaber grundsätzlich folgende Nutzungsmöglichkeiten:

- Abhebung von Bargeld an in- und ausländischen Geldautomaten
- Bargeldlose Zahlung an gekennzeichneten automatisierten Kassen im In- und Ausland (Electronic-Cash-System). Die Zahlungen sind für den Zahlungsempfänger garantiert.

ec-Cash-System

ELV-System

Im Rahmen des elektronischen Lastschriftverfahrens (ELV-System) kann in vielen Geschäften auch ohne PIN gegen Unterschrift mit der Bankkarte bezahlt werden. Eine Zahlungsgarantie besteht bei diesem Verfahren für den Zahlungsempfänger nicht. Für den Zahlungsempfänger ist das ELV-System jedoch kostengünstiger als das ec-Cash-System.
Die bargeldlose Zahlung mit der Bankkarte ist im Rahmen des persönlichen Verfügungsrahmens des Karteninhabers gegeben.
Die Bankkarte ist mit besonderer Sorgfalt aufzubewahren, die PIN-Nummer sollte keiner anderen Person bekannt werden.

Girocard

Bei Verlust der Bankkarte oder missbräuchlichen Verfügungen ist unverzüglich die kontoführende Bank oder der zentrale Sperrannahmedienst zu benachrichtigen.

### Zahlung mit Kreditkarten

> Eine weitere Form des bargeldlosen Zahlungsverkehrs ist die Verwendung von Kreditkarten. Mit der Kreditkarte kann man bargeldlose Zahlungen in verschiedenen Bereichen leisten und sich selbst Bargeld beschaffen. Kreditkartenzahlungen sind für den Zahlungsempfänger garantiert.

Die Kreditkarte bietet folgende Vorteile:

Vorteile

- geringes Verlustrisiko
- erhöhte Zahlungsfähigkeit
- weltweite Akzeptanz
- Bargeldservice
- Geldautomatenservice
- zusätzliche Serviceleistungen wie z. B. Versicherungsleistungen sowie Dienstleistungen in den Bereichen Reisen, Sport- und Kulturereignisse u. a.
- bequeme Zahlungsabwicklung
- Zinsvorteil durch spätere Wertstellung auf dem Bankkonto.

Abrechnung

Abzug

Vertragsunternehmen erhalten von den Kreditkarten-Emittenten nicht den gesamten Rechnungsbetrag vergütet, sondern werden mit dem Abzug einer Provision belastet. Dies bringt eine Schmälerung der Gewinnspanne mit sich. Sieht man vom Ausfallrisiko des ELV-Systems ab, sind Zahlungen mit der Bankkarte für den Geschäftsinhaber günstiger als Zahlungen, die mit der Kreditkarte erfolgen.
Für den Kartenbesitzer fällt in der Regel eine jährliche Gebühr an. Höherpreisige Karten enthalten meist Zusatzleistungen (z. B. Versicherungen). Unter bestimmten Voraussetzungen (z. B. jährlicher Umsatz) wird die Jahresgebühr ganz oder teilweise zurückerstattet. Wie bei der Bankkarte sind auch bei der Kreditkarte die entsprechenden Sicherheitshinweise zu beachten.

### Zahlung mit Kundenkarten

> Kundenkarten eröffnen dem Unternehmen die Vorteile der bargeldlosen Zahlung und zusätzlich das Angebot spezifischer Serviceleistungen (z.B. Kultur, Sport, Reisen).

Zahlreiche Unternehmen versuchen ihre Kunden über Kundenkarten an sich zu binden.

Kundenbindung

### Zahlung mit elektronischer Geldbörse (Geldkarte)

> Bei der elektronischen Geldbörse (Geldkarte) als „Kleingeldersatz" handelt es sich um einen Mikrochip, mit dem ec-Karten, Bankkarten oder Kundenkarten zusätzlich ausgestattet werden.

Ladeterminal

Geldkarten-Terminal

Die Geldkarte mit Chip wird beim Ladeterminal der Bank oder an Geldautomaten aufgeladen. Die gespeicherte Summe kann in beliebig vielen Teilbeträgen „abgerufen" werden, d.h., es wird im Geschäft oder an Automaten ohne Geheimzahl und ohne Unterschrift bezahlt.
Der Geschäftsinhaber (Geldempfänger), der diesem System angeschlossen ist, erhält alle auf dieser Basis bezahlten Beträge eines Tages in einer Summe abzüglich einer Gebühr auf seinem Konto gutgeschrieben. Mit der Geldkarte ist eine schnelle Abwicklung des Kaufvorgangs bzw. Zahlungsvorgangs, zusätzlicher Kundenservice und Kundenbindung verbunden.
Die Akzeptanz dieses Zahlungsmittels ist bei den Karteninhabern, Banken und Geschäftsinhabern derzeit noch gering.

### Zahlung durch Online-Banking

> Mithilfe moderner Kommunikationstechniken lässt sich der Zahlungsverkehr vollkommen beleglos abwickeln.

Internetbanking
Onlinebanking

Die Erledigung von Bankgeschäften und die Kontoführung per PC ist unabhängig von den Öffnungszeiten der Banken grundsätzlich für jeden Handwerker möglich und kann von jedem vorgenommen werden, der im Betrieb oder zu Hause über einen Onlineanschluss verfügt. Man nennt dieses Verfahren Internetbanking bzw. Onlinebanking. Internetbanking ermöglicht u.a. den Abruf des Kontostandes, der Kontoauszüge sowie die Vornahme von Überweisungen. Meist werden weitere Nutzungsmöglichkeiten wie Einrichten von Daueraufträgen, Wertpapiergeschäfte, Informationen über aktuelle Preise für Devisen und Sorten, Anlegen von Festgeldern etc. angeboten. Selbstverständlich erfordert Internet-Banking eine strenge Einhaltung der Sicherungsmechanismen (HBCI-Standards). Insbesondere dürfen die persönlichen Kennworte (PIN und TAN) Dritten nicht zugänglich gemacht werden.
Folgende Sicherheitsregeln sind beim Onlinebanking unbedingt erforderlich:

> Einsatz von Sicherheitssoftware
> Einsatz eines aktuellen Virenscanners

- Eingabe von PIN und TAN nur auf der geschützten Internetseite der Bank
- keine Speicherung von Passwörtern
- Wahl eines sicheren Passwortes
- keine Öffnung von E-Mails von unbekannten Absendern
- Nutzung aktueller Programmversionen
- Aktivierung der Sicherheitseinstellungen des Browsers.

Beim Datenträgeraustausch (DTA) werden Zahlungsverkehrsdaten beleglos per Datei zwischen Bank und Firmenkunde per Datenträger übertragen.

Telefon-Banking

Banken ermöglichen es darüber hinaus, Kontoabfragen, Überweisungen, Einrichtung von Daueraufträgen und Bestellung von Zahlungsvordrucken auch telefonisch zu erledigen (Telefon-Banking).

## Wiederholungsfragen sowie handlungsorientierte, fallbezogene Übungs- und Prüfungsaufgaben

1. Welches sind wichtige finanzwirtschaftliche Teilpläne der Unternehmensplanung?

   >> Seite 113 |

2. Erläutern Sie die wichtigsten Positionen, die bei der Erstellung eines Investitionsplans zu berücksichtigen sind!

   >> Seite 113 |

3. Erläutern Sie die Aufgaben der Finanzplanung!

   >> Seite 114 |

4. Welche Bedeutung hat der Finanzplan im Verbund mit der Gesamtplanung eines Betriebes?

   >> Seite 114 |

5. Sie sind Inhaber eines Handwerksbetriebes und wollen dafür Sorge tragen, dass die Zahlungsbereitschaft Ihres Betriebes stets gegeben ist. Um dieses Ziel zu erreichen, wollen Sie künftig eine systematische Finanz- und Liquiditätsplanung betreiben.

   Aufgabe: Stellen Sie zusammen, welche wichtigen Positionen Ihr Liquiditätsplan enthalten soll!

   >> Seite 115 |

6. Erstellen Sie einen Liquiditätsplan für einen Handwerksbetrieb!

   >> Seiten 116 bis 117 |

7. Erklären Sie die wichtigsten Investitions- und Finanzierungsanlässe im Handwerksbetrieb!

   >> Seite 118 |

8. Von Eigenfinanzierung spricht man, wenn

- [ ] a Investitionen durch Einzug betrieblicher Kundenforderungen finanziert werden.
- [ ] b der Kapitalbedarf durch „Sparen im Betrieb“ gedeckt wird.
- [ ] c das Anlagevermögen, statt auf Kredit- oder Eigenkapitalbasis finanziert, gemietet wird.
- [ ] d Investitionen durch Ausnutzung von Lieferantenkrediten finanziert werden.
- [ ] e Privatvermögen und Eigenleistungen für betriebliche Finanzierungszwecke eingesetzt werden.

>> Seiten 118 bis 119 |

9. Die Selbstfinanzierung, also im Wesentlichen die Kapitalbildung durch im Betrieb erzielte und nicht entnommene Gewinne, sollte für jeden Handwerksbetrieb ein erstrebenswertes finanzpolitisches Ziel sein. Deshalb wollen Sie für Ihren Handwerksbetrieb die Selbstfinanzierungsquote jährlich errechnen.

   Aufgabe: Erläutern Sie, wie Sie die zur Selbstfinanzierung zur Verfügung stehenden Mittel für Ihren Betrieb errechnen können!

   >> Seite 120 |

10. Als Inhaber eines Handwerksbetriebes sind Sie zur Finanzierung der Investitionen und der Betriebsabläufe auch auf die Aufnahme von Krediten angewiesen. Um die jeweils für den Zweck der Verwendung angemessene Kreditart einzusetzen, wollen Sie sich einen Überblick über die für den Handwerksbetrieb wichtigsten Kreditarten verschaffen.

    Aufgabe: Beschreiben Sie kurz die wichtigsten Kreditarten, die im Rahmen der Fremdfinanzierung für Ihren Betrieb in Frage kommen!

    >> Seiten 120 bis 123 |

11. Welches sind die wichtigsten kurzfristigen Kreditarten?

☐ a Kontokorrentkredit.

☐ b Lieferantenkredit.

☐ c Verwandtendarlehen.

☐ d Kredite nach Handwerkskreditprogramm.

☐ e Durch Kreditgarantiegemeinschaft verbürgte Kredite.

>> Seite 120 |

12. Sie sind selbstständiger Handwerksmeister. Ihre Lieferanten bieten Ihnen im Rahmen der Zahlungsbedingungen an, bei Zahlung der Rechnungen innerhalb einer bestimmten Frist (z. B. 10 Tage) ab Rechnungsstellung 3 % Skonto vom Rechnungsbetrag abzuziehen. Sie sind im Hinblick auf die laufenden betrieblichen Einnahmen nicht immer in der Lage, diese Skontierungsmöglichkeiten auszuschöpfen, würden dies aber gerne tun. Andererseits haben Sie Ihren Kontokorrentkredit bei der Bank nie voll ausgeschöpft.

    Aufgabe:

    a) Prüfen Sie, ob es für Sie von Vorteil ist, zur Ausnutzung der Skontoabzugsmöglichkeiten einen Bankkredit aufzunehmen!

    b) Erklären Sie, welche Berechnung dabei notwendig ist!

    c) Begründen Sie Ihr Ergebnis!

    >> Seiten 121 bis 122 |

13. Erläutern Sie die Unterschiede zwischen Festdarlehen, Abzahlungsdarlehen und Annuitätendarlehen!

    >> Seiten 122 bis 123 |

14. Welche Finanzierungskosten fallen bei Aufnahme eines Darlehens je nach Darlehensform an?

>> Seite 123 |

15. Zur Finanzierung des Kaufs von neuen Maschinen müssen Sie als Betriebsinhaber von Ihrer Hausbank ein Darlehen aufnehmen. Die Bank verlangt von Ihnen für das beantragte Darlehen Sicherheiten.

Aufgabe: Stellen Sie zusammen, welche banküblichen Sicherheiten Sie der Bank anbieten können!

>> Seiten 123 bis 125 |

16. Welche Bedeutung hat das Ratingverfahren für den Handwerksbetrieb?

>> Seiten 126 bis 128 |

17. Man spricht von Leasing, wenn

- [ ] a ein Betrieb in erster Linie seinen gesamten Fuhrpark mietet.
- [ ] b Geschäftseinrichtungsgegenstände gekauft und sofort bar bezahlt werden.
- [ ] c Geschäftseinrichtungsgegenstände auf Kredit gekauft werden.
- [ ] d ein Unternehmen Maschinen, Werkzeuge und Geschäftseinrichtungen mietet.
- [ ] e ein Betrieb den Kunden ein Zahlungsziel einräumt.

>> Seite 129 |

18. Wegen der Ausweitung des Geschäftsvolumens müssen Sie für Ihren Handwerksbetrieb zwei Fahrzeuge anschaffen. Sie haben gehört, dass eine Reihe betrieblicher Investitionen, so auch Fahrzeuge, vermehrt statt auf Kreditbasis auf der Grundlage des Leasinggeschäfts finanziert werden. Bevor Sie eine Entscheidung über die Art der Finanzierung Ihrer Anschaffung treffen, wollen Sie sich grundsätzlich über die Vor- und Nachteile des Leasings aus finanzwirtschaftlicher Sicht informieren.

Aufgabe: Stellen Sie die Vor- und Nachteile des Leasings in Bezug auf Ihre Finanzierungsentscheidung der Fahrzeuge zusammen!

>> Seiten 129 bis 130 |

19. Erklären Sie die Vor- und Nachteile des Factorings!

>> Seite 130 |

20. Welches sind die Aufgaben der Bürgschaftsbanken?

- [ ] a Sie gewähren an Handwerksunternehmen zinsgünstige Kredite.
- [ ] b Sie geben Zinszuschüsse für Investitionskredite.
- [ ] c Sie übernehmen Ausfallbürgschaften für Kredite, die Handwerksbetrieben gewährt werden.
- [ ] d Sie garantieren Handwerksbetrieben bestimmte Kreditlinien zur Finanzierung der Materialvorräte.
- [ ] e Sie wickeln Kreditprogramme von Bund und Ländern ab.

>> Seiten 131 bis 132 |

21. Wer nimmt in der Regel zum Antrag auf Übernahme einer Bürgschaft durch die Bürgschaftsbank gutachterlich Stellung?

- [ ] a Die Innung.
- [ ] b Die Handwerkskammer.
- [ ] c Der Landesinnungsverband.
- [ ] d Der Bundesinnungsverband.
- [ ] e Das Gewerbeamt.

>> Seite 132 |

22. Welche Aufgaben haben die Kapitalbeteiligungsgesellschaften im Handwerk?

- [ ] a Sie übernehmen alle mit der Kapitalbeschaffung anfallenden Aufgaben.
- [ ] b Sie gewähren den Handwerksbetrieben zinsgünstige Kredite bis zu 100.000,00 EUR.
- [ ] c Sie ermöglichen Handwerksbetrieben die Kapitalbeschaffung auf der Basis der Beteiligung.
- [ ] d Sie beraten die Unternehmer im Handwerk bei der Geldanlage im privaten Bereich.
- [ ] e Sie übernehmen für selbstständige Handwerker Bürgschaften gegenüber Banken.

>> Seite 132 |

23. Beschreiben Sie die drei Grundformen des Zahlungsverkehrs!

>> Seite 132 |

24. Erläutern Sie die Barzahlungsmöglichkeiten!

>> Seite 133 |

25. Welche Möglichkeiten der Bargeld sparenden Zahlung gibt es?

>> Seite 134 |

26. Welche Formen der bargeldlosen Zahlung gibt es?

>> Seite 134 |

27. Welche Angaben beinhaltet eine SEPA-Überweisung?

>> Seite 134 |

28. Erklären Sie kurz das SEPA-Lastschriftverfahren!

>> Seite 135 |

29. Was hat der Inhaber einer Bankkarte zu veranlassen, wenn er diese verloren hat?

- [ ] a Er hat unverzüglich die Sperrannahmestelle bei der Europäischen Zentralbank zu benachrichtigen.
- [ ] b Er hat unverzüglich die Hauptkasse bei der Deutschen Bundesbank zu benachrichtigen.
- [ ] c Er hat unverzüglich das Bundesaufsichtsamt für das Kreditwesen zu benachrichtigen.
- [ ] d Er hat unverzüglich den zentralen Sperrannahmedienst bei der für den Sitz der Bank zuständigen Polizeidienststelle zu benachrichtigen.
- [ ] e Er hat unverzüglich die kontoführende Bank oder den zentralen Sperrannahmedienst zu benachrichtigen.

>> Seite 136 |

30. Erläutern Sie, welche Vorteile die Zahlung mit einer Kreditkarte bietet!

>> Seite 136 |

31. Welche möglichen Konsequenzen können sich für einen Handwerksbetrieb aus der zunehmenden Verbreitung von Kreditkarten ergeben?

>> Seite 136 |

32. Erläutern Sie, wie die elektronische Geldbörse (Geldkarte) verwendet werden kann!

>> Seite 137 |

33. Sie sind Inhaber eines Handwerksbetriebes und wollen prüfen, wie Sie Zahlungen und den weitergehenden Bankverkehr auf der Grundlage moderner Datenübertragung bzw. Kommunikationstechnik abwickeln können.

Aufgabe: Geben Sie an, welche Möglichkeiten im Rahmen des Internet-Banking bzw. Online-Banking und Telefon-Banking für Ihren Betrieb bestehen!

>> Seiten 137 bis 138 |

34. Vervollständigen Sie diesen Lückentext:

Beim Leasing werden Gebäude, ________________ , ________________ , ________________ , ________________ usw. von ________________oder direkt vom Produzenten einzelnen Unternehmen gegen Vergütung (Zahlung in Raten) zum ______________ bzw. zur ______________ überlassen. Die Leasingverträge können auch ______________ und ______________ einschließen.

>> Seite 129 |

# 5. Konzepte für Personalplanung, -beschaffung und -qualifizierung erarbeiten und bewerten sowie Instrumente der Personalführung und -entwicklung darstellen

**Kompetenzen**

> Personalbedarf auf Grundlage der Unternehmensplanung bestimmen und in Stellenbeschreibungen präzisieren.
> Möglichkeiten der Personalbeschaffung beurteilen, offene Stellen ausschreiben und Bewerbungsgespräche führen.
> Weiterbildungsbedarf der Mitarbeiter ermitteln und Konzepte zur bedarfsgerechten Qualifizierung erstellen.
> Maßnahmen zur Mitarbeitermotivation und -bindung kennen.
> Einsatzmöglichkeiten unterschiedlicher Arbeitszeit- und Entlohnungsmodelle beurteilen.
> Feedbackgespräche mit Mitarbeitern führen.
> Bedeutung des Betriebsklimas begründen.
> Möglichkeiten der betrieblichen Altersvorsorge kennen.
> Strategien zur Verhinderung von Mobbing kennen.
> Grundlagen des betrieblichen Wiedereingliederungsmanagements (BEM) kennen.
> Eigenes Führungsverhalten reflektieren und Wirkungen auf die Mitarbeiter und das Betriebsklima kennen.

## 5.1 Personalplanung

Die Personalplanung hat die Aufgabe, Entscheidungen in personellen Angelegenheiten vorzubereiten, um das Ziel der Bereitstellung der erforderlichen personellen Kapazitäten für den Handwerksbetrieb zu erreichen.

Die Personalplanung muss, um alle Notwendigkeiten zu berücksichtigen, auf Beschaffung von Arbeitskräften, Arbeitskräfteeinsatz sowie die Planung der Ausbildung und Fortbildung ausgerichtet sein.

### 5.1.1 Personalbedarfsermittlung

Die Personalbedarfsermittlung bezieht sich auf die Analyse des Personalbedarfs des Handwerksbetriebes und leitet daraus den Stellenplan ab.

Ermittlung des Personalbedarfs

**a) Analyse des Personalbedarfs**

Bei der Analyse des Personalbedarfs unterscheidet man zwischen quantitativen und qualitativen Kriterien.

### Quantitative Personalbedarfsanalyse

> Die quantitative Personalbedarfsanalyse beschäftigt sich mit der Fragestellung, wie viele Mitarbeiter zu einem bestimmten Zeitpunkt an einem bestimmten Ort dem Handwerksbetrieb zur Verfügung stehen sollen.

Einflussfaktoren

Folgende interne und externe Einflussfaktoren finden Berücksichtigung:
Interne Faktoren:

- Arbeitsorganisation
- Absatzplanung und Auftragslage
- erwartete Personalfluktuation
- Betriebszweck
- Betriebsgröße
- Betriebsausstattung
- Qualitätsanforderungen.

Externe Faktoren:

- gesamtwirtschaftliche Entwicklung
- wirtschaftliche Entwicklung des Handwerkszweiges
- technologische Entwicklungen
- strukturelle Entwicklungen
- Angebot am Arbeitsmarkt.

Unter Berücksichtigung der genannten Faktoren kann der Handwerksbetrieb den Brutto-Personalbedarf und den Netto-Personalbedarf ermitteln:

| | | |
|---|---|---|
| Brutto-Personalbedarf | = | Anzahl der Mitarbeiter, die voraussichtlich zur Bewältigung der Aufgaben bzw. Aufträge des Handwerksbetriebes erforderlich sind |
| Netto-Personalbedarf | = | Brutto-Personalbedarf minus Personalbestand zum Planungszeitpunkt |

### Qualitative Personalbedarfsanalyse

> Die qualitative Personalbedarfsermittlung beschäftigt sich mit der Fragestellung, welche Qualifikation die zu einem bestimmten Zeitpunkt an einem bestimmten Ort benötigten Arbeitskräfte des Handwerksbetriebes aufweisen müssen.

Arbeitsanforderungen

Hierzu sind die derzeitigen und zukünftigen Arbeitsanforderungen zu definieren. Daraus ist die erforderliche Qualifikation zu ermitteln.

### b) Stellenplan

> Der Stellenplan ist eine Zusammenstellung der im Betrieb bestehenden und geplanten Stellen. Er ist das Ergebnis der Personalbedarfsermittlung und bildet die Grundlage für die Erstellung von Stellenbeschreibungen.

### c) Stellenbeschreibung

> Stellen entstehen aus der Zusammenfassung einzelner Teilaufgaben zu einer von einer Person überschaubaren und bewältigbaren Aufgabe. Grundlage der Stellenbeschreibung ist somit das Aufgabenprofil.

Wichtige Inhalte der Stellenbeschreibung sind: Inhalt

- sachliche Beschreibung der Tätigkeiten und Aufgaben
- organisatorische Eingliederung der Stelle
- spezifische Leistungsanforderungen
- personelle Anforderungen an den Stelleninhaber
- Kompetenzen des Stelleninhabers
- Vertretungsregelung.

## 5.1.2 Personalbeschaffung und -auswahl

Personalbeschaffung und Personalauswahl sind wichtige Erfolgskriterien für den nachhaltigen Erfolg des Handwerksbetriebes.

### a) Personalbeschaffung

> Die Personalbeschaffung hat die Aufgabe, die Ergebnisse der Personalbedarfsanalyse umzusetzen und die erforderlichen Arbeitskräfte für den Handwerksbetrieb zu beschaffen.

Folgende wichtige Möglichkeiten der Personalbeschaffung ergeben sich für den Handwerksbetrieb: Möglichkeiten

- betriebseigene Ausbildung von Fachkräften
- interne Beschaffung des Personals durch Versetzung eines bereits vorhandenen Mitarbeiters
- externe Besetzung der Stelle durch Neueinstellung eines Mitarbeiters
- Beschaffung des Personals durch Personalleasing, Zeitarbeitsfirmen und Personalberatungen.

Vorteile der internen Personalbeschaffung: Interne Personalbeschaffung

- geringe Personalbeschaffungskosten
- Stelle ist kurzfristig besetzbar.
- Bewerber verfügt über Kenntnisse der Betriebszusammenhänge.
- Eignung des Bewerbers ist besser beurteilbar.

Externe Personalbeschaffung

Vorteile der externen Personalbeschaffung:

- Personalbedarf des Handwerksbetriebes ist insgesamt gedeckt (bei interner Umsetzung entsteht in der Regel an anderer Stelle eine Lücke).
- Externer Bewerber bringt neue Ideen und Arbeitsmethoden in den Handwerksbetrieb.
- Bewerberauswahl kann objektiver erfolgen.
- Bewerber geht die Aufgabe unbelasteter an.

Stellenanzeige

Eine wichtige Rolle im Bereich der externen Personalbeschaffung spielt die Stellenanzeige. Deren Gestaltung ist firmenspezifisch und individuell; jedoch weisen Stellenanzeigen in der Regel folgende wichtige Inhalte auf:

- Vorstellung des Unternehmens
  (z. B. Branche, Umsatz, Mitarbeiterzahl, Produkt- und Leistungsspektrum)
- geschlechts- und altersneutrale Bezeichnung und Beschreibung der zu besetzenden Funktion
  (z. B. Aufgaben, Vollmachten, Entwicklungsmöglichkeiten)
- Voraussetzungen an den Bewerber
  - fachliche Merkmale (z. B. Ausbildung, Berufserfahrung, Weiterbildung)
  - persönliche Merkmale (z. B. Belastbarkeit, Teamfähigkeit, Kommunikationsfähigkeit)
    Wichtig: Keinerlei Angaben zum gewünschten Alter des Kandidaten!
- Kontaktaufnahme (Firmenadresse, Ansprechpartner, evtl. telefonische Vorabauskunft, Homepage).

Personalleasing

Vorteile von Personalleasing oder Arbeitskräftebeschaffung über Zeitarbeitsfirmen:

- Erhöhter Personalbedarf ist kurzfristig überbrückbar.
- Einfachere Abwicklung bei Nichteignung des Bewerbers.

Qualifizierte Mitarbeiter sind begehrt, jedoch immer schwer zu finden. Daher ist die externe Suche auf mehreren Wegen und Kanälen zu empfehlen.

Fachkräftemangel

Wichtige Quellen in diesem Zusammenhang sind:

- persönliches Netzwerk im betrieblichen und privaten Bereich
- Arbeitsagentur
- private Jobbörsen und Datenbanken (z. B. Monster, Stepstone etc.)
- Tageszeitungen, Anzeigenblätter, Fachzeitschriften
- soziale Netzwerke (z. B. Xing, Facebook etc.)
- Unterstützung durch Personalberatungen.

**b) Personalauswahl**

> Die Personalauswahl ist die Entscheidung über die Besetzung einer freien Stelle im Handwerksbetrieb.

Bearbeitung von Bewerbungen

Folgende Grundsätze sind bei der Ausschreibung und Bearbeitung von Bewerbungen besonders zu beachten:

> Erstellung eines klaren Anforderungsprofils
  - klare Darlegung der sachlichen und persönlichen Anforderungen
  - keine übertriebenen Forderungen stellen
> attraktive, zielgruppengerechte, werbliche Gestaltung
> Beachtung der Regelungen des AGG (Allgemeines Gleichbehandlungsgesetz)
  - geschlechtsneutrale Ausschreibung
  - keine Benachteiligung von Bewerbern wegen Geschlecht, ethnischer Herkunft, Religion oder Weltanschauung, Behinderung, Alter oder sexueller Identität
> rasche Bearbeitung von Bewerbungen
  - unter Umständen Versand von Zwischenbescheiden
  - Rücksendung der Unterlagen von nicht zum Zuge gekommenen Bewerbern (Achtung: Allgemeines Gleichbehandlungsgesetz [AGG] berücksichtigen)
  - als Absagegrund nur die Gesamtqualifikation nennen, keine Einzelaspekte
  - keine Abwertung von Bewerbern, die nicht angenommen wurden
> diskrete Behandlung von Bewerbungen.

Die nachstehende Abbildung enthält die wichtigsten Bewerbungsunterlagen zur Beurteilung von Stellenbewerbern:

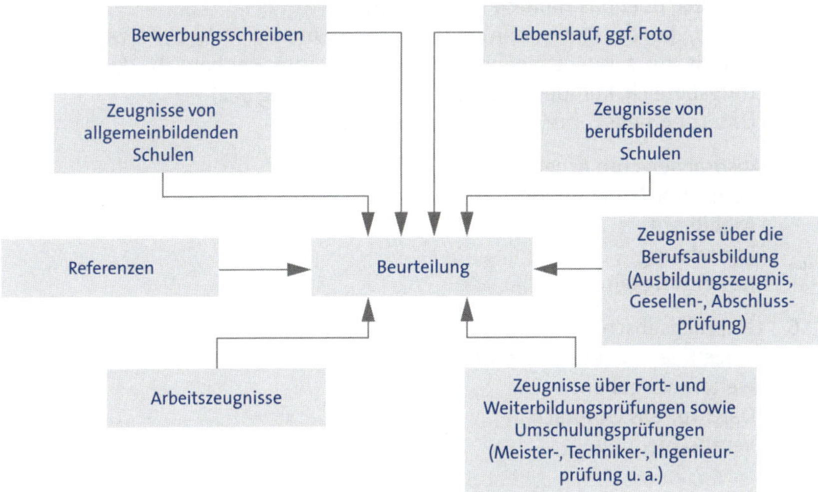


Weitere Entscheidungshilfen

Weitere Entscheidungshilfen zur Personalauswahl können sein:

> persönlicher Eindruck im Vorstellungsgespräch
> Einsatz verschiedener Eignungstests
  - fachbezogene Tests (z. B. mathematische und sprachliche Fertigkeiten, Allgemeinbildung, räumliches Vorstellungsvermögen, logisches Denken etc.)
  - psychologische Tests
> Beratung bzw. Vermittlung durch Personal- und Unternehmensberater
> Assessment-Center (z. B. Rollen- und Planspiele, Gruppendiskussionen etc.)
> Nachfrage bei angegebenen Referenzen.

Vorstellungsgespräch

**Folgende Checkliste zeigt beispielhaft den möglichen Verlauf eines Vorstellungsgesprächs:**

1. Gesprächsbeginn/Gesprächseinstieg
   > Begrüßung des Bewerbers
   > gegenseitige Vorstellung
   > Anlass der Einladung
2. Gespräch zum schulischen/beruflichen Lebensweg des Bewerbers
   > schulische Ausbildung
   > berufliche Ausbildung
   > Stationen der bisherigen Berufstätigkeit
   > Fortbildungen
   > Klärung des Grundes des derzeitigen beruflichen Veränderungswillens
3. Gespräch zum persönlichen Lebensweg des Bewerbers
   > Herkunft
   > Elternhaus/Familie
   > Hobbys/Freizeit
   > ggf. ehrenamtliche Tätigkeiten
4. Gespräch über das Handwerksunternehmen
   > Daten über das Unternehmen (z.B. Größe, Umsatz, Mitarbeiterzahl)
   > Details zur ausgeschriebenen Stelle (z.B. Aufgabenbereich, Verantwortungsbereich, Kompetenzen, Stellenbeschreibung etc.)
   > Unternehmenskultur/Unternehmensleitbild
5. Absprachen zum Arbeitsverhältnis
   > Vergütung/Einkommen
   > Arbeitszeit
   > Fortbildung
   > Nebentätigkeiten etc.
6. Gesprächsabschluss
   > kurze Gesprächszusammenfassung
   > weitere Vorgehensweise
   > Dank für das Gespräch
   > Verabschiedung

### 5.1.3 Personaleinsatz und Stellenbesetzung

Im Anschluss an die Personalbeschaffung und die Personalauswahl ist der optimale Einsatz des Personals und seine Erhaltung für den Erfolg des Handwerksbetriebes von zentraler Bedeutung.

Aufgabe des Personaleinsatzes ist, die vorhandenen und gewonnenen Arbeitskräfte optimal auf die vorhandenen Stellen zu verteilen.

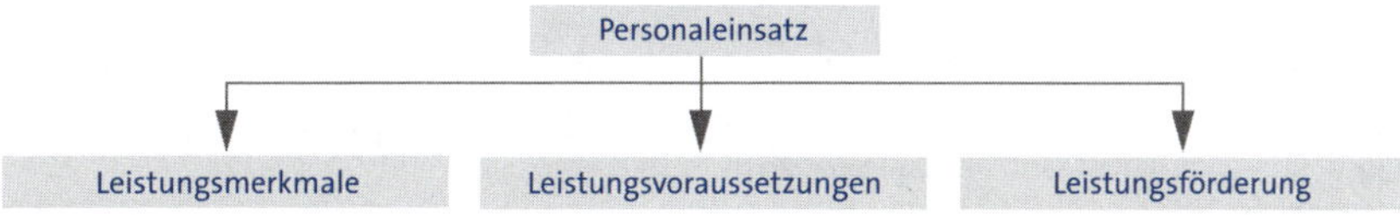


**Leistungsmerkmale**

Körperliche und geistige Anforderungen

Der technische Wandel hat für den arbeitenden Menschen Veränderungen gebracht. In den meisten Bereichen sind die körperlichen Anforderungen an die Arbeitskraft durch gezielten Maschinen- und Geräteeinsatz geringer geworden. Die Anforderungen an die geistigen Fähigkeiten sind dagegen vor allem im Handwerk durch die Ausführung individueller und verantwortungsvoller Tätigkeiten sowie durch den Einsatz neuer Techniken enorm gewachsen.

Arbeitspsychologie

Ebenso ist durch erhöhtes Arbeitstempo, verursacht durch Produktivitätsfortschritt und Arbeitszeitverkürzungen, die psychische und nervliche Belastung stärker geworden. In diesem Zusammenhang sind zusätzliche Aufgaben in der Menschenführung entstanden. Ferner sind wissenschaftliche Disziplinen wie Arbeitsmedizin und Arbeitspsychologie auf die Förderung der Arbeitsbedingungen und eines guten Betriebsklimas ausgerichtet.

Ziel des Personaleinsatzes ist, die Arbeitsbedingungen so zu gestalten, dass der für den Betrieb bestmögliche Erfolg verwirklicht werden kann.

**Leistungsvoraussetzungen**

Arbeitsleistungsfaktoren

Zu unterscheiden sind folgende Faktoren:
- äußere Voraussetzungen
- innere Voraussetzungen.

> Äußere Voraussetzungen

Äußere Bestimmungsfaktoren

Wichtige äußere Bestimmungsfaktoren für die Arbeitsleistung sind:
- Einsatz und Gestaltung technischer Hilfsmittel
- Einsatz und Gestaltung von Maschinen und Werkzeugen
- Gestaltung und Ausstattung des Arbeitsplatzes
- Gestaltung und Ausstattung des Arbeitsraumes (Platzangebot, Lärmbelastung, Beleuchtung, Klimaführung, Farbgestaltung usw.)
- innerbetriebliche Organisation
- Verhältnis zwischen Vorgesetzten und Mitarbeitern (Betriebsklima).

> Innere Voraussetzungen

Die Abbildung zeigt die wichtigsten inneren Bestimmungsfaktoren zur Erbringung guter Arbeitsleistung:

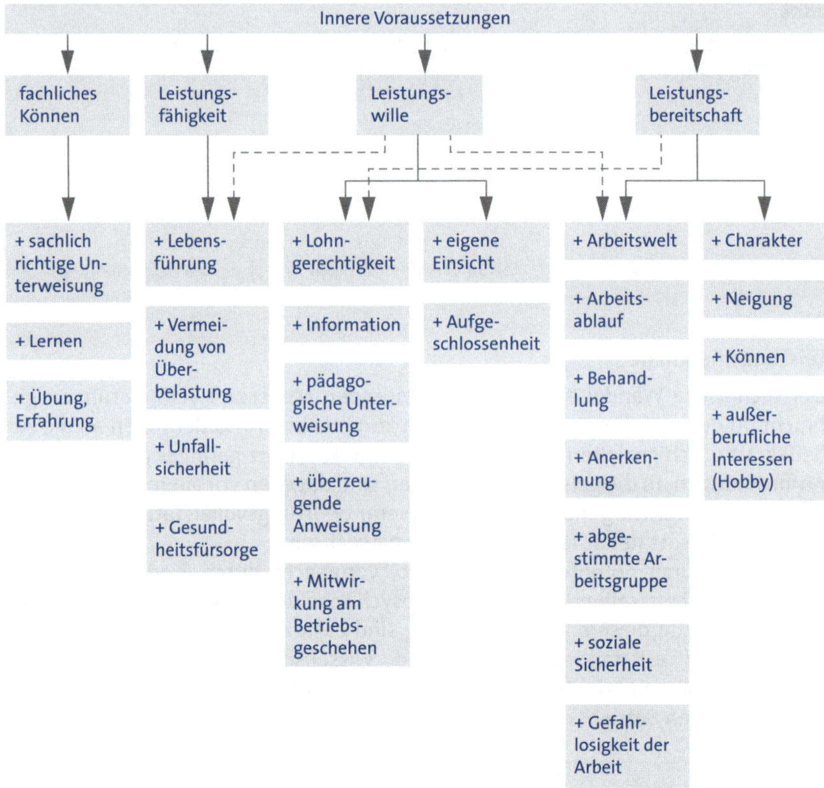


Wie die Abbildung zeigt, hängt die Arbeitsleistung in erster Linie vom fachlichen Können, der Leistungsfähigkeit, dem Leistungswillen und der Leistungsbereitschaft ab.
Unter Leistungsfähigkeit versteht man in diesem Sinne die durch körperliche Verfassung und vorhandene Fähigkeiten und Handlungskompetenzen bestimmte mögliche Höchstleistung.
Leistungswille ist der bewusste Beitrag zum Arbeitserfolg.
Leistungsbereitschaft umfasst Faktoren, die vom Gefühl gesteuert werden, und wird vor allem durch Leistungsanerkennung gefördert.
Ursachen für mangelnde Leistungsbereitschaft sind:

- Verstimmungen und Verärgerungen
- beginnende Krankheit
- häusliche Sorgen
- finanzielle Notlage usw.

**Die wichtigste Aufgabe des Personaleinsatzes ist die Abstimmung aller inneren und äußeren Leistungsvoraussetzungen.**

### Leistungsförderung

Folgende Faktoren können die Leistung eines Mitarbeiters fördern:

Faktoren der Leistungsförderung

- >leistungsgerechte und marktgerechte Entlohnung
- >Schaffung humaner Arbeitsbedingungen
- >Sinnfindung und Sinnverwirklichung in der betrieblichen Arbeit
- >Identifikation mit den Arbeitsinhalten
- >Identifikation mit dem Betrieb
- >Leistungsanerkennung durch den Vorgesetzten bzw. Betriebsinhaber.

### Personalerhaltung

Die Personalerhaltung beinhaltet alle Maßnahmen, die notwendig sind, das vorhandene Personal an den Betrieb zu binden.

Mögliche Maßnahmen sind:

Maßnahmen

- >markt- und leistungsgerechte Entlohnung der Mitarbeiter
- >Schaffung eines angenehmen Betriebs- und Arbeitsklimas
- >Möglichkeiten der Selbstentfaltung der Mitarbeiter
- >Zugeständnis von größtmöglicher Selbstständigkeit der Mitarbeiter
- >Einbindung der Mitarbeiter in betriebliche Entscheidungsprozesse usw.

Die Personalerhaltung ist für den Handwerksbetrieb von großer Bedeutung, um einerseits Kosten für die Neubesetzung von Arbeitsstellen und Einarbeitung zu vermeiden und andererseits ein gutes Betriebsklima zu erhalten.

### Outplacement / Direct Placement

Unter Outplacement oder dem modernen Begriff Direct Placement versteht man die in der Regel vom Unternehmen finanzierte Dienstleistung zur beruflichen Neuorientierung eines ausscheidenden Mitarbeiters bis zum Abschluss eines neuen Arbeitsvertrages in einem anderen Unternehmen.

Outplacement/ Direct Placement

Outplacement wird durch externe Outplacement- bzw. Direct-Placement-Berater durchgeführt. Diese helfen dem Stellensuchenden bei der Analyse und Bestandsaufnahme seiner beruflichen Situation, bei der Erstellung eines Qualifikationsprofils und einer individuellen Bewerbungsstrategie.

Vorteile des Outplacements:

- >Darstellung der langjährigen Verbundenheit mit einem ausscheidenden Mitarbeiter
- >Verhinderung eines Arbeitsrechtsstreits
- >Stärkung des Ansehens des Unternehmens.

Nachteile des Outplacements:

- >relativ hohe Kostenbelastung durch die Outplacementmaßnahme.

Outplacement ist nicht mehr nur Führungskräften vorbehalten, sondern kommt auch anderen qualifizierten Mitarbeitern zugute.

**Mitarbeiterbefragung**

Ein Mittel, die Meinung der Mitarbeiter zu wichtigen Themen kennenzulernen, ist die Mitarbeiterbefragung. Diese wird in der Regel anonym durchgeführt. Von großer Bedeutung ist die Ableitung und Umsetzung gezielter Maßnahmen auf Basis der Befragungsergebnisse.

Ziel ist es, die Arbeitszufriedenheit der Mitarbeiter zu analysieren und Schwachstellen aufzudecken.

## 5.1.4 Arbeitszeitmodelle

Unter Arbeitszeitmodellen versteht man verschiedene Formen flexibler Arbeitszeitregelungen.

Arbeitsanfall

Durch den Einsatz von Arbeitszeitmodellen kann der Betrieb besser auf wechselnden qualitativen und mengenmäßigen Arbeitsanfall reagieren, eine höhere Produktivität erzielen, Kosten, Fehlzeiten und Überstunden senken und die Zufriedenheit der Mitarbeiter steigern.

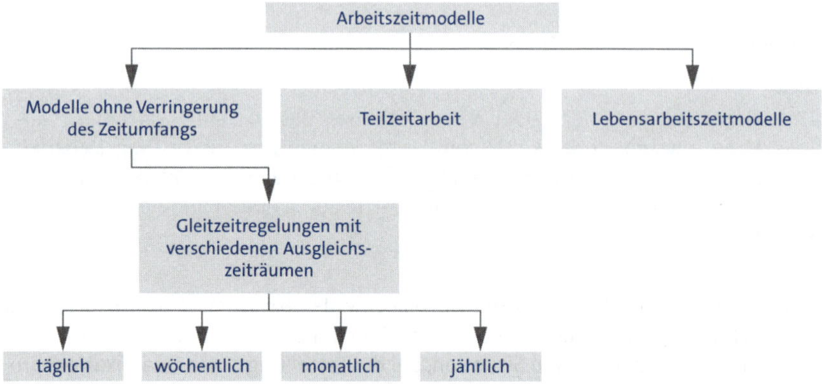


Gleitzeitmodelle

Gleitzeitregelungen geben den Mitarbeitern des Handwerksbetriebes innerhalb bestimmter Rahmenbedingungen die Möglichkeit, ihre Arbeitszeit flexibel zu gestalten. Dabei gibt es Ausgleichszeiträume, innerhalb derer die Arbeitszeit wieder ausgeglichen sein sollte. Auf die Einhaltung von täglichen Mindestarbeitszeiten ist zu achten.

Kernarbeitszeiten

Kernarbeitszeiten sind Zeiten, in denen der Mitarbeiter in jedem Fall seine Arbeitskraft zur Verfügung stellen muss.

Schichtarbeit

Ein weiteres Arbeitszeitmodell ohne Verringerung des Zeitumfangs stellt auch die Schichtarbeit dar. Bei der Schichtarbeit wird ein Arbeitsplatz im Laufe eines Tages von mehreren (zwei oder drei) Mitarbeitern besetzt. Somit kann die Produktionszeit dieses Arbeitsplatzes von 8 Stunden auf 16 oder 24 Stunden ausgedehnt werden.

Eine Teilzeitregelung liegt vor, wenn zwischen Arbeitgeber und Arbeitnehmer eine kürzere als übliche wöchentliche, monatliche oder jährliche Arbeitszeit vereinbart ist. Teilzeitarbeit

**Beispiel:**

Einsatz von Saisonarbeitern, geringfügig oder kurzzeitig Beschäftigten.

Eine weitere Form der Teilzeitarbeit ist das Jobsharing. Hier teilen sich in der Regel zwei Mitarbeiter eine Vollzeitstelle. Jobsharing

Lebensarbeitszeitregelungen sehen vor, dass der Ausgleichszeitraum von Zeitguthaben auf die gesamte Lebensarbeitszeit ausgedehnt wird. Lebensarbeitszeitmodelle

In der Praxis bedeutet das, dass der Arbeitnehmer über sein gesamtes Arbeitsleben Zeitgutschriften ansammeln kann, um dann früher in den Ruhestand zu gehen, oder ab einem bestimmten Lebensalter nur noch Teilzeitarbeit verrichtet.

Einen Sonderfall eines Arbeitszeitmodells stellt der Einsatz von Zeitarbeitskräften dar. Zeitarbeit

Hierbei werden Arbeitskräfte von Zeitarbeitsfirmen für einen bestimmten Zeitraum ausgeliehen. Zur Überbrückung kurzfristiger Arbeitsspitzen ist dies eine sinnvolle, zugleich aber auch teure Ergänzung des Arbeitskräftepotenzials.

Ein Arbeitszeitmodell mit oder ohne Verringerung der Arbeitszeit ist die Telearbeit, deren Einsatz sich durch die vielfältigen technischen Möglichkeiten stark erweitert hat. Dabei arbeiten Mitarbeiter ganz oder teilweise zu Hause (Home-Office). Die Arbeitsergebnisse werden mittels moderner Informations- und Kommunikationstechnologien übermittelt. Telearbeit

### Gruppenorganisation

> Unter einer Gruppe versteht man mindestens zwei, in der Regel aber mehrere Mitarbeiter, die ein gemeinsames Arbeitsziel verfolgen und sich wechselseitig beeinflussen.
> Das Arbeitsverhalten der einzelnen Mitarbeiter der Gruppe wirkt sich unmittelbar auf das der anderen Gruppenmitglieder aus.

Vorteile der Gruppenorganisation:

- Mitglieder der Gruppe üben Druck aufeinander aus.
- Gruppen denken ganzheitlicher.
- Gruppen erkennen Probleme eher als Einzelpersonen.
- Gruppen gleichen kurzfristige Leistungsausfälle aus.
- Schutz des Einzelnen bei Misserfolgen.

Nachteile der Gruppenorganisation:

- Gruppe engt Kreativität des Einzelnen ein.
- Entscheidungen werden in der Gruppe hinausgezögert.
- Keine klaren Verantwortlichkeiten in der Gruppe.
- Emotionale Konflikte innerhalb der Gruppe.

### 5.1.5 Personalentwicklung

Unter Personalentwicklung versteht man die Maßnahmen, die auf die Entwicklung und die Verbesserung der Leistungsbereitschaft und Leistungsfähigkeit förderungswilliger und förderungswürdiger Mitarbeiter des Handwerksbetriebes abzielen.

Inhalte

Inhalte der Personalentwicklung im Handwerksbetrieb können sein:

> Vermittlung und Weiterentwicklung von fachlichem Wissen und Können, Bereitschaft zur lebenslangen Weiterbildung
> Informationsvermittlung zur internen Organisation des Handwerksbetriebes und seiner Einbettung in die Arbeitsumwelt
> Veränderungen im Verhalten des Mitarbeiters hinsichtlich seiner Einstellung und Motivation
> Veränderungen im Verhalten des Mitarbeiters hinsichtlich des zwischenmenschlichen Kontaktes innerhalb des Betriebes und in dessen Umfeld.

Arten

Arten der Personalentwicklung sind:

> Berufsausbildung im dualen Berufsausbildungssystem
> berufsbegleitende Fortbildung
> berufsverändernde Fortbildung.

Maßnahmen der Personalentwicklung können sein:

Coaching

> Coaching
Beim Coaching werden dem Mitarbeiter Hilfestellungen zur besseren Bewältigung der täglichen Aufgaben und ggf. zum beruflichen Aufstieg durch einen Coach gegeben. Als Coach fungiert meist eine externe Person, die durch den Nachweis einer entsprechenden Coaching-Qualifikation geeignet ist. Im Ausnahmefall kann auch der Vorgesetzte als Coach zur Verfügung stehen. Der Coach nimmt eine Betreuungs-, Beratungs-, Trainings- und Anleitungsfunktion ein.

Mentoring

> Mentoring
Eine erfahrene Führungskraft des Handwerksbetriebes übernimmt als Mentor die Einarbeitung und Unterstützung eines neuen Mitarbeiters. Häufig ist Mentoring eine besondere Form der Nachwuchsförderung.

Laufbahnplanung

> Laufbahn- und Karriereplanung
Der Mitarbeiter absolviert bei Einsatz dieser Maßnahme einen Laufbahnplan. Meist wird die Laufbahn- und Karriereplanung für den Führungsnachwuchs eingesetzt. Sie fördert den Leistungswillen des Mitarbeiters und bindet ihn an das Unternehmen.

Bedeutung

Personalentwicklungsmaßnahmen haben auch im Bereich des Handwerks einen hohen Stellenwert.
Besonders im Hinblick auf den hohen Fachkräftebedarf im Handwerk haben Personalentwicklungsmaßnahmen ebenso große Bedeutung wie die Entwicklung individueller Karrierepläne, die den Mitarbeitern Perspektiven und Entwicklungsmöglichkeiten aufzeigen.

Ziel ist, die Attraktivität des Betriebes für den Mitarbeiter deutlich zu machen und zu erhalten.

## 5.2 Personalverwaltung

Unter Personalverwaltung ist die Zusammenfassung aller administrativen Maßnahmen in Bezug auf das Personal des Handwerksbetriebes zu verstehen.

Aufgabengebiete

Wichtige Aufgabengebiete im Bereich der Personalverwaltung sind:

- Führung der Personalakten
- Führung von Personalstatistiken
  - Stundenstatistiken
  - Leistungsstatistiken
  - Lohn- und Gehaltsstatistiken
  - Beschäftigungsstatistik
  - Fehlzeitenstatistik
  - Fluktuationsstatistik (Zu- und Abgangsstatistik)
- Anwendung der Regelungen des Sozialrechts und des Arbeitsrechts
- Anwendung der Regelungen von Betriebsvereinbarungen
- Bearbeitung von Mitarbeiteranträgen
- Abwicklung von Lohn- und Gehaltszahlungen
- Kontrollmaßnahmen im Personalbereich.

### 5.2.1 Personalakte

Die Personalakte enthält Informationen verschiedener Art über den Arbeitnehmer. Sie wird heute oftmals durch eine innerhalb des Personalinformationssystems geführte Datenbank ersetzt.

Inhalte

Wichtige Inhalte der Personalakte sind:

- Bewerbungsschreiben
- Personalbogen
- Zeugnisse von allgemeinbildenden Schulen
- Zeugnisse von berufsbildenden Schulen
- Arbeitszeugnisse
- Arbeitsvertrag
- Mitteilungen über Versetzungen und Beförderungen
- Gehaltsentwicklung
- Beurteilungen
- Fehlzeiten (Krankheit, Urlaub)
- Meldungen über Änderungen im persönlichen Bereich.

Die digitale Personalakte (auch elektronische Personalakte) ist eine Software zur Verwaltung elektronischer Dokumente aus der Personalakte. Dieses Dokumentenmanagementsystem ersetzt durch elektronische Archivierung die traditionelle Papier-Personalakte.

### 5.2.2 Zeugniserteilung

Das Arbeitszeugnis ist eine dem Arbeitnehmer in der Regel nach Beendigung des Arbeitsverhältnisses auszustellende Urkunde.

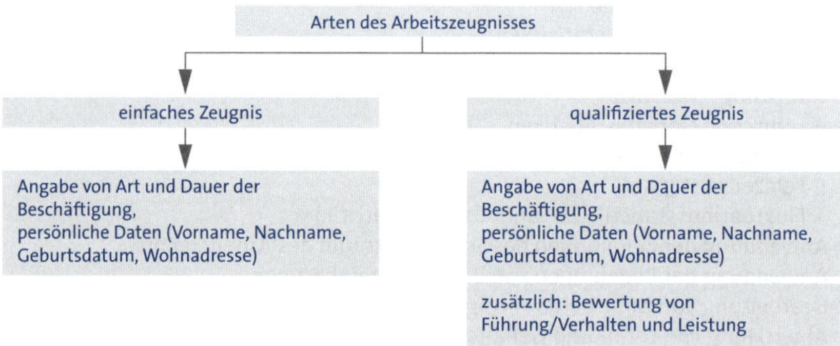


Der Arbeitnehmer hat beim qualifizierten Zeugnis einen Anspruch auf wohlwollende, aber den Tatsachen entsprechende Beurteilung seiner Leistungen.
Die Formulierungen in Arbeitszeugnissen sind nicht immer ganz einheitlich. Überwiegend kann man jedoch von folgenden Skalen in der betrieblichen Praxis ausgehen:

Formulierungsbeispiele

Beispiele für Formulierungen zur Leistung eines Mitarbeiters:

| | |
|---|---|
| „erfüllte die übertragenen Aufgaben stets zu unserer vollsten Zufriedenheit“ | sehr gute Leistungen |
| „erfüllte die übertragenen Aufgaben stets zu unserer vollen Zufriedenheit“ | gute Leistungen |
| „erfüllte die übertragenen Aufgaben zu unserer vollen Zufriedenheit“ | durchschnittliche Leistungen |
| „erfüllte die übertragenen Aufgaben zu unserer Zufriedenheit“ | unterdurchschnittliche, noch ausreichende Leistungen |
| „erfüllte die übertragenen Aufgaben insgesamt zu unserer Zufriedenheit“ | mangelhafte Leistungen |
| „hat sich bemüht, die übertragenen Aufgaben zu erfüllen“ | unzureichende Leistungen |

Beispiele für Formulierungen zum Verhalten eines Mitarbeiters:

| | |
|---|---|
| „sein Verhalten gegenüber Vorgesetzten, Kollegen und Kunden war stets vorbildlich" | sehr gutes Verhalten |
| „sein Verhalten gegenüber Vorgesetzten, Kollegen und Kunden war vorbildlich" | gutes Verhalten |
| „sein Verhalten gegenüber Vorgesetzten, Kollegen und Kunden war gut" | durchschnittliches Verhalten |
| „sein Verhalten gegenüber Vorgesetzten, Kollegen und Kunden gab zu Beanstandungen keinen Anlass" | unterdurchschnittliches Verhalten |

### 5.2.3 Lohn- und Gehaltsabrechnung

Die Lohnabrechnung hat zum einen die umfassende Aufgabe, die Arbeitsentgelte sowie die gesetzlichen, tariflichen und freiwilligen Abzüge aller Arbeitnehmer im Betrieb zu erfassen, zu berechnen bzw. abzurechnen sowie deren sachgerechte Verbuchung zu ermöglichen. Zum anderen sind die Lohn- und Gehaltsansprüche für jeden Arbeitnehmer in einem Zeitraum (in der Regel monatlich) brutto und netto festzustellen.

Aufgabe

Die insgesamt für alle Arbeitnehmer zu ermittelnden Bruttolöhne, die Lohnsteuer, Gesamtsozialversicherungsbeiträge sowie die tariflichen und freiwilligen Abzüge sind Grundlage für Lohnsteuerbescheinigungen, Lohnsteueranmeldung und -abführung, für Anmeldung und Abführung der Beiträge zur Kranken-, Pflege-, Renten- und Arbeitslosenversicherung, für Nachweise und Bezahlung der Berufsgenossenschaftsbeiträge, Bezahlung von Beträgen im Rahmen von vermögenswirksamen Leistungen, Lohnpfändungen usw.

Lohnsteuer

Lohnsteueranmeldungen sind auf elektronischem Weg an die Finanzämter zu übermitteln.

**Abrechnungstechniken**

Die Lohnabrechnung erfolgt in der Regel in organisatorischer Verbindung mit der Buchführung; es ist für jeden Arbeitnehmer ein Lohn- bzw. Gehaltskonto zu führen. Dies geschieht in der Regel durch IT-gestützte Abrechnungssysteme.

Die Abrechnung sollte vor allem für den Arbeitnehmer wichtige Informationen wie Lohn- bzw. Gehaltshöhe und Zusammensetzung der Abzüge ermöglichen.

Lohnkonto

Das für jeden Arbeitnehmer zu führende Lohnkonto beinhaltet persönliche Stammdaten des Arbeitnehmers, die sich in der Regel wenig verändern, und Bewegungsdaten, die für die einzelne Lohnabrechnung des Arbeitnehmers die Grundlage bilden.

Personalstammdaten

Personalstammdaten sind:

- > Personalnummer
- > Name
- > Vorname
- > Geburtsdatum
- > Anschrift
- > Familienstand
- > Religionsbekenntnis
- > Funktion im Betrieb
- > Eintrittsdatum
- > Aussteller der Lohnsteuerkarte und deren Nummer
- > Finanzamt
- > Steuerklasse
- > Lohnsteuerfreibetrag lt. Lohnsteuerkarte
- > Krankenkasse
- > Stundenlohn oder Monatsgehalt
- > Überstundenzulage in %
- > Feiertagszulage in %
- > zusätzliches Urlaubsgeld und/oder Weihnachtsgeld.

**Abrechnungsunterlagen**

Wichtige Unterlagen

Wichtige Unterlagen für die Lohnabrechnung sind:

- > Tagesarbeitszettel
- > Wochenarbeitszettel
- > Laufkarten
- > Lohn- und Akkordscheine
- > Arbeitszeitkarten
- > Zeiterfassung per EDV usw.

Das nachfolgende einfache Schema zeigt beispielhaft wichtige Positionen und die Vorgehensweise bei der Lohn- und Gehaltsabrechnung für den einzelnen Arbeitnehmer.

Schema für Lohn- und Gehaltsabrechnung

Name Personalnummer

Zeitraum (z. B. Monat)

Steuer- und sozialversicherungspflichtige Bezüge:
Monatliches Entgelt (Gehalt/Lohn)
\+ Zuschläge
\+ Zulagen
\+ Überstundenvergütung
\+ vermögenswirksame Leistungen (Arbeitgeberanteil)
\+ Urlaubsgeld/Weihnachtsgeld
\+ sonstige steuer- und sozialversicherungspflichtige Bezüge

---

= Zwischensumme
\+ Sachbezüge

---

= Bruttobezüge insgesamt
./. Abzüge:
Lohnsteuer[1]
Kirchensteuer[1]
Solidaritätszuschlag[1]
Arbeitnehmeranteile zur:
Krankenversicherung[2]
Pflegeversicherung[2]
Rentenversicherung[2]
Arbeitslosenversicherung[2]
vermögenswirksame Leistungen (Arbeitnehmeranteil)

---

= Nettogehalt
\+ steuerfreie Bezüge
./. persönliche Abzüge (z. B. Gewerkschaftsbeitrag, Lohnpfändungsbetrag)
./. vermögenswirksame Anlagen

---

= auszuzahlender Betrag

Erläuterung: 1) = Ansatz erfolgt auf der Basis der Steuertabelle; vor Anwendung der Tabelle ist ein ggf. in der Lohnsteuerkarte eingetragener Lohnsteuerfreibetrag von den Bruttobezügen abzuziehen.
2) = Ansatz ergibt sich unter Anwendung der Beitragstabelle.

## Zahlungsmodalitäten

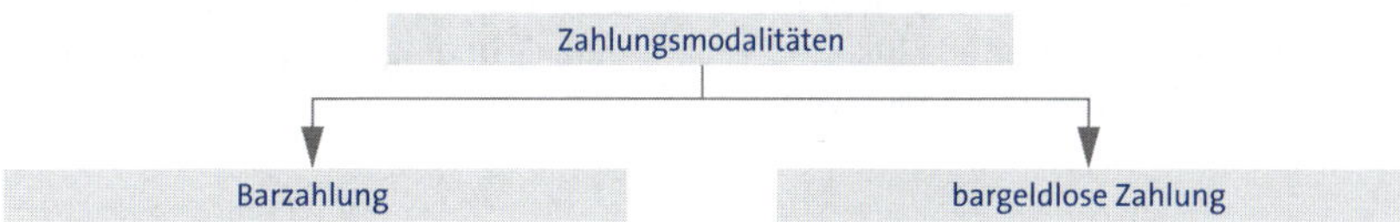


Bargeldlose Zahlung

In der Regel erfolgt die Auszahlung im Rahmen der bargeldlosen Zahlung.

**Zahlungsrhythmus**

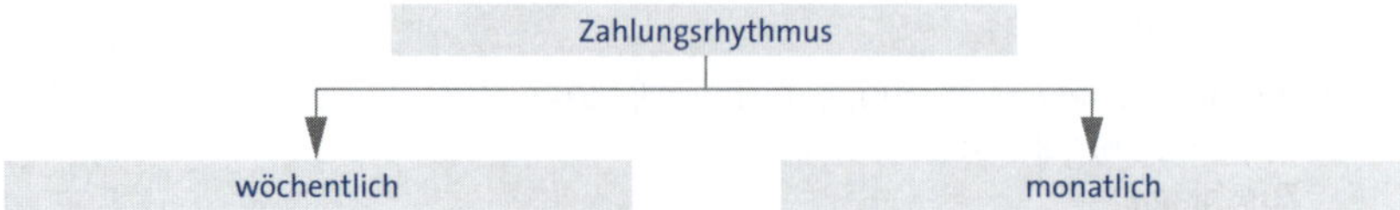


Monatliche Abrechnung und Zahlung

Bei Angestellten ist die monatliche Gehaltsabrechnung/-zahlung üblich.
Bei den übrigen Arbeitnehmern war es früher üblich, die Lohnabrechnung und -zahlung wöchentlich vorzunehmen; im Interesse der Vereinfachung führen die meisten Handwerksbetriebe nur noch monatliche Lohnabrechnungen und -zahlungen durch.

### 5.2.4 Archivierung, Datenschutz

Recht auf Einblick

Der Inhalt der Personalakte ist so zu gestalten, dass ein möglichst objektives Bild über die Person und die Leistungen des Mitarbeiters entsteht. Nach dem Betriebsverfassungsgesetz hat der Arbeitnehmer das Recht, Einblick in die Personalakte zu nehmen.
Die Personalakte ist eine Sammlung verschiedener Dokumente, Unterlagen und Belege. Die jeweiligen Inhalte unterliegen verschiedenen Aufbewahrungsfristen. Die Unterlagen zur Gehaltsabrechnung beispielsweise sind als Belege einzustufen und daher 10 Jahre aufzubewahren.

Datenschutz

Bei der Personalaktenführung sind im Besonderen die Bestimmungen des Bundesdatenschutzgesetzes (BDSG) zu beachten. Dieses erlaubt die Speicherung und ggf. auch Übertragung personenbezogener Daten des Arbeitnehmers im Rahmen der Zweckbestimmung des Arbeitsverhältnisses, solange schutzwürdige Belange des Betroffenen nicht beeinträchtigt werden.
Aus datenschutzrechtlicher Sicht sind Daten immer dann zu löschen bzw. zu vernichten, wenn der Zweck der Speicherung erreicht wurde (§ 35 Abs. 2 Nr. 3 BDSG). Eine Ausnahme von diesem Grundsatz ist allerdings dann gegeben, wenn für ein Dokument gesetzliche, satzungsmäßige oder vertragliche Aufbewahrungsfristen entgegenstehen. Sofern die Akten teilweise noch in Papierform geführt werden, kann dem Sperrerfordernis dadurch Rechnung getragen werden, dass diese Akten für den aufbewahrungspflichten Zeitraum getrennt vom sonstigen Aktenbestand gelagert werden.

## 5.3 Entlohnung

> Der Begriff Entlohnung oder Arbeitsentgelt fasst alle aus nicht selbstständiger Arbeit erzielten Einkünfte zusammen. Grundlage für die Entlohnung ist der Arbeits- oder Dienstvertrag.

## 5.3.1 Zeiterfassung

**Zeiterfassung**

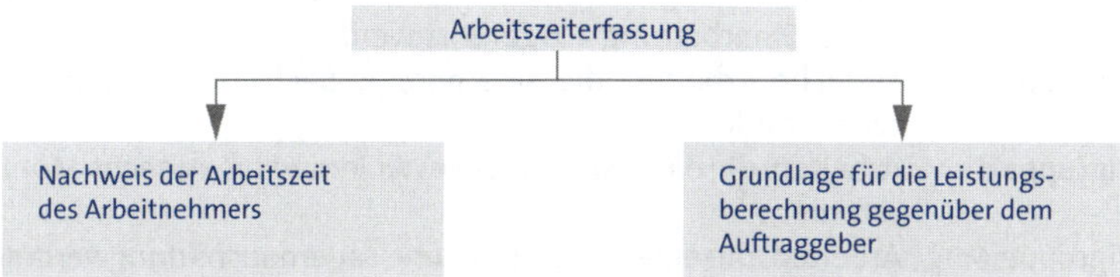


Methoden

Die Zeiterfassung kann im Handwerksbetrieb u. a. erfolgen durch:

> Schätzung aufgrund von Erfahrungswerten,
> manuelle Erfassung durch Arbeitszettel,
> EDV-unterstützte Zeiterfassung durch moderne Zeiterfassungssysteme.

## 5.3.2 Arbeitsbewertung

Die Arbeitsbewertung ermittelt die Schwierigkeit der Arbeit. Diese wird durch die unterschiedlichen Anforderungen an den Arbeitsplätzen oder bei einzelnen Arbeitsvorgängen bestimmt.

Nur in bestimmten Berufen lassen sich Normal- und Standardleistungen erfassen und messen.
In Berufen, in denen das nicht möglich ist, spielt die Arbeitsbewertung eine große Rolle.

Vorgehen

Mithilfe eines Punkteschemas wird hierbei ausgehend von einem Tariflohn (Ecklohn) unter anderem Folgendes bewertet und gewichtet:

> Arbeitsanforderungen
> Arbeitsschwierigkeiten
> fachliches Können
> Belastung
> Verantwortung
> Umgebungseinflüsse.

Lohnstufen

Unter Berücksichtigung der sich ergebenden Wertsummen können dann Lohnstufen festgelegt werden, die ein leistungsgerechtes Lohnschema ergeben. Der Gewichtung der verschiedenen Faktoren kommt hierbei besondere Bedeutung zu.
In kleineren Handwerksbetrieben richtet sich die Lohnhöhe häufig nach der Ausbildung sowie den allgemeinen und besonderen Berufserfahrungen und Leistungen des Mitarbeiters. Die Entlohnung wird dabei nach der Zeiteinheit, meist in Stunden, festgelegt.

Marktgerechte Entlohnung

Um die Fluktuation (Betriebswechsel der Arbeitskräfte) in einem Betrieb möglichst gering zu halten, ist es von Bedeutung, Vergleiche anzustellen, wie dieselbe Stelle oder Art der Tätigkeit in anderen Betrieben entlohnt wird (marktgerechte Entlohnung).

**Lohn- und Gehaltsgefüge**

Lohnschema

Nachfolgendes Schema zeigt beispielhaft eine Möglichkeit der groben Einordnung von Tätigkeiten in ein Lohnschema:

Lohngruppen

| | |
|---|---|
| Lohngruppe 1: | einfachste Tätigkeiten, können ohne jegliche Ausbildung nach kurzer Einarbeitung ausgeführt werden |
| Lohngruppe 2: | einfache Arbeiten, die eine geringe Sach- und Arbeitskompetenz erfordern |
| Lohngruppe 3: | Arbeiten, die ein systematisches Anlernen bis zu sechs Monaten erfordern |
| Lohngruppe 4: | Arbeiten, die eine abgeschlossene Anlernausbildung verlangen |
| Lohngruppe 5: | Arbeiten, die eine abgeschlossene Berufsausbildung verlangen |
| Lohngruppe 6: | Arbeiten, die eine abgeschlossene Berufsausbildung und besondere Fertigkeiten oder langjährige Erfahrung erfordern |
| Lohngruppe 7: | besonders schwierige und hochwertige Facharbeiten, die über die Ausbildung hinaus hohe Anforderungen an Selbstständigkeit und Verantwortungsbewusstsein stellen |
| Lohngruppe 8: | hochwertigste Facharbeiten, die meisterliches Können erfordern. |

## 5.3.3 Lohnformen

Folgende Anforderungen sind an ein Lohnsystem zu stellen:
- Lohngerechtigkeit
- Vorteilhaftigkeit für das Unternehmen
- Angemessenheit hinsichtlich der Besonderheiten der einzelbetrieblichen Leistung und Fertigung (Art der Fertigung, Arbeitsablauf usw.).

Arbeits- und Leistungsbewertung

Voraussetzung hierfür ist eine zweckentsprechende Arbeits- und Leistungsbewertung.
Nachfolgende Abbildung zeigt die wichtigsten Lohnformen im Überblick:

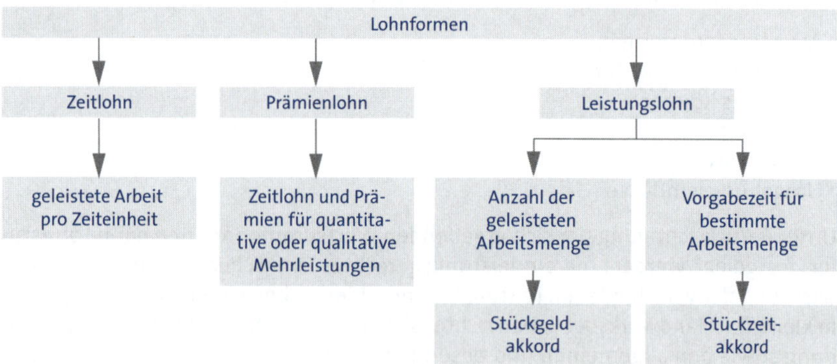

### a) Zeitlohn

Der Zeitlohn geht von der Dauer der Arbeitszeit ohne Rücksicht auf die dabei geleistete Arbeit aus.

Vorteile des Zeitlohns: Vorteile

> sorgfältige Arbeitsausführung
> Einfachheit der Lohnberechnung und -verrechnung.

Nachteile des Zeitlohns: Nachteile

> geringere Produktivität
> höhere Stückkosten
> fehlender Anreiz zu größerer Arbeitsleistung
> strengere Überwachung der Arbeitskräfte erforderlich.

### b) Leistungslohn

Der Leistungslohn bezieht sich auf die Anzahl der geleisteten Arbeitsmenge (Stückgeldakkord) oder auf eine bestimmte, durch Zeitstudien ermittelte Vorgabezeit für eine bestimmte Arbeitsmenge, in welcher die Arbeit verrichtet sein muss (Stückzeitakkord).

Vorteile des Leistungslohns sind: Vorteile

> höhere Produktivität
> geringere Stückkosten
> Anreiz zu größerer Arbeitsleistung
> geringere Überwachung erforderlich.

Nachteile des Leistungslohns sind: Nachteile

> oftmals weniger sorgfältige Arbeitsausführung
> schwierigere Lohnberechnung und -verrechnung.

### c) Prämienlohn

Der Prämienlohn nimmt eine Mittelstellung zwischen Zeitlohn und Leistungslohn ein. Zusätzlich zum Zeitlohn erhält der Arbeitnehmer eine Prämie für quantitative oder qualitative Mehrleistungen.
Beim Prämienlohn steigt das Lohnniveau über das Zeitlohnniveau, jedoch in geringerem Umfang als die zusätzliche Leistung.

In der betrieblichen Praxis wurde eine Vielzahl von Prämienlohnsystemen entwickelt.
Beispiele hierfür sind:

> Erfolgsbeteiligung (v. a. für Führungskräfte)
> Meister-/Vorarbeiterprämie
> Teamprämie.

## 5.3.4 Betriebliche Altersversorgung

Im Rahmen der betrieblichen Altersversorgung sagt der Arbeitgeber dem Arbeitnehmer Versorgungsleistungen bei Alter, Invalidität und/oder Tod zu.
Arbeitnehmer, die in der gesetzlichen Rentenversicherung pflichtversichert sind, haben einen Rechtsanspruch auf Umwandlung von Gehaltsteilen in eine betriebliche Altersversorgung. Der Anspruch besteht bis zu einer Höhe von 4% der Beitragsbemessungsgrenze (West) in der gesetzlichen Rentenversicherung.
Für den Arbeitnehmer lohnt sich die betriebliche Altersversorgung vorrangig aus Gründen der Einsparung von steuer- und sozialversicherungsrechtlichen Arbeitsentgeltanteilen. Die späteren Leistungen aus der Versorgung (Kapital, Rente) sind zwar in der Regel voll steuerpflichtig; da die Einkünfte im Alter aber regelmäßig geringer sind als in der Ansparphase, profitiert der spätere Rentner dann vom geringeren Steuersatz. Der Arbeitnehmer bildet also Rücklagen für das Alter und ergänzt seine gesetzliche Rente.
Aus Sicht des Arbeitgebers sind die für Zwecke der betrieblichen Altersversorgung umgewandelten Gehaltsteile nicht sozialversicherungspflichtig. Ausgaben für die betriebliche Altersversorgung von Mitarbeitern sind steuerlich betrachtet Betriebsausgaben. Betriebliche Altersversorgung bewirkt zudem Mitarbeiterbindung und -motivation und wirkt sich positiv auf das Betriebsklima und das Ansehen des Betriebes am Markt aus.
In der betrieblichen Altersversorgung stehen verschiedene sog. Durchführungswege zur Verfügung:
Diese sind:

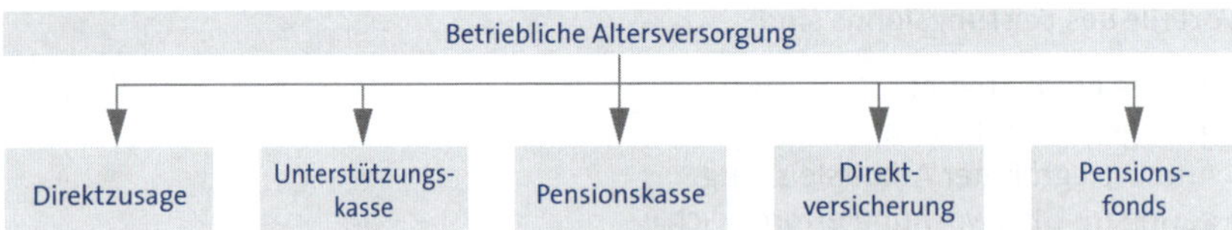


Nach dem Gesetz zur Verbesserung der betrieblichen Altersversorgung verliert der Arbeitnehmer auch bei Ausscheiden aus dem Betrieb vor Eintritt des Versorgungsfalles den bereits erworbenen Teil seiner Versorgungsanwartschaft nicht, wenn

- er mindestens 30, bei Zusagen ab 01.01.2009 mindestens 25 Jahre alt ist,
- die Versorgungszusage schon mindestens fünf Jahre bestand.

**Auskunftspflicht**

Bei Ausscheiden aus dem Betrieb ist dem Arbeitnehmer Auskunft über die Höhe der Versorgungsleistungen bei Erreichen der in der Versorgungsregelung vorgesehenen Altersgrenze zu erteilen.

**Umlagepflicht**

Zur Absicherung der betrieblichen Versorgungsleistungen haben die Betriebe eine Pflichtumlage an den auf Bundesebene errichteten Pensionsversicherungsverein abzuführen (ausgenommen sind Lebensversicherungen und Ansprüche gegenüber Pensionskassen).

**Tarifliche Versorgungseinrichtungen**

Für einige Berufe bestehen tarifliche Zusatzversorgungskassen, zu denen die Betriebe einen bestimmten Beitragssatz entsprechend der Entgeltsumme des Arbeitnehmers abführen.

## 5.4 Mitarbeiterführung

Unter Mitarbeiterführung versteht man im Allgemeinen die psychologische und soziale Kompetenz einer Person im Umgang mit Menschen.

### Grundlagen einer aufgabenbezogenen Menschenführung

Voraussetzungen für eine Führungskraft

Die Eignung eines Menschen zur Führungskraft hängt von seinen persönlichen Voraussetzungen und Anlagen ab. Notwendige Voraussetzungen zur Eignung als Führungskraft sind:

> Selbstdisziplin
> Autorität als Person
> Vertrauen
> Überzeugungskraft
> Kontaktfähigkeit
> Entscheidungskraft
> Fähigkeit der Unterdrückung impulsiver Launen und Stimmungen
> Fähigkeit, Sorgen und Nöte von Mitarbeitern anzuhören und brauchbare Ratschläge zu geben.

Folgende Arten von Weisungen sind in der betrieblichen Praxis üblich:

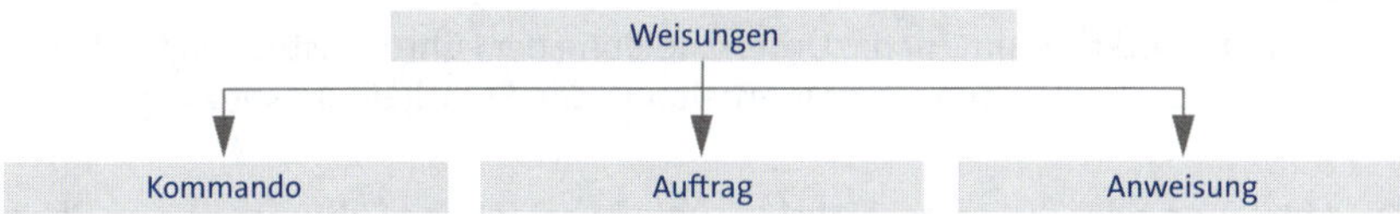


Kommando

> Kommando
  - knappste Art der Weisung
  - ohne Begründung und Höflichkeitsform
  - mit erhobener Stimme.

Auftrag

> Auftrag
  - Gegenstück zum Kommando
  - wird mit Begründung und Höflichkeitsform erteilt
  - der Beauftragte übernimmt für die Erledigung des Auftrages Verantwortung und entwickelt Eigeninitiative
  - der Mitarbeiter wird zum denkenden Subjekt
  - häufigste Form der Weisung.

Anweisung

> Anweisung
  - Mittelweg zwischen Kommando und Auftrag.

Der Einsatz der aufgezeigten Möglichkeiten hängt von verschiedenen Faktoren ab:

Einsatzmöglichkeiten

> Art der zu verrichtenden Tätigkeit, bei Richtarbeiten eines Hauses z.B. ist das Kommando unerlässlich
> Ton, in dem die jeweilige Weisung erteilt wird
> Zeitpunkt der Erteilung der Weisung
> Mentalität des Menschen, der angewiesen wird.

> Zusammenfassend kann festgehalten werden, dass der Auftrag die geeignetste Form der Weisung darstellt, im Handwerk situationsgebunden aber dennoch Anweisung oder Kommando zum Einsatz kommen können.

Menschenführung leitet sich nicht allein von den Eigenschaften des Führenden ab. In vielen Fällen beeinflussen sich Führungskraft und Mitarbeiter – abhängig von der jeweiligen Situation – gegenseitig (Interaktion).

Mitarbeitergespräch

Ein wichtiges Führungsinstrument ist auch in kleinen und mittleren Handwerksbetrieben das Mitarbeitergespräch. Es gehört zum Handwerkszeug der Führungskraft, Motivationsgespräche, Zielvereinbarungsgespräche, Kritikgespräche und Konfliktgespräche mit seinen Mitarbeitern produktiv zu führen.

## 5.4.1 Führungsstile und -mittel

> Der Führungsstil bezeichnet die Art und Weise des Umgangs von Vorgesetzten mit Mitarbeitern.

### a) Führungsstile

> Das Hauptkriterium für die Unterscheidung der Führungsstile zeigt sich im Grad der Einbeziehung der Mitarbeiter in den Entscheidungsprozess.

Die Abbildung zeigt die grundsätzlich zu unterscheidenden Führungsstile im Überblick:

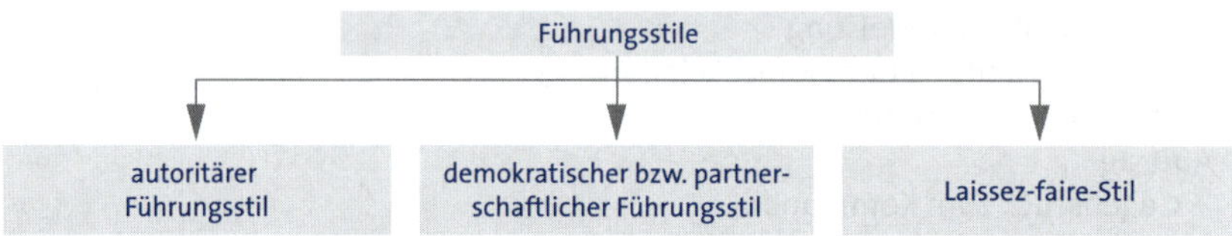


#### Der autoritäre Führungsstil

Vereinfachend kann der autoritäre Führungsstil mit folgenden Merkmalen beschrieben werden:

Grundsätze

- alleinige Anweisungs- und Entscheidungskompetenz des Vorgesetzten
- die Mitarbeiter können die Anweisungen nur akzeptieren und ausführen
- Einsatz der legitimierten Macht des Vorgesetzten
- Kontrolle des Vorgesetzten, ob die Anweisungen ausgeführt sind, ohne Ankündigung
- keine Delegation vom Vorgesetzten an die Mitarbeiter.

**Der kooperative bzw. partnerschaftliche Führungsstil**

Dieser Führungsstil beinhaltet im Wesentlichen:

Inhalte

- Beteiligung der Mitarbeiter an Entscheidungen
- Verlagerung bestimmter Entscheidungen auf die Mitarbeiter
- Selbstkontrolle des Mitarbeiters statt Fremdkontrolle
- der Vorgesetzte beteiligt sich an den Handlungen der Gruppe
- zeitgerechte Autorität zum Zwecke der gemeinsamen Aufgabenerfüllung.

**Der Laissez-faire-Stil (Gewähren lassen)**

Wichtige Merkmale des Gleichgültigkeitsstils sind:

Merkmale

- weitgehende Freiheit der Mitarbeiter bei Entscheidungen
- Selbstständigkeit der Mitarbeiter bei der Durchführung von Aufträgen
- Informationen durch den Vorgesetzten nur auf Verlangen der Mitarbeiter.

Der Laissez-faire-Stil spielt in der betrieblichen Praxis eine untergeordnete Rolle.

Bei einer Abwägung der Führungsstile stellt man fest, dass der demokratische bzw. partnerschaftliche Führungsstil den Anforderungen am besten gerecht wird, weil er Eigenverantwortung und Motivation der Mitarbeiter stärkt.

Je nach der Art des Betriebes, nach der Situation und nach den Aufgaben, die zu erfüllen sind, können auch die Elemente einzelner Führungsstile kombiniert und in abgewandelter Form angewendet werden.

Kombination

**b) Führungstechniken**

Führungstechniken sind umfassende Konzepte, die den Rahmen für Führungstätigkeiten und Verhaltensweisen bilden.

Wichtige Führungstechniken sind:

- Führung im Ausnahmefall (Management by Exceptions)
  Bei dieser Führungstechnik werden nahezu alle im normalen Betriebsablauf anfallenden Entscheidungen von den dafür zuständigen Stellen getroffen. Der Vorgesetzte entscheidet nur im Ausnahmefall.
- Führung durch Delegation (Management by Delegation)
  Dieses Führungskonzept ist gekennzeichnet durch Übertragung weitgehender Entscheidungsfreiheit und Verantwortung an die Mitarbeiter.
- Führung durch Zielvereinbarung (Management by Objectives)
  Bei diesem Führungskonzept werden gemeinsame Zielvereinbarungen zwischen dem Vorgesetzten und dem Mitarbeiter vereinbart. Durch regelmäßige Gespräche wird jeweils der Zielerreichungsgrad überprüft.

### Mitarbeitermotivation

Die Motivation der Mitarbeiter bestimmt in hohem Maße den Erfolg des Handwerksbetriebes.
Beim Einsatz der Motivationsfaktoren ist die individuelle Bedürfnisstruktur des Mitarbeiters zu berücksichtigen. Basis hierfür sind Beobachtungen im Arbeitsalltag und die stattfindenden Mitarbeitergespräche.

Motivationsfaktoren

Wichtige Motivationsfaktoren:

- Arbeitsinhalt
- eindeutige Aufgabenstellungen
- Gestaltungsmöglichkeiten (inhaltlich, fachlich)
- Arbeitsplatzgestaltung
- Arbeitszeitgestaltung
- Arbeitszufriedenheit
- Verantwortungsbewusstsein für den Betrieb
- angemessene Entlohnung, leistungs- und erfolgsorientierte Vergütungskomponenten
- soziale Absicherung
- gutes Betriebsklima
- persönliche Anerkennung
- Erfolgserlebnisse
- messbare und realistische Zielvereinbarungen
- berufliche Perspektive
- Weiterbildungs- und -entwicklungsmöglichkeiten.

#### Grundregeln der Mitarbeiterbehandlung

Grundregeln

Nachfolgende Abbildung zeigt wichtige Grundregeln zur Behandlung von Mitarbeitern:

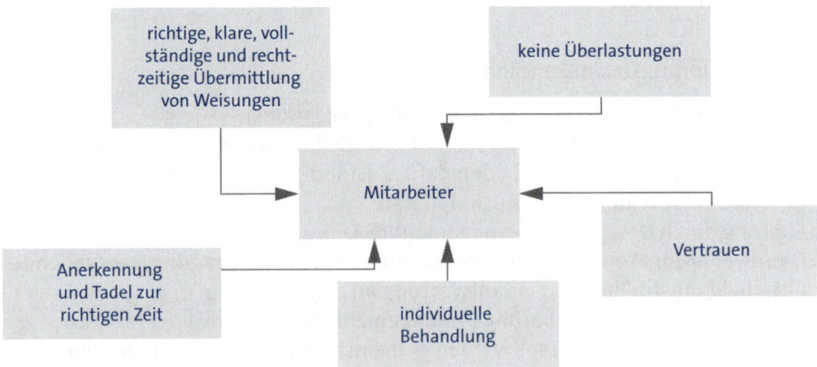

### Grundsätze der Menschenführung

Nachfolgende Aufzählung stellt wichtige Grundsätze der Menschenführung dar:

Grundsätze

- Menschliche Behandlung
  Jede Führungskraft sollte die Achtung und den Glauben an den Mitmenschen nicht verlieren, den Mitarbeiter auch als Mensch akzeptieren und nicht nur als Produktionsfaktor betrachten.
- Persönlichkeit des Chefs
  Die Persönlichkeit des Chefs hängt von dessen menschlichen und fachlichen Eigenschaften ab, wobei im Verhältnis zu den Mitarbeitern die menschliche Seite im Vordergrund steht.
- Sachaufgabe – Atmosphäre
  Der Blick des Vorgesetzten richtet sich nach der Sachaufgabe aus, der Mitarbeiter dagegen erlebt vorrangig die Atmosphäre, in der er arbeitet.
- Geben und Nehmen
  Die Anstrengung bringt dem Menschen dann echte Befriedigung, wenn es sich um ein erstrebenswertes Ziel handelt. Will man von anderen etwas verlangen, so muss man auch bereit sein, ihnen etwas zu geben.
- Der richtige Mann/die richtige Frau muss am richtigen Platz stehen.
  Jede Arbeitskraft soll ihren Fähigkeiten entsprechend eingesetzt werden.
- Selbstständigkeit
  Jeder Mitarbeiter muss einen Bereich selbstständigen Handelns haben, in dem er allein zuständig ist und über den nur er seinem Vorgesetzten Rechenschaft schuldet. Die Selbstständigkeit ist meist Grundlage für Verantwortungsbewusstsein und Initiative.
- Fehlerkritik
  Die Kritik bei Fehlern sollte stets sachlich sein und den Fehler kritisieren, nicht den Menschen.
- Disziplin durch Information
  Diszipliniert sein heißt, sich in die betrieblichen Abläufe einzufügen und einzuordnen. Dies setzt voraus, dass der Vorgesetzte den Mitarbeiter umfassend informiert.
- Teamprinzip
  Die Überzeugungskraft des Vorgesetzten ist dann am größten, wenn es ihm gelingt, ein Team zu schaffen, in dem sich jeder wohlfühlt. Das Teamprinzip eignet sich hervorragend zur Pflege zwischenmenschlicher Beziehungen.

Personalführung und Motivation erhalten einen immer höheren Stellenwert. Dies erfordert verstärkt Weiterbildung des Betriebsinhabers und des Führungspersonals.

### Maßnahmen zur Konfliktlösung

Bei der Lösung menschlicher Schwierigkeiten kann man folgende Wege gehen:

Lösung menschlicher Schwierigkeiten

- Die Aussprache
  Eine gegenseitige Aussprache ist die richtige Ebene für die Beseitigung von Schwierigkeiten. Dabei ist Folgendes zu beachten:
  - Wahl des richtigen und günstigen Zeitpunkts
  - Wahl der angemessenen räumlichen Umgebung (z. B. nicht „zwischen Tür und Angel")
  - Die Aussprache sollte nach Möglichkeit unter vier Augen stattfinden.

Aussprache

- Der Vorgesetzte sollte Bereitschaft zum Zuhören zeigen.
- Während der Aussprache sollten keine Nebenbeschäftigungen durchgeführt werden (z. B. Unterschreiben der Post).

Der Erfolg der Aussprache hängt wesentlich davon ab, dass man dem Mitarbeiter gegenüber freundlich auftritt und ihm die Befangenheit nimmt.

**Die 5-Stufen-Methode zur Beseitigung menschlicher Schwierigkeiten**

5-Stufen-Methode

Die folgende Abbildung zeigt eine zweckmäßige Vorgehensweise zur Beseitigung zwischenmenschlicher Schwierigkeiten:

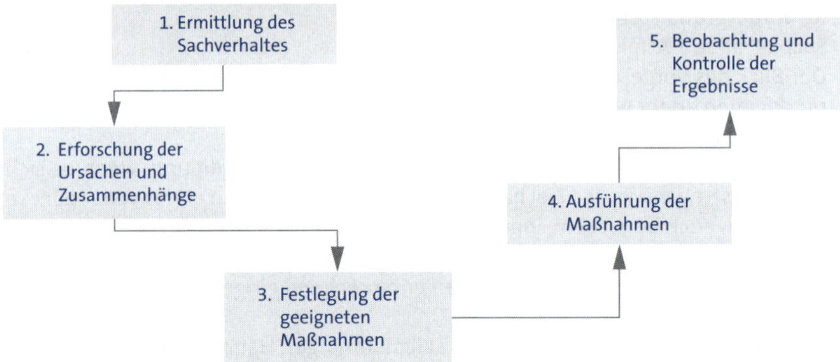


## 5.4.2 Betriebsklima

> Unter Betriebsklima versteht man, vereinfacht ausgedrückt, das zwischenmenschliche Verhältnis der Mitarbeiter untereinander und zum jeweiligen Vorgesetzen. In diesem Zusammenhang spricht man heute häufig von „Human Relations".

Zentrale Frage

Die zentrale Frage bei jeder Maßnahme zur Verbesserung des Betriebsklimas stellt sich wie folgt: Wie kann es gelingen, bei den einzelnen Mitarbeitern innerhalb des Betriebes

- ein Zusammengehörigkeitsgefühl,
- einen kollegialen Stil,
- die bestmögliche Leistung,
- Vertrauen und Verantwortungsgefühl

zu erreichen?

Förderung des Betriebsklimas

Nachstehend werden einige Faktoren aufgeführt, die geeignet sind, das Betriebsklima zu beeinflussen, und die für den Betriebsinhaber Leitfaden sein können, das Betriebsklima zu verbessern:

- Eignung – Anforderung
  Welche Anforderungen werden am einzelnen Mitarbeiter am entsprechenden Arbeitsplatz gestellt, und wie geeignet ist der Mitarbeiter, diese Anforderungen zu erfüllen?

> Mitarbeiter – Vorgesetzter
  Was erwartet ein Mitarbeiter in Bezug auf Führungsstil von seinem Vorgesetzten, und in welcher Weise entspricht der Vorgesetzte diesen Erwartungen? Was erwartet der Vorgesetzte von seinem Mitarbeiter, und wie verhält sich dieser ihm gegenüber?
> Arbeit – Arbeitsplatz
  Welche Arbeiten muss ein Mitarbeiter verrichten, und sind die Voraussetzungen am entsprechenden Arbeitsplatz gegeben?
> Arbeitsplatz – Zuständigkeit
  Welche Kompetenzen sind mit einer Arbeitsstelle verbunden, und welche sollte ein Mitarbeiter zur bestmöglichen Erfüllung seiner Aufgaben besitzen? Ergeben sich Kompetenzüberschneidungen zwischen den einzelnen Arbeitsplätzen?
> Leistung – Lohn
  Welche Erwartungen in Bezug auf die Lohnhöhe sind vom Mitarbeiter an eine bestimmte Leistung geknüpft (leistungsgerechter Lohn)?
> Einzelner – Gruppe
  Welchen Einfluss hat die Arbeitsmoral einer bestimmten Gruppe auf den Einzelnen und umgekehrt?
> Mitarbeiter – Autorität
  Welche Autorität besitzt ein Vorgesetzter bei den Mitarbeitern, und welche sollte er besitzen?
> Gruppe – Gruppenführer
  Wird z. B. der Ausbildungsleiter, also die von der Geschäftsleitung als Gruppenführer eingesetzte Person, auch von der Gruppe der Auszubildenden als Führungsperson angenommen?
> Kreativität – Freiheitsspielraum
  Ist der Freiheitsspielraum so groß, dass der Mitarbeiter eigene schöpferische Gedanken zum Nutzen des Betriebes entwickeln kann? Dieser Bereich ist heute sehr wichtig, weil bei vielen Mitarbeitern die Möglichkeiten zur Selbstverwirklichung die Bindung an den Betrieb fördern.

## 5.4.3 Soziale Beziehungen

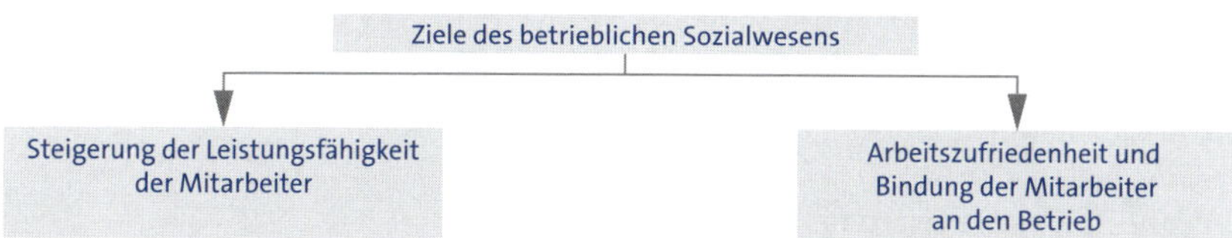


**Betriebliche Sozialleistungen**

Umfang und Höhe der betrieblichen Sozialleistungen beeinflussen das Leistungsverhalten der Arbeitnehmer, das Betriebsklima, den Betriebswechsel und die Stellung des Betriebes am Arbeitsmarkt.

Als wichtigste betriebliche Sozialleistungen sind zu nennen:

Arten

- Essenszuschüsse
- Arbeitskleidung
- Beschaffung oder Vermietung preisgünstiger Wohnungen
- betriebliche Altersversorgung
- Fahrtkostenersatz
- Weihnachtsgeld
- Urlaubsgeld
- Gratifikationen
- Weiterbildungsangebote
- Betriebsfeiern
- Zuwendungen für bestimmte Anlässe (z. B. Jubiläumsgeschenke).

### 5.4.4 Fürsorge (Arbeits-, Unfall- und Gesundheitsschutz)

> Ausreichende Sicherheit und ausreichender Unfallschutz am Arbeitsplatz wirken positiv auf Arbeitsleistung und Personalkosten.

Eine wichtige Rolle spielen die Unfallverhütungsvorschriften der Berufsgenossenschaften mit folgenden Zielsetzungen:

Unfallverhütung

- Verhütung des Eintritts von Schäden
- Verhütung von Berufskrankheiten.

Berufsgenossenschaften

Die Berufsgenossenschaften haben folgende Aufgaben:

- Aufsicht über die Einhaltung der Unfallverhütungsvorschriften
- Beratung der Betriebe und der Arbeitnehmer, um Unfällen vorzubeugen.

## Wiederholungsfragen sowie handlungsorientierte, fallbezogene Übungs- und Prüfungsaufgaben

1. Die Personalplanung hat als zentrale Aufgabe,

- [ ] a die Bereitstellung der erforderlichen personellen Kapazitäten zu erreichen.
- [ ] b eine Zusammenfassung der Stellenbeschreibungen zu erstellen.
- [ ] c Stellenpläne und Stellenbeschreibungen zu entwickeln.
- [ ] d die Personalauswahl und den Personaleinsatz zu verbessern.
- [ ] e Assessment Center zur Personalauswahl durchzuführen.

>> Seite 145 |

2. Die Analyse des Personalbedarfs stellt für den Handwerksbetrieb eine wichtige Voraussetzung für eine erfolgreiche Personalversorgung dar. Als Inhaber des Betriebes beschäftigen Sie sich mit diesem Thema und wissen, dass es hierbei sowohl qualitative als auch quantitative Faktoren zu berücksichtigen gilt.

   Aufgabe: Erklären Sie kurz den Unterschied zwischen qualitativer und quantitativer Personalbedarfsanalyse und gehen Sie auf jeweils in diesem Zusammenhang für Sie wichtige Einflussfaktoren ein!

>> Seite 146 |

3. Unter einem Stellenplan versteht man

- [ ] a eine Zusammenstellung der Aufgabenprofile eines Handwerksbetriebes.
- [ ] b eine Zusammenstellung aller im Betrieb bestehenden und geplanten Stellen.
- [ ] c eine Zusammenfassung von Stellenbeschreibungen.
- [ ] d die Gegenüberstellung von Brutto- und Netto-Personalbedarf.
- [ ] e ein betriebliches Personalauswahlverfahren.

>> Seite 147 |

4. Erklären Sie die wichtigsten Inhalte einer Stellenbeschreibung!

>> Seite 147 |

5. Personalbeschaffung und Personalauswahl sind wichtige Erfolgsfaktoren für einen Handwerksbetrieb. Als angestellter Meister in einem größeren Betrieb sind Sie unter anderem für diese Aufgabengebiete zuständig.

   Aufgabe: Stellen Sie die wichtigsten Vor- und Nachteile interner und externer Personalbeschaffung für Ihren Betrieb zusammen und erläutern Sie wichtige Gesichtspunkte, die Sie im Rahmen der Personalauswahl bei der Bearbeitung von Bewerbungen beachten.

   >> Seiten 148 bis 149 |

6. Bestimmungsfaktoren für den Personaleinsatz sind:

- [ ] a Brutto-Personalbedarf und Netto-Personalbedarf.
- [ ] b Maßnahmen der Personalentwicklung.
- [ ] c interne und externe Personalbeschaffung.
- [ ] d Leistungsmerkmale, Leistungsvoraussetzungen und Leistungsförderung.
- [ ] e Personalaktenführung und Personalverwaltung.

   >> Seiten 150 bis 151 |

7. Welche äußeren Faktoren im Betrieb beeinflussen hauptsächlich die Arbeitsleistung?

- [ ] a Die Höhe des Essenszuschusses an die Arbeitnehmer.
- [ ] b Die Höhe des Urlaubsgeldes an die Arbeitnehmer.
- [ ] c Dauer und Zeitpunkt des Jahresurlaubs des Arbeitnehmers.
- [ ] d Technische Hilfsmittel, Gestaltung von Arbeitsplatz und -raum.
- [ ] e Anlagen und Fertigkeiten des Arbeitnehmers.

   >> Seite 151 |

8. Welche Maßnahmen bestimmen die Leistungsförderung?

   >> Seite 153 |

9. Sie sind Inhaber eines Handwerksbetriebes und haben zurzeit mit Ihren Mitarbeitern feste tägliche und wöchentliche Arbeitszeiten festgelegt. Um künftig in Ihrem Betrieb besser auf den qualitativ und mengenmäßig wechselnden Arbeitsanfall reagieren zu können und um auch den Wünschen Ihrer Arbeitnehmer auf mehr Flexibilität bei der Arbeitszeit entgegenzukommen, wollen Sie die Einführung von flexiblen Arbeitszeitregelungen prüfen.

   Aufgabe: Stellen Sie die drei für Ihren Handwerksbetrieb grundsätzlich infrage kommenden Arbeitszeitmodelle kurz dar!

   >> Seiten 154 bis 155 |

10. Erklären Sie die Bedeutung der Personalentwicklung für einen Handwerksbetrieb!

>> Seite 156 |

11. Als Inhaber eines Handwerksbetriebes haben Sie sich auch um die Personalaktenführung zu kümmern.

Aufgabe: Stellen Sie die wichtigsten Inhalte einer Personalakte dar!

>> Seite 157 |

12. Als Inhaber eines Handwerksbetriebes müssen Sie leider zur Kenntnis nehmen, dass einer Ihrer besten Mitarbeiter gekündigt hat. Sie stellen diesem Mitarbeiter ein Arbeitszeugnis aus und wollen darin auch seine sehr guten Leistungen der letzten Jahre entsprechend würdigen.

Aufgabe: Stellen Sie dar, wie sich ein einfaches Zeugnis von einem qualifizierten Zeugnis unterscheidet, und erläutern Sie eine geeignete und übliche Formulierung, um die sehr guten Leistungen Ihres Mitarbeiters zu würdigen!

>> Seite 158 |

13. Wie können im Handwerksbetrieb durch die Gestaltung des Lohnabrechnungszeitraumes und unter Würdigung der Interessen der Mitarbeiter am besten Kosten eingespart werden?

- [ ] a Durch tägliche Lohnabrechnung und Lohnzahlung.
- [ ] b Durch wöchentliche Lohnabrechnung und tägliche Abschlagszahlungen.
- [ ] c Durch wöchentliche Lohnabrechnung und Lohnzahlung.
- [ ] d Durch monatliche Lohnabrechnungen und wöchentliche Abschlagszahlungen.
- [ ] e Durch monatliche Lohnabrechnungen und Lohnzahlungen.

>> Seite 159 |

14. Als Inhaber eines Handwerksbetriebes nehmen Sie die Gehaltseinstufungen Ihrer Mitarbeiter selbst vor. In letzter Zeit häufen sich die Beschwerden, dass das Lohn- und Gehaltsgefüge im Betrieb nicht stimme. Deshalb wollen Sie eine Bewertung der im Betrieb anfallenden Tätigkeiten vornehmen und Ihr Lohn- und Gehaltsgefüge überprüfen.

Aufgabe: Erläutern Sie, welche Faktoren Sie bei der Arbeitsbewertung im vorliegenden Fall beachten und an welchem einfachen Lohnschema Sie sich bei Ihrem Vorgehen orientieren können.

>> Seiten 163 bis 164 |

15. Der Leistungslohn

- [ ] a bezieht sich auf die geleistete Arbeitsmenge oder Vorgabezeit.
- [ ] b bewirkt, dass der Lohnbetrag pro Leistungseinheit stärker steigt als die Arbeitsleistung.
- [ ] c bewirkt, dass der Lohnbetrag langsamer steigt als die Arbeitsleistung.
- [ ] d beinhaltet die Entlohnung für die geleistete Arbeit je Zeiteinheit.
- [ ] e beinhaltet die Gewährung von Leistungszuschlägen zusätzlich zum Zeitlohn.

>> Seite 165 |

16. Der Prämienlohn ist

- [ ] a eine Entlohnung auf der Basis der pro Zeiteinheit erbrachten Leistung.
- [ ] b ein Lohnsystem, bei dem zusätzlich zum Zeitlohn Prämien gezahlt werden.
- [ ] c ein Lohnsystem, das ausschließlich auf geleisteter Arbeitsmenge aufbaut.
- [ ] d ein Lohnsystem, das auf einer bestimmten Vorgabezeit für eine Arbeitsmenge aufbaut.
- [ ] e ein Lohnsystem, das sich nach der Dauer der Betriebszugehörigkeit richtet.

>> Seite 165 |

17. Welches sind die wichtigsten persönlichen Voraussetzungen eines Menschen hinsichtlich seiner Eignung als Führungskraft?

>> Seite 167 |

18. Als junger Handwerksmeister treten Sie in einen seit vielen Jahren inhabergeführten Handwerksbetrieb ein. Sie stellen fest, dass der autoritäre Führungsstil des Betriebsinhabers vor allem bei den jüngeren Mitarbeitern in den meisten Fällen nicht zu den gewünschten Leistungsergebnissen führt. Sie nehmen sich daher vor, mit Ihrem Chef ein Gespräch über das Thema Führungsstile zu führen.

Aufgabe: Erläutern Sie die wichtigsten Führungsstile und deren Inhalte, die Sie in dem vorgesehenen Gespräch behandeln wollen, und beurteilen Sie deren Eignung in zwei selbst gewählten beispielhaften Arbeitssituationen!

>> Seiten 168 bis 169 |

19. Erklären Sie kurz wichtige Führungstechniken, die Sie in Ihrem Handwerksbetrieb anwenden können!

>> Seite 169 |

20. Bei der Lösung menschlicher Schwierigkeiten sollte man

- [ ] a eine Aussprache vor allen Mitgliedern der Abteilung oder des Arbeitsteams herbeiführen.
- [ ] b die Aussprache nach Möglichkeit unter vier Augen vollziehen.
- [ ] c als Vorgesetzter Bereitschaft zum Zuhören zeigen.
- [ ] d die Aussprache im unteren Bereich der Tagesleistungskurve durchführen.
- [ ] e darauf bedacht sein, nichts zu unternehmen, damit sich die Sache von selbst erledigt.

>> Seite 171 |

21. Eine wirksame Methode zur Lösung menschlicher Schwierigkeiten bildet die Konfliktbearbeitung und Konfliktlösung. Da auch Sie innerhalb Ihrer Arbeitsgruppe immer wieder Konflikte verspüren, möchten Sie sich in diesem Bereich um eine besonders strukturierte und geeignete Vorgehensweise zur Beseitigung menschlicher Schwierigkeiten und zur Konfliktlösung bemühen.

Aufgabe: Erklären Sie für den vorliegenden Fall eine zweckmäßige Vorgehensweise!

>> Seiten 171 bis 172 |

22. Erläutern Sie wichtige Faktoren zur Förderung des Betriebsklimas!

>> Seiten 172 bis 173 |

23. Sie sind Inhaber eines mittelgroßen Handwerksbetriebes. Bei der Beobachtung der Personalfluktuation bemerken Sie, dass immer wieder wertvolle Mitarbeiter zu größeren Betrieben gehen. Diese Mitarbeiter nennen mehrfach die besseren Sozialleistungen in größeren Betriebseinheiten als Beweggrund für den Wechsel. Um die Situation zu verbessern, wollen Sie die betrieblichen Sozialleistungen in Ihrem Betrieb untersuchen und ggf. ausbauen.

Aufgabe: Stellen Sie, bevor Sie Entscheidungen treffen, die wichtigsten betrieblichen Sozialleistungen zusammen, die für Ihren Betrieb im vorliegenden Fall infrage kommen können!

>> Seiten 173bis 174 |

24. Welchen betrieblichen Zwecken dienen die Unfallverhütungsvorschriften?

>> Seite 174 |

25. Vervollständigen Sie diesen Lückentext:

    Der Inhalt der Personalakte ist so zu gestalten, dass ein möglichst objektives Bild über die ______________ und die ______________ des Mitarbeiters entsteht.

    Nach ______________ gesetz hat der Arbeitnehmer das Recht, ______________ in die ______________ zu nehmen.

    >> Seite 162 |

26. Vervollständigen Sie diesen Lückentext:

    Im Rahmen der betrieblichen Altersversorgung sagt der ______________ dem ______________ Versorgungsleistungen bei ______________, Invalidität und/oder Tod zu.

    Arbeitnehmer, die in der gesetzlichen Rentenversicherung pflichtversichert sind, haben sogar einen ______________ auf Umwandlung von Gehaltsteilen in eine ______________. Der Anspruch besteht bis zu einer Höhe von ____% der Beitragsbemessungsgrenze (West) in der gesetzlichen Rentenversicherung.

    Für den Arbeitnehmer lohnt sich die betriebliche Altersversorgung vorrangig aus Gründen der Einsparung von ______________ Arbeitsentgeltanteilen. Die späteren Leistungen aus der Versorgung (Kapital, Rente) sind zwar in der Regel voll ______________ ; da die Einkünfte im Alter aber regelmäßig geringer sind als in der Ansparphase, profitiert der spätere Rentner dann vom ______________ Steuersatz. Der Arbeitnehmer bildet also Rücklagen für das Alter bilden und ergänzt seine ______________ Rente.

    Aus Sicht des Arbeitgebers sind die für Zwecke der betrieblichen Altersversorgung umgewandelten Gehaltsteile nicht ______________. Ausgaben für die betriebliche Altersversorgung von Mitarbeitern sind steuerlich betrachtet ______________. Betriebliche Altersversorgung bewirkt zudem Mitarbeiterbindung und -motivation und wirkt sich ______________ auf das Betriebsklima und das Ansehen des Betriebes am Markt aus.

    >> Seite 166 |

# 6. Bestimmungen des Arbeits- und Sozialversicherungsrechts bei der Entwicklung einer Unternehmensstrategie berücksichtigen

**Kompetenzen**

- > Arbeitsverhältnisse rechtswirksam begründen und beenden.
- > Rechte und Pflichten aus Arbeitsverhältnissen beachten.
- > Für KMU relevante Regelungen zu Tarifvertrag, Mitbestimmung und Arbeitsschutz bei der Vertrags- und Arbeitsgestaltung berücksichtigen.
- > Grundlegende Elemente des Systems der Sozialversicherung hinsichtlich unternehmensrelevanter Pflichten und Gestaltungsmöglichkeiten analysieren und wichtige Regelungen zu Versicherungspflicht, Beitrag, Leistungen und Meldevorschriften beschreiben.
- > Für die Lohn-/Gehaltsabrechnung Steuerklassen, Entrichtungsform der Lohnsteuer und Haftung des Arbeitgebers sowie Möglichkeiten von Zuwendungen und Aufwandsersatz recherchieren und beurteilen.

## 6.1 Arbeitsrecht

### 6.1.1 Arbeitsvertrag

**a) Form und Zustandekommen des Arbeitsvertrages**

Vereinbaren Arbeitnehmer und Arbeitgeber die Aufnahme eines Arbeitsverhältnisses, so schließen sie damit einen Arbeitsvertrag.

> Beim unbefristeten Arbeitsvertrag besteht kein gesetzlicher Formzwang; er kann mündlich oder schriftlich abgeschlossen werden. Aus Gründen der Beweissicherung und der Rechtssicherheit empfiehlt sich jedoch der Abschluss von schriftlichen Arbeitsverträgen. Die Befristung eines Arbeitsvertrages bedarf der Schriftform.

Der Schriftform bedürfen Wettbewerbsverbote mit Arbeitnehmern, die diesen für eine bestimmte Frist nach Beendigung des Arbeitsverhältnisses Wettbewerb gegenüber dem Unternehmen verbieten. Außerdem kann durch Tarifvertrag die Schriftform des Arbeitsvertrags vorgeschrieben sein.

> Wird kein schriftlicher Vertrag abgeschlossen, hat der Arbeitnehmer nach dem Nachweisgesetz (NachwG) einen Anspruch auf schriftliche Niederlegung der wesentlichen Vertragsbedingungen. Die Niederschrift ist zu unterzeichnen und dem Arbeitnehmer auszuhändigen.

Niederschrift

In einer solchen Niederschrift müssen nach dem NachwG enthalten sein:

- Name und Anschrift der Vertragspartner
- Beginn (bei Befristung auch voraussichtliche Dauer) des Arbeitsverhältnisses
- Arbeitsort(e)
- Bezeichnung bzw. Beschreibung der zu leistenden Tätigkeit
- Zusammensetzung, Höhe und Fälligkeit des Arbeitsentgelts
- vereinbarte Arbeitszeit, Dauer des jährlichen Erholungsurlaubs
- Kündigungsfristen
- Hinweise auf geltende Tarifverträge und Betriebsvereinbarungen.

Dabei kann im Einzelnen auch auf geltende Tarifverträge und Betriebsvereinbarungen bzw. maßgebliche gesetzliche Regelungen verwiesen werden. Die Niederschrift ist eine einseitige Erklärung des Arbeitgebers.
Der Arbeitsvertrag hingegen setzt sich aus zwei übereinstimmenden Willenserklärungen zusammen. Er hat einen höheren Beweiswert. Der Arbeitsvertrag enthält regelmäßig die oben genannten Angaben, die gegebenenfalls durch individuelle Vereinbarungen ergänzt werden. Insbesondere die beiderseitigen Vereinbarungen, die für den Minderjährigen nicht verkehrsüblich und außergewöhnlich sind, bedürfen jedoch der Zustimmung des gesetzlichen Vertreters.

Zum Abschluss eines Arbeitsvertrages befugt sind

- volljährige Personen und
- Minderjährige, wenn und soweit sie hierzu vom gesetzlichen Vertreter ermächtigt sind bzw. dieser den Vertragsschluss nachträglich genehmigt.

### b) Vertragsarten

#### Arbeitsvertrag auf unbestimmte Zeit

Unbefristeter Arbeitsvertrag

Häufig wird der Arbeitsvertrag auf unbestimmte Zeit abgeschlossen; er endet z. B. mit Kündigung durch einen der beiden Vertragspartner oder auch durch einvernehmliche Aufhebung.

#### Arbeitsvertrag auf bestimmte Zeit

Befristung

Der Arbeitsvertrag auf bestimmte Zeit endet mit Ablauf der vereinbarten Befristung (kalendermäßig befristeter Arbeitsvertrag) oder mit Erreichen des vereinbarten Zwecks der Arbeitsleistung (zweckbefristeter Arbeitsvertrag), ohne dass es einer Kündigung bedarf. Bei zweckbefristeten Arbeitsverträgen ist es erforderlich, dass der Arbeitgeber den Arbeitnehmer mindestens zwei Wochen vorher schriftlich über den Zeitpunkt der Zweckerreichung unterrichtet.
Die Befristung erfordert die Schriftform. Die ordentliche Kündigung eines befristeten Arbeitsverhältnisses ist nur möglich, wenn es eine entsprechende Vereinbarung im Vertrag gibt.

Befristete Arbeitsverträge sind zulässig, wenn sachliche Gründe wie Aushilfsbeschäftigung, Vertretung von vorübergehend abwesenden Arbeitnehmern, Saisonbeschäftigung hierfür vorliegen. Sachlicher Grund

Bei Neueinstellung von Arbeitnehmern – auch im Anschluss an ein Berufsausbildungsverhältnis – kann ohne besonderen Grund ein befristetes Arbeitsverhältnis bis zur Dauer von zwei Jahren vereinbart werden.

Dies ist ausgeschlossen, wenn mit demselben Arbeitnehmer zuvor ein unbefristeter oder befristeter Arbeitsvertrag bestanden hat. Ein vorheriges Berufsausbildungsverhältnis schadet nicht. Neueinstellung
Innerhalb der Gesamtdauer von zwei Jahren ist eine dreimalige Verlängerung des befristeten Arbeitsvertrages zulässig.
Bei Arbeitnehmern nach Vollendung des 52. Lebensjahres ist eine Befristung ohne Vorliegen eines sachlichen Grundes bis zu fünf Jahren möglich, wenn diese unmittelbar davor mindestens vier Monate beschäftigungslos waren. Ältere Arbeitnehmer
In den ersten vier Jahren nach der Gründung eines Unternehmens ist die kalendermäßige Befristung eines Arbeitsvertrages ohne Vorliegen eines sachlichen Grundes bis zur Dauer von vier Jahren zulässig. Bis zu dieser Gesamtdauer ist auch die mehrfache Verlängerung eines kalendermäßig befristeten Arbeitsvertrages zulässig. Existenzgründer

#### Arbeitsvertrag zur Probe

Das Probearbeitsverhältnis kann als befristetes Arbeitsverhältnis, das nach Ablauf der Probezeit endet, oder als unbefristetes Arbeitsverhältnis vereinbart werden. In diesem Fall geht es in ein Arbeitsverhältnis auf unbestimmte Zeit über, wenn es nicht zuvor gekündigt wird. Sowohl das befristete Probearbeitsverhältnis als auch die unbefristete Probezeit bedürfen der ausdrücklichen Vereinbarung. Sie darf in der Regel nicht länger als sechs Monate dauern. Probezeit
Will der Arbeitnehmer geltend machen, dass die Befristung rechtsunwirksam ist, so muss er innerhalb von drei Wochen nach dem vereinbarten Ende des befristeten Arbeitsvertrages Klage beim Arbeitsgericht erheben. Klagefrist

#### Teilzeitarbeitsvertrag

Teilzeitbeschäftigte sind Arbeitnehmer, deren regelmäßige Wochenarbeitszeit kürzer ist als die regelmäßige Wochenarbeitszeit vergleichbarer vollzeitbeschäftigter Arbeitnehmer im Betrieb. Als Teilzeitbeschäftigte gelten auch geringfügig Beschäftigte. Unerheblich ist dabei die Verteilung der Arbeitszeit.

Auf den Teilzeitarbeitsvertrag finden die Grundsätze des Arbeitsrechts und des Arbeitsschutzes in gleicher Weise Anwendung, wie sie für vollzeitbeschäftigte Arbeitnehmer gelten.

Ein Arbeitnehmer, dessen Arbeitsverhältnis länger als sechs Monate bestanden hat, kann unter bestimmten Voraussetzungen verlangen, dass seine vertraglich vereinbarte Arbeitszeit verringert wird. Die Verringerung und deren Umfang muss er spätestens drei Monate vor deren Beginn geltend machen. Der Arbeitgeber kann seine Zustimmung nur verweigern, wenn betriebliche Gründe dem Wunsch des Arbeitnehmers entgegenstehen. Der Rechtsanspruch auf Teilzeitarbeit gilt nur in Teilzeitanspruch

Betrieben, in denen in der Regel mehr als 15 Arbeitnehmer beschäftigt werden. Auszubildende werden dabei nicht mitgezählt.
Andererseits hat der Arbeitgeber einen teilzeitbeschäftigten Arbeitnehmer, der ihm den Wunsch nach einer Verlängerung seiner vertraglich vereinbarten Arbeitszeit angezeigt hat, bei der Besetzung eines entsprechenden freien Arbeitsplatzes bei gleicher Eignung bevorzugt zu berücksichtigen.

**Leiharbeitsvertrag**

Arbeitnehmerüberlassung

Arbeitgeber, die als Verleiher Dritten (Entleihern) Arbeitnehmer (Leiharbeitnehmer) gewerbsmäßig zur Arbeitsleistung überlassen, bedürfen einer Erlaubnis der Bundesagentur für Arbeit.
Die Arbeitsbedingungen des Leiharbeitsverhältnisses sind schriftlich zu dokumentieren und dem Arbeitnehmer auszuhändigen. Der Vertrag zwischen Verleiher und Entleiher bedarf der Schriftform.

### c) Vertragspflichten und Rechte des Arbeitnehmers

**Arbeitspflicht und Arbeitsleistung**

> Die Arbeitspflicht erfordert, die Arbeitsleistung so zu erbringen, wie sie bei Abschluss des Arbeitsvertrages fachlich oder allgemein umschrieben wurde und wie es nach den gesetzlichen und tariflichen Regelungen erwartet werden kann.

Arbeitnehmer müssen die Arbeitsleistung, ohne zur Nacharbeit verpflichtet zu sein, nicht erbringen, wenn sie ihnen unter Berücksichtigung ihrer Treuepflicht nicht zugemutet werden kann, z. B. bei besonderen Familienereignissen wie Begräbnis der Eltern.

Arbeitszeit
Mehrarbeit

Die Dauer der Arbeitszeit richtet sich in der Regel nach Einzelvereinbarung oder Tarifvertrag. Darüber hinaus kann der Arbeitnehmer zu Überstunden oder Mehrarbeit verpflichtet sein, wenn dies betrieblich erforderlich ist.

Weisungsrecht
Arbeitgeber

Der Arbeitnehmer ist verpflichtet, den Anweisungen des Arbeitgebers nachzukommen. Das Weisungsrecht des Arbeitgebers findet jedoch seine Grenzen in der vereinbarten Art und Dauer der Tätigkeit. Es muss im Rahmen der Billigkeit ausgeübt werden.

**Haftung des Arbeitnehmers**

Haftungsgrundsätze

Im Rahmen der von der Rechtsprechung entwickelten Grundsätze über die Beschränkung der Arbeitnehmerhaftung haftet der Arbeitnehmer dem Arbeitgeber für Sachschäden, die er während seiner Tätigkeit (betrieblich veranlasst) verursacht. Zusammengefasst gilt folgendes Haftungsmodell:

> Bei „leichtester“ Fahrlässigkeit entfällt die Haftung des Arbeitnehmers. Liegt „normale“ (mittlere) Fahrlässigkeit vor, haften Arbeitnehmer und Arbeitgeber unter Berücksichtigung aller Einzelfallumstände anteilig. Bei grober Fahrlässigkeit hat der Arbeitnehmer in aller Regel den gesamten Schaden zu tragen, ausnahmsweise können in diesem Fall Haftungserleichterungen in Betracht kommen, die von einer Abwägung im Einzelfall abhängig sind. Bei Vorsatz haftet der Arbeitnehmer voll.

### Treuepflicht

Die Treuepflicht findet ihren Ausdruck darin, dass der Arbeitnehmer

- die berechtigten Interessen des Betriebes wahrnimmt, z. B. drohende Schäden abwendet,
  und
- alles unterlässt, was diesen Interessen zuwiderläuft, wie z. B. Abwerbung von Kunden, Schwarzarbeit, Verletzung der Verschwiegenheitspflicht, Störung des Betriebsfriedens.

## d) Vertragspflichten und Rechte des Arbeitgebers

### Entgeltzahlungspflicht des Arbeitgebers / Entgeltanspruch des Arbeitnehmers

Der Arbeitgeber schuldet für die Arbeitsleistung eine angemessene Vergütung, deren Höhe mit dem Arbeitnehmer grundsätzlich frei vereinbart werden kann (Grenze: Sittenwidrigkeit, Lohnwucher).

> Besteht ein (allgemein-)verbindlicher Tarifvertrag, dürfen die tariflich festgelegten Entgelte nicht unterschritten werden.

### Entgeltarten/Entgeltformen

Es gibt folgende Formen des Arbeitsentgelts:

- Lohn bei Arbeitern
- Gehalt bei Angestellten
- Vergütung bei Lehrlingen.

Beim Lohn wird zwischen Zeitlohn und Leistungslohn unterschieden. Der Lohn wird in der Regel als Geldlohn geschuldet. Sachbezüge können Teil des Arbeitsentgelts sein.

Zeitlohn

Der Zeitlohn wird nach der Dauer der Arbeitszeit berechnet (z. B. Stunden-, Wochen-, Monatslohn).

Leistungslohn

Der Leistungslohn berechnet sich nach dem Ergebnis der Arbeitsleistung (z. B. Akkord- und Prämienlohn, Stücklohn, Provision, Gewinn- und Umsatzbeteiligung).

Garantierter Mindestlohn

Eine Mischform ist der garantierte Mindestlohn.

Für bestimmte Branchen (z. B. Bauhauptgewerbe, Dachdeckerhandwerk, Maler- und Lackiererhandwerk, Gebäudereinigung und Elektrohandwerk sowie in der Zeitarbeit) gibt es rechtsverbindliche Mindestlöhne nach dem Arbeitnehmer-Entsendegesetz. Die Mindestlöhne nach dem Arbeitnehmer-Entsendegesetz sind auch auf einen im Ausland ansässigen Arbeitgeber und seine im Inland beschäftigten Arbeitnehmer zwingend anzuwenden.

Darüber hinaus bietet das Mindestarbeitsbedingungengesetz die Möglichkeit, in einzelnen Wirtschaftszweigen, insbesondere in denen es keine Tarifverträge gibt, derartige verbindliche Mindestlöhne festzusetzen.

### Zuschläge – Zulagen, Sondervergütungen

Zuschläge (z. B. für Mehr-, Nacht-, Sonn- und Feiertagsarbeit) sind zusätzliche Zahlungen des Arbeitgebers. Ihre Höhe richtet sich nach Tarifvertrag, Betriebsvereinbarung oder Einzelarbeitsvertrag.

Nach dem Arbeitszeitgesetz besteht für Nachtarbeit ein Anspruch auf eine angemessene Zahl bezahlter freier Tage oder angemessene Zuschläge, soweit keine tariflichen Ausgleichsregelungen bestehen.

Zulagen

Zulagen werden gewährt in Form von

> Leistungszulagen,
> Gefahren-, Schmutz- und Hitzezulagen (Erschwerniszulagen),
> Funktionszulagen für Übernahme zusätzlicher Verantwortung,
> persönliche oder Sozialzulagen (z. B. Kinderzulagen).

Fallen beim Arbeitnehmer im Rahmen seiner Arbeit Aufwendungen wie Reisespesen an, muss ihm diese der Arbeitgeber ersetzen. Bei auswärtiger Beschäftigung kann z. B. ein Anspruch auf Erstattung von Fahrt- oder Übernachtungskosten bestehen. Einzelheiten regeln häufig Tarifverträge.

Sondervergütungen

Sondervergütungen (wie Gratifikationen, 13. Monatsentgelt, vermögenswirksame Leistungen, Leistungen der betrieblichen Altersversorgung) sind zusätzliche Entgeltleistungen.

Ein Rechtsanspruch auf Sondervergütungen besteht nur, wenn eine solche tarif- oder einzelvertraglich vereinbart oder mindestens drei Jahre hintereinander in gleicher Höhe ohne den ausdrücklichen Vorbehalt der Freiwilligkeit geleistet wurde (Gewohnheitsrecht, sog. betriebliche Übung).

### Zeitpunkt und Form der Entgeltzahlung

Das Arbeitsentgelt ist nach Ablauf des Zeitabschnitts, für den es bemessen ist, zur Zahlung fällig; in der Regel am Monatsende.

Die Entgeltzahlung erfolgt in Euro, üblicherweise unbar durch Überweisung auf das Bankkonto des Arbeitnehmers.

### Entgeltabrechnung

Der Arbeitgeber ist zur Aushändigung einer schriftlichen Entgeltabrechnung verpflichtet, um dem Arbeitnehmer eine Übersicht über seinen Entgeltanspruch zu ermöglichen.

Mindestangaben

Die Abrechnung muss mindestens Angaben enthalten über:

> Abrechnungszeitraum
> Zusammensetzung des Arbeitsentgelts; hier insbesondere
  - Art und Höhe der Zuschläge
  - Zulagen
  - sonstige Vergütungen

- Art und Höhe der Abzüge
- Abschlagszahlungen
- Vorschüsse.

**Entgeltzahlung ohne Arbeitsleistung**

> Anspruch auf Arbeitsentgelt besteht grundsätzlich nur für geleistete Arbeit.

„Ohne Arbeit kein Lohn"

In bestimmten Fällen wird aufgrund von Gesetzen oder Tarifverträgen von diesem Grundsatz abgewichen, wie z. B.:

Abweichungen

- > bei Arbeitsausfall, für den der Arbeitgeber das Risiko trägt (Arbeitsmangel, Betriebsstörungen und dergleichen)
- > bei Arbeitsausfall durch gesetzliche Feiertage
- > bei Arbeitsunfähigkeit infolge Krankheit
- > während der Dauer des Urlaubs
- > bei Besuch der Berufsschule
- > bei unverschuldeter Arbeitsverhinderung für eine verhältnismäßig nicht erhebliche Zeit aus einem in der Person des Arbeitnehmers liegenden Grund (Teilnahme an der Bestattung von Familienangehörigen und dgl.).

**Entgeltzahlung an Feiertagen**

An gesetzlichen Feiertagen ruht die Arbeit; für die Arbeitszeit, die hierdurch ausfällt, ist dem Arbeitnehmer das Arbeitsentgelt zu zahlen, das er ohne den Arbeitsausfall erhalten hätte.

Entgeltausfallprinzip

Arbeitnehmer, die am letzten Arbeitstag vor oder am ersten Arbeitstag nach Feiertagen unentschuldigt der Arbeit fernbleiben, haben keinen Anspruch auf Bezahlung für diese Feiertage.

**Entgeltzahlung im Krankheitsfall**

> Anspruchsvoraussetzungen

> Der Anspruch auf Entgeltfortzahlung entsteht erstmals nach einer vierwöchigen ununterbrochenen Dauer des Arbeitsverhältnisses.

Während dieser Wartezeit erhält der in der gesetzlichen Krankenversicherung versicherte Arbeitnehmer bei Arbeitsunfähigkeit Krankengeld.

Wartezeit

Der Entgeltfortzahlungsanspruch setzt voraus, dass der Arbeitnehmer durch Arbeitsunfähigkeit infolge Krankheit an seiner Arbeitsleistung verhindert ist, ohne dass ihn ein Verschulden trifft. Bei verschuldeter Arbeitsunfähigkeit entfällt der Anspruch.

Unverschuldete Arbeitsunfähigkeit

Das Arbeitsentgelt ist für jeden Fall der arbeitsunfähigen Erkrankung bis zur Dauer von sechs Wochen zu zahlen, jedoch nicht über die Beendigung des Arbeitsverhältnisses hinaus; es sei denn,

Anspruchsdauer

- > der Arbeitgeber kündigt aus Anlass der Arbeitsunfähigkeit, oder
- > der Arbeitnehmer kündigt, weil ihm aus Gründen, die der Arbeitgeber zu vertreten hat, die Fortsetzung des Arbeitsverhältnisses nicht mehr zumutbar ist.

Fortsetzungskrankheit

Bei Arbeitsunfähigkeit infolge derselben Krankheit besteht nur dann ein erneuter Anspruch, wenn der Arbeitnehmer mindestens ein halbes Jahr nicht wegen derselben Krankheit arbeitsunfähig war oder der Beginn der ersten Erkrankung mindestens zwölf Monate zurückliegt.

> Höhe der Entgeltzahlung

**Während der Arbeitsunfähigkeit ist dem Arbeitnehmer das Arbeitsentgelt fortzuzahlen, das ihm für die maßgeblich regelmäßige Arbeitszeit zusteht.**

Nicht zum Arbeitsentgelt gehören das zusätzlich für Überstunden gezahlte Arbeitsentgelt und Aufwendungen des Arbeitnehmers, die während der Arbeitsunfähigkeit nicht entstehen.

Tarifliche Regelungen

Durch Tarifverträge kann für die Bemessung des fortzuzahlenden Arbeitsentgelts eine andere Bemessungsgrundlage festgelegt werden.

> Anzeige- und Nachweispflicht des Arbeitnehmers

Im Falle der Arbeitsunfähigkeit hat der Arbeitnehmer gegenüber dem Arbeitgeber zwei Pflichten: die Anzeige- und die Nachweispflicht.

| Anzeigepflicht | Nachweispflicht |
|---|---|
| Der Arbeitnehmer ist verpflichtet, dem Arbeitgeber die Arbeitsunfähigkeit und deren voraussichtliche Dauer<br>unverzüglich<br>mitzuteilen. | Dauert die Arbeitsunfähigkeit länger als<br>drei Kalendertage,<br>ist eine ärztliche Bescheinigung über das Bestehen der Arbeitsunfähigkeit sowie deren voraussichtliche Dauer spätestens an dem<br>darauffolgenden Arbeitstag<br>vorzulegen.<br>Der Arbeitgeber ist berechtigt, die Vorlage früher zu verlangen. |

Leistungsverweigerungsrecht

Kommt der Arbeitnehmer schuldhaft seiner Pflicht zur Vorlage der ärztlichen Bescheinigung nicht nach, so ist der Arbeitgeber berechtigt, die Entgeltfortzahlung so lange zu verweigern, bis die Bescheinigung vorgelegt wird.

> Ausgleichsverfahren

**Für Betriebe gibt es zwei Arten von Ausgleichsverfahren:**

- **den Aufwendungsausgleich für Entgeltfortzahlung im Krankheitsfall (U1-Verfahren)**
- **den Aufwendungsausgleich für Mutterschaftsleistungen (U2-Verfahren).**

Entgeltfortzahlung

In den Aufwendungsausgleich für Entgeltfortzahlung im Krankheitsfall sind alle gewerblichen Unternehmen einbezogen, die bis zu 30 Arbeitnehmer beschäftigen.

Bei der Ermittlung der Betriebsgröße werden unter anderem

- Auszubildende
- Schwerbehinderte
- Wehr- und Zivildienstleistende
- Personen in der Elternzeit

nicht, Teilzeitbeschäftigte nur anteilig mitgerechnet.

Mutterschaftsleistungen

In den Aufwendungsausgleich bei Mutterschaftsleistungen sind alle Arbeitgeber – unabhängig von der Arbeitnehmerzahl – einbezogen.
Im Rahmen des Ausgleichsverfahrens erhalten die Betriebe auf Antrag erstattet:

| Bei Krankheit | Bei Mutterschaft |
| --- | --- |
| Je nach Satzung der Kasse bis zu 80 v. H. der Aufwendungen für Entgeltfortzahlung (einschließlich Arbeitgeberanteil zum Gesamtsozialversicherungsbeitrag) an alle Arbeitnehmer | Die Aufwendungen bei Schwangerschaft und Mutterschaft in vollem Umfang (Arbeitsentgelt bei Beschäftigungsverboten, Zuschuss zum Mutterschaftsgeld) – einschließlich Arbeitgeberanteil zum Gesamtsozialversicherungsbeitrag |

Umlagen

Für das Ausgleichsverfahren zahlen die Betriebe Umlagebeträge an die zuständige Krankenkasse (Einzugsstelle). Bemessungsgrundlage ist das Bruttoarbeitsentgelt bis zur Beitragsbemessungsgrenze in der gesetzlichen Rentenversicherung.

### Urlaubsrecht

- Anspruchsgrundlage
  Das Urlaubsrecht ist durch das Bundesurlaubsgesetz geregelt; es findet auf alle Arbeits- und Ausbildungsverhältnisse Anwendung. Daneben bestehen Sonderregelungen für Jugendliche, schwerbehinderte Menschen und Heimarbeiter.

> Das Bundesurlaubsgesetz regelt Mindestbedingungen; Tarif- oder Einzelarbeitsvertrag können günstigere Regelungen vorsehen.

Unabdingbarkeit

- Urlaubsdauer
  Der gesetzliche Urlaubsanspruch ist unabdingbar; abweichende Vereinbarungen zuungunsten des Arbeitnehmers sind unwirksam.

> Urlaubsjahr ist das Kalenderjahr (01.01. bis 31.12.).

Mindesturlaubsanspruch

- Der gesetzliche Mindesturlaub beträgt, je nach Alter (Stichtag 01.01. des Kalenderjahres) des Beschäftigten:
  - noch nicht 16 Jahre alt: 30 Werktage
  - noch nicht 17 Jahre alt: 27 Werktage
  - noch nicht 18 Jahre alt: 25 Werktage
  - bereits 18 Jahre alt: 24 Werktage (vier Wochen)

  Werktage sind alle Kalendertage mit Ausnahme der Sonn- und Feiertage.
- Urlaubsanspruch schwerbehinderter Menschen: Schwerbehinderte Menschen erhalten einen Zusatzurlaub von fünf Arbeitstagen im Jahr. Arbeitet der schwer-

behinderte Mensch regelmäßig an mehr oder weniger als fünf Tagen in der Woche, erhöht oder vermindert sich der Zusatzurlaub entsprechend.

> Urlaubsanspruch Teilzeitbeschäftigter: Teilzeitbeschäftigte haben den gleichen Urlaubsanspruch (z. B. vier Wochen nach dem Bundesurlaubsgesetz) wie Vollzeitbeschäftigte; die Urlaubsvergütung berechnet sich jedoch anteilig nach dem verminderten Durchschnittsentgelt.

**Arbeitnehmer- und Arbeitgeberpflichten aus dem Urlaubsrecht**

Wartezeit

Der volle Urlaubsanspruch wird erstmalig nach sechsmonatigem Bestehen des Arbeitsverhältnisses erworben. Erfüllt der Arbeitnehmer diese Wartezeit während des Kalenderjahres nicht, so erhält er für jeden vollen Beschäftigungsmonat $\frac{1}{12}$ des Jahresurlaubsanspruchs. Das Gleiche gilt auch, wenn er in der ersten Hälfte des Kalenderjahres ausscheidet.

Urlaubsbescheinigung

Ist die Wartezeit von sechs Monaten erfüllt und scheidet der Arbeitnehmer in der zweiten Hälfte des Jahres aus, so erhält er den vollen Jahresurlaub. Eine doppelte Gewährung ist jedoch ausgeschlossen. Die Betriebe sind zur Ausstellung einer Urlaubsbescheinigung verpflichtet.

Der Arbeitgeber ist gehalten, die Urlaubswünsche der Arbeitnehmer unter Abwägung der betrieblichen Belange und der Urlaubswünsche anderer Arbeitnehmer angemessen zu berücksichtigen.

Der Urlaub muss innerhalb des laufenden Kalenderjahres gewährt und eingebracht werden. Eine Übertragung auf das nächste Kalenderjahr ist nur in Ausnahmefällen wie dringenden betrieblichen Gründen bis spätestens 31.03. möglich. Nach der Rechtsprechung gilt diese zeitliche Begrenzung für den gesetzlichen Mindestanspruch von 4 Wochen (bei schwerbehinderten Menschen zusätzlich des Urlaubsanspruchs von weiteren fünf Arbeitstagen) allerdings nicht, wenn der Urlaub aufgrund Krankheit nicht eingebracht werden konnte.

Abgeltungsverbot

Eine Barabgeltung des Urlaubs ist unwirksam, es sei denn, dass die Einbringung in Form von Freizeit wegen Beendigung des Arbeitsverhältnisses nicht mehr möglich ist.

> Urlaubsentgelt

Das Urlaubsentgelt errechnet sich aus dem Durchschnittsarbeitsverdienst der letzten 13 abgerechneten Wochen vor Beginn des Urlaubs, mit Ausnahme des zusätzlichen für Überstunden gezahlten Arbeitsverdienstes.

Einmalige Zuwendungen bleiben außer Ansatz. Bei Verdiensterhöhungen, die während des Berechnungszeitraums oder Urlaubs eintreten (z. B. Lohnerhöhungen durch Tarifabschluss), ist von dem erhöhten Verdienst auszugehen.

Ein Anspruch auf zusätzliches Urlaubsgeld kann sich aufgrund tariflicher oder einzelvertraglicher Regelungen ergeben.

Urlaubskassen

Für einige Branchen bestehen aufgrund allgemein verbindlich erklärter Tarifverträge Urlaubskassen, denen die Durchführung des Urlaubsverfahrens übertragen ist (z. B. Bauhauptgewerbe).

### Verjährung – Verwirkung von Entgeltansprüchen

Ausschlussfristen

Entgeltansprüche unterliegen der gesetzlichen dreijährigen Verjährungsfrist. In Tarifverträgen, aber auch Arbeitsverträgen sind vielfach kürzere Ausschlussfristen für die Geltendmachung von Ansprüchen aus dem Arbeitsverhältnis enthalten; sie gehen der gesetzlichen Verjährung vor.

### Beschäftigungspflicht

Neben der Zahlung des Arbeitsentgelts ist der Arbeitgeber zur Beschäftigung des Arbeitnehmers verpflichtet.

Beschäftigungsanspruch

Der Anspruch auf Beschäftigung ist einklagbar; die Nichtbeschäftigung kann zur Schadenersatzpflicht führen. Die Beschäftigungspflicht schließt die Verpflichtung ein, den Arbeitnehmer vertragsgemäß zu beschäftigen.

### Fürsorgepflicht

Der Arbeitgeber ist verpflichtet, bei allen Maßnahmen das Wohl und die Interessen des Arbeitnehmers gebührend zu berücksichtigen.

Die Fürsorgepflichten ergeben sich

Grundlagen

- aus Gesetzen, Tarifverträgen und Einzelarbeitsverträgen,
- aus der gegenseitigen Treuepflicht zwischen Arbeitgeber und Arbeitnehmer,
- nach den jeweiligen Umständen des Einzelfalles,
- nach der jeweiligen Verkehrsauffassung.

Wichtige derartige Pflichten des Arbeitgebers sind:

Schutz vor Benachteiligungen

- Pflicht zum Schutz von Leben und Gesundheit des Arbeitnehmers.
- Pflicht, die erforderlichen Maßnahmen zum Schutz vor Benachteiligungen wegen Geschlecht, Behinderung, Alter, Rasse oder ethnischer Herkunft, Religion oder Weltanschauung, sexueller Identität zu treffen. Dieser Schutz umfasst auch vorbeugende Maßnahmen.
- Pflicht, die im Einzelfall geeigneten, erforderlichen und angemessenen Maßnahmen zu ergreifen, wenn Beschäftigte gegen diese Benachteiligungsverbote verstoßen oder Beschäftigte bei der Ausübung ihrer Tätigkeit durch Dritte benachteiligt werden.
- Pflicht zum Schutz von Persönlichkeitsrechten des Arbeitnehmers.
  - Schutz vor ungerechter Behandlung durch Vorgesetzte und vor rechtswidrigen Handlungen von Arbeitskollegen
  - Einschränkungen beim Speichern personenbezogener Daten
  - sorgfältige Aufbewahrung der Personalakten
  - Verschwiegenheitspflicht bei Angelegenheiten, an deren Geheimhaltung der Arbeitnehmer ein berechtigtes Interesse hat.
- Pflicht zum Schutz des Eigentums der Arbeitnehmer.

### e) Beendigung des Arbeitsverhältnisses

**Rechtliche Mittel zur Beendigung von Arbeitsverhältnissen**

Das Arbeitsverhältnis kann auf folgende Weisen rechtswirksam beendet werden:

| | |
|---|---|
| Einvernehmliche Beendigung | Beendigung durch Aufhebungsvereinbarung |
| Ordentliche Kündigung | Beendigung mit Kündigungsfrist |
| Änderungskündigung | Kündigung und gleichzeitiges Angebot zur Weiterbeschäftigung zu geänderten Arbeitsbedingungen |
| Außerordentliche Kündigung | fristlose Beendigung bei wichtigem Grund |
| Anfechtung | einseitige Beendigung durch Anfechtungserklärung, z. B. wegen arglistiger Täuschung bei Vertragsabschluss |
| Befristung | Beendigung durch Fristablauf |

**Einvernehmliche Beendigung**

Aufhebungsvereinbarung

Im beiderseitigen Einvernehmen zwischen Arbeitgeber und Arbeitnehmer kann das Arbeitsverhältnis jederzeit sofort oder zu einem später vereinbarten Zeitpunkt aufgelöst werden. Schriftform ist dafür zwingende Voraussetzung.

**Ordentliche Kündigung**

Häufig wird das Arbeitsverhältnis durch ordentliche Kündigung unter Einhaltung der Kündigungsfrist von einem der beiden Vertragspartner beendet.

> Änderungskündigung

Erfolgt die ordentliche Kündigung mit dem gleichzeitigen Angebot, die Arbeitsbedingungen einseitig zu ändern, so handelt es sich um eine Änderungskündigung. Nimmt der Arbeitnehmer das Angebot zur Fortsetzung des Arbeitsverhältnisses zu den geänderten Arbeitsbedingungen nicht an, endet das Arbeitsverhältnis mit Ablauf der Kündigungsfrist.

> Wirksamkeit der ordentlichen Kündigung

Die Kündigung bedarf zu ihrer Wirksamkeit der Schriftform.

Kündigungserklärung

Anhörung des Betriebsrats

Die Kündigungserklärung muss klar und zweifelsfrei sein. Sie wird nur wirksam mit Zugang an den anderen Vertragspartner.
Besteht im Betrieb ein Betriebsrat, muss der Arbeitgeber vor Ausspruch der Kündigung den Betriebsrat unterrichten und ihm die Gründe hierfür mitteilen. Andernfalls ist die Kündigung unwirksam.

Erhebt der Betriebsrat gegen die Kündigung Bedenken, muss er diese dem Arbeitgeber innerhalb einer Woche schriftlich mitteilen. Widerspricht der Betriebsrat der Kündigung innerhalb der Anhörungsfrist und kündigt der Arbeitgeber dennoch, so muss er dem betreffenden Arbeitnehmer eine Abschrift der Stellungnahme des Betriebsrats zuleiten.

> Kündigungsfristen

Die gesetzliche Kündigungsfrist für Arbeitnehmer beträgt vier Wochen zum 15. oder zum Ende eines Kalendermonats.

Während einer vereinbarten Probezeit, längstens für die Dauer von sechs Monaten, kann das Arbeitsverhältnis mit einer Frist von zwei Wochen gekündigt werden. Für die Kündigung durch den Arbeitgeber gelten in Abhängigkeit von der Betriebszugehörigkeit folgende verlängerte Fristen:

Verlängerte Fristen

- nach 2 Jahren: 1 Monat
- nach 5 Jahren: 2 Monate
- nach 8 Jahren: 3 Monate
- nach 10 Jahren: 4 Monate
- nach 12 Jahren: 5 Monate
- nach 15 Jahren: 6 Monate
- nach 20 Jahren: 7 Monate

jeweils zum Ende eines Kalendermonats.

Die gesetzlichen Kündigungsfristen können durch Tarifvertrag verlängert oder verkürzt werden; soweit tarifliche Kündigungsfristen zur Anwendung kommen, haben sie Vorrang vor den gesetzlichen Kündigungsfristen.

Einzelvertrag

Einzelvertraglich können grundsätzlich nur längere Kündigungsfristen vereinbart werden. Die Unterschreitung der gesetzlichen Mindestkündigungsfrist ist in Betrieben mit in der Regel nicht mehr als 20 Arbeitnehmern – ausschließlich der zu ihrer Berufsausbildung Beschäftigten – zulässig. Hier kann die Grundfrist von vier Wochen ohne Endtermin (das heißt nicht nur zum 15. bzw. Ende des Kalendermonats) vereinbart werden.

Kleinbetriebsregelung

Bei der Feststellung der Zahl der beschäftigten Arbeitnehmer werden Teilzeitbeschäftigte mit einer regelmäßigen wöchentlichen Arbeitszeit von nicht mehr als 20 Stunden mit 0,5 und nicht mehr als 30 Stunden mit 0,75 berücksichtigt.

Aushilfsbeschäftigungen

Wird ein Arbeitnehmer zur vorübergehenden Aushilfe eingestellt und wird diese Aushilfe nicht über die Zeit von drei Monaten hinaus fortgesetzt, kann auch einzelvertraglich die gesetzliche Kündigungsfrist verkürzt werden.

Für die Kündigung des Arbeitsverhältnisses durch den Arbeitnehmer darf keine längere Frist vereinbart werden als für die Kündigung durch den Arbeitgeber.

**Kündigungsfrist für schwerbehinderte Menschen**

> Für schwerbehinderte Menschen und Gleichgestellte gelten die regulären Kündigungsfristen mit der Maßgabe, dass die Frist mindestens vier Wochen beträgt, wenn der Arbeitgeber kündigt.
> Die Kündigung durch den Arbeitgeber bedarf außerdem der vorherigen Zustimmung des Integrationsamtes.

Innerhalb der ersten sechs Monate des Arbeitsverhältnisses ist die Kündigung ohne Zustimmung des Integrationsamtes zulässig; ebenso entfällt die Mindestkündigungsfrist von vier Wochen.

**Außerordentliche Kündigung**

> Das Arbeitsverhältnis kann von jedem Vertragspartner aus wichtigem Grund ohne Einhaltung einer Kündigungsfrist gekündigt werden, wenn Tatsachen vorliegen, aufgrund derer dem Kündigenden unter Berücksichtigung des Einzelfalles und unter Abwägung der Interessen beider Vertragspartner die Fortsetzung des Arbeitsverhältnisses bis zum Ablauf der Kündigungsfrist nicht zugemutet werden kann.

Die fristlose Kündigung muss innerhalb von zwei Wochen erfolgen; die Frist beginnt mit dem Zeitpunkt, in dem der Kündigungsberechtigte von den für die Kündigung maßgebenden Tatsachen Kenntnis erlangt.

Betriebsrat

Besteht im Betrieb ein Betriebsrat, muss ihn der Arbeitgeber vor Ausspruch der fristlosen Kündigung unterrichten. Andernfalls ist die Kündigung unwirksam. Hat der Betriebsrat hiergegen Bedenken, muss er diese dem Arbeitgeber unverzüglich, spätestens innerhalb von drei Tagen, schriftlich mitteilen.

**Rechtswidrige Beendigung**

> Wird das Arbeitsverhältnis von einem der beiden Vertragspartner unberechtigterweise ohne Einhaltung der Kündigungsfrist beendet, ist er dem anderen Vertragspartner zum Ersatz des hieraus entstehenden Schadens verpflichtet.

Schadenersatz

Der Schaden muss dem Grunde und der Höhe nach nachgewiesen werden.
In Tarifverträgen und unter engen Voraussetzungen in Formulararbeitsverträgen können für den Fall des Vertragsbruchs Vertragsstrafen bzw. Entschädigungen vereinbart werden, die an den Nachweis eines Schadens nicht gebunden sind.

### 6.1.2 Kündigungsschutz

Das Kündigungsrecht des Arbeitgebers ist durch gesetzliche Kündigungsschutzbestimmungen eingeschränkt.

### a) Allgemeiner Kündigungsschutz

> Die Kündigung eines Arbeitnehmers,
>
> > der bereits länger als sechs Monate
> > in einem Betrieb mit in der Regel mehr als zehn Arbeitnehmern
>
> beschäftigt ist, ist rechtsunwirksam, wenn sie sozial ungerechtfertigt ist.

Betriebsgröße

Bei der Feststellung der Zahl der beschäftigten Arbeitnehmer werden Auszubildende nicht mitgerechnet. Teilzeitbeschäftigte werden anteilig berücksichtigt; und zwar bei einer regelmäßigen wöchentlichen Arbeitszeit

- bis einschließlich 20 Stunden mit 0,5
- bis einschließlich 30 Stunden mit 0,75.

Bestandsschutz

Bis zum 31.12.2003 lag der Schwellenwert bei fünf Arbeitnehmern (jetzt zehn). Für Arbeitnehmer, die nach altem Recht Kündigungsschutz hatten, bleibt dieser bestehen, sofern mindestens fünf weitere Arbeitnehmer aus der Belegschaft vor dem 01.01.2004 beschäftigt sind. Er entfällt allerdings, wenn die Zahl der „Alt-Arbeitnehmer" später auf fünf oder weniger Personen absinkt und im Betrieb einschließlich der seit dem 01.01.2004 eingestellten Personen nicht mehr als zehn Arbeitnehmer beschäftigt werden.

Nach einem Urteil des Bundesarbeitsgerichts hat allerdings auch der Arbeitgeber im Kleinbetrieb, auf den das Kündigungsschutzgesetz keine Anwendung findet, im Fall der Kündigung, insbesondere bei langjähriger Beschäftigungsdauer des Arbeitnehmers, ein gebotenes Mindestmaß an sozialer Rücksichtnahme zu wahren.

#### Sozial gerechtfertigte Kündigung

Sozial gerechtfertigt ist die Kündigung dann, wenn einer der nachfolgend genannten Gründe vorliegt:

- Gründe in der Person des Arbeitnehmers (z. B. lang andauernde oder häufige Krankheit) — Personenbedingt
- Gründe im Verhalten des Arbeitnehmers (z. B. fortgesetztes vertragswidriges Verhalten wie unentschuldigtes Fehlen) — Verhaltensbedingt
- dringende betriebliche Erfordernisse (z. B. anhaltender Arbeitsmangel, Betriebsstilllegung, Rationalisierung). — Betriebsbedingt

#### Interessenabwägung bei personenbedingten Gründen

Insbesondere bei der personenbedingten Kündigung muss eine umfassende Interessenabwägung erfolgen. Eine Kündigung wegen lang andauernder oder häufiger Krankheit setzt eine negative Gesundheitsprognose voraus.

#### Abmahnung vor Kündigung bei verhaltensbedingten Gründen

> Vor Ausspruch einer Kündigung aus verhaltensbedingten Gründen ist nach dem Grundsatz der Verhältnismäßigkeit in der Regel eine vorherige Abmahnung des Arbeitnehmers erforderlich, um ihm zunächst Gelegenheit zu geben, sein Fehlverhalten zu korrigieren.

Ihre Warnfunktion erfüllt die Abmahnung nur dann, wenn sie

> konkrete Angaben über die Tatsachen enthält, aufgrund derer der Arbeitgeber einen Vertragsverstoß des Arbeitnehmers annimmt,
> das vom Arbeitgeber erwartete – vertragsgemäße – Verhalten des Arbeitnehmers beschreibt und
> für den Fall der Wiederholung auf die zu erwartende Kündigung hinweist.

**Soziale Auswahl bei betriebsbedingter Kündigung**

Kündigt der Arbeitgeber aus dringenden betrieblichen Erfordernissen, so muss er bei der Auswahl der Arbeitnehmer die Dauer der Betriebszugehörigkeit, das Lebensalter, die Unterhaltspflichten und die Schwerbehinderung ausreichend berücksichtigen.

Das gilt jedoch nicht für Arbeitnehmer, deren Weiterbeschäftigung, insbesondere wegen ihrer Kenntnisse, Fähigkeiten und Leistungen oder zur Sicherung einer ausgewogenen Personalstruktur des Betriebes, im berechtigten betrieblichen Interesse liegt (sog. „Leistungsträger-Klausel").

Betriebliche Belange

Arbeitgeber und Betriebsrat können unter bestimmten Voraussetzungen eine Namensliste vereinbaren, in der die zu kündigenden Arbeitnehmer namentlich genannt sind. Die gerichtliche Überprüfung der Sozialauswahl ist dann auf grobe Fehlerhaftigkeit beschränkt.

**Änderungskündigung vor Beendigungskündigung**

Weiterbeschäftigungsangebot

Eine ordentliche Beendigungskündigung ist nach dem Grundsatz der Verhältnismäßigkeit ausgeschlossen, wenn die Möglichkeit besteht, den Arbeitnehmer auf einem anderen freien Arbeitsplatz, auch zu geänderten Arbeitsbedingungen, weiterzubeschäftigen. Eine solche Weiterbeschäftigungsmöglichkeit hat der Arbeitgeber dem Arbeitnehmer anzubieten. Das Angebot kann lediglich in Ausnahmefällen (z. B. offensichtlich völlig unterwertige Beschäftigung) unterbleiben. Der Arbeitgeber kann Angebot und Kündigung miteinander verbinden, indem er ohne vorherige Verhandlungen mit dem Arbeitnehmer sofort eine Änderungskündigung ausspricht.

Änderungskündigung

Kündigt der Arbeitgeber und bietet er gleichzeitig die Fortsetzung des Arbeitsverhältnisses zu geänderten Arbeitsbedingungen an, kann der Arbeitnehmer dieses Angebot unter dem Vorbehalt annehmen, dass die Änderung der Arbeitsbedingungen sozial gerechtfertigt ist. Dieser Vorbehalt muss innerhalb der Kündigungsfrist, spätestens innerhalb von drei Wochen nach Zugang der Kündigung, gegenüber dem Arbeitgeber erklärt werden und innerhalb gleicher Frist Änderungskündigungsschutzklage zum zuständigen Arbeitsgericht erhoben werden, mit der die soziale Rechtfertigung überprüft wird.

**Kündigungsschutzklage**

Gegen eine Kündigung kann der Arbeitnehmer nur innerhalb von drei Wochen nach Zugang der schriftlichen Kündigung Klage beim Arbeitsgericht erheben.

Im Kündigungsschutzverfahren muss der Arbeitgeber die Kündigungsgründe beweisen. Stellt das Gericht fest, dass die Gründe nicht ausreichen, besteht das Arbeitsverhältnis fort. Das entgangene Arbeitsentgelt ist unter Anrechnung eines erzielten oder zumutbar erzielbaren Zwischenverdienstes nachzuzahlen, der Arbeitnehmer ist weiterzubeschäftigen. In der Praxis kommt es häufig zu einem (einverständlichen) Vergleich auf Anregung des Gerichts mit Beendigung des Arbeitsverhältnisses gegen Zahlung einer Abfindung.

Abfindung

Das Gericht kann auf Antrag entweder des Arbeitnehmers oder Arbeitgebers das Arbeitsverhältnis gegen Zahlung einer Abfindung auflösen, wenn es dem Antragsteller unzumutbar ist, das Arbeitsverhältnis mit der anderen Partei fortzusetzen (sehr selten).

Für Arbeitnehmer, die das für die Regelaltersgrenze geltende Lebensalter erreicht haben, ist der Höchstbetrag auf zwölf Bruttomonatsentgelte beschränkt.

**Abfindungsanspruch bei betriebsbedingter Kündigung**

Verbindet der Arbeitgeber eine betriebsbedingte Kündigung mit dem Angebot auf Zahlung einer Abfindung für den Fall, dass der Arbeitnehmer nicht innerhalb von drei Wochen vor dem Arbeitsgericht auf Feststellung der Unwirksamkeit der Kündigung klagt, so hat er mit Ablauf der Kündigungsfrist Anspruch auf eine Abfindung von zumindest 0,5 Bruttomonatsverdiensten für jedes Jahr, in dem das Arbeitsverhältnis bestanden hat. Voraussetzung dafür ist, dass der Arbeitgeber den Arbeitnehmer im Kündigungsschreiben auf den Anspruch hinweist.

### b) Besonderer Kündigungsschutz

Bestimmte Arbeitnehmer sind gegen eine Kündigung durch den Arbeitgeber in besonderer Weise geschützt.

**Kündigungsschutz von Betriebsräten und Jugendvertretern**

> Während der Amtszeit und innerhalb eines Jahres nach Beendigung der Amtszeit ist die ordentliche Kündigung eines Mitglieds des Betriebsrats oder einer Jugend- und Auszubildendenvertretung unzulässig.

Das Arbeits- bzw. Ausbildungsverhältnis kann nur gelöst werden

Kündigung nur bei wichtigem Grund

- fristlos aus wichtigem Grund,
- mit Zustimmung des Betriebsrats oder
- Ersetzung der nicht erteilten Betriebsrats-Zustimmung durch das Arbeitsgericht.

Einen ähnlichen Kündigungsschutz besitzen auch die Mitglieder des Wahlvorstandes und Bewerber für das Betriebsratsamt bis zum Ablauf von sechs Monaten nach Bekanntgabe des Wahlergebnisses.

**Beendigungsschutz bei Ausbildungsverhältnissen**

Beabsichtigt der Arbeitgeber, einen Auszubildenden, der Mitglied der Jugend- und Auszubildendenvertretung oder des Betriebsrats ist, im Anschluss an das Berufsausbildungsverhältnis nicht in ein Arbeitsverhältnis zu übernehmen, muss er dies dem Auszubildenden drei Monate vor Ausbildungsende schriftlich mitteilen.

Verlangt der Auszubildende innerhalb der letzten drei Monate vor Ausbildungsende schriftlich die Weiterbeschäftigung, gilt ein Arbeitsverhältnis als abgeschlossen. Bis zum Ablauf von zwei Wochen nach Ausbildungsende kann der Arbeitgeber beim Arbeitsgericht feststellen lassen, dass die Weiterbeschäftigung nicht zumutbar ist, wenn Gründe hierfür vorliegen.

**Schwerbehinderte Menschen**

> Die ordentliche Kündigung eines schwerbehinderten Menschen oder diesen gleichgestellten behinderten Menschen durch den Arbeitgeber bedarf der vorherigen Zustimmung des Integrationsamtes.

Integrationsamt

Auch für die außerordentliche Kündigung ist die vorherige Zustimmung erforderlich. Sie muss innerhalb von zwei Wochen nach Kenntnis des wichtigen Grundes beantragt werden. Trifft das Integrationsamt innerhalb von zwei Wochen nach Eingang des Antrages keine Entscheidung, gilt die Zustimmung als erteilt.

Mindestkündigungsfrist

Die Zustimmung zur ordentlichen und außerordentlichen Kündigung ist nicht erforderlich, wenn das Arbeitsverhältnis noch nicht länger als sechs Monate besteht. In dieser Zeit entfällt auch die Mindestkündigungsfrist von vier Wochen.

> Erweiterter Beendigungsschutz
  Die Beendigung des Arbeitsverhältnisses eines schwerbehinderten Menschen bzw. diesen gleichgestellten behinderten Menschen bedarf auch dann der vorherigen Zustimmung des Integrationsamtes, wenn sie im Falle des Eintritts einer teilweisen Erwerbsminderung, der Erwerbsminderung auf Zeit, der Berufsunfähigkeit oder der Erwerbsunfähigkeit auf Zeit ohne Kündigung erfolgt.

> Anzeigepflichten des Arbeitgebers

Einstellung zur Probe

Einstellungen auf Probe und die Beendigung von Arbeitsverhältnissen schwerbehinderter Menschen, die dem Betrieb noch nicht länger als sechs Monate angehören, müssen dem Integrationsamt innerhalb von vier Tagen angezeigt werden.

**Werdende Mütter**

> Vom Beginn der Schwangerschaft bis zum Ablauf von vier Monaten nach der Entbindung ist jede ordentliche und außerordentliche Kündigung gegenüber einer Arbeitnehmerin unzulässig, wenn dem Arbeitgeber zum Zeitpunkt der Kündigung die Schwangerschaft oder Entbindung bekannt ist oder spätestens innerhalb von zwei Wochen nach Zugang der Kündigung noch mitgeteilt wird. (Eine Überschreitung dieser Frist ist möglich, wenn die Frau die Gründe hierfür nicht zu vertreten hat.)

Ausnahme

Auf Antrag des Arbeitgebers kann das Gewerbeaufsichtsamt in besonderen Fällen ausnahmsweise die Kündigung zulassen. Die Kündigung kann erst nach Vorliegen des Zulassungsbescheides erklärt werden; sie bedarf der Schriftform und muss den zulässigen Grund (z. B. Betriebsstilllegung) angeben.
Die Arbeitnehmerin selbst kann während der Schwangerschaft und der Schutzfrist nach der Entbindung (in der Regel acht Wochen) von sich aus ohne Frist zum Ende der Schutzfrist kündigen. Das allgemeine Kündigungsrecht, z. B. zu einem anderen Termin, bleibt davon unberührt.

### Elternzeitberechtigte

> Der Arbeitgeber darf das Arbeits- bzw. Berufsausbildungsverhältnis ab dem Zeitpunkt, von dem an Elternzeit verlangt wird, höchstens jedoch acht Wochen vor deren Beginn, und während der Elternzeit nicht kündigen.

Das Gewerbeaufsichtsamt kann auf Antrag des Arbeitgebers in besonderen Fällen ausnahmsweise die Kündigung für zulässig erklären (z. B. bei besonderen Verstößen des Arbeitnehmers gegen arbeitsvertragliche Pflichten, Betriebsstilllegung, Gefährdung der Existenz des Betriebes oder der wirtschaftlichen Existenz des Arbeitgebers).

Kündigungsgenehmigung

In Betrieben bis zu fünf Beschäftigten (ausschließlich der Auszubildenden) kann die Genehmigung zur Kündigung auch dann erteilt werden, wenn der Arbeitgeber dringend auf eine Ersatzkraft angewiesen ist und hierfür einen unbefristeten Arbeitsvertrag abschließen muss.

Kleinbetriebsregelung

> Der Elternzeitberechtigte selbst kann mit einer Frist von drei Monaten zum Ende der Elternzeit kündigen. Das allgemeine Kündigungsrecht, z. B. zu einem anderen Termin, bleibt davon unberührt.

### Pflegezeitberechtigte

> Der Arbeitgeber darf das Beschäftigungsverhältnis von der Ankündigung bis zur Beendigung einer kurzzeitigen, bis zu zehn Arbeitstage umfassenden Arbeitsverhinderung des Arbeitnehmers, die zur Bewältigung einer akut aufgetretenen Pflegebedürftigkeit eines nahen Angehörigen erforderlich ist, nicht kündigen. Derselbe Kündigungsschutz gilt von der Ankündigung bis zur Beendigung einer bis zu sechsmonatigen unbezahlten Freistellung zur Pflege eines nahen Angehörigen.

In besonderen Fällen kann die für den Arbeitsschutz zuständige Behörde oder die von ihr bestimmte Stelle eine Kündigung ausnahmsweise für zulässig erklären. Wie bei der Elternzeit hat der Arbeitgeber auf diesem Weg die Möglichkeit, das Arbeitsverhältnis in außergewöhnlichen Fällen, etwa wegen Stilllegung des Betriebes, zu beenden.

Vergleichbare Regelungen zum Kündigungsschutz gelten auch bei Inanspruchnahme der Familienpflegezeit. Hier können Beschäftigte mit Zustimmung des Arbeitgebers ihre Arbeitszeit zur Pflege pflegebedürftiger naher Angehöriger bis zu zwei Jahre auf bis zu 15 Stunden pro Woche reduzieren.

Familienpflegezeit

### 6.1.3 Tarifvertrag

#### a) Tarifvertragsparteien

> Die Tarifverträge werden von den Tarifvertragsparteien – auf Arbeitnehmerseite von den Gewerkschaften, auf Arbeitgeberseite von den Arbeitgeberverbänden oder einzelnen Arbeitgebern – abgeschlossen. Im Handwerk werden die Tarifverträge zwischen den Gewerkschaften und den Bundes- oder Landesinnungsverbänden abgeschlossen.

Funktionen

Tarifverträge haben drei wichtige Funktionen:

- Schutzfunktion: Im Arbeitsvertrag dürfen die Mindestarbeitsbedingungen des Tarifvertrages nicht unterschritten werden.
- Ordnungsfunktion: Nach dem Tarifvertrag bestimmen sich die Inhalte des Arbeitsvertrages.
- Friedensfunktion: Bei Gültigkeit eines Tarifvertrages herrscht Streikverbot hinsichtlich der tariflich festgelegten Punkte.

#### b) Tarifbindung

Tarifbindung

Der Tarifvertrag ist nur dann verbindlich, wenn

- beide Arbeitsvertragspartner Mitglied bei der für sie zuständigen Tarifvertragspartei sind, der Arbeitgeber bei dem tarifabschließenden Arbeitgeberverband und gleichzeitig der Arbeitnehmer bei der tarifabschließenden Gewerkschaft, oder
- der Tarifvertrag durch das Bundes- oder Landesarbeitsministerium für allgemein verbindlich erklärt worden ist oder
- der Tarifvertrag durch Rechtsverordnung nach dem Arbeitnehmer-Entsendegesetz zwingend anzuwenden ist.

Allgemeinverbindlichkeit

> Ist der Tarifvertrag für das Arbeitsverhältnis verbindlich, sind abweichende Vereinbarungen zwischen Arbeitnehmer und Arbeitgeber nur zulässig, soweit sie für den Arbeitnehmer günstiger sind. Tarifansprüche sind unabdingbar und unverzichtbar.

Tarifanwendung

Besteht keine Tarifbindung, kann die Anwendung des Tarifvertrages – insgesamt oder einzelner Bestimmungen – zwischen Arbeitnehmer und Arbeitgeber im Arbeitsvertrag vereinbart werden.

### 6.1.4 Betriebsverfassung

#### a) Betriebsräte

**Errichtung von Betriebsräten und Jugendvertretungen**

> In Betrieben mit mindestens fünf ständigen wahlberechtigten Arbeitnehmern, einschließlich der zu ihrer Ausbildung Beschäftigten, von denen mindestens drei wählbar sein müssen, kann ein Betriebsrat gewählt werden. Dies gilt auch für gemeinsame Betriebe mehrerer Unternehmen.

Wahlberechtigung

Wahlberechtigt sind alle Arbeitnehmer, die 18 Jahre alt sind. Dazu zählen auch Leiharbeitnehmer, wenn sie länger als drei Monate im Betrieb eingesetzt werden. Wählbar sind alle Arbeitnehmer, die 18 Jahre alt sind und dem Betrieb bereits sechs Monate angehören. Leiharbeitnehmer können nicht gewählt werden.
Die Zahl der Betriebsratsmitglieder richtet sich nach der Zahl der wahlberechtigten Arbeitnehmer.
Die Betriebsratswahlen finden regelmäßig alle vier Jahre in der Zeit vom 01.03. bis 31.05. statt. Die Durchführung obliegt dem Wahlvorstand. Er wird vom Betriebsrat bestellt; besteht kein Betriebsrat, wählt die Betriebsversammlung den Wahlvorstand. Findet eine solche nicht statt bzw. endet sie ohne Wahl, so wird der Wahlvorstand auf Antrag vom Arbeitsgericht bestellt.

Betriebsratswahl

Die Betriebsratswahl ist geheim und unmittelbar; die Kosten trägt der Arbeitgeber. Für Kleinbetriebe (in der Regel fünf bis 50 wahlberechtigte Arbeitnehmer) gilt ein vereinfachtes Wahlverfahren; für Betriebe mit in der Regel 51 bis 100 wahlberechtigten Arbeitnehmern kann es zwischen Wahlvorstand und Arbeitgeber vereinbart werden.

> In Betrieben, in denen mindestens fünf Jugendliche oder Auszubildende unter 25 Jahren beschäftigt sind, werden neben dem Betriebsrat Jugend- und Auszubildendenvertretungen gewählt, die die Belange der Jugendlichen und Auszubildenden wahrnehmen.

Wahltermin

Wahlberechtigt sind alle Arbeitnehmer unter 18 Jahren und die zu ihrer Berufsausbildung Beschäftigten, soweit sie das 25. Lebensjahr noch nicht vollendet haben. Wählbar sind alle Arbeitnehmer des Betriebes unter 25 Jahren. Die Wahlen finden alle zwei Jahre in der Zeit vom 01.10. bis 30.11. statt. Auch bezüglich der Jugend- und Auszubildendenvertretung gibt es das vereinfachte Wahlverfahren.

## Die Arbeitnehmervertretungen im Betrieb

| Betriebsrat | |
|---|---|
| Zahl der Wahlberechtigten | Zahl der Betriebsratsmitglieder |
| 5 bis 20 | 1 |
| 21 bis 50 | 3 |
| 51 bis 100 | 5 |
| 101 bis 200 | 7 |
| 201 bis 400 | 9 |
| usw. | usw. |

Schwerbehindertenvertretung
(ab wenigstens
5 schwerbehinderten Menschen
1 Vertrauensmann/Vertrauensfrau
und wenigstens 1 Stellvertreter)

| Jugend- und Auszubildendenvertretung | |
|---|---|
| Zahl der Jugendlichen und Auszubildenden | Zahl der Jugendvertreter |
| 5 bis 20 | 1 |
| 21 bis 50 | 3 |
| 51 bis 150 | 5 |
| 151 bis 300 | 7 |
| usw. | usw. |

Hat der Betriebsrat mindestens drei Mitglieder, so muss das Geschlecht, das in der Belegschaft in der Minderheit ist, mindestens entsprechend seinem zahlenmäßigen Verhältnis vertreten sein. Im Übrigen soll sich der Betriebsrat entsprechend der einzelnen Organisationsbereiche und der verschiedenen Beschäftigungsarten zusammensetzen.

Zugangsrecht

Zur Wahrnehmung der Aufgaben nach dem Betriebsverfassungsgesetz hat die im Betrieb vertretene Gewerkschaft nach vorheriger Unterrichtung des Arbeitgebers ein Zugangsrecht zum Betrieb. Sie kann im Rahmen ihrer Initiativrechte die Einleitung und Durchführung der Betriebsratswahl veranlassen. Im Betrieb vertreten ist eine Gewerkschaft, wenn ihr mindestens ein Arbeitnehmer im Betrieb als Mitglied zugehört.

### Rechte und Pflichten des Betriebsrats

Die Amtszeit des Betriebsrats beträgt vier Jahre.

Während dieser Zeit ist der Betriebsrat unter Fortzahlung seines Entgelts von der Arbeit freizustellen,

Freistellungsanspruch

- wenn und soweit dies zur ordnungsgemäßen Erledigung der Betriebsratstätigkeit erforderlich ist,
- für notwendige Schulungs- und Bildungsveranstaltungen,
- zur Teilnahme an anerkannten Schulungs- und Bildungsveranstaltungen für die Dauer von drei Wochen während der Amtszeit.

Ab einer Betriebsgröße von mindestens 200 Arbeitnehmern ist mindestens ein Betriebsratsmitglied von der beruflichen Tätigkeit freizustellen.

> Betriebsrat sowie Jugend- und Auszubildendenvertretung dürfen in der Ausübung ihrer Tätigkeit nicht behindert, weder benachteiligt noch begünstigt werden. Betriebs- und Geschäftsgeheimnisse müssen gewahrt bleiben.

Betriebsratssitzung

Die Sitzungen des Betriebsrats finden in der Regel während der Arbeitszeit statt. Teilnahmeberechtigt sind:

- die Jugend- und Auszubildendenvertretung
- die Schwerbehindertenvertretung.

Unter bestimmten Voraussetzungen können auch der Arbeitgeber und eine im Betrieb vertretene Gewerkschaft daran teilnehmen.

Sprechstunden

Der Betriebsrat kann während der Arbeitszeit Sprechstunden einrichten. Zeit und Ort müssen mit dem Arbeitgeber vereinbart werden. Versäumnis von Arbeitszeit, die durch den Besuch der Sprechstunde eintritt, darf nicht zur Minderung des Arbeitsentgelts führen.

Betriebsversammlungen

Betriebsversammlungen finden vierteljährlich in der Regel während der Arbeitszeit statt. Die Zeit der Teilnahme sowie zusätzliche Wegezeiten sind wie Arbeitszeit zu vergüten; Fahrtkosten sind ebenfalls zu erstatten. Der Arbeitgeber ist zu den Betriebsversammlungen einzuladen.

Kosten

Kosten und Sachaufwand, die durch die Tätigkeit des Betriebsrats entstehen (z. B. Kosten für Räume, Büropersonal, Schreibmaterial), trägt der Arbeitgeber, sofern für die Betriebsratsarbeit erforderlich.

**Zusammenarbeit zwischen Arbeitgeber und Betriebsrat**

> Arbeitgeber und Betriebsrat sollen unter Beachtung der geltenden Gesetze und Tarifverträge vertrauensvoll und im Zusammenwirken mit den im Betrieb vertretenen Gewerkschaften und Arbeitgeberverbänden zum Wohl der Arbeitnehmer und des Betriebes zusammenarbeiten.

Friedenspflicht

Arbeitskämpfe zwischen Arbeitgeber und Betriebsrat sind unzulässig. Arbeitsablauf und Betriebsfrieden dürfen nicht gestört werden.

**Einigungsstellen**

Zur Beilegung von Meinungsverschiedenheiten zwischen Arbeitgeber und Betriebsrat ist die Bildung von Einigungsstellen vorgesehen. Sie setzen sich aus der gleichen Anzahl von Beisitzern des Arbeitgebers und des Betriebsrats sowie einem unparteiischen Vorsitzenden zusammen. Kommt eine Einigung über die Person des Vorsitzenden nicht zustande, wird dieser vom Arbeitsgericht bestellt. Die Einigungsstelle fasst ihre Beschlüsse mit Stimmenmehrheit unter angemessener Berücksichtigung der Belange des Betriebes und der betroffenen Arbeitnehmer nach billigem Ermessen. Die Kosten des Verfahrens trägt der Arbeitgeber.

**Mitwirkungs- und Mitbestimmungsrechte des Betriebsrats**

> Allgemeine Aufgaben

Aufgabe des Betriebsrats ist, darüber zu wachen, dass die Gesetze, Verordnungen, Unfallverhütungsvorschriften, Tarifverträge und Betriebsvereinbarungen eingehalten werden.

Zu diesem Zweck hat er Anspruch auf rechtzeitige und umfassende Unterrichtung durch den Arbeitgeber. Auf Verlangen müssen ihm die hierfür erforderlichen Unterlagen zur Verfügung gestellt werden.

> Mitbestimmung in sozialen Angelegenheiten

Soziale Angelegenheiten

Die Mitbestimmung in sozialen Angelegenheiten erstreckt sich auf Bereiche wie:
- Ordnung des Betriebes und Verhalten der Arbeitnehmer im Betrieb
- Beginn und Ende der täglichen Arbeitszeit einschließlich Pausen sowie Verteilung der Arbeitszeit auf die einzelnen Wochentage
- vorübergehende Verkürzung oder Verlängerung der betriebsüblichen Arbeitszeit
- Zeit, Ort und Art der Auszahlung der Arbeitsentgelte
- Aufstellung allgemeiner Urlaubsgrundsätze und des Urlaubsplans
- Einführung und Anwendung von technischen Einrichtungen zur Überwachung von Verhalten oder Leistung der Arbeitnehmer
- Maßnahmen des Gesundheitsschutzes und der Unfallverhütung
- betriebliche Lohngestaltung; Festsetzung der Akkord- und Prämiensätze
- Grundsätze über das betriebliche Vorschlagswesen
- Grundsätze über die Durchführung von Gruppenarbeit.

Der Betriebsrat hat sich ferner dafür einzusetzen, dass die Vorschriften über den Arbeitsschutz und die Unfallverhütung im Betrieb sowie über den betrieblichen Umweltschutz durchgeführt werden. Dazu sind auch freiwillige Betriebsvereinbarungen möglich.

> Mitwirkung in personellen Angelegenheiten

Allgemeine personelle Angelegenheiten sind Personalplanung (darunter auch Maßnahmen zur Gleichstellungsförderung und zur Förderung der Vereinbarkeit von Familie und Erwerbstätigkeit), Beschäftigungssicherung (hier hat der Betriebsrat ein Vorschlags- und Beratungsrecht), Ausschreibung von Arbeitsplätzen, Personalfragebogen und allgemeine Beurteilungsgrundsätze und Auswahlrichtlinien bei Einstellungen. Bei der Durchführung betrieblicher Berufsbildung hat der Betriebsrat mitzubestimmen.

> Mitbestimmung bei personellen Einzelmaßnahmen

In Unternehmen mit mindestens 21 wahlberechtigten Arbeitnehmern ist der Betriebsrat vor jeder Einstellung, Eingruppierung, Umgruppierung und Versetzung zu unterrichten.

Verweigerung der Zustimmung

Bewerbungsunterlagen müssen vorgelegt werden. Der Betriebsrat kann in begründeten Fällen (z. B. bei unbefristeter Einstellung von Arbeitnehmern, obwohl es gleich geeignete befristet beschäftigte Arbeitnehmer im Betrieb gibt) die Zustimmung verweigern. Teilt er dem Arbeitgeber innerhalb einer Woche die Gründe hierfür nicht schriftlich mit, gilt die Zustimmung als erteilt. Bevor der Betriebsrat sich geäußert hat, kann eine personelle Maßnahme nur dann vorläufig durchgeführt werden, wenn dies aus sachlichen Gründen dringend erforderlich ist.

> Mitbestimmung bei Kündigungen
Bei Ausspruch von Kündigungen durch den Arbeitgeber hat der Betriebsrat ein Anhörungs- und Widerspruchsrecht.

> Mitwirkung in wirtschaftlichen Angelegenheiten

In Unternehmen mit mindestens 21 wahlberechtigten Arbeitnehmern muss der Arbeitgeber den Betriebsrat über geplante Betriebsänderungen, die wesentliche Nachteile für die Belegschaft zur Folge haben können, unterrichten und die geplanten Änderungen mit ihm beraten.

Betriebsänderungen

Als Betriebsänderungen gelten:
- die Einschränkung, Stilllegung oder Verlegung des Betriebes bzw. von wesentlichen Betriebsteilen
- der Zusammenschluss mit anderen Betrieben
- grundlegende Änderungen der Betriebsorganisation
- die Einführung grundlegend neuer Arbeitsmethoden und Fertigungsweisen.

Sozialplan

Arbeitgeber und Betriebsrat sollen einen Interessenausgleich herbeiführen und zum Ausgleich oder zur Milderung der wirtschaftlichen Nachteile, die den Arbeitnehmern entstehen, einen Sozialplan erstellen. Kommt eine Einigung nicht zustande, ist zunächst der Vorstand der Bundesagentur für Arbeit und dann die Einigungsstelle (soweit gebildet) einzuschalten.

> Rechte nach dem Allgemeinen Gleichbehandlungsgesetz

Allgemeines Gleichbehandlungsgesetz

Betriebsräte (aber auch im Betrieb vertretene Gewerkschaften) können bei groben Verstößen des Arbeitgebers gegen die Verpflichtung zum Schutz der Beschäftigten vor Benachteiligungen im Betrieb zu deren Unterbindung beim Arbeitsgericht eine erforderliche Handlung, Duldung oder Unterlassung verlangen. Sie können jedoch keine individuellen Ansprüche des Arbeitnehmers (Schadensersatz oder Entschädigung) durchsetzen.

**b) Betriebsvereinbarung**

Arbeitgeber und Betriebsrat können Betriebsvereinbarungen schließen.

**Beispiel:**

Regelungen über gleitende Arbeitszeit, Betriebsurlaub oder Fahrtkostenerstattung zwischen Wohnung und Betrieb.

Arbeitsentgelte und sonstige Arbeitsbedingungen, die durch Tarifvertrag geregelt sind oder üblicherweise geregelt werden, können nicht Gegenstand einer Betriebsvereinbarung sein. Betriebsvereinbarungen bedürfen der Schriftform, müssen von beiden Seiten unterzeichnet sein und im Betrieb ausgelegt werden.

## 6.1.5 Betrieblicher Arbeitsschutz

Zielsetzung

Der Arbeitsschutz dient der Sicherheit und der Gesundheit der Beschäftigten bei der Arbeit. Die Arbeitsschutzvorschriften sind zwingend und müssen von Arbeitgebern und Arbeitnehmern beachtet werden; ihre Einhaltung ist mit Bußgeld und Strafandrohungen bewehrt.
Der soziale Arbeitsschutz regelt vorrangig den Arbeitszeitschutz, der technische Arbeitsschutz den Gefahrenschutz im Umgang mit den Betriebsanlagen, Produktionsweisen und Arbeitsmitteln des Betriebes sowie den Arbeitsstoffen.

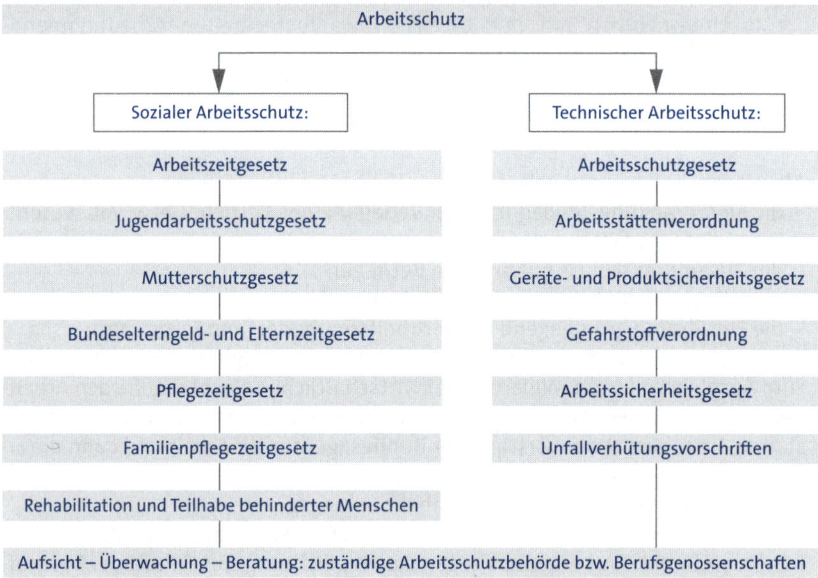


### a) Arbeitsschutzverordnung

#### Arbeitsschutzgesetz

Die Grundsätze des technischen Arbeitsschutzes sind im Arbeitsschutzgesetz und den dazu ergangenen Rechtsverordnungen geregelt. Sie stellen den Sicherheits- und Gesundheitsschutz der Beschäftigten sicher.

Arbeitgeberpflichten

Wesentliche Grundpflichten der Arbeitgeber sind:

- erforderliche Maßnahmen des Arbeitsschutzes zu treffen und laufend auf ihre Wirksamkeit hin zu überprüfen,
- unter Berücksichtigung von Technik, Arbeitsmedizin und Hygiene die Arbeit so zu gestalten, dass Gefährdungen vermieden werden,
- die mit der Arbeit verbundenen Gefährdungen zu ermitteln und in Betrieben mit mehr als zehn Beschäftigten das Ergebnis der Gefährdungsbeurteilung sowie die getroffenen Arbeitsschutzmaßnahmen durch Unterlagen zu dokumentieren,
- die Beschäftigten über Sicherheit und Gesundheitsschutz am Arbeitsplatz ausreichend und angemessen zu unterweisen,
- auf Wunsch des Arbeitnehmers diesen arbeitsmedizinisch untersuchen zu lassen, sofern dies durch die besondere Gefährdung begründet ist.

Pflichten der Arbeitnehmer sind:

Arbeitnehmerpflichten

- für ihre Sicherheit und Gesundheit bei der Arbeit Sorge zu tragen,
- Maschinen, Geräte und ihnen zur Verfügung gestellte persönliche Schutzausrüstungen bestimmungsgemäß zu verwenden,
- jede festgestellte unmittelbare erhebliche Gefahr sowie Defekte an Schutzsystemen dem Arbeitgeber unverzüglich zu melden,
- gemeinsam mit dem Betriebsarzt und der Fachkraft für Arbeitssicherheit den Arbeitgeber bei der Gewährleistung des Arbeitsschutzes zu unterstützen.

Rechte der Arbeitnehmer sind:

- Vorschlagsrecht von Maßnahmen zu allen Fragen des Arbeitsschutzes im Betrieb
- Entfernungsrecht vom Arbeitsplatz bei unmittelbaren erheblichen Gefahren
- Beschwerderecht (unter bestimmten Voraussetzungen) bei den Aufsichtsbehörden über unzureichenden Arbeitsschutz im Betrieb.

**Sonstige Regelungen des betrieblichen Arbeits-/Gefahrenschutzes**

Spezielle Regelungen

Neben dem Arbeitsschutzgesetz gibt es spezielle Arbeits- bzw. Gefahrenschutzregelungen wie z. B.

- die Baustellenverordnung
- die Bildschirmarbeitsverordnung
- die Arbeitsstättenverordnung
- das Geräte- und Produktsicherheitsgesetz
- die Gefahrstoffverordnung.

Die Arbeitsstättenverordnung legt für alle Arbeitsstätten die als notwendig anerkannten Anforderungen in sicherheitstechnischer, hygienischer und arbeitswissenschaftlicher Hinsicht fest.

**Beispiel:**

Größe der Arbeitsräume, Beleuchtung, Lüftung, Raumtemperaturen, Verkehrswege, Flucht- und Rettungswege, Sozialräume, Sanitätsräume und Erste-Hilfe-Einrichtungen.

Das Arbeitssicherheitsgesetz verpflichtet die Betriebe,

- Fachkräfte für Arbeitssicherheit sowie
- Betriebsärzte

zu bestellen. Für Kleinbetriebe besteht die Möglichkeit, sich für eine alternative Betreuungsform zu entscheiden (sog. Unternehmermodell).

Strafvorschriften

Die Überwachung des Arbeitsschutzes ist staatliche Aufgabe und erfolgt durch die zuständige Arbeitsschutzbehörde in Zusammenarbeit mit den Berufsgenossenschaften; sie beraten die Arbeitgeber bei der Erfüllung ihrer Pflichten. Die zuständige Arbeitsschutzbehörde kann in Einzelfällen notwendige Anordnungen zum

Schutz der Beschäftigten erlassen. Verstöße gegen bestimmte Arbeitsschutzvorschriften sind mit einer Geldbuße bis zu 25.000,00 EUR oder mit Freiheitsstrafe bis zu einem Jahr bzw. Geldstrafen bedroht.

**Arbeitszeitgesetz**

> Das Arbeitszeitgesetz regelt den gesetzlich zulässigen Rahmen für die Beschäftigung von Arbeitnehmern und Auszubildenden über 18 Jahre.

Abweichungen hiervon können sich durch tarifliche Regelungen ergeben.

> Werktägliche Arbeitszeit
Die werktägliche Arbeitszeit darf acht Stunden – wöchentlich 48 Stunden – nicht überschreiten.

> Höchstarbeitszeit

> Die werktägliche Arbeitszeit kann auf bis zu zehn Stunden verlängert werden, wenn innerhalb von sechs Kalendermonaten oder innerhalb von 24 Wochen im Durchschnitt acht Stunden werktäglich nicht überschritten werden (Ausgleichszeitraum).

Aufzeichnungspflicht

Der Arbeitgeber ist verpflichtet, die über die werktägliche Arbeitszeit von acht Stunden hinausgehende Arbeitszeit der Arbeitnehmer aufzuzeichnen und die Aufzeichnungen mindestens zwei Jahre aufzubewahren.
Nur in außergewöhnlichen Fällen darf die Höchstarbeitszeit überschritten werden. Besondere Regelungen gelten für Bereitschaftsdienst und Arbeitsbereitschaft als Teil der Arbeitszeit.

> Ruhepausen

Mindestruhepausen

Während der Arbeitszeit müssen Ruhepausen eingehalten werden, die nicht auf die Arbeitszeit angerechnet werden.

**Ruhepausen für Arbeitnehmer**

| | bei täglicher Arbeitszeit von | Ruhepause in Minuten |
|---|---|---|
| Alle Arbeitnehmer ab dem 18. Lebensjahr | mehr als 6 Stunden bis 9 Stunden<br>mehr als 9 Stunden | 30<br>45 |

Die Ruhepausen können zusammenhängen oder aufgeteilt werden; sie müssen aber jeweils mindestens 15 Minuten betragen.

> Ruhezeit
Nach Beendigung der täglichen Arbeitszeit muss eine ununterbrochene Ruhezeit von mindestens elf Stunden liegen.

> Nachtarbeitszeit

Nachtzeit ist die Zeit von 23.00 bis 6.00 Uhr; in Bäckereien und Konditoreien die Zeit von 22.00 bis 5.00 Uhr.

Nachtarbeit

Nachtarbeit ist jede Arbeit, die mehr als zwei Stunden der Nachtzeit umfasst. Für die Beschäftigten mit Nachtarbeit gelten besondere Regelungen hinsichtlich der Überschreitung der werktäglichen Arbeitszeit von acht Stunden, der Berechtigung zu arbeitsmedizinischen Untersuchungen innerhalb bestimmter Zeiträume und des Anspruchs auf Umsetzung auf einen geeigneten Tagesarbeitsplatz in den im Gesetz genannten Fällen.

> Sonn- und Feiertagsarbeit

An Sonn- und Feiertagen dürfen Arbeitnehmer nicht beschäftigt werden.

Ausnahmen

Abweichend von diesem Grundsatz ist die Beschäftigung von Arbeitnehmern in Bäckereien und Konditoreien für bis zu drei Stunden mit der Herstellung und dem Austragen oder Ausfahren von Konditorwaren und an diesem Tag zum Verkauf kommenden Bäckerwaren zulässig. In bestimmten Fällen sieht das Gesetz weitere Ausnahmen vor (so im Gaststätten- und Verkehrsgewerbe, Haushalt, bei Messen und Ausstellungen sowie in bestimmten Notfällen).

**b) Mutterschutz**

Im Zusammenhang mit der Mutterschaft bestehen besondere Vorschriften zum Schutze der Arbeitnehmerin und des Kindes.

Wird eine werdende oder stillende Mutter beschäftigt, muss der Arbeitgeber hinsichtlich Arbeitsplatz und Arbeitsgeräten die erforderlichen Maßnahmen zum Schutze von Leben und Gesundheit der Arbeitnehmerin treffen.

**Beschäftigungsverbote**

Verboten ist insbesondere die Beschäftigung

Gesundheitsschutz

> wenn nach ärztlichem Zeugnis Leben oder Gesundheit von Mutter oder Kind gefährdet ist (individuelles Beschäftigungsverbot),
> mit schweren körperlichen Arbeiten,
> mit Arbeiten, bei denen die werdende Mutter schädlichen Einwirkungen von gesundheitsgefährdenden Stoffen oder sonstigen Belastungen wie Staub, Dämpfen, Erschütterungen, Lärm und dergleichen ausgesetzt ist,
> mit Akkord- und Fließbandarbeit,
> ab dem 6. Monat der Schwangerschaft mit Arbeiten, bei denen die werdende Mutter ständig stehen muss, soweit diese vier Stunden täglich überschreiten,
> mit Mehr-, Nacht-, Sonn- und Feiertagsarbeit.

### Höchstarbeitszeit

Höchstarbeitszeit für werdende Mütter:

| Alter | Stunden täglich | in der Doppelwoche |
|---|---|---|
| unter 18 Jahre | 8 | 80 (einschließlich der Unterrichtszeiten in der Berufsschule) |
| über 18 Jahre | 8,5 | 90 |

### Mutterschutzlohn

Eine Einbuße an Arbeitsentgelt darf durch die Beschäftigungsverbote nicht entstehen. Bei schwankenden Bezügen ist das Durchschnittsentgelt der letzten 13 Wochen bzw. drei Monate vor Beginn des Monats, in dem die Schwangerschaft eingetreten ist, maßgebend. Tariferhöhungen müssen mitberücksichtigt werden.

### Schutzfristen vor und nach der Entbindung

Sechs Wochen vor der Entbindung darf die werdende Mutter nicht beschäftigt werden; es sei denn, sie erklärt sich ausdrücklich dazu bereit.

Beschäftigungsverbot

Acht Wochen nach der Entbindung darf die Mutter nicht beschäftigt werden. Bei Früh- und Mehrlingsgeburten verlängert sich diese Frist auf zwölf Wochen; bei Geburten vor dem errechneten Termin zusätzlich um den Zeitraum, der vor der Entbindung (sechs Wochen) nicht in Anspruch genommen werden konnte.

### Mutterschaftsgeld

Während der Schutzfristen vor und nach der Entbindung sowie für den Entbindungstag erhält die Arbeitnehmerin von der Krankenkasse das Mutterschaftsgeld, berechnet nach dem Durchschnittsnettoarbeitsentgelt der letzten drei abgerechneten Kalendermonate, höchstens jedoch 13,00 EUR je Kalendertag. Die Differenz zwischen dem Mutterschaftsgeld und dem tatsächlichen Nettoarbeitsentgelt hat der Arbeitgeber als Arbeitgeberzuschuss aufzuzahlen.

### Ausgleichsverfahren

Mutterschaftsversicherung

Für alle Arbeitgeber besteht ein Ausgleichsverfahren hinsichtlich der Arbeitgeberaufwendungen bei Schwangerschaft und Mutterschaft.

### Ärztliche Betreuung

Schwangerenvorsorge

Gesetzlich und privat krankenversicherte Arbeitnehmerinnen haben während der Schwangerschaft, bei und nach der Entbindung Anspruch auf ärztliche Betreuung einschließlich der Untersuchungen zur Feststellung der Schwangerschaft und der Schwangerenvorsorge. Der Arbeitgeber hat die hierfür erforderliche Freizeit zu gewähren; ein Arbeitsentgeltausfall darf hierdurch nicht eintreten.

### Anzeigepflicht

Die Arbeitnehmerin soll dem Arbeitgeber ihre Schwangerschaft und den mutmaßlichen Tag der Entbindung mitteilen, sobald ihr dieser Zustand bekannt ist.

Der Arbeitgeber muss die Aufsichtsbehörde (zuständige Arbeitsschutzbehörde) hierüber unverzüglich benachrichtigen.
Auf Verlangen des Arbeitgebers soll die Arbeitnehmerin ein ärztliches Zeugnis vorlegen, dessen Kosten der Arbeitgeber trägt.

### Elternzeit

Für den Anspruch auf Elternzeit gelten folgende Grundsätze:

Anspruchsvoraussetzungen

- Die Eltern können, sofern sie dies wollen, die Elternzeit bis zum 3. Geburtstag des Kindes gemeinsam nutzen. Dabei wird die Elternzeit für jeden Elternteil separat betrachtet.
- Mit Zustimmung des Arbeitgebers ist eine Übertragung von bis zu einem Jahr Elternzeit bis zur Vollendung des achten Lebensjahres des Kindes möglich.
- Die Beanspruchung der Elternzeit muss in der Regel spätestens sieben Wochen vor Beginn schriftlich vom Arbeitgeber verlangt und gleichzeitig erklärt werden, für welche Zeiten innerhalb von zwei Jahren Elternzeit genommen werden soll.
- Während der Elternzeit ist eine Teilzeitbeschäftigung bis zu 30 Stunden wöchentlich zulässig. In Betrieben mit mehr als 15 Beschäftigten haben Arbeitnehmer einen Rechtsanspruch auf Verringerung der arbeitsvertraglichen Arbeitszeit im Rahmen von 15 bis 30 Wochenstunden, es sei denn, dass dringende betriebliche Gründe dem entgegenstehen. Dem Arbeitgeber sind sieben Wochen vor Beginn der Teilzeittätigkeit Beginn und Umfang der gewünschten Arbeitszeit zu nennen. Im Antrag soll auch die gewünschte Verteilung der Arbeitszeit enthalten sein. *(Teilzeitbeschäftigung)*
- Für jeden vollen Kalendermonat der Elternzeit kann der Jahresurlaubsanspruch um $^1/_{12}$ gekürzt werden. Dies gilt nicht, wenn Teilzeitarbeit geleistet wird.
- Der Versicherungsschutz in der gesetzlichen Krankenversicherung und der gesetzlichen Pflegeversicherung bleibt für Pflichtversicherte beitragsfrei aufrechterhalten; in der gesetzlichen Rentenversicherung besteht die Möglichkeit der Anrechnung von Kindererziehungszeiten. Der Versicherungsschutz der Arbeitslosenversicherung besteht ebenfalls weiter. *(Versicherungsschutz)*

Auszubildende

Bei Auszubildenden wird die Elternzeit nicht auf die Dauer der Ausbildungszeit angerechnet. Das Berufsausbildungsverhältnis verlängert sich automatisch um den Zeitraum der Elternzeit.

### Elterngeld

Wichtige Eckdaten hierfür sind:

Eckdaten

- Das Elterngeld ersetzt 67 Prozent des bisherigen Nettoeinkommens des erziehenden Elternteils bis zu einem Höchstsatz von 1.800,00 Euro netto. Falls das bisherige Nettoeinkommen über 1.200,00 Euro monatlich liegt, erfolgt eine stufenweise Anpassung von 67 % auf 65 %. Steuerpflichtige, die als Alleinerziehende mehr als 250.000,00 Euro oder als Verheiratete 500.000,00 Euro im Jahr versteuern, erhalten kein Elterngeld mehr. Bei Selbstständigen wird der wegen der Betreuung des Kindes wegfallende Gewinn nach Abzug der darauf entfallenden Steuern zu 67 bzw. 65 % ersetzt. Pflichtbeiträge zur Sozialversicherung, wie z. B. im Fall der sog. Handwerkerversicherung zur gesetzlichen Rentenversicherung, werden ebenfalls abgezogen. Der Gewinn wird nach steuerlichen Grundsätzen ermittelt.
- Bei Teilzeitarbeit bis zu 30 Wochenstunden besteht ebenfalls ein Anspruch auf Elterngeld. Das Einkommen aus der Teilzeittätigkeit ist in die Berechnung des Elterngeldes mit einzubeziehen. Für Geringverdiener und Mehrkindfamilien wird das Elterngeld erhöht. Diese Grundsätze gelten auch für Selbstständige.

> Es gibt einen einkommensunabhängigen Sockelbetrag von 300,00 Euro.
> Die Bezugszeit beträgt 12 bzw. 14 Monate, wenn Vater und Mutter jeweils Zeiten der Kindererziehung übernehmen. Das Elterngeld kann bei gleicher Gesamtsumme auf die doppelte Anzahl der Monate ausgedehnt werden (halbe Monatsbeträge).
> Das Mutterschaftsgeld einschließlich des Arbeitgeberzuschusses wird auf das Elterngeld voll angerechnet.
> Im Anschluss an den Bezug des Elterngeldes (des Bundes) kann noch ein Anspruch auf Landes-Erziehungsgeld bestehen.

Eine Reform des Elternzeitrechts ist von der Bundesregierung beschlossen, aber noch nicht Gesetz.

### Pflegezeit

Nach dem Pflegezeitgesetz haben Beschäftigte das Recht, bis zu zehn Arbeitstage der Arbeit fernzubleiben, wenn dies erforderlich ist, um für einen pflegebedürftigen nahen Angehörigen in einer akut aufgetretenen Pflegesituation eine bedarfsgerechte Pflege zu organisieren oder eine pflegerische Versorgung in dieser Zeit sicherzustellen. Dem Arbeitgeber ist die Verhinderung an der Arbeitsleistung und deren voraussichtliche Dauer unverzüglich mitzuteilen. Auf sein Verlangen ist eine ärztliche Bescheinigung über die Pflegebedürftigkeit des nahen Angehörigen und die Erforderlichkeit der Arbeitsbefreiung vorzulegen. Für diese „kurzzeitige Arbeitsverhinderung" besteht grundsätzlich kein Vergütungsanspruch, dieser kann sich aber z. B. aufgrund eines Arbeits- oder Tarifvertrages ergeben.
In Betrieben mit in der Regel mehr als 15 Beschäftigten haben Beschäftigte einen Anspruch auf vollständige oder teilweise Freistellung von der Arbeitsleistung, wenn sie einen pflegebedürftigen nahen Angehörigen in häuslicher Umgebung pflegen. Diese „Pflegezeit" beträgt für jeden pflegebedürftigen nahen Angehörigen längstens sechs Monate. Der Beschäftigte muss gegenüber dem Arbeitgeber erklären, für welchen Zeitraum er Pflegezeit beanspruchen und ob er vollständig oder teilweise von der Arbeitspflicht befreit werden will. Wird eine teilweise Befreiung beansprucht, so ist neben dem verringerten Umfang der Arbeitszeit auch die gewünschte Verteilung der Arbeitszeit anzugeben. Die schriftliche Ankündigung muss dem Arbeitgeber spätestens zehn Arbeitstage vor dem angekündigten Beginn der Pflegezeit zugehen. Die Pflegebedürftigkeit des nahen Angehörigen ist durch eine Bescheinigung der Pflegekasse oder des Medizinischen Dienstes der Krankenversicherung nachzuweisen.
Bei vollständiger Freistellung während der Pflegezeit besteht kein Vergütungsanspruch. Bei verringerter Arbeitsleistung erhält der Arbeitnehmer eine entsprechend reduzierte Vergütung. Einen Anspruch auf teilweise Freistellung kann der Arbeitgeber ablehnen, wenn dringende betriebliche Gründe entgegenstehen.

### Familienpflegezeit

Nach dem Familienpflegezeitgesetz können Beschäftigte mit Zustimmung des Arbeitgebers ihre Arbeitszeit bis zu zwei Jahre auf bis zu 15 Stunden pro Woche reduzieren, wenn sie pflegebedürftige nahe Angehörige pflegen wollen. Ein Rechtsanspruch besteht im Gegensatz zum Pflegezeitgesetz nicht. Die Arbeitsvergütung sinkt in dieser Zeit um die Hälfte der Differenz zwischen dem bisherigen und verringerten Arbeitsentgelt. Bei einer Reduzierung der Arbeitszeit um beispielsweise 50 % stehen dem Beschäftigten 75 % seines vorherigen Entgelts zu. Nach der Pflegephase arbeitet der Beschäftigte wieder voll, erhält aber weiterhin so lange nur das abgesenkte Entgelt, bis der Vorschuss ausgeglichen ist. Während der Familienpflegezeit besteht ein besonderer Kündigungsschutz für die Pflege- und Nachpflegephase.

### c) Schwerbehindertenschutz

Schwerbehinderte Menschen und ihnen gleichgestellte behinderte Menschen werden im Arbeitsleben einem besonderen Schutz unterstellt. Die Feststellung der Behinderung und des Grades der Behinderung trifft die nach Landesrecht zuständige Stelle auf Antrag des behinderten Menschen. Über den Antrag auf Gleichstellung entscheidet die Agentur für Arbeit.

**Begriff der Schwerbehinderung und Gleichstellung:**

| Schwerbehinderte Menschen | Gleichgestellte behinderte Menschen |
|---|---|
| ↓ | ↓ |
| Personen mit einem Grad der Behinderung ab 50 v. H. | Personen mit einem Grad der Behinderung unter 50 v. H., aber mindestens 30 v. H., wenn sie ohne Gleichstellung einen Arbeitsplatz nicht erlangen oder behalten können. |

#### Beschäftigungspflicht

Schwerbehindertenpflichtplätze

Mindestens 5 v.H. der Arbeitsplätze im Betrieb müssen mit schwerbehinderten Menschen besetzt werden. Die Pflicht zur Beschäftigung wenigstens eines schwerbehinderten Menschen beginnt ab 20 Arbeitsplätzen.
Bei der Berechnung der Zahl der Arbeitsplätze werden alle Stellen, auf denen Arbeitnehmer beschäftigt werden, gerechnet. Auszubildende werden nicht berücksichtigt. Dies gilt auch für Teilzeitkräfte mit weniger als 18 Wochenstunden. Ein schwerbehinderter Mensch, der zur Ausbildung beschäftigt ist, wird auf zwei Pflichtplätze angerechnet.

#### Ausgleichsabgabe

Ausgleichsabgabe

Die Höhe der Ausgleichsabgabe wird danach bemessen, in welchem Umfang ein Arbeitgeber der Beschäftigungspflicht von schwerbehinderten Menschen nachkommt. Sie greift bei einer Beschäftigungsquote unter 5%.

#### Arbeitgeberpflichten

Für den Arbeitgeber ergeben sich insbesondere folgende Pflichten:

Fürsorgepflicht des Arbeitgebers

- schwerbehinderte Menschen entsprechend ihren Fähigkeiten und Kenntnissen zu beschäftigen,
- bei innerbetrieblichen Maßnahmen die berufliche Bildung schwerbehinderter Menschen bevorzugt zu berücksichtigen,
- Arbeitsräume und Arbeitsgeräte so einzurichten, dass eine dauernde Beschäftigung von schwerbehinderten Menschen stattfinden kann,
- wenn notwendig, erforderliche technische Arbeitshilfen bereitzustellen,
- ein Verzeichnis der beschäftigten schwerbehinderten Menschen und diesen gleichgestellten behinderten Menschen zu führen und der Agentur für Arbeit und dem Integrationsamt auf Verlangen vorzuzeigen,
- einmal jährlich – spätestens bis 31.03. d.J. – der Agentur für Arbeit für das vorangegangene Kalenderjahr, aufgegliedert nach Monaten, die Daten anzuzeigen, die

Jährliche Anzeigepflicht

zur Berechnung des Umfangs der Beschäftigungspflicht sowie zur Überwachung ihrer Erfüllung und der Ausgleichsabgabe notwendig sind.

Insgesamt darf der Arbeitgeber schwerbehinderte Menschen bei Einstellungen, Fortbildungen, Kündigungen oder Beförderungen nicht wegen ihrer Behinderung benachteiligen.

**Schwerbehindertenvertretung**

Vertrauensperson

Als Interessenvertretung der schwerbehinderten Menschen wird in Betrieben, in denen regelmäßig mindestens fünf schwerbehinderte Menschen beschäftigt werden, ein Vertrauensmann oder eine Vertrauensfrau und wenigstens ein Stellvertreter gewählt.

**Überwachung des Schwerbehindertenrechts**

Vollzug und Überwachung des Schwerbehindertenrechts erfolgen durch die nach Landesrecht zuständige Stelle, die Agentur für Arbeit und das Integrationsamt.

## 6.1.6 Arbeitsgerichtsbarkeit

### a) Gerichte für Arbeitssachen

Arbeitsgerichtsbarkeit

Die Arbeitsgerichtsbarkeit gliedert sich in drei Instanzen:

I. Instanz: Arbeitsgericht
II. Instanz: Landesarbeitsgericht (Berufungsinstanz)
III. Instanz: Bundesarbeitsgericht (Revisionsinstanz)

Grundsätze der Arbeitsgerichtsbarkeit

### b) Zuständigkeit der Arbeitsgerichte

Die Arbeitsgerichte sind zuständig bei Streitigkeiten zwischen

- den Tarifvertragsparteien in Fragen des Tarifvertrages oder eines Arbeitskampfes,
- Arbeitnehmern und Arbeitgebern aus dem Arbeits- und Berufsausbildungsverhältnis,
- Betriebsräten und Arbeitgebern aus dem Betriebsverfassungsgesetz, Arbeitnehmern aus gemeinsamer Arbeit.

Örtliche Zuständigkeit

Örtlich zuständig ist das Arbeitsgericht, in dessen Bezirk

- die streitigen Verpflichtungen zu erfüllen sind oder
- sich der Betrieb des Arbeitgebers befindet oder
- beide Parteien oder die beklagte Partei ihren Wohnsitz haben.

Unter mehreren zuständigen Arbeitsgerichten hat der Kläger die Wahl.

### c) Verfahren vor dem Arbeitsgericht

Vor dem Arbeitsgericht gibt es zwei Verfahrensarten:

- das Urteilsverfahren für alle Streitigkeiten aus dem Gebiet des Individualarbeitsrechts und der Tarifparteien (Klage – Verhandlung – Urteil – Berufung – Revision)
- das Beschlussverfahren für alle Streitigkeiten auf dem Gebiet des kollektiven Arbeitsrechts (Antrag – Anhörung – Beschluss – Beschwerde – Rechtsbeschwerde).

Klage bzw. Antragstellung

Die Klageerhebung bzw. Antragstellung erfolgt schriftlich; sie muss enthalten:
- Bezeichnung der Parteien und des Gerichts
- Angabe des Streitgegenstandes
- Stellung eines Antrages und dessen Begründung.

Gang des Verfahrens

Es sind zwei Termine vorgesehen. Ein Gütetermin (Anhörung vor dem Vorsitzenden) und ein späterer Kammertermin (Anhörung vor der Kammer). Das Verfahren beginnt mit dem Gütetermin/der Anhörung vor dem Berufsrichter ohne ehrenamtliche Richter zum Zwecke einer gütlichen Einigung der Parteien, die in jedem Verfahrensstadium Ziel sein sollte. Kommt keine gütliche Einigung zustande, legt der Vorsitzende den weiteren Gang des Verfahrens (Schriftsatzfristen für beide Parteien, Termin für die Verhandlung/Anhörung vor der Kammer) durch Beschluss fest. Das Verfahren endet durch

- Klage- bzw. Antragsrücknahme,
- Anerkenntnis,
- Vergleich oder
- Urteil bzw. Beschluss.

Kosten
Versäumnisurteil

Erscheint der Beklagte nicht zur Verhandlung, wird der Klage stattgegeben; erscheint der Kläger nicht, wird die Klage abgewiesen.
Die Verfahrenskosten richten sich nach dem Wert des Streitgegenstandes. Wird der Rechtsstreit durch Vergleich beendet, entfällt die Gerichtsgebühr. Ein Anspruch der obsiegenden Partei auf Entschädigung wegen Zeitversäumnis und auf Erstattung der Kosten für die Zuziehung eines Prozessbevollmächtigten besteht in der I. Instanz nicht. Beschlussverfahren sind gerichtskostenfrei.

Rechtsmittelfristen

Die Rechtsmittelfrist beträgt gegen

> Versäumnisurteile: eine Woche
> Urteile und Beschlüsse der Arbeits- und Landesarbeitsgerichte: einen Monat.

## 6.2 Sozialversicherungsrecht (Versicherungsträger, -pflicht, -freiheit, -beiträge, -leistungen, Meldepflichten)

### 6.2.1 Übersicht zum Sozialversicherungsrecht

**Aufgabe der Sozialversicherung**

Aufgabe der Sozialversicherung ist die Sicherung der Arbeitnehmer gegen die vielfältigen Risiken des Lebens wie z. B. Alter, Invalidität, Krankheit, Unfall, Arbeitslosigkeit, Pflegebedürftigkeit auf der Grundlage einer Pflichtversicherung.
In einigen Zweigen der Sozialversicherung erstreckt sich dieser Solidargedanke auch auf selbstständig Erwerbstätige, wie die Versicherungspflicht der selbstständigen Handwerker in der gesetzlichen Rentenversicherung.

**Gliederung der Sozialversicherung**

Versicherungszweige

Das System der Sozialversicherung gliedert sich im Wesentlichen in die folgenden Versicherungszweige:

> Krankenversicherung
> Unfallversicherung
> Rentenversicherung
> Arbeitslosenversicherung
> Grundsicherung für Arbeitsuchende
> Pflegeversicherung.

**Selbstverwaltungsorgane der Sozialversicherung**

Die Durchführung der Sozialversicherung obliegt den Versicherungsträgern, die als Körperschaften des öffentlichen Rechts mit dem Recht der Selbstverwaltung ausgestattet sind. Versicherungsträger sind u. a.

> Allgemeine Orts-, Betriebs- und Innungskrankenkassen, Ersatzkassen
> Deutsche Rentenversicherung
> Berufsgenossenschaften.

**Bei jedem Versicherungsträger sind Organe der Selbstverwaltung gebildet, die paritätisch mit Arbeitnehmern und Arbeitgebern besetzt sind.**

Paritätische Selbstverwaltungsorgane

Eine Ausnahme gilt für die Ersatzkrankenkassen; hier gehören nur Versicherte den Selbstverwaltungsorganen an.
In der Arbeitsverwaltung setzen sich die Selbstverwaltungsorgane je zu einem Drittel aus Vertretern der Arbeitnehmer, Arbeitgeber und öffentlichen Körperschaften zusammen.

## Beiträge

> Einzugsstelle

**Einzugsstelle für den Gesamtsozialversicherungsbeitrag zur Kranken-, Renten-, Arbeitslosen- und sozialen Pflegeversicherung ist die Krankenkasse, bei der der Arbeitnehmer krankenversichert ist.**

Gesamtbeiträge

Für Beschäftigte, die keine Mitgliedsbescheinigung vorlegen, ist der Gesamtsozialversicherungsbeitrag an die „letzte" Krankenkasse zu entrichten. Dies gilt auch für die Pflichtbeiträge privat Krankenversicherter zur Renten- und Arbeitslosenversicherung. Gibt es keine „letzte" Krankenkasse, wählt der Arbeitgeber die Krankenkasse aus.
Für die Pauschalabgaben bei geringfügig Beschäftigten ist die Deutsche Rentenversicherung Knappschaft-Bahn-See zuständig.

Einzugsstellen

Die Krankenkassen als Einzugsstellen ziehen den Gesamtsozialversicherungsbeitrag ein und leiten ihn an den Gesundheitsfonds sowie an die Renten- und Arbeitslosenversicherung weiter.

> Beitragstragung

Die Pflichtbeiträge zur Arbeitslosen- und Rentenversicherung tragen Arbeitnehmer und Arbeitgeber je zur Hälfte.
Die hälftige Beitragstragung gilt grundsätzlich auch in der Pflege- und der Krankenversicherung. Jedoch zahlen kinderlose Versicherte ab dem 23. Lebensjahr in der Pflegeversicherung einen Zuschlag von 0,25 Prozentpunkten. In der Krankenversicherung zahlen Versicherte einen zusätzlichen Beitrag von 0,9 Prozentpunkten.

Auszubildende

Für Auszubildende, deren monatliches Bruttoarbeitsentgelt 325,00 EUR nicht übersteigt, trägt der Arbeitgeber den Gesamtsozialversicherungsbeitrag allein.

> Beitragszahlung

Fälligkeit

Der Gesamtsozialversicherungsbeitrag ist
- vom Arbeitgeber monatlich zu zahlen;
- in voraussichtlicher Höhe der Beitragsschuld spätestens am drittletzten Bankarbeitstag des Monats, in dem das Arbeitsentgelt erzielt wird;
- ein evtl. verbleibender Rest zum drittletzten Bankarbeitstag des Folgemonats.

> Beitragsabzug

Lohnabzugsverfahren

Die auf den Arbeitnehmer entfallenden Beitragsanteile sind vom Bruttoarbeitsentgelt abzuziehen. Ein unterbliebener Abzug darf nur bei den drei nächsten Lohn- oder Gehaltszahlungen nachgeholt werden; danach nur dann, wenn der Abzug ohne Verschulden des Arbeitgebers unterblieben ist.

> Haftung des Arbeitgebers

**Der Arbeitgeber haftet für die Zahlung des Gesamtsozialversicherungsbeitrages.**

Bei Leiharbeitnehmern haftet neben dem Verleiher auch der Entleiher wie ein selbstschuldnerischer Bürge für den Beitragszeitraum, für den ihm der Arbeitnehmer überlassen worden ist.

> Verjährung
  Ansprüche auf Beiträge zur Sozialversicherung verjähren

Verjährungsfristen

  - in vier Jahren,
  - bei vorsätzlicher Beitragsvorenthaltung in 30 Jahren

  nach Ablauf des Kalenderjahres, in dem sie fällig geworden sind.
> Beitragsberechnung

Maßgebend für die Berechnung der Gesamtsozialversicherungsbeiträge ist das Bruttoarbeitsentgelt bis zur Beitragsbemessungsgrenze.

Berechnungsgrundlage

Arbeitsentgelt sind alle laufenden und einmaligen Einnahmen aus einer Beschäftigung. Zum beitragspflichtigen Arbeitsentgelt gehören auch übertarifliche Leistungen, Mehrarbeitszuschläge und Zulagen.

**Geringfügige Beschäftigungen**

Sozialversicherungsrechtlich unterscheidet man folgende Arten von geringfügigen Beschäftigungen:

> Geringfügig entlohnte Beschäftigung mit einem Entgelt bis zu regelmäßig 450,00 EUR im Monat.
  Sie ist seit dem 01.01.2013 grundsätzlich rentenversicherungspflichtig. Der Arbeitnehmer kann aber für Versicherungsfreiheit optieren. Für vor dem 01.01.2013 begründete geringfügige Beschäftigungsverhältnisse bleibt es bei der alten Rechtslage, d. h. diese sind sozialversicherungsfrei. Eine Zusammenrechnung mit einer versicherungspflichtigen Hauptbeschäftigung entfällt, solange nur eine geringfügige Beschäftigung ausgeübt wird. Versicherungspflicht tritt ein, wenn mehrere geringfügige Beschäftigungen ausgeübt werden und diese insgesamt 450,00 EUR pro Monat übersteigen. Diese Versicherungspflicht gilt in der Regel erst ab dem Tag der Bekanntgabe der Feststellung durch die Einzugsstelle oder den Rentenversicherungsträger. Ausnahmsweise gilt die Versicherungs- und Beitragspflicht bereits ab dem Zeitpunkt des Beschäftigungsbeginns, wenn der Arbeitgeber vorsätzlich oder grob fahrlässig versäumt hat, den Sachverhalt für die versicherungsrechtliche Beurteilung aufzuklären. Der Arbeitgeber zahlt Pauschalabgaben in Höhe von 30 % (bzw. 12 %); und zwar
  - 15 % für die Rentenversicherung durch den Arbeitgeber und 3,9 % durch den Arbeitnehmer (neue Rechtslage ab 01.01.2013). Hinsichtlich der vor dem 01.01.2013 begründeten geringfügigen Beschäftigungsverhältnisse zahlt der Arbeitgeber weiterhin lediglich 15 % Rentenversicherungsbeitrag mit Aufstockungsoption für den Arbeitnehmer; d. h., dass der Arbeitnehmer durch schriftliche Erklärung gegenüber dem Arbeitgeber auf die Versicherungsfreiheit verzichten kann.
  - 13 % für die Krankenversicherung (bei Mitgliedern der gesetzlichen Krankenversicherung)
  - 2 % Pauschalsteuer
  - Bei geringfügiger Beschäftigung in Privathaushalten hat der Arbeitgeber nur Pauschalabgaben zur gesetzlichen Krankenversicherung (sofern bestehend) sowie zur Rentenversicherung in Höhe von 5% zu zahlen, der Arbeitnehmer 13,9 % (neue Rechtslage). Nach der bis zum 31.12.2013 geltenden Rechtslage zahlt lediglich der Arbeitgeber Pauschalabgaben in Höhe von 10 % (5 %, falls keine Mitgliedschaft bei der gesetzlichen Krankenversicherung vorliegt). Weiter sind 1,6 % für die Unfallversicherung zu entrichten. Sie sind an eine ge-

meinsame Einzugsstelle bei der Deutschen Rentenversicherung Knappschaft-Bahn-See (Minijob-Zentrale) zu entrichten.

> Kurzfristige Beschäftigungen, die nicht länger als zwei Monate oder 50 Arbeitstage pro Kalenderjahr andauern:
  - Für diese Beschäftigung ist seit dem 01.01.2013 ebenfalls eine Rentenversicherungspflicht gegeben mit der Möglichkeit für den Arbeitnehmer, für eine sozialversicherungsfreie Tätigkeit zu optieren. Für diejenigen Beschäftigungsverhältnisse, die bis zum 31.12.2013 begründet wurden, bleibt es bei der Befreiung von Sozialversicherungsabgaben und Pauschalabgaben. Der Arbeitslohn für die kurzfristige Beschäftigung unterliegt jedoch der Lohnsteuer. Der Lohnsteuerabzug kann individuell nach der Lohnsteuerkarte oder pauschal vorgenommen werden.

> Gleitzone

Für Einkünfte oberhalb von 450,00 EUR bis 850,00 EUR pro Monat wurde eine Gleitzone eingerichtet. Es gelten folgende Regelungen:
  - Der reduzierte Arbeitnehmerbeitrag zur Sozialversicherung steigt in diesem Bereich von ca. 10 % auf den vollen Beitrag (derzeit etwas mehr als 20 %) an. Es ergeben sich bei vermindertem Beitragsanteil bezüglich Krankengeld und Arbeitslosengeld keine Leistungseinschränkungen. Bei der Rentenversicherung hat der Arbeitnehmer eine Aufstockungsoption.
  - Der Arbeitgeberbeitrag ist in voller Höhe zu entrichten (derzeit rund 19 %).
  - Beschäftigungen mit einem Arbeitsentgelt in der Gleitzone sind versicherungspflichtig. Deshalb ist nicht die Minijob-Zentrale, sondern die jeweilige Krankenkasse des Arbeitnehmers zuständig für die Meldungen und den Einzug der Sozialversicherungsbeiträge.
  - Die Regelung zur Gleitzone gilt nicht für Auszubildende.
  - Die Besteuerung des Arbeitnehmers erfolgt entsprechend seinen persönlichen Gegebenheiten.

Für alle geringfügigen Beschäftigungen (einschließlich der Gleitzone) besteht Beitragspflicht zur Unfallversicherung.

**Meldevorschriften**

> Meldeverfahren

Das Meldeverfahren erfolgt elektronisch
  - über systemgeprüfte Lohn- und Gehaltsabrechnungsprogramme oder
  - mittels zugelassener Ausfüllhilfen.

Systemgeprüfte Programme Ausfüllhilfen

Wichtige Meldungen durch den Betrieb sind: Anmeldungen, Abmeldungen, Jahresmeldung, Sofortmeldung, Unterbrechungsmeldung und sonstige Entgeltmeldungen.

Information des Arbeitnehmers

Den Beschäftigten ist über die Meldungen eine maschinell erstellte Bescheinigung zu erteilen. Dies kann auch auf den üblichen Entgeltabrechnungen erfolgen. Die Bescheinigung ist mindestens einmal jährlich bis zum 30. April eines jeden Jahres für alle im Vorjahr gemeldeten Daten auszustellen. Bei Beendigung eines Arbeitsverhältnisses ist sie unverzüglich nach der Abgabe der letzten Meldung für den Beschäftigten zu erstellen.

> Betriebsnummer

Für die Erstattung der Meldungen benötigt der Arbeitgeber eine Betriebsnummer, die von der Agentur für Arbeit zugeteilt wird.

> Sozialversicherungsausweis

Versicherungsnummer

Die Versicherungsnummer des Arbeitnehmers, die bei den Meldungen zu übernehmen ist, enthält der vom Rentenversicherungsträger ausgestellte Sozialversicherungsausweis. Die Versicherungsnummer bleibt während des Versicherungslebens unverändert. Der Sozialversicherungsausweis ist dem Arbeitgeber bei Beginn der Beschäftigung vorzulegen.

> Sofortmeldepflicht in bestimmten Branchen

Arbeitgeber haben den Tag des Beginns eines Beschäftigungsverhältnisses (gilt auch für Ausbildungsverhältnisse) spätestens bei dessen Aufnahme elektronisch an die Datenstelle der Rentenversicherung zu melden, sofern sie Personen in folgenden Wirtschaftsbereichen beschäftigen: Baugewerbe, Gaststätten- und Beherbergungsgewerbe, Personenbeförderungsgewerbe, Speditions-, Transport- und damit verbundene Logistikgewerbe, Schaustellergewerbe, Unternehmen der Forstwirtschaft, Gebäudereinigungsgewerbe, Unternehmen, die sich am Auf- und Abbau von Messen und Ausstellungen beteiligen, Fleischwirtschaft. Die Sofortmeldepflicht ersetzt nicht die nachfolgend genannten „regulären" Meldungen.
Bei der Erbringung von Dienst- und Werkleistungen sind die in diesen Branchen tätigen Personen – Arbeitnehmer, Auszubildende und Selbstständige – verpflichtet, ihren Personalausweis, Pass, Passersatz oder Ausweisersatz mitzuführen und bei Kontrollen vorzulegen. Der Arbeitgeber hat die Beschäftigten schriftlich darauf hinzuweisen.

**Meldepflichten**

Die Meldepflichten gegenüber der zuständigen Krankenkasse für den Einzug der Beiträge zur Kranken-, Pflege-, Renten- und Arbeitslosenversicherung (Gesamtsozialversicherungsbeitrag) liegen beim Arbeitgeber.

**Meldefristen**

> An- und Abmeldefristen

Bei Beginn einer versicherungspflichtigen Beschäftigung ist mit der ersten Lohn- und Gehaltsabrechnung, spätestens innerhalb von 6 Wochen nach Beginn der Beschäftigung, eine Anmeldung vorzunehmen.
Bei Beendigung der Beschäftigung ist mit der nächsten folgenden Lohn- und Gehaltsabrechnung, spätestens innerhalb von sechs Wochen nach Beschäftigungsende, die Abmeldung zu tätigen.

Anmeldefrist
Abmeldefrist

> Jahresmeldung

Für alle am 31.12. des Vorjahres Beschäftigten hat der Arbeitgeber mit der ersten folgenden Lohn- und Gehaltsabrechnung, spätestens bis zum 15.04. des folgenden Jahres, eine Jahresmeldung vorzunehmen.

> Meldungen für geringfügig entlohnte Beschäftigte

Für geringfügig entlohnte Beschäftigte sind grundsätzlich die gleichen Meldungen zu tätigen wie für versicherungspflichtig Beschäftigte.

> Meldung zur Ausgleichskasse

Für das Ausgleichsverfahren für Mutterschaftsleistungen haben alle Arbeitgeber, für das Ausgleichsverfahren für die Entgeltfortzahlung im Krankheitsfall Arbeitgeber mit bis zu 30 Arbeitnehmern der Krankenkasse, bei der der Arbeitnehmer versichert ist, die für die Durchführung des Ausgleichs erforderlichen Angaben zu machen. Bei Privatversicherten ist es die Krankenkasse, zu der die Beiträge für die Renten- und die Arbeitslosenversicherung abgeführt werden. Für geringfügig Beschäftigte ist die Deutsche Rentenversicherung Knappschaft-Bahn-See (Minijob-Zentrale) zuständig.

> Auskunftspflicht gegenüber Sozialversicherungsträgern

Die Arbeitgeber haben den Krankenkassen und Rentenversicherungsträgern auf Verlangen über alle Tatsachen Auskunft zu geben und die Unterlagen vorzulegen, die für die Erhebung der Beiträge notwendig sind.

Die Arbeitnehmer sind verpflichtet, ihren Arbeitgebern die zur Durchführung des Meldeverfahrens und für die Beitragsabführung erforderlichen Angaben zu machen und die hierfür nötigen Unterlagen vorzulegen. Gleiches gilt auch auf Verlangen gegenüber den Sozialversicherungsträgern.

> Geld- und Freiheitsstrafen

Eine Geldbuße bis zu 50.000,00 EUR kann verfügt werden, wenn der Arbeitgeber vorsätzlich oder fahrlässig der Geldbuße

- Meldepflicht
- Auskunftspflicht
- Pflicht zur Vorlage der erforderlichen Unterlagen

nicht, nicht richtig oder nicht vollständig nachkommt.

> Mit Freiheitsstrafe bis zu fünf Jahren oder mit Geldstrafe wird bestraft, wer als Arbeitgeber Beiträge zur Sozialversicherung der Einzugsstelle vorenthält.

## 6.2.2 Kranken- und Pflegeversicherung

### a) Krankenversicherung

**Versicherungsträger**

Träger der Krankenversicherung sind die Krankenkassen.

Sie gliedern sich in folgende Kassenarten: Kassenarten

> Allgemeine Ortskrankenkassen
> Innungskrankenkassen
> Betriebskrankenkassen

> Landwirtschaftliche Krankenkassen
> Ersatzkrankenkassen
> Deutsche Rentenversicherung Knappschaft-Bahn-See.

**Kassenwahlrecht**

Die in der gesetzlichen Krankenversicherung Pflichtversicherten und freiwillig Versicherten sind Mitglied der von ihnen gewählten Krankenkasse.

Sie können wählen:

Kassenwahl

- die Ortskrankenkasse des Beschäftigungs- oder Wohnorts
- jede Ersatzkasse, deren Zuständigkeit sich auf den Beschäftigungs- oder Wohnort erstreckt
- die Betriebs- oder Innungskrankenkasse, wenn sie in einem Betrieb beschäftigt sind, für den die Betriebs- oder Innungskrankenkasse besteht
- die Betriebs- oder Innungskrankenkasse, wenn deren Satzung dies vorsieht
- die Deutsche Rentenversicherung Knappschaft-Bahn-See
- die Krankenkasse, bei der zuletzt eine Mitgliedschaft oder eine Familienversicherung bestanden hat
- die Krankenkasse, bei der der Ehegatte versichert ist.

Annahmezwang

Die Ausübung des Wahlrechts ist vom Versicherten gegenüber der gewählten Krankenkasse zu erklären. Diese darf die Mitgliedschaft nicht ablehnen.

Mitgliedsbescheinigung

Die gewählte Krankenkasse stellt eine Mitgliedsbescheinigung aus, die dem Arbeitgeber unverzüglich vorzulegen ist.

Sowohl Versicherungspflichtige wie auch freiwillig Versicherte sind an die Wahl der Krankenkasse mindestens 18 Monate gebunden. Wird ein Wahltarif in Anspruch genommen, gilt eine Mindestbindungsfrist von drei Jahren.

Kündigungsrecht

Während der 18-monatigen Bindungsfrist gibt es kein neues Wahlrecht bei Arbeitgeberwechsel. Eine Kündigung ist zum Ablauf des übernächsten Kalendermonats möglich, gerechnet von dem Monat, in dem das Mitglied die Kündigung erklärt. Die Kündigungsbestätigung muss spätestens innerhalb von zwei Wochen ausgestellt werden.

Wird das Wahlrecht vom Versicherten nicht selbst wahrgenommen oder eine Mitgliedsbescheinigung nicht rechtzeitig vorgelegt, so ist der Arbeitgeber zur Anmeldung bei einer Krankenkasse verpflichtet; und zwar bei derjenigen, bei der der Arbeitnehmer zuletzt versichert war. Liegt eine solche Vorversicherung nicht vor, erfolgt die Anmeldung durch den Arbeitgeber bei einer wählbaren Krankenkasse.

Außerordentliche Kündigung

Erhebt die Krankenkasse einen Zusatzbeitrag, erhöht sie ihren Zusatzbeitrag oder verringert sie ihre Prämienzahlung, kann der Versicherte die Mitgliedschaft bis zur erstmaligen Fälligkeit dieser Änderungen kündigen.

### Versicherungspflicht

Es gilt eine allgemeine Pflicht zur Versicherung, versicherungspflichtig sind insbesondere:

Personenkreis

- Arbeiter und Angestellte (Arbeitnehmer)
- bei ihrem Ehegatten oder im elterlichen Betrieb beschäftigte Personen, sofern sie wie eine fremde Arbeitskraft in den Betrieb eingegliedert sind und ein angemessenes Entgelt erhalten
- Auszubildende
- Studierende (längstens bis zum 30. Lebensjahr)
- Rentnerinnen und Rentner, wenn sie bereits vorher längere Zeit (seit der erstmaligen Aufnahme der Erwerbstätigkeit bis zur Rentenantragstellung mindestens $^{9}/_{10}$ der zweiten Hälfte des Zeitraums) pflicht- oder freiwillig versichert waren
- Personen, die Leistungen der Bundesagentur für Arbeit erhalten.

### Familienversicherung

Familienangehörige von Krankenkassenmitgliedern sind mitversichert, wenn sie

- ihren Wohnsitz in der Bundesrepublik Deutschland haben,
- der gesetzlichen Krankenversicherung nicht selbst als Mitglied angehören,
- nicht hauptberuflich selbstständig erwerbstätig sind
  und
- kein Gesamteinkommen von mehr als 385,00 EUR monatlich haben (bei geringfügiger Beschäftigung 450,00 EUR monatlich).

Als Familienangehörige gelten der Ehegatte und Kinder bis zum 18. Lebensjahr; bis zum 23. Lebensjahr, wenn sie nicht erwerbstätig sind; in bestimmten Fällen, z. B. wenn sie sich in Schulausbildung befinden, auch darüber hinaus.

### Versicherungsfreiheit

Versicherungsfrei sind:

- Arbeitnehmer, deren Jahresbruttoarbeitsentgelt die Versicherungspflichtgrenze (Jahresarbeitsentgeltgrenze) übersteigt
- Arbeitnehmer oder Rentner, die hauptberuflich selbstständig erwerbstätig sind
- geringfügig Beschäftigte
- Personen, die nach Vollendung des 55. Lebensjahres versicherungspflichtig werden, wenn sie in den letzten fünf Jahren nicht mindestens zur Hälfte dieses Zeitraums gesetzlich versichert waren.

Versicherungspflichtgrenze

Geringfügig Beschäftigte

### Freiwillige Versicherung

Zur freiwilligen Versicherung berechtigt sind:

Berechtigung

- bislang pflichtversicherte Arbeitnehmer, wenn ihre Mitgliedschaft aufgrund der Höhe des Einkommens endet und sie gewisse Vorversicherungszeiten erfüllen (in den letzten fünf Jahren mindestens 24 Monate oder unmittelbar davor ununterbrochen zwölf Monate)
- Familienangehörige, die aus der Familienversicherung ausscheiden und die oben genannte Vorversicherungszeit erfüllen
- Personen, die die Voraussetzungen für die Versicherungspflicht in der Krankenversicherung der Rentner nicht erfüllen, zuletzt aber Mitglied einer gesetzlichen Krankenkasse waren.

Anzeigefrist

Der Beitritt muss der Krankenkasse innerhalb von drei Monaten angezeigt werden; nach Ablauf der Frist ist ein freiwilliger Beitritt ausgeschlossen.

### Beiträge

Der Beitragssatz in der gesetzlichen Krankenversicherung wird bundeseinheitlich festgelegt. Der Beitragssatz beträgt derzeit 15,5 % vom Bruttoarbeitsentgelt bis zur Beitragsbemessungsgrenze. Mit Ausnahme des von den Versicherten allein zu tragenden Beitragsanteils von 0,9 Prozentpunkten wird der Beitrag paritätisch von den Arbeitgebern und den Beschäftigten getragen. Der ermäßigte einheitliche Beitragssatz, der z. B. für freiwillig versicherte Selbstständige ohne Krankengeldanspruch gilt, beträgt 14,9 %. Für diese Personengruppe besteht die Option, ihren Krankengeldanspruch wie Arbeitnehmer ab der siebten Woche der Arbeitsunfähigkeit zu einem Beitragssatz von 15,5 % abzusichern.

Einheitlicher Beitragssatz Gesundheitsfonds

Die Beiträge sind an die zuständige Einzugsstelle (Krankenkasse) zu entrichten. Diese leitet die Krankenversicherungsbeiträge an das Bundesversicherungsamt weiter. Dort werden sie mit den Bundesmitteln (pauschale Steuerzuschüsse) zum Sondervermögen „Gesundheitsfonds" zusammengeführt. Das Bundesversicherungsamt ermittelt dann für jeden Versicherten einen Zuweisungsbetrag, der sich aus einer Grundpauschale sowie alters-, geschlechts- und krankheitsbezogenen Elementen zusammensetzt.

Zusatzbeitrag

Decken die Zuweisungen den Finanzbedarf der Krankenkasse nicht ab, so hat diese von ihren Mitgliedern innerhalb festgelegter Grenzen einen einkommensunabhängigen Zusatzbeitrag zu erheben. Arbeitnehmer, die der Versicherungspflicht in der Krankenversicherung wegen Überschreitens der Versicherungspflichtgrenze nicht mehr unterliegen, erhalten vom Arbeitgeber einen Beitragszuschuss, wenn sie sich freiwillig in der gesetzlichen oder privaten Krankenversicherung versichern. Außerdem erhalten sie einen Beitragszuschuss zur Pflegeversicherung.

Sozialausgleich

Bei freiwillig Versicherten werden der Beitragsbemessung die gesamte wirtschaftliche Leistungsfähigkeit, bei hauptberuflich selbstständig Erwerbstätigen Einkünfte in Höhe der Beitragsbemessungsgrenze, bei Nachweis eines geringeren Einkommens dieses, mindestens jedoch 75 % der Bezugsgröße, zugrunde gelegt.
Für freiwillig versicherte Selbstständige mit noch geringerem Einkommen gelten als beitragspflichtige Einnahme mindestens 50 % der Bezugsgröße. Dabei werden auch das Vermögen und das Einkommen von Personen, die mit dem Mitglied in einer Bedarfsgemeinschaft leben, berücksichtigt.

#### Leistungen der Krankenversicherung

Die wesentlichsten Leistungen der gesetzlichen Krankenversicherung sind unter anderem:

> Leistungen zur Förderung der Gesundheit, zur Verhütung und zur Früherkennung von Krankheiten, wie Vorsorgeuntersuchungen
> bei Krankheit Krankenbehandlung, insbesondere
  – ärztliche und zahnärztliche Behandlung

- Versorgung mit Arznei-, Verband-, Heil- und Hilfsmitteln
- häusliche Krankenpflege und Haushaltshilfe
- Krankenhausbehandlung
- medizinische und ergänzende Leistungen zur Rehabilitation
- Krankengeld

> bei Schwangerschaft und Mutterschaft ärztliche Betreuung, Hebammenhilfe, stationäre Entbindung, häusliche Pflege, Haushaltshilfe, Mutterschaftsgeld.

Diese Leistungen werden gewährt als

> Sach- und Dienstleistungen (z. B. ärztliche, zahnärztliche Behandlung, Arznei-, Heil- und Hilfsmittel, Krankenhausbehandlung)
> oder
> Barleistungen (z. B. Kranken- und Mutterschaftsgeld).

Sachleistungsprinzip
Barleistungen
Kostenerstattung

Anstelle der Sach- oder Dienstleistung können Versicherte unter bestimmten Voraussetzungen auch Kostenerstattung für Leistungen wählen, die sie von einem bei der Kasse zugelassenen Leistungserbringer in Anspruch nehmen. Der Erstattungsanspruch besteht jedoch höchstens in Höhe der Vergütung, die die Kasse bei Erbringung als Sachleistung zu tragen hätte.

Zuzahlungen

Zu den Leistungen haben Versicherte über 18 Jahre in der Regel Zuzahlungen zu leisten, sofern nicht eine unzumutbare Belastung vorliegt (Härtefallregelung). Für Zahnersatz gibt es sogenannte befundbezogene Festzuschüsse. Einzelne Leistungen werden nur Kindern und Jugendlichen gewährt.

Krankenversichertenkarte

Für die Inanspruchnahme von Leistungen braucht der Versicherte eine Krankenversichertenkarte. Seit 2006 wird die elektronische Gesundheitskarte erprobt.
Für die betriebliche Praxis sind u. a. folgende Leistungen von Bedeutung:

> Krankengeld: Das Krankengeld wird ohne zeitliche Begrenzung, für den Fall der Arbeitsunfähigkeit wegen derselben Krankheit jedoch nur für längstens 78 Wochen innerhalb von drei Jahren, gewährt. Es ruht, wenn und solange Entgeltfortzahlung durch den Betrieb erfolgt. Das Krankengeld beträgt 70 % des Regelentgelts (höchstens aus der Beitragsbemessungsgrenze) und darf 90 % des Nettoarbeitsentgelts nicht überschreiten.
> Krankengeld bei Pflege eines Kindes unter zwölf Jahren; der Gesamtanspruch ist auf 25, für Alleinerziehende auf 50 Arbeitstage im Kalenderjahr begrenzt.

### b) Soziale Pflegeversicherung

#### Versicherungsträger

Pflegekassen

Träger der sozialen Pflegeversicherung sind die Pflegekassen, die bei jeder gesetzlichen Krankenkasse errichtet sind. Daneben steht als gleichberechtigtes System die private Pflegeversicherung.

#### Versicherungspflicht

Mitglieder der gesetzlichen Krankenversicherung gehören automatisch der sozialen Pflegeversicherung an.

Freiwillig Krankenversicherte können zwischen der sozialen Pflegeversicherung und einer privaten Pflegeversicherung mit gleichwertigen Leistungen wählen.

Personen, die bei einem privaten Krankenversicherungsunternehmen gegen Krankheit versichert sind, sind in der privaten Pflegeversicherung versicherungspflichtig.

**Beiträge**

Beitragstragung

> Der Beitragssatz zur sozialen Pflegeversicherung beträgt derzeit 2,05 % des Bruttoarbeitsentgelts bzw. der beitragspflichtigen Einnahmen bis zur Beitragsbemessungsgrenze.

Die Beiträge werden zur Hälfte vom Arbeitnehmer und Arbeitgeber getragen (Ausnahme im Gebiet des Freistaates Sachsen: Beitragssatz des Arbeitnehmers 1,525 %, des Arbeitgebers 0,525 %) und mit dem Gesamtsozialversicherungsbeitrag an die zuständige Krankenkasse abgeführt. Kinderlose Versicherte müssen einen um 0,25 Prozentpunkte höheren Beitragssatz selbst tragen, wenn sie über 23 Jahre alt sind.

Familienangehörige

Familienangehörige von Krankenkassenmitgliedern, die in der gesetzlichen Krankenversicherung mitversichert sind, sind auch in der sozialen Pflegeversicherung beitragsfrei mitversichert.

Privatversicherte

Die Prämien zur privaten Pflegeversicherung richten sich nicht nach dem Einkommen, sondern nach dem Alter des Versicherten. Der Höchstbeitrag darf allerdings – für Personen, die seit dem 01.01.1995 privat krankenversichert sind, bzw. nach einer Versicherungszeit von fünf Jahren – den der sozialen Pflegeversicherung nicht übersteigen. Der Arbeitgeberzuschuss für die private Pflegeversicherung ist maximal so hoch wie bei der sozialen Pflegeversicherung.

Selbstständig Erwerbstätige

Selbstständig Erwerbstätige tragen ihre Beiträge in voller Höhe selbst.

**Leistungen der sozialen Pflegeversicherung**

Die Leistungen der sozialen Pflegeversicherung richten sich nach dem Grad der Pflegebedürftigkeit. Wichtige Leistungen sind:

- Leistungen bei häuslicher Pflege
  - Pflegesachleistung
  - Pflegegeld
  - häusliche Pflege bei Verhinderung der Pflegeperson
  - Pflegehilfsmittel und technische Hilfen
- teilstationäre Pflege und Kurzzeitpflege
- vollstationäre Pflege
- Leistungen für Pflegepersonen, insbesondere
  - soziale Sicherung
  - Pflegekurse
  - arbeitsrechtliche Freistellungsansprüche.

### 6.2.3 Arbeitslosenversicherung, Arbeitsförderung

#### a) Versicherungsträger

Träger der Arbeitslosenversicherung (Arbeitsförderung) ist die Bundesagentur für Arbeit. Sie gliedert sich in Agenturen für Arbeit, Regionaldirektionen und die Zentrale mit Sitz in Nürnberg.

Ziele der Arbeitsförderung sind:

Ziele

- Unterstützung des Ausgleichs von Angebot und Nachfrage auf dem Ausbildungs- und Arbeitsmarkt sowie der beruflichen und regionalen Mobilität
- Förderung der individuellen Beschäftigungsfähigkeit durch Erhalt und Ausbau von Fertigkeiten, Kenntnissen und Fähigkeiten, Entgegenwirken unterwertiger Beschäftigung
- Ermöglichung der zügigen Besetzung offener Stellen.

#### b) Versicherungspflicht

Versicherungspflichtig sind insbesondere:

- Personen, die gegen Arbeitsentgelt beschäftigt sind (Arbeiter und Angestellte)
- Personen, die zur Berufsausbildung beschäftigt sind (Auszubildende)
- Personen, die Krankengeld oder Verletztengeld beziehen
- Personen, die eine Rente wegen voller Erwerbsminderung beziehen, wenn sie unmittelbar vorher versicherungspflichtig waren
- Personen, die Mutterschaftsgeld beziehen, und solche, die ein Kind erziehen, das das dritte Lebensjahr noch nicht vollendet hat, wenn diese Personen vor der Kindererziehung versicherungspflichtig waren
- Wehrdienstleistende.

#### c) Versicherungsfreiheit

Versicherungsfrei sind unter anderem:

- Personen, die die Regelaltersgrenze der gesetzlichen Rentenversicherung erreicht haben
- Personen, die dauernd nicht mehr verfügbar sind und eine volle Erwerbsminderungsrente beziehen
- geringfügig Beschäftigte.

#### d) Freiwillige Versicherung

Versicherungsberechtigte

Bestimmte Personengruppen, die nicht kraft Gesetz der Versichertengemeinschaft angehören, können sich freiwillig weiterversichern und damit ihren Versicherungsschutz aufrechterhalten. Versicherungsberechtigt sind:

- selbstständig Tätige
- Personen, die Angehörige pflegen
- Arbeitnehmer, die eine Beschäftigung im Ausland außerhalb der Europäischen Union ausüben.

### e) Beiträge

Beitragssatz

> Der Beitragssatz zur Arbeitslosenversicherung (Arbeitsförderung) beträgt 3,0 % des Bruttoarbeitsentgelts bis zur Beitragsbemessungsgrenze (derzeit).

Er wird zur Hälfte von Arbeitgeber und Arbeitnehmer getragen.

### f) Leistungen der Arbeitslosenversicherung

Wichtige Leistungen der Arbeitslosenversicherung (Arbeitsförderung) sind:

- Berufsberatung und Arbeitsmarktberatung
- Ausbildungsvermittlung und Arbeitsvermittlung
- Leistungen zur
  - Unterstützung der Beratung und Vermittlung
  - Verbesserung der Eingliederungsaussichten
  - Förderung der Aufnahme einer Beschäftigung und einer selbstständigen Tätigkeit
  - Förderung der Berufsausbildung und der beruflichen Weiterbildung, Einstiegsqualifizierung
  - Förderung der Teilnahme behinderter Menschen am Arbeitsleben
  - Eingliederung von Arbeitnehmern
  - Förderung der Teilnahme an Transfermaßnahmen
- Förderung der Vorbereitung auf den nachträglichen Erwerb des Hauptschulabschlusses
- Entgeltersatzleistungen: Arbeitslosengeld bei Arbeitslosigkeit und bei beruflicher Weiterbildung, Teilarbeitslosengeld, Übergangsgeld, Kurzarbeitergeld, Saison-Kurzarbeitergeld und Insolvenzgeld.

Auf einzelne dieser Leistungen wird nachfolgend noch näher eingegangen.

#### Berufsberatung

Berufsberatung

Die Berufsberatung umfasst unter Berücksichtigung von Eignung, Neigung und Fähigkeiten die Erteilung von Auskunft und Rat

- zur Berufswahl, beruflichen Entwicklung und zum Berufswechsel,
- zur Lage und Entwicklung des Arbeitsmarktes und der Berufe,
- zu den Möglichkeiten der beruflichen Bildung,
- zur Ausbildungs- und Arbeitsplatzsuche,
- zu Leistungen der Arbeitsförderung.

#### Vermittlung

Ausbildungs- und Arbeitsvermittlung

Eingliederungsvereinbarung

Die Vermittlung ist darauf gerichtet, Ausbildungssuchende mit Arbeitgebern zur Begründung eines Ausbildungsverhältnisses und Arbeitsuchende mit Arbeitgebern zur Begründung eines Beschäftigungsverhältnisses zusammenzuführen. Zu Beginn der Vermittlung erfolgt unverzüglich eine umfassende Feststellung der Stärken und Schwächen des Ausbildungs- oder Arbeitsuchenden. Auf Grundlage dieser Potenzialanalyse werden in einer Eingliederungsvereinbarung das Eingliederungsziel, die Eigenbemühungen des Ausbildungs- oder Arbeitssuchenden und die vorgesehenen Leistungen der aktiven Arbeitsförderung festgelegt. Die zwischen der Agentur für Arbeit und dem Ausbildungs- und Arbeitsuchenden geschlossene Eingliederungsvereinbarung ist regelmäßig zu überprüfen und anzupassen.

Vermittlungsbudget

Ein Vermittlungsbudget soll in jeder Agentur für Arbeit den Vermittlern und Fallmanagern eine individuelle und bedarfsgerechte Unterstützung der Ausbildungs- oder Arbeitsuchenden ermöglichen. Aus dem Vermittlungsbudget können individuelle Hilfen gewährt werden, so z. B. Leistungen zu Bewerbungs-, Reise- oder Umzugskosten. Auch betriebliche Trainingsmaßnahmen können weiter eingesetzt werden.

Mit dem seit 01.04.2012 eingeführten Aktivierungs- und Vermittlungsgutschein (AVGS) kann die Agentur für Arbeit das Vorliegen der Fördervoraussetzungen bescheinigen und bestimmte Maßnahmenziele und -inhalte festlegen. Damit soll die Möglichkeit der individuellen bedarfsgerechten Unterstützung noch weiter ausgebaut werden. Der Vermittlungsgutschein für die Beauftragung privater Arbeitsvermittler wird für alle Arbeitsuchenden als dauerhafte Ermessensleistung in die Maßnahmen zur Aktivierung und beruflichen Eingliederung integriert. Für die Bezieher von Arbeitslosengeld besteht ein Rechtsanspruch auf einen AVGS zur Vermittlung in ein versicherungspflichtiges Arbeitsverhältnis nach sechs Wochen Arbeitslosigkeit. Die mögliche Dauer einer betriebsnahen Erprobungsphase bei einem Arbeitgeber wurde von vier auf bis zu sechs Wochen erhöht. Für Langzeitarbeitslose und junge Menschen mit schweren Vermittlungshemmnissen im Rechtskreis des SGB II (Arbeitslosengeld II und Sozialgeld) gilt eine mögliche Dauer dieser Erprobungsphasen von bis zu zwölf Wochen.

### Förderung der Aufnahme einer selbstständigen Tätigkeit

Gründungszuschuss

Die Agenturen für Arbeit können Personen, die sich aus der Arbeitslosigkeit heraus selbstständig machen wollen, unter bestimmten Voraussetzungen durch einen Gründungszuschuss fördern. Der Gründungszuschuss dient der Sicherung des Lebensunterhalts und der sozialen Absicherung in der ersten Phase der Existenzgründung.

Voraussetzung für die Förderung ist ein Restanspruch auf Arbeitslosengeld von mindestens 150 Tagen.

Der Gründungszuschuss kann in zwei Phasen gewährt werden:

In der ersten Phase von sechs Monaten kann der Existenzgründer einen Zuschuss in Höhe seines bisherigen individuellen Arbeitslosengeldes zuzüglich einer monatlichen Pauschale in Höhe von 300,00 Euro für seine soziale Absicherung erhalten.

In der zweiten Phase von neun Monaten kann die monatliche Pauschale in Höhe von 300,00 Euro für die soziale Absicherung weiter geleistet werden, wenn die geförderte Person ihre Geschäftstätigkeit anhand geeigneter Unterlagen darlegt.

Voraussetzungen für die Leistung des Gründungszuschusses sind der Nachweis der Tragfähigkeit der Existenzgründung und die Darlegung der Kenntnisse und Fähigkeiten zur Ausübung der selbstständigen Tätigkeit.

Zum Nachweis der Tragfähigkeit der Existenzgründung ist der Agentur für Arbeit die Stellungnahme einer fachkundigen Stelle, z. B. der Handwerkskammer, vorzulegen.

**Arbeitslosengeld – Teilarbeitslosengeld**

> Anspruchsvoraussetzungen

Arbeitslosengeld bei Arbeitslosigkeit erhalten Arbeitnehmer auf Antrag, die
- > arbeitslos sind,
- > sich bei der Agentur für Arbeit arbeitslos gemeldet und
- > die Anwartschaftszeit erfüllt haben.

Beschäftigungslosigkeit

Der Arbeitgeber soll den Arbeitnehmer vor der Beendigung des Arbeitsverhältnisses unter anderem auf seine Pflicht zur frühzeitigen Arbeitssuche sowie seine Meldepflichten bei der Agentur für Arbeit hinweisen.

> Arbeitslosigkeit

Arbeitslos ist ein Arbeitnehmer, der
- > nicht in einem Beschäftigungsverhältnis steht (Beschäftigungslosigkeit),
- > sich bemüht, seine Beschäftigungslosigkeit zu beenden (Eigenbemühungen),
- > den Vermittlungsbemühungen der Agentur für Arbeit zur Verfügung steht (Verfügbarkeit).

Verfügbarkeit

Zumutbarkeit

Den Vermittlungsbemühungen der Agentur für Arbeit steht zur Verfügung, wer insbesondere eine versicherungspflichtige Beschäftigung von wöchentlich mindestens 15 Stunden sucht. Grundsätzlich sind einem Arbeitslosen dabei alle seiner Arbeitsfähigkeit entsprechenden Beschäftigungen zumutbar, soweit allgemeine oder personenbezogene Gründe dem nicht entgegenstehen. Zur Aufnahme einer Beschäftigung kann auch ein Umzug gefordert werden. Dabei sind familiäre Bindungen zu berücksichtigen.

> Anwartschaftszeit

Die Anwartschaftszeit ist erfüllt, wenn der Arbeitslose in den letzten zwei Jahren mindestens zwölf Monate in einem Versicherungspflichtverhältnis gestanden hat.

> Anspruchsdauer

Die Dauer des Anspruchs auf Arbeitslosengeld richtet sich nach
- der Dauer der versicherungspflichtigen Beschäftigung und
- dem Lebensalter des Arbeitslosen.

Rahmenfrist

Regelbezugsdauer

Beschäftigungszeiten der letzten 5 Jahre werden berücksichtigt.

> Höhe des Arbeitslosengeldes

Das Arbeitslosengeld beträgt für
- Arbeitslose mit mindestens einem Kind 67 %
- die übrigen Arbeitslosen 60 %

des pauschalierten Nettoarbeitsentgelts der abgerechneten Entgeltzeiträume des letzten Jahres.

> Sperrzeit

Gegen den Arbeitslosen können wegen
- Arbeitsaufgabe,
- Arbeitsablehnung,
- unzureichender Eigenbemühungen,
- Ablehnung einer beruflichen Eingliederungsmaßnahme,
- Abbruchs einer beruflichen Eingliederungsmaßnahme,
- Meldeversäumnis oder
- verspäteter Arbeitsuchendmeldung

Sperrzeiten unterschiedlicher Dauer von bis zu zwölf Wochen, in den beiden letztgenannten Fällen von einer Woche, verhängt werden.

Gründe

> Teilarbeitslosigkeit

Unter den gleichen Voraussetzungen, wie sie für das Arbeitslosengeld gelten, wird Teilarbeitslosengeld gewährt, wenn eine versicherungspflichtige Beschäftigung, die neben einer weiteren versicherungspflichtigen Beschäftigung ausgeübt wird, endet. Die Anspruchsdauer beträgt sechs Monate. Allerdings müssen in den letzten zwei Jahren zwölf Monate lang mindestens zwei versicherungspflichtige Beschäftigungen ausgeübt worden sein und eine davon weiterhin ausgeübt werden.

> Arbeitsbescheinigung

Bei Beendigung eines Beschäftigungsverhältnisses hat der Arbeitgeber dem Arbeitnehmer eine Arbeitsbescheinigung unter Verwendung des vorgeschriebenen Vordrucks auszuhändigen, in der insbesondere anzugeben sind:
- Art der Tätigkeit
- Beginn, Ende und Unterbrechungen des Beschäftigungsverhältnisses
- Grund der Beendigung des Beschäftigungsverhältnisses
- Arbeitsentgelt und sonstige Geldleistungen.

Inhalt

**Kurzarbeitergeld**

Bei vorübergehendem und unvermeidbarem Arbeitsausfall aus wirtschaftlichen Gründen oder infolge eines unabwendbaren Ereignisses wird Kurzarbeitergeld gezahlt, wenn der Arbeitsausfall der Agentur für Arbeit rechtzeitig angezeigt wird. Es beträgt 67 (Arbeitnehmer mit mindestens einem Kind) bzw. 60 % des ausgefallenen Nettoarbeitsentgelts. Die gesetzliche Bezugsfrist beträgt sechs Monate.

**Insolvenzgeld**

Arbeitnehmer, die bei Eröffnung des Insolvenzverfahrens über das Vermögen ihres Arbeitgebers noch Anspruch auf Arbeitsentgelt haben, erhalten Insolvenzgeld in Höhe des noch zustehenden Nettoarbeitsentgelts der vorausgehenden drei Monate.

Lohnsicherung

Der Antrag muss innerhalb einer Ausschlussfrist von zwei Monaten nach dem Insolvenzereignis bei der Agentur für Arbeit gestellt werden.
Auf Antrag der Krankenkasse erstattet die Bundesagentur für Arbeit auch die für die vorausgehenden drei Monate noch ausstehenden Gesamtsozialversicherungsbeiträge. Die Kosten für die Insolvenzgeldleistungen tragen die Betriebe durch Zahlung einer Umlage an die Einzugsstelle.

Insolvenzgeldumlage

**Förderung der ganzjährigen Beschäftigung in der Bauwirtschaft**

Schlechtwetter

Branchen wie das Bauhauptgewerbe, das Dachdeckerhandwerk oder das Gerüstbauerhandwerk sind durch eine große Witterungsabhängigkeit und damit zusammenhängend durch ein hohes Risiko bei entsprechendem Arbeitsausfall gekennzeichnet. Arbeitnehmer, Arbeitgeber und Bundesagentur für Arbeit tragen dieses Schlechtwetterrisiko (Schlechtwetterzeit 01.12. bis 31.03.) gemeinsam.

Dabei haben die Arbeitnehmer folgende Ansprüche auf Wintergeld in Form von:

> Mehraufwands-Wintergeld
> Zuschuss-Wintergeld
> Saison-Kurzarbeitergeld.

Winterbeschäftigungs-Umlage

Zur Finanzierung der Förderleistungen zahlen die Betriebe aus der Bruttolohnsumme eine branchenspezifische Winterbeschäftigungs-Umlage, an der auch die Arbeitnehmer beteiligt sind.
Aus der Winterbeschäftigungs-Umlage werden folgende Leistungen ermöglicht:

> die Erstattung der Sozialversicherungsbeiträge an die Arbeitgeber,
> das Zuschuss-Wintergeld,
> das Mehraufwands-Wintergeld,

jeweils in Form eines Zuschusses pro Arbeitsstunde.

**Saison-Kurzarbeitergeld**

Saison-Kurzarbeitergeld

Das Saison-Kurzarbeitergeld wird in der Bauwirtschaft bei saisonbedingtem Arbeitsausfall in der Schlechtwetterzeit gewährt, d. h. bei Arbeitsausfall wegen Witterungsgründen oder Auftragsmangel. Es gilt darüber hinaus auch für andere Wirtschaftszweige mit saisonbedingten Arbeitsausfällen. Arbeitnehmer haben dadurch in den Wintermonaten Anspruch auf Entgeltersatz. Die Bundesagentur für Arbeit zahlt ihnen aus Beitragsmitteln 60 % oder, bei mindestens einem Kind, 67 % der pauschalierten Netto-Entgelteinbußen. Speziell für die Schlechtwetterzeit angesparte Arbeitszeitguthaben sind vorher abzubauen.

**Kranken-, Pflege-, Rentenversicherung**

Während des Bezugs von Leistungen wie insbesondere Arbeitslosengeld ist der Anspruchsberechtigte in der Kranken-, Pflege- und Rentenversicherung versichert.

**Eingliederungszuschüsse**

Arbeitgeber können zur Eingliederung von Arbeitnehmern mit Vermittlungshemmnissen Zuschüsse zu den Arbeitsentgelten erhalten. Höhe und Dauer der Förderung bestimmen sich nach dem Grad der Minderleistung und nach den jeweiligen Eingliederungserfordernissen. Der Eingliederungszuschuss kann bis zu 50 % des zu berücksichtigenden Arbeitsentgelts betragen und für maximal 12 Monate gewährt werden.

Bei den Eingliederungszuschüssen handelt es sich um Ermessensleistungen der Agenturen für Arbeit, auf die kein Rechtsanspruch besteht.

### 6.2.4 Rentenversicherung

#### a) Versicherungsträger

Träger ist die Deutsche Rentenversicherung mit folgender Struktur:

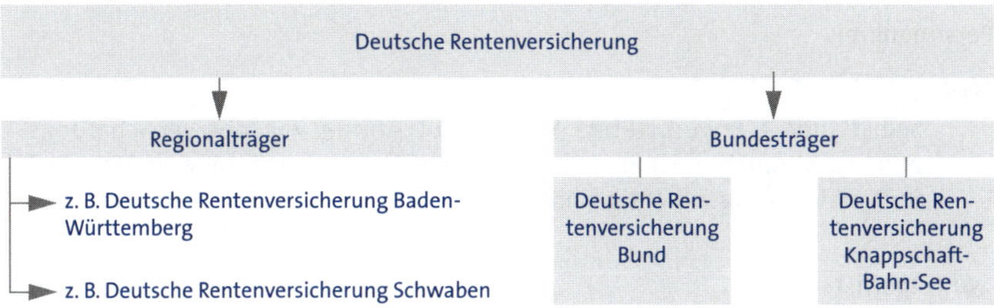


Für die Versicherten gilt:

- Versicherte, die vor dem 01.01.2005 eine Versicherungsnummer erhalten haben, bleiben grundsätzlich bei ihrem bis dahin zuständigen Träger versichert.
- Für Versicherte, die seit 01.01.2005 ihre Versicherungsnummer erhalten, erfolgt die Zuordnung nach dieser Versicherungsnummer.
- 45 % dieser Versicherten sollen den Bundesträgern und 55 % den Regionalträgern zugeordnet werden. Bei der Zuweisung auf die Regionalträger kommt es vor allem auf den Wohnort des Versicherten an.

#### b) Gesetzliche Versicherungspflicht

**Personenkreis**

Versicherungspflichtig kraft Gesetzes sind:

Versicherungspflichtige

- gegen Entgelt Beschäftigte
- zu ihrer Berufsausbildung Beschäftigte
- Wehrdienstleistende
- Bezieher von Lohnersatzleistungen
- bestimmte selbstständige Handwerker
- Personen, die ein Kind bis zur Vollendung des 3. Lebensjahres erziehen
- arbeitnehmerähnliche Selbstständige.

**Beiträge**

> Der Beitragssatz zur Rentenversicherung beträgt derzeit 18,9 % des Bruttoarbeitsentgelts bzw. Bruttoarbeitseinkommens (bis zur Beitragsbemessungsgrenze). Der Beitrag wird zur Hälfte von Arbeitgeber und Arbeitnehmer getragen.

**Versicherungsfreiheit**

Versicherungsfrei sind unter anderem Personen, die

> nur eine geringfügige Beschäftigung oder Tätigkeit ausüben und Versicherungsfreiheit gewählt haben (neue Rechtslage) bzw. für den Zeitraum bis 31.12.2013 die Voraussetzungen für die Versicherungsfreiheit erfüllen,
> eine Vollrente wegen Alters beziehen.

### c) Versicherungspflicht auf Antrag

**Personenkreis**

Selbstständig Erwerbstätige können auf Antrag von der Versicherungspflicht Gebrauch machen, sofern sie nicht bereits nach anderen Vorschriften versicherungspflichtig sind.

Selbstständig Erwerbstätige

> Antragsfrist:
  - innerhalb von fünf Jahren nach Aufnahme der selbstständigen Tätigkeit oder am Ende einer Versicherungspflicht
> Zuständigkeit:
  - der Rentenversicherungsträger, bei dem zuletzt Beiträge geleistet worden sind, bzw. der mit der Versicherungsnummer zugewiesene Träger
> Beginn der Versicherungspflicht:
  - ab Antragstellung (Tag, der dem Eingang des Antrages folgt), frühestens jedoch mit Aufnahme der selbstständigen Tätigkeit
> Ende der Versicherungspflicht:
  - mit Ablauf des Tages, an dem die selbstständige Tätigkeit aufgegeben wird, spätestens jedoch mit dem Bezug der Vollrente wegen Alters.

**Beiträge**

Selbstständig Erwerbstätige tragen ihre Pflichtbeiträge selbst.

Hinsichtlich Höhe und Zahlung der Beiträge gelten die gleichen Grundsätze wie für die Pflichtbeiträge zur Handwerkerversicherung.
Die Versicherungspflicht auf Antrag kann Vorteile bieten, wie z. B. Sicherung des Anspruchs auf Rente wegen Erwerbsminderung.

### d) Freiwillige Versicherung

**Personenkreis**

Zur freiwilligen Versicherung berechtigt sind Personen,

Versicherungsberechtigte

> die das 16. Lebensjahr vollendet haben
  und
> nicht oder nicht mehr der Rentenversicherungspflicht unterliegen.

Versicherungszweig

Zuständiger Versicherungsträger ist der Rentenversicherungsträger, bei dem zuletzt Beiträge geleistet wurden, bzw. der mit der Versicherungsnummer zugewiesene Träger.

Meldepflicht

Der Beginn der Entrichtung von freiwilligen Beiträgen ist beim zuständigen Rentenversicherungsträger anzumelden.

**Beiträge**

Freiwillig Versicherte tragen ihre Beiträge selbst.

Wirksame Beitragsentrichtung

Freiwillige Beiträge sind wirksam geleistet, wenn sie bis zum 31.03. des folgenden Jahres, für das sie gelten sollen, gezahlt werden.
Jährlich können bis zu zwölf Monatsbeiträge entrichtet werden, und zwar ohne Rücksicht auf das Einkommen. Möglich ist dabei jeder beliebige Eurobetrag zwischen dem jeweils geltenden Mindest- und Höchstbeitrag.
Freiwillig Versicherte erhalten vom Rentenversicherungsträger spätestens bis zum 28.02. eines Jahres eine Beitragsbescheinigung.

### e) Versicherungsnachweis, Renteninformation und Rentenauskunft

Versicherungskonto

Der Versicherungsträger führt für jeden Versicherten unter dessen Versicherungsnummer ein Versicherungskonto, auf dem sämtliche Daten gespeichert werden, die für die Durchführung der Versicherung erforderlich sind.

### f) Leistungen der Rentenversicherung

**Rehabilitation**

Maßnahmen zur Erhaltung der Erwerbsfähigkeit und Wiedereingliederung in das Erwerbsleben (Grundsatz: Reha geht vor Rente):

> medizinische und berufsfördernde Leistungen
> berufliche Ausbildung und Umschulung
> Zuschüsse an Arbeitgeber
> Übergangsgeld während der Rehabilitationsmaßnahmen, sofern ein Anspruch auf Entgeltfortzahlung nicht besteht.

**Rente wegen Alters**

Man unterscheidet folgende Formen:

> Regelaltersrente
> Altersrente wegen Arbeitslosigkeit oder nach Altersteilzeitarbeit
> Altersrente für Frauen.

Ausschlaggebend für die Leistungen sind in der Regel Alter und Mindestversicherungszeit.

> Vollrente – Teilrente
  - Eine Rente wegen Alters kann in voller Höhe (Vollrente) oder als Teilrente in Anspruch genommen werden. Neben dem Bezug der Vollrente ist bis zum 65. Lebensjahr ein Hinzuverdienst nur bis zur Geringfügigkeitsgrenze zulässig.
  - Beschäftigte mit Anspruch auf eine Altersrente können mit Zustimmung des Arbeitgebers ihre Tätigkeit stufenweise zurückfahren und das verringerte Einkommen durch eine Teilrente von einem Drittel, der Hälfte oder zwei Dritteln der Vollrente ausgleichen.

**Rente wegen verminderter Erwerbsfähigkeit**

Wartezeit

Neben der Erfüllung der allgemeinen Wartezeit müssen in den letzten fünf Kalenderjahren vor Eintritt des Versicherungsfalles mindestens für 36 Monate Pflichtbeiträge entrichtet sein. In bestimmten Fällen genügt eine seit 01.01.1984 ununterbrochene Versicherung. Bei einem Arbeitsunfall gilt diese Wartezeit als erfüllt, wenn bereits ein Pflichtbeitrag gezahlt ist.

> Volle Erwerbsminderungsrente
  - Diese erhält derjenige, der weniger als drei Stunden pro Tag auf dem allgemeinen Arbeitsmarkt tätig sein kann.
> Halbe Erwerbsminderungsrente
  - Sie erhält, wer mehr als drei und weniger als sechs Stunden pro Tag auf dem allgemeinen Arbeitsmarkt tätig sein kann.

Versicherte, die noch mindestens drei, aber nicht mehr als sechs Stunden täglich arbeiten können, aber keinen Arbeitsplatz finden, erhalten ebenfalls eine volle Erwerbsminderungsrente (arbeitsmarktbedingte Erwerbsminderungsrente). Renten wegen verminderter Erwerbsfähigkeit werden in der Regel als Zeitrenten, also befristet, gewährt.

Voll- oder Teilrente

Abhängig vom erzielten Hinzuverdienst wird die Rente wegen verminderter Erwerbsfähigkeit in unterschiedlicher Höhe gewährt; und zwar die halbe Erwerbsminderungsrente voll oder zur Hälfte und die volle Erwerbsminderungsrente voll, zu drei Vierteln, zur Hälfte oder zu einem Viertel.

Versicherte, die vor dem 02.01.1961 geboren sind, haben weiterhin einen Anspruch auf Teilrente wegen Berufsunfähigkeit nach den bis Jahresende 2000 geltenden Regelungen. Sie erhalten eine halbe Erwerbsminderungsrente auch dann, wenn sie in ihrem bisherigen oder in einem zumutbaren anderen Beruf nicht mehr sechs Stunden täglich arbeiten können.

Für Versicherte, die am 31.12.2000 bereits eine Rente wegen verminderter Erwerbsfähigkeit bezogen haben, wird das alte Recht beibehalten.

### Rente wegen Todes

> Witwen- und Witwerrente

Nach dem Tode des Ehegatten erhält der Hinterbliebene bei Vorliegen der gesetzlichen Voraussetzungen eine Witwen- bzw. Witwerrente.

Hinterbliebenenrente

### Krankenversicherung der Rentner

> Bezieher von Renten aus der gesetzlichen Rentenversicherung sind unter bestimmten Voraussetzungen in der gesetzlichen Krankenversicherung pflichtversichert oder zur freiwilligen Versicherung berechtigt.

Versicherungspflicht

> Eine Befreiung von der Versicherungspflicht in der Rentnerkrankenversicherung ist unter bestimmten Voraussetzungen auf Antrag möglich.

Befreiung

> Rentner, die in der gesetzlichen Krankenversicherung freiwillig oder in der privaten Krankenversicherung versichert sind, erhalten auf Antrag vom Rentenversicherungsträger einen Beitragszuschuss zur Krankenversicherung.

Beitragszuschuss

### Wartezeit und Leistungsantrag für Anspruch auf Rente

> Wartezeit

Rentenleistungen werden nur gewährt, wenn die Wartezeit erfüllt ist.

Wartezeitregelung und anrechnungsfähige Versicherungszeiten

| | |
|---|---|
| 60 Versicherungsmonate<br>Beitragszeiten<br>+ Ersatzzeiten<br>+ Kindererziehungszeiten | – Rente wegen verminderter Erwerbsfähigkeit<br>– Regelaltersrente ab dem 65. Lebensjahr<br>– Witwen-/Witwerrente<br>– Geschiedenen-, Witwen-, Witwerrente<br>– Erziehungsrente<br>– Waisenrente |
| 180 Versicherungsmonate<br>Beitragszeiten<br>+ Ersatzzeiten<br>+ Kindererziehungszeiten | Altersrente ab dem 60. Lebensjahr<br>– wegen Arbeitslosigkeit oder Altersteilzeitarbeit (ab 01.01.2009 ab dem 63. Lebensjahr)<br>– für Frauen |
| 420 Versicherungsmonate<br>Beitragszeiten<br>+ Ersatzzeiten<br>+ Kindererziehungszeiten<br>+ Anrechnungszeiten<br>+ Berücksichtigungszeiten | Altersrente<br>– für langjährig Versicherte<br>– für schwerbehinderte Menschen |
| 540 Versicherungsmonate<br>Pflichtbeiträge<br>(ohne Arbeitslosenbeiträge und Berücksichtigungszeiten) | Altersrente<br>– für besonders langjährig Versicherte (ab 2012) |

Bei Arbeitsunfall oder Wehr- bzw. Zivildienstbeschädigung genügt bei Pflichtversicherten der Nachweis eines einzigen Beitrags.

> Leistungsantrag

*Antrag*

Rentenleistungen werden nur auf Antrag gewährt.
Wird der Antrag später als drei Monate – bei Renten wegen Todes später als zwölf Monate – nach Ablauf des Monats gestellt, in dem die Antragsvoraussetzungen erfüllt sind, beginnt die Rente erst ab Antragsmonat.

**Rentenberechnung**

*Unterhaltsfunktion*

Die Rente dient der Sicherung des Lebensunterhalts des Versicherten und seiner Hinterbliebenen bei Eintritt des Versicherungsfalls.

> Höhe der Rente

Die Höhe der Rente bestimmt sich nach dem individuellen Versicherungsverlauf.

*Beitragsleistung*

Maßgebend sind hierfür insbesondere
- die Höhe der während des Erwerbslebens versicherten Arbeitsentgelte oder Arbeitseinkommen bzw.
- die Höhe und Anzahl der geleisteten Beiträge.

*Rentendynamik*
*Rentenfaktoren*

Die Rente ist dynamisch; sie wird zum 01.07. eines jeden Jahres entsprechend der sogenannten modifizierten Bruttoanpassung angepasst. Zudem wurde ein sogenannter Nachhaltigkeitsfaktor eingefügt, der die zahlenmäßige Entwicklung des Verhältnisses von Beitragszahlern zu Rentnern berücksichtigt. Rentenkürzungen sollen allerdings derzeit nicht vorgenommen werden.

> Rentenformel

*Rentenformel*

Maßgebende Faktoren für die Rentenberechnung sind:

Entgeltpunkte x Zugangsfaktor x Rentenartfaktor x aktueller Rentenwert

(Entgeltpunkte x Zugangsfaktor → persönliche Entgeltpunkte)

= Monatsrente

**Bedarfsorientierte Grundsicherung**

*Steuerfinanzierte Grundsicherung*

Für über 65-Jährige und dauerhaft voll Erwerbsgeminderte ab 18 Jahren gibt es eine steuerfinanzierte Grundsicherung. Die Leistung ist abhängig von der Bedürftigkeit. Gegenüber Kindern und Eltern findet kein Unterhaltsrückgriff statt, wenn ihre Angehörigen die Grundsicherung in Anspruch nehmen. Dabei wird zugunsten der Betroffenen widerlegbar vermutet, dass das Jahreseinkommen der Eltern bzw. Kinder unter 100.000,00 EUR liegt. Ist das Einkommen höher, besteht kein Anspruch auf Grundsicherung.

**Zusätzliche kapitalgedeckte Altersvorsorge**

Seit 2002 wird der Aufbau einer privaten oder betrieblichen Altersvorsorge staatlich gefördert. Gefördert werden in der Regel alle Personen, die Pflichtbeiträge zur gesetzlichen Rentenversicherung zahlen. Begünstigt sind dabei auch die nicht pflichtversicherten Ehepartner von geförderten Personen.

Nicht erfasst sind von dieser Förderung u. a. Selbstständige mit eigener privater Altersvorsorge, freiwillig Versicherte und die in einer berufsständischen Versorgungseinrichtung Pflichtversicherten. Damit werden selbstständige Handwerksmeister/-innen, die von der gesetzlichen Rentenversicherung befreit sind, nicht gefördert, selbst wenn sie freiwillige Beiträge einzahlen.
Förderfähige Anlageformen sind:

Anlageformen

> die betriebliche Altersversorgung
> die private kapitalgedeckte Altersvorsorge in Form von Rentenversicherungen, Fonds- und Banksparplänen.

Zertifikat

Produkte im Rahmen der privaten Altersvorsorge müssen für die Förderung bestimmte Voraussetzungen in der Anspar- und Auszahlungsphase erfüllen.

Staatliche Zulage

Der Altersvorsorgeaufwand setzt sich aus Eigenbeiträgen und Zulagen – Grund- und Kinderzulage – zusammen. Die staatliche Zulage wird auf Antrag von der zentralen Zulagenstelle auf den begünstigten Vertrag gutgeschrieben und setzt einen Eigenbeitrag, der seit 2008 mindestens 4% des rentenversicherungspflichtigen Entgelts des Vorjahres beträgt, voraus. Auf jeden Fall muss ein Sockelbeitrag entrichtet werden. Neben der Förderung durch Zulagen können die Zahlungen in einen Altersvorsorgevertrag auch steuerlich als Sonderausgaben geltend gemacht werden.

Entgeltumwandlung

Arbeitnehmer haben einen individuellen Anspruch auf betriebliche Altersversorgung aus ihrem Entgelt, indem sie auf bestimmte Teile davon – bis zu 4% der Beitragsbemessungsgrenze in der gesetzlichen Rentenversicherung – verzichten (z. B. auf Teile des Weihnachts- oder Urlaubsgeldes oder Überstundenvergütungen) und diese für eine betriebliche Altersversorgung durch den Arbeitgeber einzahlen lassen (Entgeltumwandlung). Es ist auch eine Förderung des privaten Wohneigentums im Rahmen der staatlich geförderten privaten Altersvorsorge möglich.

Basisrente

Mit dem seit Beginn des Jahres 2005 eingeleiteten Übergang zur nachgelagerten Besteuerung wurden außerdem die steuerlichen Abzugsmöglichkeiten für Aufwendungen zur Altersvorsorge grundlegend verbessert. Damit wurde besonders für Selbstständige die Möglichkeit eröffnet, staatlich gefördert eine Altersvorsorge aufzubauen (sogenannte „Basis-“ oder „Rürup-“Rente). Eine solche Rentenversicherung wird bei einem privaten Versicherungsunternehmen oder einer Investmentgesellschaft abgeschlossen, und zwar

> als private Rentenversicherung oder
> als fondsgebundene Versicherung.

Der Gesetzgeber hat die steuerliche Begünstigung insbesondere an folgende Bedingungen geknüpft:

> Die monatliche Rente darf frühestens ab Vollendung des 60. Lebensjahrs ausgezahlt werden, bei Vertragsabschlüssen ab 01.01.2012 ab dem vollendeten 62. Lebensjahr.
> Die erworbenen Rentenanwartschaften dürfen weder übertragbar, beleihbar, veräußerbar, vererblich noch kapitalisierbar sein.
> Die Versicherten dürfen sich das angesparte Vorsorgekapital nicht in einem Betrag – auch nicht in Teilbeträgen – auszahlen lassen können, sie müssen stattdessen eine monatliche, lebenslange Rente bekommen.

Bedingungen

> Die Versicherungsansprüche dürfen zwar nicht vererbt werden, können aber mit einer zusätzlichen Hinterbliebenenabsicherung kombiniert werden. Auf diese

Weise können auch der Ehegatte und die kindergeldberechtigten Kinder des Anlegers abgesichert werden.
> Neben der Alters- und Hinterbliebenenabsicherung kann die Basis-/Rürup-Rente – wenn dies vertraglich vereinbart wird – in einem gewissen Umfang auch die ergänzende Absicherung für den Fall des Eintritts einer Berufs- oder Erwerbsunfähigkeit vorsehen.

Steuerliche Behandlung

Die Beiträge werden in den kommenden Jahren schrittweise steuerfrei gestellt. Gleichzeitig steigt die Besteuerung der Renten aus einer Basis-/Rürup-Rente in den nächsten Jahren an.

**Pfändungsschutz der privaten Altersvorsorge Selbstständiger**

Selbstständige haben hinsichtlich ihrer privaten Alterssicherung einen Pfändungsschutz. Die Höhe des pfändungsgeschützten Vorsorgekapitals ist dabei abhängig vom Lebensalter progressiv ausgestaltet, d. h. mit zunehmendem Alter erhöht sich der unpfändbare Betrag von 2.000,00 Euro bis 9.000,00 Euro.

Unpfändbarer Betrag

Dem Schuldner wird der Aufbau einer Alterssicherung bis zu einer Gesamtsumme von 238.000,00 EUR ermöglicht.
Der Altersvorsorgevertrag muss aber bestimmte Voraussetzungen erfüllen, damit die genannten Pfändungsfreigrenzen Anwendung finden:

Voraussetzungen

> Die Leistung muss in regelmäßigen Zeitabständen lebenslang und darf nicht vor Vollendung des 60. Lebensjahres oder nur bei Eintritt der Berufsunfähigkeit gewährt werden, bei Vertragsabschlüssen ab 01.01.2012 ab den vollendeten 62. Lebensjahr.
> Über die Ansprüche aus dem Vertrag darf nicht (vorzeitig) verfügt werden.
> Die Bestimmung von Dritten mit Ausnahme von Hinterbliebenen als Berechtigte muss ausgeschlossen sein, und die Zahlung einer Kapitalleistung, ausgenommen eine Zahlung für den Todesfall, darf nicht vereinbart sein.

**Arbeitgeberfinanzierte betriebliche Altersversorgung**

Zur Ergänzung der gesetzlichen Altersversorgung gewähren die Betriebe vielfach zusätzliche Versorgungsleistungen.

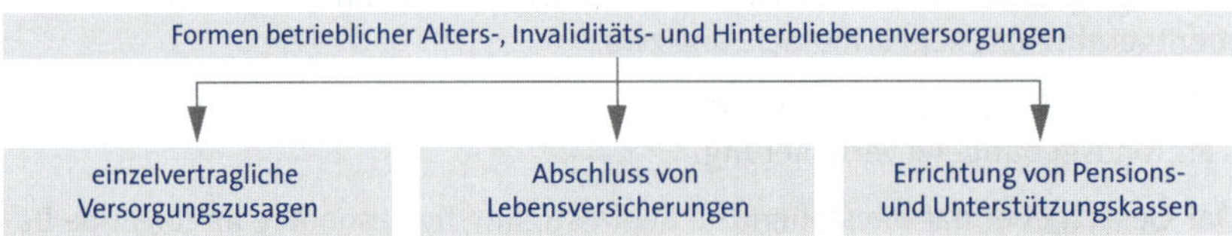


Nach dem Gesetz zur Verbesserung der betrieblichen Altersversorgung verliert der Arbeitnehmer auch bei Ausscheiden aus dem Betrieb vor Eintritt des Versorgungsfalles den bereits erworbenen Teil seiner Versorgungsanwartschaft nicht, wenn

> er mindestens 30, bei Zusagen ab 01.01.2009 mindestens 25 Jahre alt ist und
> die Versorgungszusage schon mindestens fünf Jahre bestand.

Bei Ausscheiden aus dem Betrieb ist dem Arbeitnehmer Auskunft über die Höhe der Versorgungsleistungen bei Erreichen der in der Versorgungsregelung vorgesehenen Altersgrenze zu erteilen.

Zur Absicherung der betrieblichen Versorgungsleistungen haben die Betriebe eine Pflichtumlage an den auf Bundesebene errichteten Pensionssicherungsverein abzuführen (ausgenommen sind Lebensversicherungen und Ansprüche gegenüber Pensionskassen). Umlagepflicht

## 6.2.5 Gesetzliche Unfallversicherung

Im Hinblick auf die allein beitragspflichtigen Arbeitgeber ist in der gesetzlichen Unfallversicherung geregelt, dass die Arbeitgeber für Personenschäden aufgrund eines Arbeitsunfalls oder einer Berufskrankheit dem Beschäftigten oder seinen Hinterbliebenen gegenüber grundsätzlich nicht haften. Leistungspflichtig ist allein die zuständige Berufsgenossenschaft (sog. Ablösung der Unternehmerhaftung).
Dieser Haftungsausschluss für Personenschäden gilt nicht nur für den Arbeitgeber, sondern auch zugunsten der Arbeitnehmer, die durch eine betriebliche Tätigkeit Personenschäden bei Arbeitskollegen verursachen. Bei vorsätzlicher oder grob fahrlässiger Herbeiführung des Versicherungsfalls sowie Schwarzarbeit haben die Unfallversicherungsträger jedoch einen Regressanspruch.
Der Haftungsausschluss zugunsten des Arbeitgebers und der Beschäftigten gegenüber einander entfällt bei vorsätzlicher Herbeiführung des Unfalles oder wenn es sich um einen Wegeunfall handelt.

### a) Versicherungsträger

Träger der gesetzlichen Unfallversicherung sind die Berufsgenossenschaften sowie die Unfallversicherungsträger der öffentlichen Hand. Die Berufsgenossenschaften sind bundesweit, die Unfallversicherungsträger der öffentlichen Hand regelmäßig landesweit organisiert. Berufsgenossenschaften

### b) Versicherungspflicht

Versichert sind:

Personenkreis

> alle Arbeitnehmer, auch geringfügig Beschäftigte
> zu ihrer Berufsausbildung Beschäftigte (Auszubildende)
> die bei ihrem Ehegatten oder im elterlichen Betrieb gegen Entgelt Beschäftigten
> Teilnehmer an Schulungskursen (z. B. Meistervorbereitungskurs)
> Berufsschüler und Schüler allgemeinbildender Schulen
> Studenten an Fach- und Hochschulen
> ehrenamtlich Tätige (bspw. bei Handwerkskammern und Innungen)
> Kinder in Kindertagesstätten
> Katastrophenschutzhelfer
> Blut- und Organspender.

### c) Unfallversicherung des Unternehmers

Die Berufsgenossenschaften können kraft Satzung die Versicherungspflicht auch auf Unternehmer und ihre im Unternehmen mitarbeitenden Ehegatten ausdehnen.

Besteht keine Versicherungspflicht, kann auf Antrag von der freiwilligen Versicherung Gebrauch gemacht werden.

### d) Beiträge

Die Unfallversicherungsbeiträge werden allein vom Arbeitgeber getragen.

Umlage

Die Höhe der Beiträge bemisst sich nach den Arbeitsentgelten der Versicherten und den Gefahrenklassen. Die Beiträge werden nach Ablauf des Kalenderjahres im Umlageverfahren erhoben.
Je nach Zahl und Schwere der im Betrieb aufgetretenen Arbeitsunfälle werden Zuschläge auferlegt oder Nachlässe gewährt.

Selbstständige

Berechnungsgrundlage für die kraft Satzung pflichtversicherten Selbstständigen und mitarbeitenden Ehegatten sowie die freiwillig Versicherten ist die nach Satzung bestimmte Versicherungssumme.
Die Kosten des Unfallversicherungsschutzes für Schüler, Studenten, Teilnehmer an Schulungskursen und Kinder in Kindertagesstätten tragen die Träger dieser Einrichtungen; für ehrenamtlich Tätige die Stellen, für die die Aufgaben erfüllt werden.

### e) Versicherungsschutz

Aufgabe der gesetzlichen Unfallversicherung ist,

- mit allen geeigneten Mitteln Arbeitsunfälle und Berufskrankheiten sowie arbeitsbedingte Gesundheitsgefahren zu verhüten und
- nach Eintritt von Arbeitsunfällen oder Berufskrankheiten Leistungen zu gewähren.

#### Arbeitsunfall

Arbeitsunfälle sind Unfälle, die der Versicherte bei seiner Tätigkeit für den Betrieb erleidet. Hierzu gehören auch Unfälle auf Dienstwegen, bei Betriebsveranstaltungen und bei der Verwahrung, Beförderung und Instandhaltung von Arbeitsgeräten und Schutzausrüstungen.
Nicht versichert sind Unfälle, die dem persönlichen Bereich des Versicherten zuzurechnen sind.

#### Wegeunfall zwischen Wohnung und Arbeitsstätte

Der Versicherungsschutz erstreckt sich auch auf das Zurücklegen des mit der versicherten Tätigkeit zusammenhängenden unmittelbaren Weges nach dem und vom Ort der Tätigkeit.

Fahrgemeinschaften

Abweichungen von diesem Weg sind versichert, wenn sie im Zusammenhang mit der Unterbringung eines im Haushalt des Versicherten lebenden Kindes stehen oder wenn der Versicherte mit anderen Berufstätigen gemeinsam ein Fahrzeug für den Weg nach dem und vom Ort der Tätigkeit benutzt (Fahrgemeinschaft).

#### Berufskrankheit

Berufskrankheiten sind Krankheiten, die durch Rechtsverordnung als Berufskrankheiten bezeichnet sind und die Beschäftigte durch ihre versicherte Tätigkeit erleiden.

### f) Leistungen der Unfallversicherung

Die wichtigsten Leistungen der Unfallversicherung:

> Heilbehandlung
> Rehabilitation
> Pflege
> Verletztengeld
> Verletztenrente
> Sterbegeld
> Witwen- und Witwerrente.

### g) Unfallverhütung

**Unfallverhütungsvorschriften**

Die Berufsgenossenschaften erlassen Vorschriften über die Einrichtungen, Anordnungen und Maßnahmen, welche die Unternehmer zur Verhütung von Arbeitsunfällen, Berufskrankheiten und arbeitsbedingten Gesundheitsgefahren zu treffen und die im Betrieb Beschäftigen zu beachten haben.

Zu ihrer Überwachung sind bei den Berufsgenossenschaften technische Aufsichtspersonen tätig, die durch Betriebsbegehungen Kontrollen ausüben und bei Bedarf Unternehmer sowie Versicherte beraten.

Überwachung
Beratung

**Sicherheitsbeauftragte**

In Betrieben mit mehr als 20 Beschäftigten muss ein Sicherheitsbeauftragter bestellt werden, der den Unternehmer bei der Durchführung des Unfallschutzes zu unterstützen hat.

**Fachkräfte für Arbeitssicherheit und Betriebsärzte**

Die Berufsgenossenschaften regeln durch Unfallverhütungsvorschriften, in welchem Umfang Fachkräfte für Arbeitssicherheit (Sicherheitsingenieure, -techniker, -meister) sowie betriebsärztliche Dienste zu bestellen sind. Die sicherheitstechnische und betriebsärztliche Betreuung besteht aus zwei Komponenten. Für die Grundbetreuung werden in der Unfallverhütungsvorschrift Einsatzzeiten vorgegeben. Den betriebsspezifischen Betreuungsteil hat der Unternehmer selbst zu ermitteln (z. B. anlässlich einer Veränderung der Arbeitsbedingungen). Dabei wird er von der Fachkraft für Arbeitssicherheit und dem Betriebsarzt beraten.

Sicherheitsfachkräfte

Die Fachkräfte für Arbeitssicherheit sind für die Arbeitssicherheit, die Betriebsärzte für den Gesundheitsschutz im Betrieb zuständig. Unternehmer kleinerer Betriebe bis maximal 50 Beschäftigte (Festlegung durch Unfallversicherungsträger) haben die Möglichkeit, die sicherheitstechnische und betriebsärztliche Betreuung nach Vorgaben der Berufsgenossenschaft weitgehend selbst zu übernehmen.

Betriebsärzte
Unternehmermodell

#### h) Meldevorschriften

**Betriebseröffnungsanzeige**

Der Beginn eines Unternehmens ist dem zuständigen Unfallversicherungsträger binnen einer Woche anzuzeigen.

Änderungen

Wesentliche Änderungen in Art und Gegenstand des Unternehmens sind innerhalb von vier Wochen mitzuteilen.

**Entgeltnachweis**

Innerhalb von sechs Wochen nach Ablauf eines Kalenderjahres hat der Arbeitgeber der Berufsgenossenschaft die Arbeitsentgelte der Beschäftigten und die geleisteten Arbeitsstunden zu melden.

**Unfallanzeige**

Der Arbeitgeber hat jeden Unfall in seinem Betrieb der Berufsgenossenschaft anzuzeigen, bei dem ein Beschäftigter einen Unfalltod erleidet oder so verletzt wird, dass er für mehr als drei Tage arbeitsunfähig wird. Die Unfallanzeige ist binnen drei Tagen nach Kenntnis des Unfalls zu erstatten und auch an die zuständige Arbeitsschutzbehörde zu geben.

## 6.3 Lohnsteuer

**Wesen der Lohnsteuer**

Die Lohnsteuer ist voll integrierter Bestandteil der Einkommensteuer; sie unterscheidet sich nur in ihrer besonderen Erhebungsform von der Einkommensteuer. Die Besonderheit der Lohnsteuer besteht darin, dass der Arbeitgeber verpflichtet ist, vom Bruttogehalt bzw. vom Bruttolohn seines Arbeitnehmers die Lohnsteuer, den Solidaritätszuschlag und die Kirchensteuer einzubehalten und für den Arbeitnehmer unmittelbar an das Finanzamt abzuführen (Quellenbesteuerung).
Diese Verpflichtung besteht auch, wenn der Arbeitnehmer selbst eine Einkommensteuererklärung abgibt.

### 6.3.1 Ermittlung und Entrichtung

Arbeitnehmer
Arbeitszeitkonten

Arbeitnehmer ist, wer unselbstständig, weisungsgebunden Einnahmen aus einem bestehenden oder früheren Dienstverhältnis bezieht, gleichgültig ob es sich um laufende oder einmalige Einnahmen handelt, ob ein Rechtsanspruch auf sie besteht und unter welcher Bezeichnung oder Form sie gewährt werden. Weder die Vereinbarung eines Zeitwertkontos noch die Wertgutschrift auf diesem Zeitwertkonto führen steuerlich zu einem Zufluss von Arbeitslohn. Erst die Auszahlung des Guthabens während der Freistellung löst einen steuerpflichtigen Lohnzufluss beim Arbeitnehmer aus. Dies gilt auch, wenn das Wertguthaben im Falle eines Arbeitgeberwechsels auf einen neuen Arbeitgeber übertragen wird. Auch der von Dritten in Form von Geld oder Sachbezügen einem Arbeitnehmer zugewendete Lohn unterliegt der Lohnsteuer. Der Arbeitnehmer ist verpflichtet, diese Bezüge dem Arbeitgeber für jeden Lohnzahlungszeitraum schriftlich mitzuteilen.

### a) Lohnsteuerfreie Zuwendungen

Lohnsteuerfreie Zuwendungen

Der Arbeitgeber kann dem Arbeitnehmer auch Zuwendungen machen, die beim Arbeitnehmer nicht dem Lohnsteuerabzug unterliegen. Dazu gehören grundsätzlich alle Aufwendungen, die der Arbeitgeber für den Arbeitnehmer im ganz überwiegenden eigenbetrieblichen Interesse macht. Das sind z. B.:

> Aufmerksamkeiten, Sachzuwendungen aus besonderem Anlass bis zu 40,00 EUR Freigrenze, z. B. Blumen, Genussmittel, Bücher, Tonträger zum persönlichen Anlass (Geburtstag, Hochzeit), Haustrunk, aber nicht Geld
> Aufmerksamkeiten, unabhängig von den besonderen Anlässen bis zu 44,00 EUR Freigrenze, monatlich, z. B. Speisen, Jobtickets, Warengutscheine, Geschenke ohne besonderen Anlass
> Entschädigungen, ausnahmsweise, z. B. Bereitstellung typischer Berufskleidung, Werkzeuggeld
> Auslagenersatz, einzeln abgerechnet
> Auslösungen, z. B. Verpflegungsmehraufwand, Reisekosten
> Bahn-Card
> Benzingutschein (Tankkarte) bis 44,00 EUR monatlich (Freigrenze)
> betriebliche Weiterbildung
> Betriebskindergarten, Kinderbetreuung von nicht schulpflichtigen Kindern
> Betriebssport, betriebliche Gesundheitsförderung, Suchtprävention, Stressbewältigung, Entspannung, Bewegungs- und Ernährungsgewohnheiten bis zu 500,00 EUR, auch extern, nicht Mitgliedsbeiträge
> Betriebsveranstaltungen, pro Arbeitnehmer nicht mehr als 110,00 EUR
> Bewirtung, z. B. Arbeitnehmer bewirtet Kunden im Restaurant, Arbeitgeber ersetzt Aufwand
> Computer, private Nutzungsüberlassung
> Fachzeitschriften
> Firmenkreditkarte
> Personalrabatte, Preisnachlässe bis 1.080,00 EUR
> Sachprämien aus Kundenbindungsprogrammen bis zu 1.080,00 EUR
> Sonntags-, Feiertags-, Nachtarbeitszuschläge in bestimmter Höhe
> Tageszeitungen am Arbeitsplatz
> Telefon, Handy im Betrieb, Internet
> Trinkgelder
> Umzugskosten
> Unfallversicherung
> Unterstützungsleistungen, bis 600,00 EUR jährlich, z. B. Unglücksfälle, Todesfälle, Krankheitsfälle, Vermögensverlust, Arbeitslosigkeit, im Notfall auch mehr
> bestimmte Vorsorgeaufwendungen
> Vorteile aus der Überlassung von Vermögensbeteiligungen, bis zu 360,00 EUR im Jahr
> Wäschegeld für Berufskleidung
> Werkzeuggeld
> Zukunftssicherungsleistungen, Direktversicherungen.

Daneben gibt es auch eine Reihe von Zuwendungen, die der Arbeitgeber pauschal versteuern kann, die dann beim Arbeitnehmer nicht mehr der Lohnsteuer unterliegen.

Meldedaten

Das Wohnsitzfinanzamt ist für sämtliche Eintragungen auf der (elektronischen) Lohnsteuerkarte einheitlich zuständig. Nur die aktuellen Arbeitgeber sind zum Abruf der (elektronischen) Lohnsteuerabzugsmerkmale berechtigt. Auf Antrag können konkrete Arbeitgeber für den Abzug benannt oder gesperrt werden. Der Arbeitnehmer kann beim Finanzamt den Steuerklassenwechsel und die Eintragung bestimmter Freibeträge, wie z. B. den Pauschbetrag für seine Behinderung, beantragen. Für Änderungen der Meldedaten (z. B. Heirat, Geburt, Kirchenein- oder -austritt) sind die Gemeinden zuständig. Dem Wohnsitzfinanzamt müssen aber die jeweiligen Bescheinigungen noch in dem Jahr, für das sie gelten, vorgelegt werden. Die Höhe der vom Arbeitgeber einzubehaltenden Lohnsteuer richtet sich nach der auf der (elektronischen) Lohnsteuerkarte ausgewiesenen Lohnsteuerklasse. Eingetragene Freibeträge sind zu berücksichtigen. Die bisher auf der Lohnsteuerkarte festgehaltenen Besteuerungsgrundlagen werden elektronisch zentral verwaltet und beim Bundeszentralamt für Steuern (BZSt, ELSTAM) zur Bereitstellung für den automatisierten Abruf durch den Arbeitgeber gespeichert.

Der Arbeitgeber benötigt zum Abruf der elektronischen Lohnsteuerabzugsmerkmale die Identifikationsnummer und das Geburtsdatum des Arbeitnehmers.

Die Lohnsteuer wird aus der zutreffenden Lohnsteuertabelle abgelesen. Heute geschieht dies in der Regel per PC.

Pflichten des Arbeitgebers
Betriebsstättenfinanzamt

Die Lohnsteuerabführung und elektronische Anmeldung der einbehaltenen Lohnsteuer beim Betriebsstättenfinanzamt hat bis zum 10. des Folgemonats zu erfolgen:

- bei nicht mehr als 1.000,00 EUR im Vorjahr jährlich,
- bei mehr als 1.000,00 EUR, aber nicht mehr als 4.000,00 EUR im Vorjahr vierteljährlich,
- bei mehr als 4.000,00 EUR im Vorjahr monatlich.

Bei verspäteter Abgabe der Lohnsteueranmeldung wird ein Verspätungszuschlag erhoben.

Zahlungsschonfrist

Die bisher gewährte Schonfrist für Zahlung fälliger Steuern wurde von fünf Tagen auf drei Tage verkürzt. Bei Scheckzahlungen gibt es keine Schonfrist. Dabei gilt die Zahlung erst drei Tage nach Eingang des Schecks beim Finanzamt als geleistet. Zugleich sind auch der Solidaritätszuschlag und die Kirchensteuer abzuführen. Die pauschale Abgeltungssteuer für betrieblich veranlasste Sachzuwendungen ist als Lohnsteuer und deshalb vom zuwendenden Steuerpflichtigen entsprechend anzumelden und abzuführen. Bei der Lohnsteuer gibt es keine Stundung. Die Pauschalsteuer ist nur dann als Betriebsausgabe abziehbar, wenn der Empfänger der Zuwendung Arbeitnehmer des Steuerpflichtigen ist. Ansonsten ist die Übernahme der Pauschalsteuer aus der Sicht des Zuwendenden ein Geschenk im Sinne des Einkommensteuergesetzes.

Lohnsteuerklassen

| | |
|---|---|
| Steuerklasse I | Ledige, getrennt Lebende, Geschiedene, Verwitwete nach dem Jahr nach dem Todesjahr des Ehegatten, eventuell mit „Zahlkindern“ |
| Steuerklasse II | Wie Steuerklasse I, wenn dem Steuerpflichtigen der Haushaltsfreibetrag zusteht. Alleinerziehenden-Entlastungsbetrag (1.308,00 EUR jährlich, 109,00 EUR monatlich). Voraussetzungen: mindestens ein Kind unter 18 Jahren in der gemeinsamen Wohnung und keine Zusammenveranlagung und keine Haushaltsgemeinschaft mit einer anderen Person, für die weder Kinderfreibetrag noch Betreuungsfreibetrag noch Kindergeld zusteht. |
| Steuerklasse III | Verheiratete, nicht dauernd getrennt Lebende, nur ein Ehepartner Lohnempfänger oder beide Ehepartner Lohnempfänger, davon einer in Steuerklasse V, Verwitwete, die nicht dauernd getrennt lebten, im Todesjahr und im 1. Jahr nach dem Tode des Ehegatten |
| Steuerklasse IV | Verheiratete, nicht dauernd getrennt Lebende und beide Arbeitnehmer |
| Steuerklasse V | Verheiratete, nicht dauernd getrennt Lebende und ein Ehepartner in Steuerklasse III |
| Steuerklasse VI | Arbeitnehmer in einem zweiten und weiteren Arbeitsverhältnis oder wenn der Arbeitnehmer den Arbeitgeber vom elektronischen Abruf gesperrt hat oder wenn der Arbeitnehmer keine Identifikationsnummer vorlegt. |

### b) Lohnsteuerklassen

Für berufstätige Ehepaare gibt es eine zusätzliche Wahlmöglichkeit, das sogenannte „optionale Faktorverfahren“.
Statt der Steuerklassenkombination III/V bzw. IV/IV kann gemeinsam jeweils die Steuerklasse IV in Verbindung mit einem Faktor gewählt werden. Dies ermöglicht, dass bei dem jeweiligen Ehegatten mindestens die ihm persönlich zustehenden steuerentlastend wirkenden Freibeträge, z. B. Grundfreibetrag, Vorsorgepauschale, berücksichtigt werden.
Der Faktor ergibt sich jeweils daraus, dass die Summe der Gesamtsteuer auf Basis der Steuerklassenkombination IV/IV ins Verhältnis zur Gesamtsteuer nach dem Splittingverfahren gesetzt wird.

### c) Beschäftigung ohne (elektronische) Lohnsteuerabzugsmerkmale

Es gilt der Grundsatz, dass ein Arbeitnehmer nicht beschäftigt werden darf, wenn keine Lohnsteuerabzugsmerkmale vorliegen. Ausnahmsweise dürfen unter bestimmten Voraussetzungen Arbeitnehmer ohne Lohnsteuerabzugsmerkmale beschäftigt werden, und zwar in folgenden Fällen:

- bei kurzfristiger Beschäftigung
- bei geringfügiger Beschäftigung (sogenannte Mini-Jobs bis 450,00 EUR monatlich).

### d) Werbungskosten

Was für den Unternehmer die Betriebsausgaben, sind für den Arbeitnehmer die Werbungskosten. Darunter versteht man Aufwendungen zur Erwerbung, Sicherung und Erhaltung der steuerpflichtigen Einnahmen – also Aufwendungen, die die Ausübung des Dienstes mit sich bringt.

Keine Werbungskosten sind somit Aufwendungen für die Lebensführung, auch wenn diese zur Förderung der Tätigkeit des Arbeitnehmers gemacht werden (z. B. bürgerliche Kleidung auch bei beruflicher Nutzung). Sind die Aufwendungen nur zum Teil beruflich veranlasst, dann kann dieser Teil gegebenenfalls geschätzt werden (z. B. Aufteilung der Kosten eines privaten Telefonanschlusses in einen privaten und einen betrieblichen Teil).
In den Lohnsteuertabellen ist ein Werbungskostenpauschbetrag von jährlich 1.000,00 EUR bereits eingearbeitet. Für einen übersteigenden Betrag kann sich der Arbeitnehmer einen Freibetrag in seine elektronischen Abzugsmerkmale, evtl. für die Dauer von zwei Jahren, eintragen lassen.

> Es gibt Werbungskosten, die der Arbeitnehmer allein geltend machen kann, z. B.
  - Beiträge zu Berufsständen und sonstigen Berufsverbänden (z. B. Gewerkschaftsbeitrag)
  - Strafverteidigungskosten, wenn der Schuldvorwurf durch berufliches Verhalten veranlasst war
  - Kontoführungsgebühren für das Gehaltskonto.

Auswärtstätigkeit

> Des Weiteren gibt es Werbungskosten, die der Arbeitnehmer geltend machen oder der Arbeitgeber eventuell lohnsteuerfrei ersetzen (eventuell pauschal versteuert) und als Betriebsausgabe absetzen kann, z. B. Werkzeuggeld, Kosten für Fort- und Weiterbildung, Berufskleidung, Aufwendungen für Auswärtstätigkeit.
  - Aufwendungen für die Wege zwischen Wohnung und erster Tätigkeitsstätte sowie für Familienheimfahrten gelten als Betriebsausgaben bzw. Werbungskosten. Die Entfernungspauschale wird verkehrsmittelunabhängig mit 0,30 EUR je km einfache Entfernung berücksichtigt, maximal 4.500,00 EUR. Ein höherer Betrag als 4.500,00 EUR ist anzusetzen, soweit der Arbeitnehmer einen eigenen oder ihm zur Nutzung überlassenen Kraftwagen benutzt. Durch die Entfernungspauschale sind sämtliche Aufwendungen abgegolten, die durch die Wege zwischen Wohnung und erster Tätigkeitsstätte veranlasst sind. Aufwendungen für die Beseitigung von Unfallschäden auf diesem Weg können nach den Lohnsteuerrichtlinien eventuell zusätzlich geltend gemacht werden. Arbeitgeberzuschüsse können bei gegebenen Voraussetzungen mit 15 % pauschal versteuert werden.
  - Aufwendungen für die Benutzung öffentlicher Verkehrsmittel können angesetzt werden, soweit sie den als Entfernungspauschale insgesamt im Kalenderjahr abziehbaren Betrag übersteigen. Für Behinderte gelten besondere Regelungen.

> Unabhängig von den Werbungskosten kann ein Arbeitnehmer eine Vielzahl von Zuwendungen vom Arbeitgeber lohnsteuerfrei erhalten, z. B. Aufmerksamkeiten, Sonntags-, Feiertags-, Nachtarbeitszuschläge, unter bestimmten Voraussetzungen Verpflegungsmehraufwand, Leistungen zur betrieblichen Gesundheitsförderung.

### e) Antragsveranlagung – Pflichtveranlagung

Ein Arbeitnehmer, der ausschließlich Lohn bezogen hat, kann zum Erhalt von Steuervorteilen oder zur Berücksichtigung während des Jahres eingetretener Vergünstigungen für das abgelaufene Kalenderjahr eine Antragsveranlagung (Einkommensteuerveranlagung) anfordern, wenn sich z.B. die Steuerklasse, die Zahl der Kinder im Laufe des Jahres geändert haben.

Antragsveranlagung

Nach wie vor kann der Arbeitgeber dem Arbeitnehmer eine Antragsveranlagung ersparen, wenn er für ihn den Lohnsteuerjahresausgleich – zu dem er unter bestimmten Voraussetzungen sogar verpflichtet ist – durchführt.

Pflichtveranlagung

Wie oben ausgeführt, können Arbeitnehmer zum Erhalt von Steuervorteilen eine Einkommensteuerveranlagung beantragen. In bestimmten Fällen aber sind die Arbeitnehmer verpflichtet, nach Ablauf des Kalenderjahres unaufgefordert eine Einkommensteuererklärung abzugeben. Die Verpflichtung besteht u. a. dann, wenn

> die Summe der Einkünfte außer den Lohneinkünften mehr als 410,00 EUR beträgt;
> Lohnersatzleistungen (z.B. Arbeitslosengeld, Krankengeld, Insolvenzgeld), die dem Progressionsvorbehalt unterliegen, über 410,00 EUR bezogen werden;
> Ehegatten die Steuerklassen-Kombination III/V gewählt haben oder IV-Faktor;
> Arbeitslohn nach Steuerklasse VI besteuert wurde;
> auf der (elektronischen) Lohnsteuerkarte ein Freibetrag eingetragen wurde. Dies gilt nicht in sogenannten Bagatellfällen, wenn der Arbeitslohn bei Alleinstehenden 10.700,00 Euro und bei Zusammenveranlagung 20.200,00 Euro nicht übersteigt.

Für einfache Steuerfälle genügt bei bestimmten Voraussetzungen eine vereinfachte Steuererklärung. Das Steuerformular besteht nur aus 2 Seiten („Steuererklärung light"). Auch eine vorausgefüllte Steuererklärung kann beantragt werden.

### 6.3.2 Lohnsteuerhaftung

Steuerschuldner ist der Arbeitnehmer, Haftungsschuldner ist der Arbeitgeber (Gesamtschuldner). Dies gilt auch für Nettolohnvereinbarungen. Er haftet für die Einbehaltung und Abführung der Lohnsteuer nach den Angaben auf der elektronischen Lohnsteuerkarte. Das Finanzamt kann grundsätzlich beide nebeneinander in Anspruch nehmen. Das Finanzamt überprüft die lohnsteuerlichen Verhältnisse eines Betriebes durch spezielle Lohnsteuerprüfungen, unabhängig von Außenprüfungen und Umsatzsteuerprüfungen. Dies kann auch unangemeldet geschehen (Lohnsteuernachschau). Die Lohnsteueranmeldung ist elektronisch an das Finanzamt zu übermitteln. Die elektronische Erstellung ist auch für die Lohnsteuerbescheinigung vorgeschrieben. Auf Antrag kann darauf verzichtet werden.

Eine Haftungsinanspruchnahme des Arbeitgebers ist nach den Grundsätzen von Treu und Glauben von vornherein ausgeschlossen, wenn ein entschuldbarer Rechtsirrtum des Arbeitgebers vorliegt, dessen Ursache von der Finanzverwaltung zu verantworten ist. Dies kann z.B. bei einer unklaren oder falschen Auskunft des Finanzamts der Fall sein.

Ein entschuldbarer Rechtsirrtum des Arbeitgebers liegt aber nach Ansicht des Bundesfinanzhofs nicht vor, wenn der Arbeitgeber von der Möglichkeit einer Anrufungsauskunft keinen Gebrauch gemacht hat. Besonders in schwierigen Fällen, wenn dem Arbeitgeber bei einer sorgfältigen Vorgehensweise Zweifel über die Rechtslage kommen, muss eine solche Anrufungsauskunft eingeholt werden. Bei einem personalintensiven Unternehmen mit einer Vielzahl von Beschäftigten ist daher die Frage der Qualifizierung der Beschäftigten als Arbeitnehmer oder Selbstständige (freie Mitarbeiter) durch eine Anrufungsauskunft zu klären. Andernfalls kann der Arbeitgeber bei einer falschen Entscheidung seinerseits in Haftung genommen werden.

## Wiederholungsfragen sowie handlungsorientierte, fallbezogene Übungs- und Prüfungsaufgaben

1. Was versteht man unter einem Arbeitsvertrag auf unbestimmte Zeit?

a Ein Arbeitsverhältnis, das mit Ablauf der vereinbarten Zeit endet.

b Ein Arbeitsverhältnis, das beiderseits nicht gelöst werden kann.

c Ein Arbeitsverhältnis, das nur durch eine fristlose Kündigung gelöst werden kann.

d Ein Arbeitsverhältnis, das mit der Beendigung eines bestimmten Zweckes endet.

e Ein Arbeitsverhältnis, das so lange fortbesteht, bis es in der Regel durch Kündigung, Aufhebung oder Tod endet.

>> Seite 182 |

2. Um welche Art von Arbeitsvertrag handelt es sich, wenn ein Arbeitnehmer nur für drei Monate zur Vertretung eines erkrankten Mitarbeiters im Betrieb angestellt wird?

a Teilzeitarbeitsvertrag.

b Arbeitsvertrag auf unbestimmte Zeit.

c Arbeitsvertrag für geringfügig Beschäftigte.

d Arbeitsvertrag auf bestimmte Zeit.

e Arbeitsvertrag für Leiharbeitnehmer.

>> Seiten 182 bis 183 |

3. Gibt es für Arbeitsverträge eine Probezeit?

a Ja, die gesetzliche Probezeit beträgt für alle Arbeitnehmer einen Monat zum Monatsschluss.

b Nein, weil eine Probezeit für Arbeitsverträge grundsätzlich unzulässig ist.

c Ja, es gibt eine gesetzliche Probezeit von einem Monat, aber nur für Angestellte.

d Ja, aber nur, wenn die Probezeit im Arbeitsvertrag oder im Tarifvertrag vereinbart ist.

e Nein, weil es einer Probezeit für Arbeitsverhältnisse nicht bedarf.

>> Seite 183 |

4. Teilzeitbeschäftigte sind Arbeitnehmer,

- [ ] a deren regelmäßige Wochenarbeitszeit kürzer ist als die der vollzeitbeschäftigten Arbeitnehmer im Betrieb.
- [ ] b deren Arbeitsverhältnis mit Ablauf der vereinbarten Dauer endet.
- [ ] c die nur vorübergehend zur Aushilfe eingestellt worden sind.
- [ ] d die ihre Arbeitszeit regelmäßig in zeitlich wechselndem Schichtdienst erbringen.
- [ ] e die ständig sich abwechselnde Tätigkeiten verrichten.

>> Seite 183 |

5. Sie schließen mit einem neuen Mitarbeiter einen Arbeitsvertrag.

Aufgabe: Welche Pflichten ergeben sich für den Arbeitgeber aus dem Arbeitsvertrag?

>> Seite 185 |

6. Für die Entlohnung Ihrer Mitarbeiter stehen Ihnen verschiedene Formen und Möglichkeiten zur Verfügung.

Aufgabe:

a) In welchen Fällen wählen Sie den Zeitlohn?

b) In welchen Fällen wählen Sie den Leistungslohn?

>> Seite 185 |

7. Welche Angaben muss eine schriftliche Entgeltabrechnung enthalten?

>> Seite 186 |

8. Ihr Arbeitnehmer hat gegenüber Ihnen als Arbeitgeber Anspruch auf Fortzahlung des Entgelts.

Aufgabe:

a) Nennen Sie Fälle, in denen der Arbeitgeber das Arbeitsentgelt fortzuzahlen hat, ohne dass der Arbeitnehmer hierfür eine Arbeitsleistung zu erbringen hat!

b) In welcher Höhe ist dem Arbeitnehmer jeweils Entgelt zu zahlen, und wonach wird dieses Entgelt bemessen?

c) Welche Pflichten hat der Arbeitnehmer, um seinen Anspruch auf Entgeltzahlung jeweils nicht zu verlieren?

>> Seiten 186 bis 188 |

9. Der gesetzliche Mindesturlaubsanspruch für Arbeitnehmer über 18 Jahre beträgt:

- [ ] a 15 Werktage.
- [ ] b 18 Werktage.
- [ ] c 21 Werktage.
- [ ] d 24 Werktage.
- [ ] e 27 Werktage.

>> Seite 189 |

10. Die Arbeitnehmer in Ihrem Betrieb haben Anspruch auf Urlaub.

Aufgabe:

a) Welche Pflichten ergeben sich für den Arbeitgeber aus dem Urlaubsrecht?

b) Was gilt für den Zeitpunkt der Urlaubseinbringung?

>> Seite 190 |

11. Nennen Sie einige Beispiele zur Fürsorgepflicht des Arbeitgebers!

>> Seite 191 |

12. In der Regel wird ein Arbeitsverhältnis durch Kündigung beendet.

Aufgabe:

a) Welche Arten der Kündigung gibt es?

b) Zu welchem Zeitpunkt wird die Kündigung eines Arbeitsverhältnisses wirksam?

c) In welcher Form und in welchen Fällen muss bei Kündigungen der Betriebsrat beteiligt werden?

d) Welche Vorschriften zu Kündigungsfristen müssen beachtet werden?

>> Seiten 192 bis 194 |

13. Welche Anforderungen gelten für die Kündigung eines Arbeitsverhältnisses, damit diese wirksam wird?

>> Seite 192 |

14. In welchem Fall sind die verlängerten gesetzlichen Kündigungsfristen, die im Arbeitsrecht nach mehrjähriger Betriebszugehörigkeit gelten, zu beachten?

- a Sie gelten sowohl für den Arbeitnehmer als auch für den Arbeitgeber.
- b Sie gelten nur, wenn der Arbeitgeber kündigt.
- c Sie gelten nur, wenn der Arbeitnehmer kündigt.
- d Sie gelten beiderseits, aber nur in Betrieben ab 20 Beschäftigten.
- e Sie gelten beiderseits, aber nur im Handwerk.

>> Seiten 193 bis 194 |

15. Muss der Betriebsrat vor Ausspruch einer fristlosen Kündigung durch den Arbeitgeber gehört werden?

- a Nein, weil ein wichtiger Grund vorliegt.
- b Ja, aber nur, wenn der betreffende Arbeitnehmer darauf besteht.
- c Ja, wenn der Betriebsrat es verlangt.
- d Ja, wenn der Arbeitnehmer den Kündigungsgrund bestreitet.
- e Ja, da andernfalls die Kündigung unwirksam ist.

>> Seite 194 |

16. Ab wie vielen beschäftigten Arbeitnehmern fällt der Betrieb unter das Kündigungsschutzgesetz (allgemeiner Kündigungsschutz)? Wie werden dabei Lehrlinge und Teilzeitkräfte berücksichtigt?

>> Seite 195 |

17. Gegen welche Kündigung ist der Arbeitnehmer im Rahmen des allgemeinen Kündigungsschutzgesetzes insbesondere geschützt?

- a Gegen jede Kündigung.
- b Gegen eine sozial ungerechtfertigte Kündigung.
- c Generell gegen keine Form der Kündigung.
- d Gegen eine selbst ausgesprochene Kündigung.
- e Gegen eine beiderseitige Kündigung.

>> Seite 195 |

18. Wegen schlechter Auftragslage stehen Sie vor der Entscheidung, in Ihrem Betrieb mehrere Arbeitnehmer entlassen zu müssen.

Aufgabe: Welche sozialen Gesichtspunkte müssen Sie als Arbeitgeber bei Geltung des Kündigungsschutzgesetzes bei der Auswahl der zu kündigenden Arbeitnehmer beachten, wenn Sie aus dringenden betrieblichen Gründen kündigen wollen?

>> Seite 196 |

19. Die behördliche Genehmigung zur Kündigung einer werdenden Mutter

- [ ] a muss vor Ausspruch der ordentlichen oder fristlosen Kündigung in Händen des Arbeitgebers sein.
- [ ] b muss gleichzeitig mit Ausspruch der Kündigung vom Arbeitgeber beantragt werden.
- [ ] c muss innerhalb zwei Wochen nach Ausspruch der Kündigung vom Arbeitgeber beantragt werden.
- [ ] d muss innerhalb zwei Wochen nach Ausspruch der Kündigung in Händen des Arbeitgebers sein.
- [ ] e kann bis zum Ablauf der ordentlichen Kündigungsfrist vom Arbeitgeber beantragt werden.

>> Seite 198 |

20. In welchem Fall ist ein Tarifvertrag für die Arbeitsvertragspartner verbindlich?

- [ ] a Wenn beide Arbeitsvertragspartner Mitglied der tarifabschließenden Arbeitnehmer- bzw. Arbeitgeberorganisation sind oder der Tarifvertrag für allgemein verbindlich erklärt wurde.
- [ ] b Es genügt, wenn nur der Arbeitnehmer Mitglied der tarifabschließenden Gewerkschaft ist.
- [ ] c Es genügt, wenn nur der Arbeitgeber Mitglied der zuständigen Innung ist.
- [ ] d Wenn der Betrieb Mitglied der zuständigen Berufsgenossenschaft ist.
- [ ] e Wenn der Betriebsinhaber im Geltungsbereich des Tarifvertrages seinen Wohnsitz hat.

>> Seite 200 |

21. Tarifverträge spielen zur Regelung des Arbeitsverhältnisses eine wichtige Rolle.

Aufgabe: Was regeln die Tarifverträge inhaltlich?

>> Seite 200 |

22. Ab welcher Betriebsgröße kann ein Betriebsrat gewählt werden?

- [ ] a Ab drei Arbeitnehmern, die auch wählbar sein müssen.
- [ ] b Ab fünf wahlberechtigten Arbeitnehmern, von denen mindestens drei wählbar sein müssen.
- [ ] c Ab zehn wahlberechtigten Arbeitnehmern, von denen mindestens fünf wählbar sein müssen.
- [ ] d Ab 20 Beschäftigten, von denen mindestens zehn wählbar sein müssen.
- [ ] e Ab 30 Beschäftigten, von denen mindestens 20 wählbar sein müssen.

>> Seite 201 |

23. Bei der Regelung der Beziehungen zwischen Arbeitgeber und Arbeitnehmer spielt das Betriebsverfassungsgesetz eine wichtige Rolle.

    Aufgabe:

    a) Nennen Sie die wichtigsten Grundsätze der Zusammenarbeit zwischen Arbeitgeber und Betriebsrat!

    b) Welche Mitwirkungs- bzw. Mitbestimmungsrechte hat der Betriebsrat?

    >> Seiten 203 bis 205 |

24. Als Arbeitgeber müssen Sie die Vorschriften des Arbeitsschutzes kennen und die betrieblichen Prozesse darauf abstimmen.

    Aufgabe:

    a) Nennen Sie einige Rechtsvorschriften des technischen Arbeitsschutzes!

    b) Nennen Sie die wichtigsten Gesetze, die den sozialen Arbeitsschutz regeln, und beschreiben Sie deren wesentliche Inhalte!

    >> Seiten 206 bis 214 |

25. Als Arbeitgeber kennen Sie wichtige Grundlagen der Arbeitsgerichtsbarkeit.

    a) Welche Instanzen der Arbeitsgerichtsbarkeit kennen Sie?

    b) Bei welcher Art von Streitigkeiten sind Arbeitsgerichte zuständig?

    >> Seiten 214 bis 215 |

26. Als Betriebsinhaber müssen Sie insbesondere dann, wenn Sie Arbeitnehmer beschäftigen, aber auch für sich selbst über die Sozialversicherung näher Bescheid wissen.

    Aufgabe: Beschreiben Sie die wichtigsten Versicherungszweige im System der Sozialversicherung!

    >> Seite 216 |

27. Von wem werden die Pflichtbeiträge zur gesetzlichen Rentenversicherung aufgebracht?

- [ ] a Zu 1/3 vom Arbeitgeber und 2/3 vom Arbeitnehmer.
- [ ] b Zu 2/3 vom Arbeitgeber und 1/3 vom Arbeitnehmer.
- [ ] c Allein vom Arbeitnehmer.
- [ ] d Allein vom Arbeitgeber.
- [ ] e Vom Arbeitgeber und Arbeitnehmer je zur Hälfte.

>> Seite 217 |

28. Wer haftet bei pflichtversicherten Arbeitnehmern für die richtige und rechtzeitige Abführung der Gesamtsozialversicherungsbeiträge zur Kranken-, Pflege-, Arbeitslosen- und Rentenversicherung?

- a Der Arbeitnehmer selbst.
- b Der Lohnbuchhalter des Betriebes.
- c Der Arbeitgeber.
- d Arbeitnehmer und Arbeitgeber zusammen.
- e Weder Arbeitgeber noch Arbeitnehmer.

>> Seite 217 |

29. Die gesetzliche Krankenversicherung ist ein bedeutender Zweig des Systems der sozialen Sicherung.

Aufgabe: Beschreiben Sie die wichtigsten Leistungen der gesetzlichen Krankenversicherung!

>> Seiten 224 bis 225 |

30. Die soziale Pflegeversicherung ist der jüngste Zweig des Systems der beitragsfinanzierten sozialen Sicherung.

Aufgabe: Beschreiben Sie die wichtigsten Leistungen der sozialen Pflegeversicherung!

>> Seite 226 |

31. Wie heißt der Versicherungsträger der Arbeitslosenversicherung (Arbeitsförderung)?

- a Bundesagentur für Arbeit.
- b Arbeitsvermittlungsstelle.
- c Berufsgenossenschaft.
- d Landesversorgungsamt.
- e Landesversicherungsanstalt.

>> Seite 227 |

32. Welche Personen sind in der Arbeitslosenversicherung versicherungspflichtig?

>> Seite 227 |

33. Die gesetzliche Rentenversicherung ist ein bedeutender Zweig des Systems der sozialen Sicherung.

Aufgabe: Beschreiben Sie die wichtigsten Leistungen, die die gesetzliche Rentenversicherung gewährt!

>> Seite 235 |

34. Wonach bemisst sich die Höhe der Altersrente aus der gesetzlichen Rentenversicherung?

- a Nach dem letzten Jahresbruttoarbeitsverdienst des Versicherten vor Stellung des Rentenantrages.
- b Nach dem letzten Monatsbruttoarbeitsverdienst des Versicherten vor Stellung des Rentenantrages.
- c Nach den sonstigen Einkünften des Rentenantragstellers.
- d Nach der Höhe der Beitragsleistungen bzw. der Versichertenbruttoentgelte und der Zahl der anzurechnenden Versicherungsjahre des Versicherten.
- e Nach der Art der Tätigkeit, die der Versicherte zeitlebens ausgeübt hat.

>> Seite 236 |

35. Nachdem Sie sich selbstständig gemacht haben, befassen Sie sich eingehend damit, wie Sie für sich eine ausreichende Altersvorsorge sicherstellen können.

Aufgabe: Zeigen Sie Möglichkeiten, Chancen und Risiken der zusätzlich zur gesetzlichen Rentenversicherung aufzubauenden kapitalgedeckten Altersvorsorge auf!

>> Seiten 238 bis 240 |

36. Als Betriebsinhaber/Arbeitgeber haben Sie die alleinige Beitragspflicht zur gesetzlichen Unfallversicherung.

Aufgabe:

a) Zeigen Sie die Versicherungsfälle auf, die in der gesetzlichen Unfallversicherung Versicherungsschutz genießen und für die die Berufsgenossenschaften Leistungen gewähren!

b) Beschreiben Sie die wichtigsten Leistungen, die die gesetzliche Unfallversicherung gewährt!

>> Seiten 242 bis 243 |

37. Welcher Unfall gilt nicht als Arbeitsunfall im Sinne der gesetzlichen Unfallversicherung?

- a Unfall bei einer Tätigkeit für den Betrieb.
- b Unfall bei einer privaten Besorgung während der Arbeitszeit.
- c Wegeunfall zwischen Wohnung und Arbeitsstätte.
- d Unfall auf einem Weg zur Erledigung von dienstlichen Tätigkeiten.
- e Unfall bei einer Betriebsveranstaltung.

>> Seite 242 |

38. Die Berufsgenossenschaften erlassen Vorschriften über Einrichtungen, Anordnungen und Maßnahmen, welche der Betriebsinhaber und seine Arbeitnehmer zu beachten haben.

Aufgabe:

Welche Aufgabe hat der vom Arbeitgeber bestellte Sicherheitsbeauftragte im Betrieb?

>> Seite 243 |

39. Für einen neuen Arbeitnehmer liegen dem Arbeitgeber trotz wiederholter Versuche keine Lohnsteuerabzugsmerkmale vor. Der Arbeitgeber weiß, dass der Arbeitnehmer verheiratet ist und seine Frau in einem geregelten Arbeitsverhältnis steht.

Aufgabe: Wie hat er den Lohn des Arbeitnehmers zu versteuern?

- [ ] a Der Lohn ist nach Steuerklasse VI zu versteuern.
- [ ] b Der Lohn ist mit einem durchschnittlichen Lohnsteuersatz von 25% zu versteuern.
- [ ] c Der Arbeitgeber hat die Lohnsteuerklasse IV zugrunde zu legen, weil diese Steuerklasse für Verheiratete gilt, die beide Arbeitnehmer sind.
- [ ] d Ohne Berücksichtigung des Arbeitsverhältnisses der Ehefrau ist der Arbeitnehmer wie ein Lediger zu behandeln und nach Steuerklasse I zu versteuern.
- [ ] e Der Lohn unterliegt nicht der Lohnsteuer, weil der Arbeitnehmer in einem solchen Fall eine Einkommensteuererklärung abgeben muss.

>> Seite 247 |

40. Vervollständigen Sie diesen Lückentext:

Steuerschuldner bei der Lohnsteuer ist der ________________, Haftungsschuldner ist der ________________. Er haftet für die Einbehaltung und Abführung der Lohnsteuer nach den Angaben auf der ________________ ________________. Das Finanzamt überprüft die lohnsteuerlichen Verhältnisse eines Betriebes durch spezielle ________________, unabhängig von Außenprüfungen und Umsatzsteuerprüfungen. Die Lohnsteueranmeldung ist elektronisch an das ________________ zu übermitteln. Die elektronische Erstellung ist auch für die ________________ vorgeschrieben.

>> Seite 249 |

# 7. Chancen und Risiken zwischenbetrieblicher Kooperationen darstellen

**Kompetenzen**

- Wertschöpfungsketten auf Möglichkeiten zur Kooperation analysieren und Chancen sowie Risiken abwägen.
- Geeignete Kooperationspartner unter Berücksichtigung gemeinsamer Ziele auswählen und ansprechen.

## 7.1 Zwischenbetriebliche Zusammenarbeit (Kooperation)

Aufgabendurchführung

Je nach den Kenntnissen des Betriebsinhabers, der Betriebsgröße und der Branche wird der Handwerksmeister einen Teil der Aufgaben auf Arbeitskräfte im Betrieb übertragen (= Zusammenarbeit im Betrieb).
Darüber hinaus besteht die Möglichkeit, bestimmte Aufgaben von zwischenbetrieblichen Einrichtungen durchführen zu lassen.
Kooperationen im Handwerk sind in vielen Bereichen notwendig und sinnvoll.

### 7.1.1 Wertschöpfungsketten

Aufgabenaneinanderreihung

Unter einer Wertschöpfungskette versteht man vereinfacht dargestellt eine Aneinanderreihung verschiedener betrieblicher Tätigkeiten im Produktions- oder Dienstleistungsprozess. Im Rahmen der betrieblichen Zusammenarbeit können diese Tätigkeiten horizontal oder vertikal im Fertigungs- oder Dienstleistungsprozess aneinandergefügt werden.

**Möglichkeiten, Voraussetzungen und Schwerpunkte der zwischenbetrieblichen Zusammenarbeit**

Unter zwischenbetrieblicher Kooperation versteht man die freiwillige Zusammenarbeit zwischen rechtlich selbstständigen Unternehmen.

Ziele

Wichtige Ziele der zwischenbetrieblichen Kooperation sind:

- größere Aufträge/attraktivere Preise
- Stärkung der Wettbewerbsfähigkeit
- Rationalisierung/Kosteneinsparungen
- Leistungssteigerung
- Verbesserung der Leistungschancen
- Erschließung neuer Märkte/Verbesserung der Marktchancen
- Komplettangebote aus einer Hand
- Anpassung an veränderte Marktbedingungen

> Verteilung des Risikos
> bessere Nutzung von Spezialwissen.

Komplett-angebote

Kooperationen sind vermehrt notwendig, um den Kundenerwartungen für gebündelte Handwerksleistungen als Komplettangebot „aus einer Hand" gerecht werden zu können (z. B. im Bau- und Ausbaubereich, Gebäudemanagement etc.).

Ein wichtiges Merkmal der betrieblichen Zusammenarbeit liegt darin, dass die wirtschaftliche Entscheidungsfreiheit der einzelnen Betriebe weitgehend erhalten bleibt.

Die kooperierenden Betriebe ordnen sich nicht einer einheitlichen Leitung unter, sondern treffen nur zur Durchführung bestimmter Aufgaben gemeinsame Entscheidungen. Eine solche vertraglich geregelte Zusammenarbeit zwischen kleinen und mittleren Unternehmen wurde vom Gesetzgeber im Gesetz gegen Wettbewerbsbeschränkungen (GWB) ausdrücklich erlaubt, sofern sie sich nicht auf reine Preisabsprachen bezieht.

Kooperations-vertrag

Basis einer erfolgreichen Kooperation ist der Kooperationsvertrag, der schriftlich die wichtigsten Kooperationsinhalte regelt:

> Vertragspartner
> Gegenstand der Kooperation
> Aufgabenbeschreibung, Leistungsumfang
> Pflichten der Kooperationspartner
> Rechtsbeziehungen der Kooperationspartner untereinander und gegenüber Dritten
> Beginn, Dauer, Kündigungsregelungen
> Finanzierung
> Kosten- und Ergebnisregelung
> Geschäftsführung
> Haftung
> Gewährleistung
> Konfliktregelungen
> Gerichtsstand.

Wichtigste Voraussetzungen

Die wichtigsten Voraussetzungen für eine erfolgreiche Kooperation sind:

> gegenseitiges Vertrauen der Kooperationsmitglieder (richtiges Team)
> fachliche Qualifikation der Kooperationspartner
> klare Vorgaben für die Kooperationsbereiche
> klare Spielregeln für die Partner
> zweckentsprechende Rechtsform, klare Vertragsvereinbarungen
> klare Haftungsregelung
> reibungslose verwaltungsmäßige Abwicklung (Kooperationsmanagement).

Kooperations-felder

Eine zwischenbetriebliche Kooperation erfolgt insbesondere in folgenden Kooperationsfeldern:

> Beschaffung
> Produktion
> Dienstleistungen, Service, Kundendienst
> Vertrieb

> Marketing (z. B. Werbung, Verkaufsförderung)
> Verwaltung
> Finanzierung
> Personalplanung, Personaleinsatz
> Forschung und Entwicklung
> Rechnungswesen
> IT
> Erfahrungsaustausch.

Förderung der Kooperation

Die Förderung der Kooperation ist eine wesentliche Aufgabe der Handwerksorganisationen.
Angesichts der wirtschaftlichen Integration in Europa gewinnt auch die Kooperation mit ausländischen Partnern an Bedeutung.

### 7.1.2 Kooperationsformen

Grundsätzlich unterscheidet man zwischen horizontaler und vertikaler Kooperation.

Unter horizontaler (branchengleicher) Kooperation versteht man die Zusammenarbeit von gleich gearteten Kapazitäten mehrerer Unternehmen mit dem Ziel, größere Aufträge durchführen zu können.
Unter vertikaler Kooperation versteht man die Zusammenfügung mehrerer Unternehmen unterschiedlicher Fertigungsstufen mit dem Ziel, Aufträge durchführen zu können, die mehrere Fertigungsstufen umfassen.

Beispiele für vertikale Kooperationen sind:

> Generalunternehmen, die die Erstellung von kompletten Bauprojekten vornehmen
> Subunternehmen, die Teilfunktionen bei der Durchführung von Bauprojekten im Auftrag eines Generalunternehmers übernehmen.

Daneben sind Kombinationen beider Kooperationsformen möglich.

Die wichtigsten Formen und Einrichtungen der Kooperation sind im Einzelnen:

Beschaffungssektor

> Auf dem Sektor der Beschaffung mit dem Ziel, durch den Einkauf größerer Mengen günstigere Konditionen und Preise zu erhalten:
Einkaufsgenossenschaften, Kreditgenossenschaften und Einkaufsgemeinschaften.

Leistungserstellung

> Auf dem Gebiet der Leistungserstellung zur Verbesserung der Produktionsverhältnisse (Schaffung optimaler Betriebsgrößen):
Einschaltung von Subunternehmen (Fremdfertigung und Fremdleistung), Bildung von Arbeitsgemeinschaften zur Durchführung größerer Aufträge, Leistungsgemeinschaften, Zulieferverträge, Errichtung von Handwerkerhöfen, Gewerbeparks und Gründerzentren.
Leistungsgemeinschaften bieten insbesondere im Bau- und Ausbaubereich den Kunden verschiedenartige Handwerksleistungen nach dem Grundsatz „Alles aus einer Hand" an, und zwar sowohl kostengünstige Formen des Bauens als auch Komfortlösungen. Dadurch kann den Kundenwünschen besser entsprochen werden.

**Dienstleistungen rund um das Gebäude**

Dienstleistungen rund um das Gebäude aus einer Hand (Facility Management), die durch Kooperation von Handwerksbetrieben erbracht werden können, fordert der Markt in zunehmendem Maße. Vor allem Betriebe des Elektro-, Sanitär-, Heizungs-, Klima- und baunahen Handwerks sowie der Gebäudereinigung sind hier gefordert. Einen Überblick über die wichtigsten Geschäftsfelder gibt die nachstehende Abbildung:

**Wichtige Teilbereiche des Facility Managements für Handwerksbetriebe**

- **Flächenbewirtschaftung**
  - Flächen-/Raumplanung
  - Bestandserfassung, Bestandspflege
  - Gebäudesicherheit
  - Reinigung
  - Fuhrparkverwaltung
- **Gebäudebewirtschaftung**
  - zentrale Leittechnik
  - Betrieb der technischen Anlagen und Zentralen
  - Energiemanagement
  - Nachrichten- und Kommunikationstechnik
  - Instandhaltung

Weitere Kooperationen können eingegangen werden zum gemeinsamen Einsatz von teuren Fertigungs-, Mess- und Prüfungseinrichtungen (bessere Auslastung, Verbesserung der Kosten-Nutzen-Relation).

**Vertrieb**

> Im Bereich des Vertriebs zur Schaffung kostengünstiger Vertriebsorganisationen und zum Aufbau einer stärkeren Marktposition:
Verkaufsgenossenschaften, Vertriebsgesellschaften, Ladengemeinschaften, Handwerkermärkte, Kundendienst, Montage, Einführung von Neuheiten, einheitliche Marketingkonzeptionen oder Marketinggesellschaften, örtliche oder überregionale Werbegemeinschaften, Messekooperationen, gemeinsamer Internetauftritt.

**Verwaltung**

> Auf dem Gebiet der Verwaltung zur Erhöhung der Wirtschaftlichkeit:
Buchstellen, Rechenzentren, Betriebsberater, Steuerberater, Erfahrungsaustauschgruppen, Qualitätszirkel usw.

Von besonderem Vorteil für die Beteiligten ist der systematische zwischenbetriebliche Erfahrungsaustausch.
Nachstehende Abbildung zeigt die wichtigsten Kooperationseinrichtungen in den einzelnen Aufgabenbereichen zusammengefasst im Überblick:

**Wichtige Kooperationseinrichtungen in einzelnen betriebswirtschaftlichen Aufgabenbereichen**

- **Beschaffung**
  - Einkaufsgenossenschaften
  - Einkaufsgemeinschaften
  - Kreditgenossenschaften
- **Leistungserstellung**
  - Einschaltung von Subunternehmen
  - Arbeitsgemeinschaften
  - Leistungsgemeinschaften
  - Zulieferverträge
  - Handwerkerhöfe
  - Gründerzentren
  - Facility Management
- **Vertrieb**
  - Verkaufsgenossenschaften
  - Vertriebsgesellschaften
  - Ladengemeinschaften
  - Kundendienst
  - Marketinggesellschaften
  - Werbegemeinschaften
  - Messekooperationen
  - gemeinsamer Internetauftritt
- **Verwaltung**
  - Buchstellen
  - Rechenzentren
  - Berater
  - Erfahrungsaustauschgruppen
  - Qualitätszirkel

> Sowohl die Organisationsformen als auch die Methoden der zwischenbetrieblichen Kooperation sind einem ständigen Wandel unterworfen und müssen daher laufend den veränderten Gegebenheiten wirtschaftlicher und technischer Art angepasst werden.

### Zusammenarbeit mit Heimwerkern

Im Hinblick auf den ständig zunehmenden Umfang der Heimwerkerbewegung stellt sich für einige Handwerksberufe auch die Frage nach der Zusammenarbeit mit den Heimwerkern bzw. nach einer Betreuung von Eigenleistungen.
Der jährliche Umfang des sogenannten Do-it-yourself erreicht ein beträchtliches Marktvolumen. Am meisten betroffen sind die Bereiche Bau und Ausbau.
Für eine arbeitsteilige Zusammenarbeit von Handwerkern und Heimwerkern sprechen folgende Argumente:

Argumente für Zusammenarbeit

- Das beträchtliche Marktvolumen läuft ohne Zusammenarbeit ganz am Handwerk vorbei.
- Eine Zusammenarbeit eröffnet Chancen für zusätzliche Materiallieferungen.
- Über eine intensive Beratung können weitere Aufträge erreicht werden.
- Die Zusammenarbeit ermöglicht im Interesse des Kunden die Gewährleistung von Sicherheit und die Vermeidung von Bauschäden.

Argumente gegen Zusammenarbeit

Gegen eine Zusammenarbeit sprechen folgende Argumente:

- Durch die Zusammenarbeit erhält Do-it-yourself eventuell weiteren Auftrieb.
- Infolge von Do-it-yourself gehen mehr Aufträge verloren, als durch eine Zusammenarbeit zusätzlich gewonnen werden.
- Mit Beratungsleistungen oder anderen Teilleistungen können oft keine kostendeckenden Einnahmen erzielt werden.
- Es besteht die Gefahr, dass der Heimwerker nur die Beratungsleistungen in Anspruch nimmt, Materialien jedoch in Baumärkten kauft.

Eine allgemein gültige Empfehlung für oder gegen eine Zusammenarbeit kann nicht gegeben werden. Die Situation muss jeweils entsprechend dem Handwerkszweig, dem Handwerksbetrieb und dem Standort beurteilt werden.

## Wiederholungsfragen sowie handlungsorientierte, fallbezogene Übungs- und Prüfungsaufgaben

1. Zwischenbetriebliche Zusammenarbeit ist

- [ ] a im Bereich des Handwerks überall selbstverständlich.
- [ ] b im Handwerk wirtschaftlich uninteressant.
- [ ] c im Bereich des Handwerks in der Zukunft noch notwendiger.
- [ ] d im Handwerk kaum möglich, weil zwischenbetriebliche Einrichtungen fehlen.
- [ ] e dem Handwerker aus Konkurrenzgründen nicht zu empfehlen.

>> Seite 259 |

2. Zur Verbesserung der Wettbewerbsfähigkeit Ihres Betriebes im weitesten Sinne wollen Sie feststellen, welche Zielsetzungen durch zwischenbetriebliche Zusammenarbeit (Kooperation) erreicht werden können und in welchen Bereichen Kooperation erfolgen kann.

   Aufgabe:

   a) Erläutern Sie wichtige Ziele der zwischenbetrieblichen Zusammenarbeit!

   b) Stellen Sie fest, in welchen Bereichen zwischenbetriebliche Kooperation erfolgen kann!

>> Seiten 259 bis 261 |

3. Welche wichtigen Voraussetzungen sollten für eine erfolgreiche Kooperation gegeben sein?

>> Seite 260 |

4. Sie sind Inhaber eines Handwerksbetriebes und haben sich entschlossen, soweit betriebswirtschaftlich zweckmäßig, durch Ausschöpfung möglicher zwischenbetrieblicher Kooperationen die Gesamtorganisation Ihres Betriebes zu verbessern. Zur Vorbereitung Ihrer Entscheidungen wollen Sie zunächst feststellen, welche Formen der zwischenbetrieblichen Zusammenarbeit es für einen Handwerksbetrieb gibt und welche Kooperationseinrichtungen für eine solche Zusammenarbeit infrage kommen.

   Aufgabe: Stellen Sie die wichtigsten Formen und Einrichtungen der zwischenbetrieblichen Zusammenarbeit dar!

>> Seiten 261 bis 263 |

5. Zeigen Sie am Beispiel einer horizontalen Wertschöpfungskette die Sinnhaftigkeit einer betrieblichen Kooperation an einem selbst gewählten Beispiel auf!

>> Seite 261 |

6. Zeigen Sie am Beispiel einer vertikalen Wertschöpfungskette die Sinnhaftigkeit einer betrieblichen Kooperation an einem selbst gewählten Beispiel auf!

>> Seite 261 |

# 8. Controlling zur Entwicklung, Verfolgung, Durchsetzung und Modifizierung von Unternehmenszielen nutzen

**Kompetenzen**

> Instrumente des Controllings darstellen und zur Situationsanalyse, zum Erkennen von Fehlentwicklungen sowie zum Aufdecken von zukünftigen Potenzialen einsetzen.
> Instrumente des Controllings zur Erhaltung der Liquidität und Sicherung der Rentabilität einsetzen.
> Erreichung von Unternehmenszielen überwachen, gegebenenfalls Unternehmensziele anpassen und Maßnahmen zur Erreichung der Ziele begründen.

## 8.1 Controlling

### 8.1.1 Aufgaben und Ziele

Planung
Steuerung
Kontrolle

Im Handwerksbetrieb liegt die Unternehmensführung zumeist in der Hand des Inhabers. In der Regel plant, steuert und kontrolliert er die Abläufe seines Unternehmens.

Die Hauptaufgabe des Controllings in Handwerksbetrieben ist, dem Inhaber für diese Tätigkeiten Informationen bereitzustellen. Mithilfe dieser Informationen ist er in der Lage, sämtliche Führungsbereiche (z. B. Einkauf, Produktion, Absatz usw.) miteinander abzustimmen und zu koordinieren.

Darüber hinaus sollen ihn diese Informationen dazu befähigen, notwendige Anpassungen an sich ändernde Umwelteinflüsse vorzunehmen und wichtige Neuerungen zu erkennen.

Einzelaufgaben

Aufgaben des Controllings in Handwerksbetrieben:

> Informationsbereitstellung
> Abstimmung von Führungsbereichen
> Anpassung an Umweltänderungen
> Erkennung wichtiger Neuerungen.

Das Ziel des Controllings in Handwerksbetrieben besteht darin, sämtliche Führungsbereiche (z. B. Beschaffung, Produktion, Absatz, Finanzen etc.) auf die Unternehmensziele hin auszurichten.

Die Unternehmensziele können sehr unterschiedlich sein. Weder Umsatz noch Gewinn sind als isolierte Ziele geeignet, einen Handwerksbetrieb erfolgreich zu füh-

ren. Ein umfangreiches Zielbündel ist in den meisten Betrieben anzutreffen. Neben monetären werden auch immer nicht monetäre Ziele verfolgt. Außerdem gilt es, Nebenbedingungen, wie z.B. eine ausreichende Liquidität, einzuhalten. Sollten diese nicht erfüllt sein, kann es geschehen, dass der Betrieb in große Schwierigkeiten gerät.
Controlling unterstützt den Inhaber bei der Zielbildung, Zielsteuerung und Zielüberwachung.
In diesem Zusammenhang wird deutlich, dass man den Begriff Controlling nicht mit Kontrolle gleichsetzen darf und kann.

Unter Controlling ist vielmehr ein Prozess zu verstehen, der vergleichbar mit dem Führen eines Schiffes ist. Vereinfachend kann man sagen, dass das Controlling die (Kenn-)Zahlen zur Verfügung stellt, mit deren Hilfe der Betrieb auf Kurs gehalten werden kann.

Für das Controlling im Handwerksbetrieb ist kein großer finanzieller Aufwand nötig. Die meisten Zahlen und sonstigen Informationen sind in der Regel bereits im Unternehmen vorhanden. Ein Betriebsinhaber, der seine betriebswirtschaftliche Auswertung und seine Kennzahlenentwicklung regelmäßig beobachtet und sich betriebswirtschaftlich sowie fachlich auf dem Laufenden hält, kann ein hervorragender Controller sein. Zur Unterstützung des Betriebsinhabers stehen für jede Betriebsgröße geeignete IT-Anwendungen zur Verfügung.

Fristigkeit

Vom Zeithorizont betrachtet unterscheidet man, ähnlich wie bei der Planung, das operative Controlling (kurzfristige Maßnahmen) und das strategische Controlling (mittel- und langfristige Maßnahmen).

### 8.1.2 Schwachstellenanalyse

In jedem Betrieb sind, unabhängig von seiner Größe, Schwachstellen vorhanden. Mithilfe der Schwachstellenanalyse gilt es, diese aufzuspüren und zu ihrer Beseitigung beizutragen.

Die Schwachstellenanalyse besteht aus drei Schritten (Phasen). Im ersten Schritt wird der gegenwärtige Zustand aufgenommen. Man spricht auch von einer Ist-Analyse. In ihr werden sämtliche betriebliche Bereiche unter die Lupe genommen, nach Unstimmigkeiten und Fehlern durchsucht und schriftlich festgehalten.

Unternehmensbereiche

Unternehmensbereiche, die der Schwachstellenanalyse unterworfen werden müssen:

> Rechnungswesen
> Kalkulation
> Marketing/Vertrieb
> Organisation
> Finanzwesen
> Personalwesen
> Planung.

Hilfreich bei der Fehlersuche können Checklisten, Betriebsvergleichszahlen und Merkblätter zur Stärken-Schwächen-Analyse sein. Sie sollen dem Betriebsinhaber erste Anhaltspunkte liefern, wo sich Fehlerquellen verbergen können. Bei genauerer Analyse treten dann meist betriebstypische Fehlerquellen zutage, die es ebenfalls zu beseitigen gilt.

Fehlersuche

Im zweiten Schritt der Schwachstellenanalyse müssen die Ursachen für die aufgedeckten Missstände gesucht werden. Wie bei allen Analysen ist es hierbei äußerst wichtig, dass man versucht, die Lage wirklichkeitsgetreu zu betrachten. Diese Aufrichtigkeit gegenüber sich selbst und anderen kann zu entscheidenden Erkenntnissen führen. Andererseits war alle Mühe vergebens, und niemandem ist damit geholfen, wenn man sich in die eigene Tasche lügt.

In einem dritten und abschließenden Schritt werden die Unzulänglichkeiten den gefundenen Ursachen gegenübergestellt. Dies kann z.B. in Form einer bildlichen Übersicht erfolgen. Diese erleichtert die Entwicklung von Maßnahmen zur Beseitigung der Missstände.

**Beispiel:**

| Schwachstelle | Ursache | Maßnahme |
|---|---|---|
| Buchführung ist nicht auf dem neuesten Stand. | Rechnungen werden nur einmal im Monat erfasst bzw. geschrieben. | Rechnungen werden ab sofort einmal pro Woche erfasst und geschrieben. Eine zusätzliche Bürohilfe wird auf Stundenbasis eingestellt und über die gewonnenen Skonti und geringeren Überziehungszinsen finanziert. |
| Kunden haben Mühe, die Reparaturwerkstatt zu finden. | Der Weg zur Werkstatt ist von der Straße aus nicht beschildert. | Aufstellen von Hinweisschildern mit Firmenlogo. |
| ... | ... | ... |

## 8.1.3 Kennzahlen und Kennzahlensysteme

In jedem Unternehmen gibt es eine Reihe von Zahlen. Alle diese Zahlen haben einen gewissen Informationsgehalt. Da es unmöglich ist, alle Zahlen ständig zu beobachten und auszuwerten, hat es sich als sinnvoll herausgestellt, nur bestimmte Werte zu untersuchen.

Diese Zahlen, die entweder bereits im Betrieb vorhanden sind oder erst noch ermittelt werden müssen, nennt man Kennzahlen. Zweck einer Kennzahl ist es, dem Betriebsinhaber möglichst gute Informationen über den Zustand seines Betriebes zu liefern.

Kennzahlen lassen sich für fast jeden Betriebsbereich ermitteln. Sie sind darüber hinaus wichtiges Datenmaterial für die Planung, Steuerung und Kontrolle im Betrieb. Weiterhin sind Kennzahlen auch Maßstabswerte für inner- und zwischenbetriebliche Vergleiche.

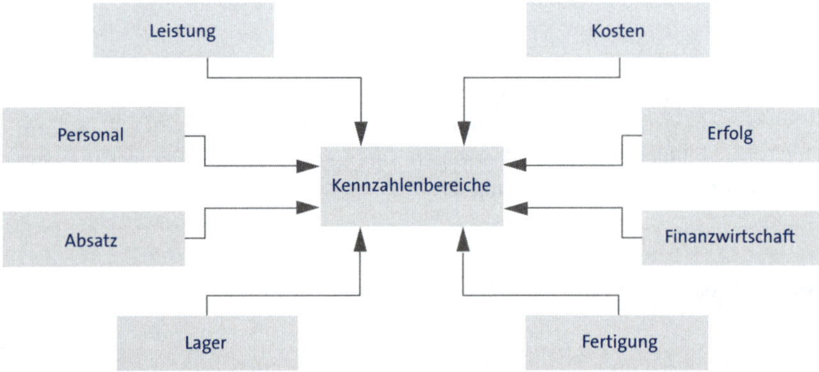


Arten

Grundsätzlich lassen sich zwei Arten von Kennzahlen unterscheiden.

Die erste Gruppe nennt man absolute Zahlen. Sie geben die genaue Größe wieder, wie z. B. Umsatz, Kontostand, Rechnungsbetrag, Bilanzgewinn, Produktionsmenge etc.

Diese Kennzahlenart hat jedoch den Nachteil, dass sie ab einer gewissen Größe schlecht überschaubar und handhabbar wird. Außerdem ist sie für Vergleiche nicht gut geeignet. Beispielsweise ist eine Umsatzsteigerung nur dann aussagekräftig, wenn sie ins Verhältnis mit dem dazu notwendigen Aufwand gesetzt wird.

**Beispiel:**

Macht ein Handwerksbetrieb im Jahr einen Umsatz von 750.000,00 EUR und im darauffolgenden Jahr einen Umsatz von 900.000,00 EUR, so hat sich der absolute Umsatz um 20 % gesteigert. Waren aber zum Erreichen dieses Umsatzes anstatt sechs Mitarbeitern im ersten Jahr elf Mitarbeiter im zweiten Jahr notwendig, so sank der Pro-Kopf-Umsatz um ca. 35 %. An diesem Beispiel erkennt man, dass absolute Zahlen zu Vergleichen manchmal nicht gut geeignet sind.

Daher verwendet man für Vergleiche und bei großen Zahlen eine andere Kennzahlenart. Man nennt sie Verhältniszahlen. Sie geben an, wie eine Zahl im Verhältnis zu einer anderen Zahl steht. Beide Zahlen können die gleiche (z.B. EUR/EUR) oder unterschiedliche (z.B. EUR/Anzahl der Mitarbeiter; km/Std.) Benennung tragen.

Innerhalb der Verhältniszahlen gibt es drei verschiedene Arten:

> Gliederungszahlen
> Beziehungszahlen
> Indexzahlen.

Gliederungszahlen geben den Anteil einer Größe an einer Gesamtmenge an, z. B. den Anteil der Lohn- oder Materialkosten an den Herstellkosten.
Beziehungszahlen geben über das Verhältnis zweier unterschiedlicher Größen Auskunft, z. B. Umsatz pro Mitarbeiter oder Rohertrag pro produktiver Stunde.
Indexzahlen geben an, wie sich zwei inhaltlich vergleichbare, aber voneinander unabhängige Größen in einem Zeitraum entwickelt haben, z. B. Höhe der Lohnzusatzkosten 2012/Höhe der Lohnzusatzkosten 2013 oder Höhe der Lebenshaltungskosten 2012/Höhe der Lebenshaltungskosten 2013.

## 8.1.4 Kennzahlenanalyse in der Praxis

### a) Personalwirtschaftliche Kennzahlen

**Verhältnis der Bürokräfte zu den Gesellen bzw. der Angestellten zu den Arbeitern**

Kaufmännische und gewerbliche Kräfte

$$\frac{\text{Bürokräfte}}{\text{Gesellen}} \times 100 = \ldots\,\% \quad \text{bzw.} \quad \frac{\text{Angestellte}}{\text{Arbeiter}} \times 100 = \ldots\,\%$$

Aus diesen Kennzahlen erhält man einen Maßstab, ob im Verwaltungsbereich eine Über- oder Unterbesetzung besteht.

**Verhältnis der einzelnen Berufsgruppen der Belegschaft zu den Gesamtbeschäftigten**

Berufsgruppen

$$\frac{\text{Einzelne Berufsgruppe}}{\text{Zahl der Gesamtbeschäftigten}} \times 100 = \ldots\,\%$$

Aus dieser Kennzahl lässt sich im Vergleich mit anderen Betrieben erkennen, ob in einzelnen Berufsgruppen Unter- oder Überbesetzungen vorherrschen.

**Altersgruppen in Prozent der Arbeitskräfte**

Altersgruppen

$$\frac{\text{Bestimmte Altersgruppe}}{\text{Gesamtarbeitskräfte}} \times 100 = \ldots\,\%$$

Diese Kennzahl informiert über die Altersstruktur der Arbeitskräfte und ermöglicht wichtige Schlussfolgerungen hinsichtlich der Personalpolitik. Sie ist ferner wichtig, um für den eigenen Betrieb zu ermitteln, wie er von altersabhängigen Gesetzes- und Tarifbestimmungen betroffen ist.

Personalkosten und Betriebsleistung

**Verhältnis der Personalkosten zur Betriebsleistung**

$$\frac{\text{Personalkosten}}{\text{Betriebsleistung}} \times 100 = \ldots\,\%$$

Diese Kennzahl gibt einen wichtigen Anhaltspunkt hinsichtlich des Personalkostenanteils an der Betriebsleistung.

Überstunden

**Verhältnis von Überstunden zu geleisteten Gesamtarbeitsstunden**

$$\frac{\text{Geleistete Überstunden}}{\text{Geleistete Gesamtarbeitsstunden}} \times 100 = \ldots\,\%$$

Diese Kennzahl informiert zum einen darüber, zu welchen Zeitpunkten besonders viele Überstunden anfallen. Zum anderen kann daraus abgeleitet werden, ob Neueinstellungen erforderlich werden.

Fluktuation

**Personalbewegung**

$$\frac{\text{Zu- und Abgänge an Arbeitskräften}}{\text{gesamte Arbeitskräfte}} \times 100 = \ldots\,\%$$

Diese Kennzahl informiert über die Fluktuation des Personals in einem Betrieb und lässt eventuell Rückschlüsse auf Betriebsklima u. Ä. zu.

Austrittsquote

**Austrittsquote**

$$\frac{\text{Kündigungen im Jahr}}{\text{durchschnittliche Zahl der Beschäftigten im Jahr}} \times 100 = \ldots\,\%$$

Die Austrittsquote als Teilbereich der Personalbewegung zeigt an, wie viel Prozent der Belegschaftsmitglieder im laufenden Jahr das Unternehmen verlassen haben.

Fehlzeitenquote

**Fehlzeitenquote**

$$\frac{\text{Fehlarbeitstage im Jahr}}{\text{mögliche Arbeitstage im Jahr}} \times 100 = \ldots\,\%$$

Die Fehlzeitenquote gibt ein interessantes Bild über die versäumten Arbeitstage im Verhältnis zu den möglichen Arbeitstagen.

### b) Fertigungswirtschaftliche Kennzahlen

**Verhältnis der nicht direkt verrechenbaren zu den direkt verrechenbaren Löhnen**

Produktive und unproduktive Löhne

$$\frac{\text{nicht direkt verrechenbare Löhne}}{\text{direkt verrechenbare Löhne}} \times 100 = \ldots\,\%$$

Diese Kennzahl gibt unter anderem Aufschluss über den rationellen Einsatz der Arbeitskräfte.

**Verhältnis der nicht direkt verrechenbaren Löhne zur Betriebsleistung**

Nicht direkt verrechenbarer Lohnanteil am Umsatz

$$\frac{\text{nicht direkt verrechenbare Löhne}}{\text{Betriebsleistung}} \times 100 = \ldots\,\%$$

Diese Kennzahl gibt Aufschluss über den Anteil der nicht direkt verrechenbaren Löhne am Umsatz des Betriebes.

**Verhältnis direkt verrechenbarer Löhne zur Betriebsleistung**

Produktiver Lohnanteil am Umsatz

$$\frac{\text{direkt verrechenbare Löhne}}{\text{Betriebsleistung}} \times 100 = \ldots\,\%$$

Diese Kennzahl gibt Auskunft über den Anteil der direkt verrechenbaren Löhne am Umsatz des Betriebes.

**Betriebsleistung pro Fertigungsarbeiter**

Umsatz pro Fertigungsarbeiter

$$\frac{\text{Betriebsleistung}}{\text{Zahl der Fertigungsarbeiter}} = \ldots\,\text{EUR}$$

Diese Kennzahl gibt Aufschluss über den Umsatz pro Arbeitskraft im Bereich der Fertigung.

**Verhältnis der effektiven Maschinenstunden zu den möglichen Maschinenstunden**

Maschinenauslastung

$$\frac{\text{Maschinen-Ist-Stunden}}{\text{Maschinen-Soll-Stunden}} \times 100 = \ldots\,\%$$

Mit dieser Kennzahl erhält man einen Überblick über die Maschinenauslastung.

**Gesamtmaschinenwert je Fertigungsarbeiter**

Grad der Mechanisierung

$$\frac{\text{Gesamtmaschinenwert}}{\text{Zahl der Fertigungsarbeiter}} = \ldots\,\text{EUR}$$

Diese Kennzahl gibt Aufschluss über den Grad der Mechanisierung, Technisierung und Rationalisierung eines Betriebes.

Dabei ist jedoch zu berücksichtigen, dass der Maschinenwert nicht nach steuerlichen Buchwerten, sondern nach Zeitwerten angesetzt wird.

Betriebsraum je Arbeiter

**Betriebsraum je Fertigungsarbeiter**

$$\frac{\text{Werkstattfläche}}{\text{Zahl der Fertigungsarbeiter}} = \ldots \text{m}^2$$

Diese Kennzahl gibt insbesondere im Vergleich zu anderen Betrieben Aufschluss darüber, ob im einzelnen Betrieb die $m^2$-Fläche für den Arbeitsbereich jedes Fertigungsarbeiters ausreichend ist.

Materialaufwand

**Verhältnis des Materialaufwands zur Betriebsleistung**

$$\frac{\text{Materialaufwand}}{\text{Betriebsleistung}} \times 100 = \ldots \%$$

Der Anteil des Materialaufwands am Umsatz ist eine wichtige Kennzahl. Man kann gerade im Vergleich zu anderen Betrieben aus dieser Kennzahl herauslesen, ob im Materialbereich des Betriebes Verlustquellen liegen.

Rabatte

**Verhältnis von Rabatten und Kostenvergünstigungen zum Materialaufwand**

$$\frac{\text{Rabatte + Kostenvergünstigungen}}{\text{Materialaufwand}} \times 100 = \ldots \%$$

Diese Kennzahl gibt bei der Überprüfung der günstigsten Einkaufsquelle interessante Hinweise.

**c) Lagerwirtschaftliche Kennzahlen**

Lagerumschlag

**Lagerumschlagshäufigkeit**

$$\frac{\text{Materialverbrauch}}{\text{durchschnittlicher Lagerbestand}} = \ldots$$

Diese Kennzahl gibt an, wie oft sich das Lager innerhalb eines bestimmten Zeitraumes umschlägt.

Lagerdauer

**Lagerdauer**

$$\frac{\text{durchschnittlicher Lagerbestand}}{\text{Materialverbrauch}} \times 360 = \ldots \text{Tage}$$

Diese Kennzahl informiert darüber, wie lange sich das Material durchschnittlich im Lager befindet, und ist für Dispositionen ebenso wie die Kennzahl zur Lagerumschlagshäufigkeit eine wichtige Grundlage.

### d) Verwaltungs- und vertriebs-(absatz-)wirtschaftliche Kennzahlen

**Verhältnis der Verwaltungskosten zur Betriebsleistung**

Verwaltungskosten

$$\frac{\text{Verwaltungskosten}}{\text{Betriebsleistung}} \times 100 \quad = \quad ... \%$$

Die Kennzahl informiert über Über- oder Unterorganisation im Verwaltungsbereich.

**Verhältnis der Vertriebskosten zur Betriebsleistung**

Vertriebskosten

$$\frac{\text{Vertriebskosten}}{\text{Betriebsleistung}} \times 100 \quad = \quad ... \%$$

Diese Kennzahl gibt wichtige Hinweise zur Wirtschaftlichkeit im Vertriebssystem des Betriebes.

**Auftragsgröße**

Auftragsgrößenstreuung

$$\frac{\text{Betriebsleistung}}{\text{Zahl der Aufräge}} \quad = \quad ... \text{ EUR}$$

Diese Kennzahl informiert über die durchschnittliche Größe eines Auftrages.

**Angebotserfolg**

Angebotserfolg

$$\frac{\text{Erteilte Aufträge (Stückzahl)}}{\text{Abgegebene Angebote (Stückzahl)}} \times 100 \quad = \quad ... \%$$

Diese Kennzahl zeigt, wie erfolgreich der Betrieb mit seinen Angeboten bei den Kunden war.

**Anteil der Stammkunden**

Stammkunden

$$\frac{\text{alter Kundenbestand}}{\text{gesamter Kundenbestand}} \times 100 \quad = \quad ... \%$$

Diese Kennzahl informiert über die Zusammensetzung und Entwicklung des Kundenstammes.

### e) Finanzwirtschaftliche Kennzahlen

**Anlagenintensität**

Anlagenintensität

$$\frac{\text{Anlagevermögen}}{\text{Gesamtvermögen (laut Bilanzsumme)}} \times 100 \quad = \quad ... \%$$

Die Anlagenintensität informiert über den Anteil des Anlagevermögens am Gesamtvermögen.

Umlaufintensität

**Umlaufintensität**

$$\frac{\text{Umlaufvermögen}}{\text{Gesamtvermögen}} \times 100 = \ldots\,\%$$

Diese Kennzahl gibt den Anteil des Umlaufvermögens am Gesamtvermögen an.

Eigenkapitalquote

**Eigenkapitalquote**

$$\frac{\text{Eigenkapital}}{\text{Gesamtkapital}} \times 100 = \ldots\,\%$$

Diese Kennzahl informiert über den Anteil des Eigenkapitals am Gesamtkapital.

Fremdkapitalquote

**Fremdkapitalquote**

$$\frac{\text{Fremdkapital}}{\text{Gesamtkapital}} \times 100 = \ldots\,\%$$

Diese Kennzahl informiert über den Anteil des Fremdkapitals am Gesamtkapital.

Verschuldungsgrad

**Verschuldungsgrad**

$$\frac{\text{Fremdkapital}}{\text{Eigenkapital}} \times 100 = \ldots\,\%$$

Diese Kennzahl gibt Aufschluss darüber, in welchem Umfang ein Betrieb im Vergleich zum Eigenkapital auf fremde Mittel angewiesen ist.

Anlagendeckung I

**Anlagendeckung I**

$$\frac{\text{Eigenkapital}}{\text{Anlagevermögen}} \times 100 = \ldots\,\%$$

Diese Kennzahl informiert darüber, inwieweit das Anlagevermögen durch Eigenkapital gedeckt ist.

Anlagendeckung II

**Anlagendeckung II**

$$\frac{\text{Eigenkapital + langfristiges Fremdkapital}}{\text{Anlagevermögen}} \times 100 = \ldots\,\%$$

Diese Kennzahl gibt an, inwieweit das Anlagevermögen durch Eigenkapital und langfristiges Fremdkapital gedeckt ist.

### Dauer der Außenstände

Außenstände

$$\frac{\text{Durchschnittliche Bestände an Forderungen aus Lieferungen und Leistungen}}{\text{Umsatzerlöse (Rechnungsausgang)}} \times 360 \quad = \quad \text{... Tage}$$

Diese Kennzahl ist wichtig für die Überwachung der Außenstände und die Organisation des betrieblichen Mahnwesens sowie für die Finanzierung des kurzfristigen Kapitalbedarfs.

### Kapitalumschlag

Kapitalumschlag

$$\frac{\text{Betriebsleistung (Umsatz)}}{\text{Gesamtkapital}} \quad = \quad \text{...}$$

Die Kennzahl gibt an, wie oft sich das Gesamtkapital im Jahr umschlägt.

### Umschlagsdauer der Lieferantenverbindlichkeiten

Lieferantenverbindlichkeiten

$$\frac{\text{Durchschnittlicher Bestand an Verbindlichkeiten aus Lieferungen und Leistungen}}{\text{Bezogene Lieferungen und Leistungen (Rechnungseingang im Jahr)}} \times 360 \quad = \quad \text{... Tage}$$

Diese Kennzahl gibt die durchschnittliche Inanspruchnahme des Zahlungsziels bei Lieferanten an.

### Cashflow

Cashflow

Jahresüberschuss/Jahresfehlbetrag + Abschreibungen = ... EUR

Der Cashflow zeigt auf, welche finanziellen Mittel für Investitionen, Tilgung von Verbindlichkeiten und Entnahme bzw. Gewinnausschüttung zur Verfügung stehen.

### Liquidität 1. Grades

Liquidität

$$\frac{\text{Zahlungsmittel (Kasse, Postbank, Bank, Wechsel, Scheck usw.)}}{\text{kurzfristige Verbindlichkeiten}} \times 100 \quad = \quad \text{... \%}$$

### Liquidität 2. Grades

$$\frac{\text{Zahlungsmittel + kurzfristige Forderungen}}{\text{kurzfristige Verbindlichkeiten}} \times 100 \quad = \quad \text{... \%}$$

**Liquidität 3. Grades**

$$\frac{\text{Zahlungsmittel} + \text{kurzfristige Forderungen} + \text{Vorräte}}{\text{kurzfristige Verbindlichkeiten}} \times 100 \quad = \quad \ldots\,\%$$

Die Liquiditätskennzahlen geben Auskunft darüber, in welchem Umfang der Betrieb seinen fälligen Verpflichtungen nachkommen kann.

### f) Kennzahlen für die Rentabilität

Eigenkapitalrendite

**Rentabilität des Eigenkapitals**

$$\frac{\text{Gewinn pro Jahr}}{\text{Eigenkapital}} \times 100 \quad = \quad \ldots\,\%$$

Die Eigenkapitalrentabilität gibt an, mit wie viel Prozent sich das Eigenkapital im Betrieb verzinst.

Gesamtkapitalrendite

**Rentabilität des Gesamtkapitals**

$$\frac{\text{Gewinn} + \text{Fremdkapitalzinsen pro Jahr}}{\text{Gesamtkapital}} \times 100 \quad = \quad \ldots\,\%$$

Diese Kennzahl gibt Auskunft über die Rentabilität des gesamten Kapitals, das im Betrieb investiert ist. Je höher der Gewinn und je kleiner das Eigenkapital bzw. das Gesamtkapital ist, desto höher ist die Rentabilität des Eigenkapitals bzw. des Gesamtkapitals.

Umsatzrentabilität

**Umsatzrentabilität**

$$\frac{\text{Gewinn pro Jahr}}{\text{Umsatzerlöse}} \times 100 \quad = \quad \ldots\,\%$$

> Die Umsatzrentabilität zeigt auf, wie viel Gewinn der Umsatz in einer Rechnungsperiode abwirft. Die Umsatzrentabilität kann insgesamt als die wichtigste betriebswirtschaftliche Kennzahl angesehen werden.

### g) Spezielle Kennzahlen für Sonderinformationen

Vergleiche

In besonders gelagerten Fällen können notwendige Sonderinformationen durch die Bildung spezieller Kennzahlen ermittelt werden.

Die Verwertbarkeit und Aussagefähigkeit von Kennzahlen erhöht sich, wenn man sie im Rahmen des innerbetrieblichen Vergleichs früheren Kennzahlen gegenüberstellt und im zwischenbetrieblichen Vergleich mit Branchenkennzahlen vergleicht.

**Balanced Scorecard (BSC)**

Ein modernes Instrument im Rahmen der Analyse von Kennzahlensystemen ist die Balanced Scorecard (ausgewogener Berichtsbogen). Sie ist eine ganzheitlich orientierte kennzahlenbasierte Controlling- und Managementmethode.

Auf Basis einer sog. SWOT-Analyse (S = Strengths = Stärken; W = Weaknesses = Schwächen; O = Opportunities = Gelegenheiten/Chancen; T = Threats = Bedrohungen/Risiken) wird der Handwerksbetrieb unter vielfältigen Blickwinkeln analysiert. Folgende Perspektiven bzw. Blickwinkel sind bei der Betrachtungsweise eines Unternehmens im Rahmen der BSC von Bedeutung: SWOT-Analyse

> Kundenperspektive
Angebot von Produkten / Dienstleistungen, Betrachtung von Zielgruppen, Kundenbindung, Kundenprofitabilität, Neukundengewinnung etc.

> Geschäftsprozessperspektive
Betrachtung von Produktions- und / oder Dienstleistungsabläufen, Fakturierung, Mahnwesen, Qualitätsmanagement, Servicequalität etc.

> Mitarbeiterperspektive
Durchführung von Mitarbeiterbefragungen und daraus abzuleitende Maßnahmen, Mitarbeiterbindung und -fluktation, lernende Organisation.

> Finanzperspektive
Betrachtung der finanziellen und bilanziellen Stabilität, Umsatzentwicklung, Rentabilitätsentwicklung etc.

Diese Analyse gilt als Grundlage für die Erarbeitung von Strategien, die Definition von Zielen, die Festlegung von Messgrößen und die Interpretation von Abweichungen (weitere Ausführungen zum Thema SWOT-Analyse >> Abschnitt 2.2.g).

**Beispiel:**

Basis der BSC ist die Festlegung von sog. Beobachtungsfeldern (z. B. Finanzen, interne Organisation, Personal etc.). Diesen Beobachtungsfeldern werden dann Ziele zugeordnet (z. B. Steigerung der Rentabilität). Im nächsten Schritt wird festgelegt, mit welcher Kennzahl dieses Ziel zu messen ist (z. B. Umsatzrentabilität). Dann wird der Soll-Wert festgelegt und mit dem Ist-Wert verglichen. Bei Abweichung gilt es Maßnahmen zu finden, die den Ist-Wert Richtung Soll-Wert positiv beeinflussen (z. B. Senkung der Gemeinkosten).

### 8.1.5 Budgetierung

Aufgabe der Budgetierung ist es, Budgets zu erstellen und deren Einhaltung zu kontrollieren. Ein Budget ist ein kurzfristiger Plan, der die Verwendung von betrieblichen Mitteln festlegt.

Wichtige Größen

Die Budgets können sich auf die unterschiedlichsten Größen beziehen. Zählbare bzw. bewertbare Größen, auf die sich Budgets beziehen können:

- Umsatz (Erlöse)
- Kosten
- Einnahmen
- Ausgaben
- Deckungsbeiträge
- Produktionsmengen
- Verkaufsmengen.

Zeitvorgaben

Budgets werden für einen exakt bestimmten Zeitraum vorgegeben.

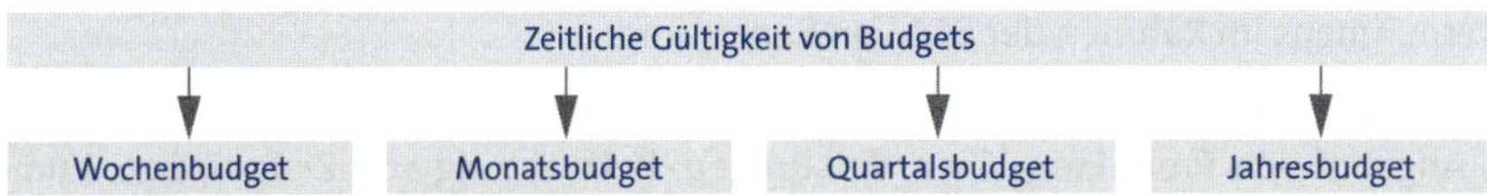


Hauptzweck

Die Aufstellung von langfristigen Budgets macht im Allgemeinen keinen Sinn, da der Hauptzweck von Budgets ist, überschaubare Entwicklungen zu steuern und zu kontrollieren. Je kürzer ein Budgetintervall ist, desto öfter kann man kontrollieren, ob das Budget auch eingehalten wurde. Ist dies nicht der Fall, so müssen Maßnahmen ergriffen werden, dieser Entwicklung gegenzusteuern.
Grundsätzlich unterscheidet man zwei Arten von Budgets. Diejenigen, die nicht überschritten werden dürfen, nennt man Positivbudgets. Budgets, die mindestens erreicht, wenn nicht sogar überschritten werden sollen, heißen Negativbudgets.

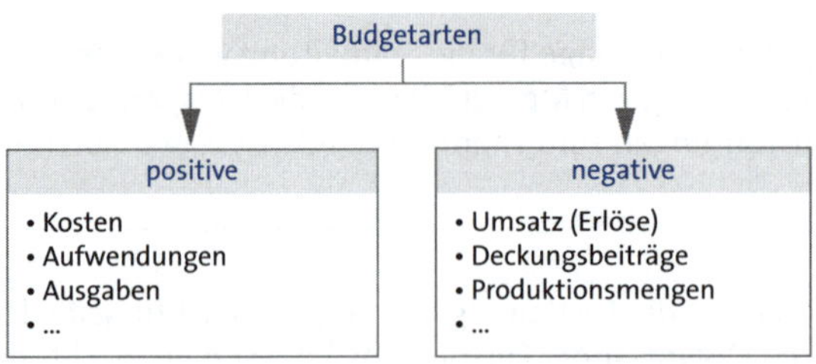


Der Budgetverantwortliche muss für die Budgeteinhaltung Sorge tragen. Im Falle einer Über- bzw. Unterschreitung muss er den Betriebsinhaber informieren und ggf. Rechenschaft darüber ablegen, wie es dazu kam.

Leistungs- und Kostenvorgabe

Diese Art der Leistungs- oder Kostensteuerung sollte allerdings nicht als ein Mittel zur Bestrafung des Mitarbeiters eingesetzt werden, sondern vielmehr zu seiner Motivation beitragen. Es erscheint verständlich, dass ein Mitarbeiter, der die Gelegenheit hat, einen Kostenbereich selbstständig zu steuern, motivierter an die Arbeit gehen wird. Die ihm übertragene Verantwortung und die Darlegung einer Belohnung bei entsprechenden Entwicklungen werden sich positiv auf seine Arbeitszufriedenheit auswirken. Besonders motivierend kann es für einen Mitarbeiter sein, wenn er z. B. die Höhe und die Laufzeit eines Budgets beeinflussen kann.

Die Aufstellung und die Überwachung von Budgets bieten die besondere Möglichkeit, viele unterschiedliche Betriebsbereiche kostenmäßig besser steuerbar zu gestalten. Durch den gewonnenen Überblick ist der Betriebsinhaber in der Lage, die Kostensituation besser abzuschätzen und eventuell nötige Lenkungsmaßnahmen frühzeitig zu ergreifen.

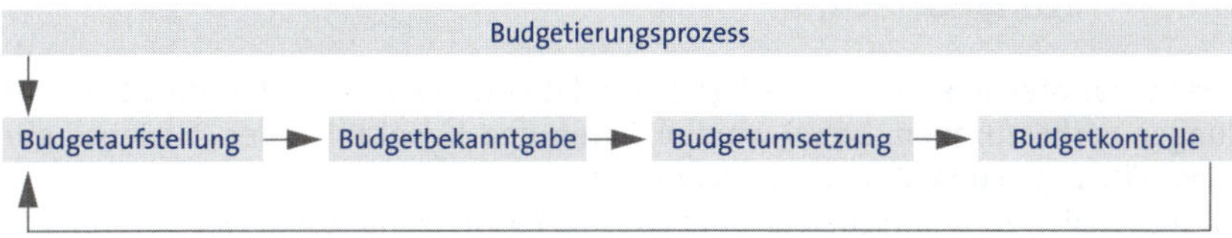


Beispiel Haushaltsführung

Ein sehr gutes und einfaches Beispiel für ein Budget stellt das Haushaltsgeld dar. Am Monatsanfang wird festgelegt, welcher Betrag für Essen und Trinken im Monat ausgegeben werden darf. Derjenige, dem die Haushaltsführung obliegt, wird sich nun Gedanken darüber machen, wie viel und was er einkaufen wird. Bleibt bei sparsamer Haushaltsführung am Monatsende etwas in der Kasse, so kann z. B. eine Belohnung in Form eines gemeinsamen Restaurantbesuches erfolgen oder die Urlaubskasse aufgefüllt werden.
Dieses Beispiel, das jedermann geläufig ist, wird im Folgenden auf eine betriebliche Situation übertragen:

### Beispiel für die Aufstellung eines betrieblichen Budgets:

In einem Elektrotechnikbetrieb ist ein Mitarbeiter für die Annahme und Durchführung von Reparaturaufträgen von Heim-Elektrogeräten (z. B. Waschmaschinen, Herde, Küchengeräte etc.) zuständig. Sein Jahresentgelt beträgt 28.000,00 EUR. Der Betriebsinhaber möchte erreichen, dass die Reparaturabteilung kostendeckend arbeitet. Um dies zu erreichen, stellt er für seinen Servicemitarbeiter folgendes Budget auf:

| | | |
|---|---|---|
| Jahresentgelt<br>(Bruttolohn inkl. Lohnzusatzkosten) | | 28.000,00 EUR |
| Gemeinkostenzuschlag<br>(Verwaltung, sonstige betriebliche Kosten) | 78 % | 21.840,00 EUR |
| kostendeckender Umsatz ohne Material | | 49.840,00 EUR |
| durchschnittlicher Materialeinsatz pro Auftrag | 35 % | 17.444,00 EUR |
| kostendeckender Umsatz inkl. Material, ohne USt | | 67.284,00 EUR |
| kostendeckender Umsatz inkl. Material, inkl. USt | | 80.067,96 EUR |

Das Jahresbudget für den Servicemitarbeiter beträgt, lediglich Kostendeckung unterstellt, 80.067,96 EUR. Das vierteljährlich zu erwirtschaftende Budget beläuft sich demnach auf 20.016,99 EUR. Daraus resultiert eine Monatsvorgabe von 6.672,33 EUR und ein Mindestwochenumsatz von 1.668,08 EUR.

Anreiz für Mitarbeiter

Durch diese Art der Budgetvorgabe kann dem Mitarbeiter ein Anreiz geboten werden, ein größeres Auftragsvolumen einzuwerben und abzuarbeiten. Der Mitarbeiter kann bei einer solchen objektiven Vorgabe leicht erkennen, dass er diese Zahlen erreichen muss, um seinen Arbeitsplatz für den Betriebsinhaber kostendeckend bzw. rentabel zu halten. Ein möglicher Anreiz für den Servicemitarbeiter, mehr Aufträge einzuwerben, könnte beispielsweise darin liegen, dass er an den Umsätzen, die über dem Jahresbudget getätigt werden, prozentual beteiligt wird.

### 8.1.6 Szenario-Technik

Die Szenariotechnik ist eine häufig verwendete Methode, um zukünftige Entwicklungen vorherzusehen. Dabei werden Daten und Kennzahlen des Betriebes mit Einschätzungen und Meinungen verknüpft.
Grundsätzlich zu unterscheiden sind ein sog. Positivszenario, ein Negativszenario und ein Trendszenario.

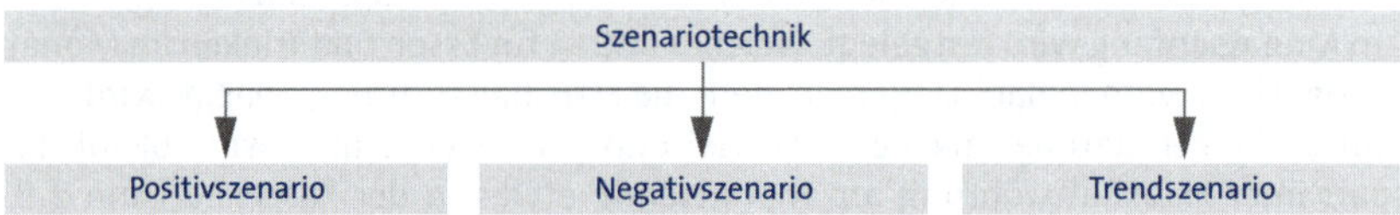


Das Positivszenario stellt die positivste mögliche Entwicklung für einen bestimmten Zeitraum in der Zukunft dar, das Negativszenario die negativste denkbare Entwicklung und das Trendszenario die Fortsetzung der Entwicklung auf dem derzeitigen Stand. Im nächsten Schritt erfolgt die Analyse, welche Faktoren und Einflussgrößen die Szenarien in welcher Art und Weise beeinflussen.

**Beispiel:**

Ein Handwerksbetrieb prognostiziert seine zukünftige Umsatzentwicklung für das nächste Jahr.
Im Positivszenario könnte man bspw. eine Umsatzsteigerung von 20 % annehmen, im Negativszenario einen Umsatzrückgang von 20 %, im Trendszenario einen Umsatz wie im Vorjahr.
Im nächsten Schritt gilt es Maßnahmen zu erarbeiten, die die verschiedenen Szenarien wahrscheinlich machen. Im oben genannten einfachen Beispiel könnte die Einstellung eines zusätzlichen Vertriebsmitarbeiters eine Entwicklung in Richtung des Positivszenarios einleiten, eine Reduzierung des Vertriebsteams eine Entwicklung in Richtung des Negativszenarios und die gleiche Vertriebsmannschaft in Richtung des Trendszenarios deuten.

## 8.2 Steuerung und Kontrolle von Kosten und Erlösen (Kosten- und Leistungsrechnung)

Um sich auf dem Markt und gegenüber seinen Mitwettbewerbern behaupten zu können, muss jeder Betriebsinhaber in der Lage sein, die Preise für seine Produkte und Dienstleistungen kalkulieren zu können.
Vor allem bei größeren Aufträgen erwartet heute auch jeder private Auftraggeber eine solide und exakte Kalkulation (Kostenvoranschlag). Dies gilt auch für die immer häufiger üblichen „Komplettpreis-Angebote".

Kostenvoranschlag
Komplettpreis

Besonders wichtig sind verlässliche Kalkulationen auch dann, wenn sich ein Betrieb an öffentlichen Ausschreibungen beteiligt. Der Unternehmer muss dabei bedenken, dass er an sein Angebot gebunden ist und die Arbeiten ordnungsgemäß auszuführen hat.
Es gibt für die Kostenrechnung und Kalkulation des einzelnen Betriebes kein Einheitsschema, jedoch müssen generell die allgemeinen Grundlagen einer einwandfreien Kalkulation und Kostenrechnung beachtet werden.
Kostenrechnung und Kalkulationen weisen aber vielfach in der betrieblichen Praxis erhebliche Fehler und Mängel auf. Dazu zählen insbesondere:

> Kalkulation durch Schätzung
  - Von Preisschätzungen muss dringend abgeraten werden, weil es dabei nicht möglich ist, alle wichtigen und für die Preisbildung ausschlaggebenden Faktoren zu berücksichtigen.

Preisschätzungen

> Übernahme von Konkurrenzpreisen
  - Wer starr und unüberlegt die Preise für seine eigenen Produkte und Dienstleistungen am Angebot seiner Konkurrenten ausrichtet, läuft Gefahr, besondere Bedingungen des Betriebes und des Standortes völlig außer Acht zu lassen. Die Gefahr von Fehlkalkulationen ist dabei besonders hoch.

Konkurrenzpreise

> Übernahme von Kalkulationshilfen
  - Für die Kalkulation entwickelte Hilfen oder Schemen können vom Handwerker nur angewandt werden, wenn er sie für die eigenen betrieblichen Verhältnisse nachgeprüft und ggf. entsprechend angepasst hat.

Kalkulationshilfen

### 8.2.1 Aufgaben und Gliederung der fachübergreifenden Kostenrechnung

#### a) Grundsätzliches zum Preisbegriff

In der Alltagssprache versteht man unter dem Preis die Geldsumme, die ein Käufer für eine Ware oder eine Leistung im wirtschaftlichen Leben bezahlen muss.
Für den Betriebsinhaber spielen zwei Preise eine besondere Rolle:

> der Marktpreis
  und
> der kalkulierte betriebliche Preis.

**Marktpreis**

Nach allgemeinen volkswirtschaftlichen Grundsätzen bestimmen Angebot und Nachfrage den Preis. Voraussetzung dafür sind ein funktionierender Wettbewerb und die umfassende Information der Anbieter und Nachfrager über die Marktgegebenheiten.

Dann gibt es nur einen Preis für ein Gut, und es gilt:

- Wenn das Angebot größer ist als die Nachfrage, dann sinkt der Preis.
- Wenn die Nachfrage größer ist als das Angebot, dann steigt der Preis.

Der Preis pendelt sich also nach dem wechselseitigen Spiel von Mengen- und Preisvorstellungen der Anbieter und der Nachfrager ein. Wo beide Gruppen sich treffen, bildet sich der Marktpreis (auch Gleichgewichtspreis genannt).

Betriebliche Preispolitik

Dieser Marktpreis ist für jeden Unternehmer eine Tatsache, die Auswirkungen auf seinen Betrieb und seine betriebliche Preispolitik haben muss.

**Kalkulierter betrieblicher Preis**

Ehe sich der einzelne Unternehmer dem Markt und seiner Preisbildung stellt, muss er zunächst unter Berücksichtigung der besonderen einzelbetrieblichen Gegebenheiten seinen betrieblichen Preis kalkulieren.

Dabei sollte sich jeder Betriebsinhaber bewusst sein, dass der am Markt für die Lieferungen und Leistungen erzielte Preis nicht nur die Kosten decken soll. Er sollte auch für einen angemessenen Gewinn und ein angemessenes Einkommen ausreichen. Um diesen betrieblichen Preis zu ermitteln, sind eine genaue Kalkulation und Kostenrechnung erforderlich.

### b) Aufgaben der Kostenrechnung

Zentrale Aufgabe der Kostenrechnung ist die

Aufgaben

- Erfassung,
- Verteilung und
- Zurechnung

der Kosten, die bei der Produktion und der Erbringung einer Dienstleistung entstehen.

Darüber hinaus hat die Kostenrechnung noch folgende Funktionen:

- Information
- Lieferung von Daten für die Unternehmensführung
- Prognose
- Kontrolle.

**c) Gliederung und Begriffe der Kostenrechnung**

Kosten sind der bewertete Verbrauch von Produktionsfaktoren (Rohstoffe, Arbeit und Kapital) und Dienstleistungen für die Erstellung und zum Absatz betrieblicher Leistungen und zur Aufrechterhaltung der betrieblichen Leistungsbereitschaft.

Kostenbegriff

## 8.2.2 Kostenarten-, Kostenstellen-, Kostenträgerrechnung

Die Kostenrechnung gliedert sich grundsätzlich in drei Bereiche:

Bereiche

> Kostenartenrechnung
> Kostenstellenrechnung
> Kostenträgerrechnung.

**a) Kostenartenrechnung**

Die Kostenartenrechnung gibt eine Antwort auf die Frage:
Welche Kosten sind in welcher Höhe angefallen?
Als wichtigste Kostenarten sind dabei im Handwerk im Allgemeinen zu unterscheiden:

> Materialkosten
> Personalkosten
> kalkulatorische Kosten.

Kostenarten

Materialkosten und Personalkosten sind effektive Kosten, denen tatsächliche Aufwendungen gegenüberstehen und die ihren Niederschlag in der Buchführung finden.

Effektive Kosten

Kalkulatorische Kosten werden in der Buchführung nicht erfasst, sie müssen auf andere Weise, meist statistisch, ermittelt werden.

Kalkulatorische Kosten

Darüber hinaus unterscheidet man zwischen:

> Einzelkosten
  - Darunter versteht man alle Kosten, die pro Einzelauftrag direkt ermittelt und zugerechnet werden können. Im Handwerksbetrieb sind dies vor allem die Material- und die Lohnkosten.
> Gemeinkosten
  - Dies sind alle Kosten, die nicht direkt auf eine Leistung verrechnet werden können, aber zur Aufrechterhaltung des Betriebes insgesamt anfallen.
> Sonder(einzel)kosten
  - Diese Kosten können direkt zugerechnet werden, sind jedoch keine Material- und Lohneinzelkosten.

Die Kosten lassen sich ferner trennen nach:

> fixen Kosten
  - Dies sind Kosten, die von der Beschäftigungslage bzw. der Leistung des Betriebes unabhängig sind.

> variablen Kosten
  - Variable Kosten verändern sich mit zunehmender und abnehmender Beschäftigung, Leistung oder Ausbringung.

Die einzelnen Kostenarten

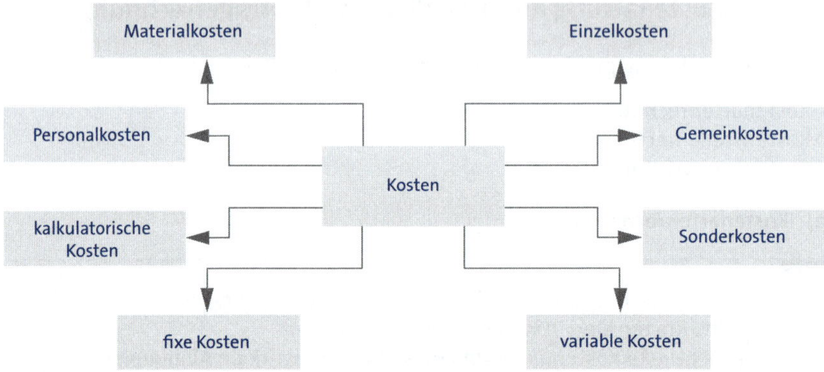


### b) Kostenstellenrechnung

Verteilung der Kosten

> Nach der Erfassung der Kostenarten müssen diese auf die Betriebsbereiche verteilt werden, in denen sie entstanden bzw. angefallen sind. Die Kostenstellenrechnung beantwortet also die Frage:
> Wo sind die Kosten entstanden?

Kostenstellen

Dazu werden Kostenstellen gebildet. Sie stehen für die Orte im Betrieb, an denen Kosten beim betrieblichen Leistungsprozess entstehen. Die einzelnen Kostenstellen lassen sich nach funktionellen, räumlichen oder institutionellen Gesichtspunkten abgrenzen. Wie weit die Bildung von Kostenstellen dabei geht oder gehen soll, hängt vor allem von der jeweiligen Branche und den betrieblichen Gegebenheiten ab.

### c) Kostenträgerrechnung

Kostenträger

> Die Kostenträgerrechnung schließlich gibt Antwort auf die Frage: Wofür sind die Kosten entstanden?
> Die einzelnen Kostenträger sind dabei die jeweiligen betrieblichen Leistungen (Güter oder Dienstleistungen), auf die die verursachten Kosten entfallen.

## Wiederholungsfragen sowie handlungsorientierte, fallbezogene Übungs- und Prüfungsaufgaben

1. Welche Hauptaufgaben hat das Controlling in Handwerksbetrieben?

>> Seite 267 |

2. Ziel des Controllings in Handwerksbetrieben ist es,

- [ ] a nur die Produktion des Betriebes auf die Unternehmensziele hin auszurichten.
- [ ] b Unternehmensziele zu bilden und den Mitarbeitern mitzuteilen.
- [ ] c Informationen über die Mitarbeiter zu erhalten.
- [ ] d alle Führungsbereiche auf die Unternehmensziele auszurichten.
- [ ] e den Jahresabschluss vor der Betriebsprüfung zu kontrollieren.

>> Seite 267 |

3. Controlling als Prozess bedeutet,

- [ ] a dass die im Betrieb mitarbeitende Meisterfrau die Auftragszettel auf Vollständigkeit prüft.
- [ ] b dass Ist- und Soll-Werte stets verglichen werden müssen und bei Abweichungen gegengesteuert werden muss.
- [ ] c dass niemand in laufende Betriebsabläufe eingreifen darf.
- [ ] d dass der Steuerberater für Kalkulationszwecke herangezogen wird.
- [ ] e dass nur die Arbeitszeiten der Mitarbeiter kontrolliert werden.

>> Seite 268 |

4. Erläutern Sie die drei Schritte der Schwachstellenanalyse!

>> Seiten 268 bis 269 |

5. Welche Unternehmensbereiche müssen einer Schwachstellenanalyse unterworfen werden?

>> Seiten 268 bis 269 |

6. Erklären Sie, welche Hauptpunkte in einer grafischen Schwachstellenübersicht enthalten sein sollten?

>> Seite 269 |

7. Beschreiben Sie wichtige Kennzahlenbereiche!

>> Seite 270 |

8. Welche zwei Arten von Kennzahlen lassen sich grundsätzlich unterscheiden?

>> Seiten 270 bis 271 |

9. Erläutern Sie wichtige Kennzahlen

a) aus dem Bereich der Personalwirtschaft!

b) aus dem Bereich der Fertigungswirtschaft!

>> Seiten 271 bis 274 |

10. Das Verhältnis des Meterialaufwands zur Betriebsleistung ergibt sich aus folgender Formel:

a $\frac{\text{Betriebsleistung}}{\text{Materialaufwand}} \times 100$

b $\frac{\text{Betriebsleistung}}{\text{Materialaufwand}} : 100$

c $\frac{\text{Materialaufwand}}{\text{Betriebsleistung}} : 100$

d $\frac{\text{Materialaufwand}}{\text{Betriebsleistung}} \times 100$

e $\frac{\text{Materialaufwand} - \text{Betriebsleistung}}{\text{Betriebsleistung} - \text{Materialaufwand}} \times 100$

>> Seite 274 |

11. Die durchschnittliche Lagerdauer des Materials im Betrieb ergibt sich aus folgender Kennzahl:

a $\frac{\text{Wareneingang}}{\text{Warenausgang}}$

b $\frac{\text{Warenausgang}}{\text{Warenbestand}}$

c $\frac{\text{Lagerbestand}}{\text{Materialverbrauch}} \times 100$

d $\frac{\text{Lagerbestand}}{\text{Umsatzerlöse}} \times 360$

e $\frac{\text{durchschnittlicher Lagerbestand}}{\text{Materialverbrauch}} \times 360$

>> Seite 274 |

12. Die Anlagendeckung II ergibt sich aus folgender Formel:

☐ a $\frac{\text{Eigenkapital}}{\text{Anlagevermögen}}$

☐ b $\frac{\text{Eigenkapital + langfristiges Fremdkapital}}{\text{Anlagevermögen}} \times 100$

☐ c $\frac{\text{Anlagevermögen}}{\text{langfristiges Fremdkapital}}$

☐ d $\frac{\text{Fremdkapital}}{\text{Eigenkapital}}$

☐ e $\frac{\text{Anlagevermögen}}{\text{kurzfristiges Fremdkapital}}$

>> Seite 276 |

13. Die Umsatzrentabilität eines Unternehmens ergibt sich aus folgender Formel:

☐ a $\frac{\text{Rohgewinn}}{\text{Umsatzerlöse}} \times 100$

☐ b $\frac{\text{Gewinn}}{\text{Umsatzerlöse}} \times 100$

☐ c $\frac{\text{betriebliches Eigenkapital}}{\text{Umsatzerlöse}} \times 100$

☐ d $\frac{\text{Reinvermögen}}{\text{Umsatzerlöse}} \times 100$

☐ e $\frac{\text{Gewinn + Fremdkapitalzinsen}}{\text{durchschnittliches Gesamtkapital}} \times 100$

>> Seite 278 |

14. Was versteht man unter einer Balanced Scorecard?

>> Seite 279 |

15. Welche Aufgabe hat die Budgetierung?

>> Seite 280 |

16. Erklären Sie, auf welche bewertbaren Größen sich ein Budget beziehen kann?

>> Seite 280 |

17. Bei der Aufstellung von Budgets sollte man vor allem darauf achten,

- [ ] a dass sie für einen genau bestimmten Zeitraum vorgegeben werden.
- [ ] b dass sie möglichst zeitlich nicht begrenzt sind.
- [ ] c dass für ein Budget möglichst viele Entscheidungsträger verantwortlich sind.
- [ ] d dass sie so bemessen sind, dass eine Erfüllung des Vorgabewertes nicht möglich ist.
- [ ] e dass sie von demjenigen aufgestellt werden sollen, der sie später auch einhalten muss.

>> Seite 281 |

18. Erläutern Sie die zwei Budgetarten!

>> Seite 280 |

19. Beschreiben Sie kurz den Budgetierungsprozess!

>> Seite 281 |

20. Stellen Sie beispielhaft ein Jahres-, Monats- und Wochenbudget für einen Mitarbeiter der Reparaturabteilung eines Handwerksbetriebes auf!

>> Seite 281 |

21. Erläutern Sie an einem selbst gewählten Beispiel die Szenario-Technik und gehen Sie im Besonderen auf die möglichen Szenarien ein.

>> Seite 282 |

22. Was versteht man unter Marktpreis?

- [ ] a Jeden Preis im System einer Marktwirtschaft.
- [ ] b Den Preis, der vom Hersteller empfohlen wird.
- [ ] c Den Preis, der auf dem Produkt ausgezeichnet ist.
- [ ] d Den Preis, der sich am freien Markt nach Angebot und Nachfrage bildet.
- [ ] e Den Preis, der von der staatlichen Aufsichtsbehörde genehmigt wurde.

>> Seite 284 |

23. Um sich auf dem Markt und gegen die Mitwettbewerber behaupten zu können, müssen Sie als Betriebsinhaber in der Lage sein, die Preise für Ihre Produkte und Dienstleistungen kalkulieren zu können.

Aufgabe: Was versteht man unter dem kalkulierten betrieblichen Preis?

- [ ] a Den Preis, den alle Betriebe einer bestimmten Branche in gleicher Weise verlangen.
- [ ] b Den Preis, den der einzelne Betrieb anhand seiner Kosten berechnet.
- [ ] c Den betrieblich errechneten Preis, den man aber nie am Markt erzielen kann.
- [ ] d Den vom Hersteller einer vorangegangenen Produktionsstufe empfohlenen Preis.
- [ ] e Den vom Hersteller einer vorangegangenen Produktionsstufe verbindlich festgesetzten Preis.

>> Seite 284 |

24. Warum braucht man in erster Linie eine Kostenrechnung und Kalkulation?

- [ ] a Um einen kostengerechten Preis für eine betriebliche Leistung oder für ein vom Betrieb hergestelltes Produkt zu berechnen.
- [ ] b Weil sie nach den Grundsätzen der ordnungsmäßigen Buchführung vorgeschrieben sind.
- [ ] c Um den Jahresumsatz ermitteln zu können.
- [ ] d Um eine staatliche Preiskontrolle durch die zuständigen Behörden zu ermöglichen.
- [ ] e Um einen Betriebsabrechnungsbogen erstellen zu können.

>> Seiten 284 bis 285 |

25. Erklären Sie, in welche wichtigen Bereiche sich die Kostenrechnung gliedert!

>> Seite 285 |

26. Als Betriebsinhaber müssen Sie für eine solide Kalkulation in der Lage sein, verschiedene Kostenarten unterscheiden zu können.

Aufgabe:

a) Welche Kosten gehören zu den Einzelkosten?

b) Welche Kosten gehören zu den Gemeinkosten?

c) Welche Kosten gehören zu den Sonderkosten?

>> Seite 285 |

27. Vervollständigen Sie folgenden Lückentext:

Die Schwachstellenanalyse besteht aus _____ Schritten (Phasen). Im ersten Schritt wird der _______________ aufgenommen. In ihm werden sämtliche betriebliche _______________ unter die Lupe genommen, nach Unstimmigkeiten und _______________ durchsucht und schriftlich festgehalten.

Im zweiten Schritt der Schwachstellenanalyse müssen die _______________ für die aufgedeckten Missstände gesucht werden. Wie bei allen Analysen ist es hierbei äußerst wichtig, dass man versucht, die Lage _______________ zu betrachten.

In einem dritten und abschließenden Schritt werden die _______________ den gefundenen Ursachen gegenübergestellt. Dies kann z. B. in Form einer _______________ erfolgen. Diese erleichtert die Entwicklung von _______________ zur Beseitigung der _______________

>> Seiten 268 bis 269 |

# 9. Instrumente zur Durchsetzung von Forderungen darstellen und Einsatz begründen

**Kompetenzen**

- > Risiken von Zahlungsausfällen einschätzen und Möglichkeiten der Überwachung von Zahlungseingängen darstellen.
- > Maßnahmen zur Durchsetzung von Forderungen sowie zur Beschleunigung der Zahlungen abwägen.
- > Ablauf und Kosten gerichtlicher Verfahren kennen (insbesondere Mahnung und Vollstreckung).

## 9.1 Forderungsmanagement und Zahlungsmodalitäten

Der Umgang mit offenen Rechnungen ist für die Zahlungsfähigkeit eines Unternehmers entscheidend. Hier sollte der Überblick nicht verloren gehen. Andernfalls kommt es beispielsweise zur Forderungsverjährung oder, sofern im Kreis der Kunden ein laxes Forderungsmanagement bekannt wird, zu schlechter Zahlungsmoral. Eine zügige Zahlungserinnerung oder Mahnung bei nicht fristgemäßer Zahlung unterstreicht hingegen die Professionalität des Forderungsmanagements. Das vom Einzelhandel bekannte dreimalige Mahnen ist rechtlich nicht erforderlich und in vielen Fällen nicht sinnvoll.

Um es gar nicht erst so weit kommen zu lassen, sollten die Zahlungsmodalitäten für den Kunden verständlich dargelegt und vertraglich vereinbart werden. Beispielsweise kann die Gewährung von Skonto innerhalb einer klar festgelegten Frist Kunden zu rascher Zahlung ermuntern. Bei Nichtinanspruchnahme hingegen sollte zügig gemahnt werden. Sind die außergerichtlichen Bemühungen des Unternehmers erfolglos und der Kunde zahlt weiterhin nicht, wird eine zügige Vorbereitung der gerichtlichen Durchsetzung der Forderung eine mögliche Problemlösung sein.

## 9.2 Mahn- und Klageverfahren

### 9.2.1 Zuständige Gerichtsbarkeit

**Beispiel:**

Gerichtsbarkeiten

Ein Handwerksbetrieb aus dem Landkreis X hat einen Vergütungsanspruch gegen seinen Kunden aus der Stadt Y in Höhe von 5.000,00 Euro. Zwei Wochen nach Rechnungstellung entschließt er sich dazu, mithilfe eines Einschreibens mit Rückschein zu mahnen. Nachdem die Mahnung erfolglos bleibt, fragt er sich, welches Gericht für eine Klage zuständig ist, das Arbeitsgericht, Amtsgericht oder Verwaltungsgericht, in X oder Y?

In einem Rechtsstaat ist es von wenigen Ausnahmen abgesehen unzulässig, Rechtsansprüche auf eigene Faust durchzusetzen. Wer den Anspruch gegen einen Schuldner von ihm nicht erfüllt bekommt, muss sich der Hilfe vom Staat eingesetzter Gerichte und Vollstreckungsorgane bedienen. Je nach Art des Anspruches erhält der Gläubiger Rechtsschutz bei folgenden Gerichtsbarkeiten:

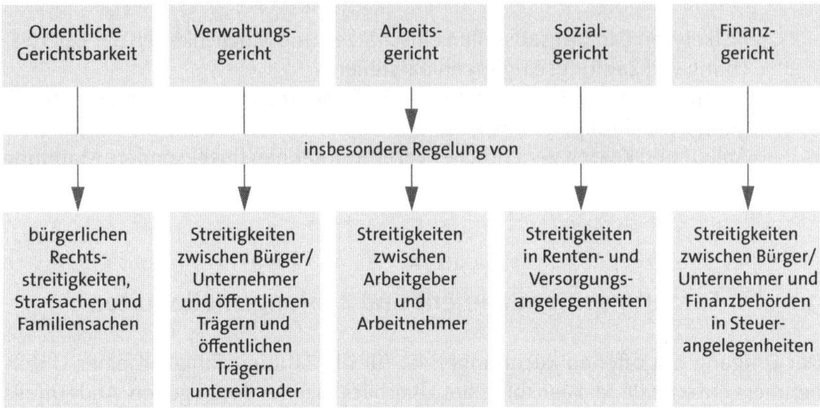


## 9.2.2 Zuständiges Gericht im Rahmen der ordentlichen Gerichtsbarkeit für bürgerliche Rechtsstreitigkeiten

Ordentliche Gerichte sind Amtsgericht (AG), Landgericht (LG), Oberlandesgericht (OLG) und Bundesgerichtshof (BGH).

### a) Allgemeine Zuständigkeit

Es geht vor allem um bürgerliche Rechtsstreitigkeiten, beispielsweise zwischen Unternehmen, zwischen Verbrauchern und zwischen Unternehmen und Verbraucher. Auf die Größe der Unternehmen kommt es nicht an, es geht sowohl um Dax-Unternehmen als auch um kleine und mittlere Handwerksunternehmen.

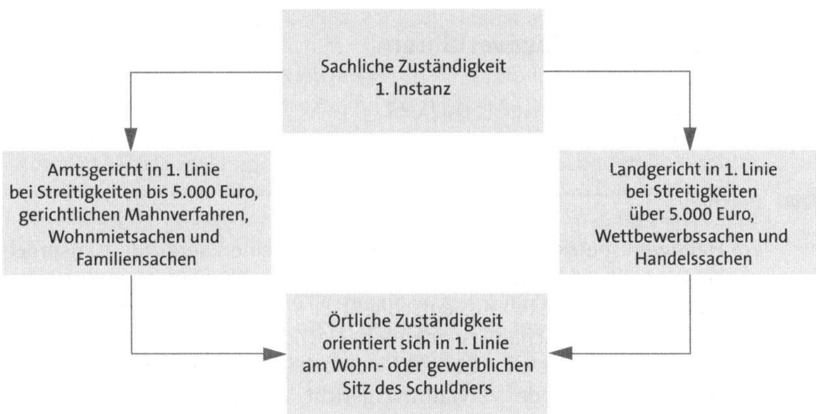

### b) Parteien

Die Parteien heißen Kläger und Beklagter.

**Aufgabenverteilung**

Aufgabenteilung

Klagen sind bei den Gerichten der 1. Instanz einzureichen. In Deutschland sind dies die Amts- und Landgerichte, unter denen die Aufgaben örtlich und sachlich aufgeteilt sind. Örtlich zuständig ist grundsätzlich das Gericht am Wohnsitz oder gewerblichen Sitz des Schuldners. Die vertragliche Vereinbarung eines davon abweichenden örtlichen Gerichtsstandes ist nur in Sonderfällen möglich, z.B. unter Kaufleuten. Sachlich zuständig sind in 1. Instanz das Amtsgericht oder Landgericht je nach Höhe des Streitwerts oder der Zuweisung von Aufgaben durch das Gesetz.

**Beispiel:**

Im vorhergehenden Beispiel muss der Betrieb aus dem Landkreis X demnach beim Amtsgericht Y Klage einreichen.

### c) Prozessvertretung

Vor dem Amtsgericht kann grundsätzlich jeder als Partei selbst auftreten. Als Ausnahme dazu gilt im Scheidungsverfahren vor dem Amtsgericht Anwaltszwang. Beim Landgericht und allen anderen Gerichten der Zivilgerichtsbarkeit gilt Anwaltszwang. Damit soll die fach- und sachkundige Vertretung der Parteien sichergestellt werden.

### d) Gerichts- und Parteikosten

Kosten

Im Verfahren vor Gericht entstehen Gerichts- und Parteikosten, z.B. für Rechtsanwälte und Sachverständige. Alle Kosten trägt grundsätzlich der Unterlegene. Der Kläger hat aber insbesondere die Gerichtskosten vorzuleisten.

**Beispiel:**

Im vorhergehenden Beispiel gewinnt der Betrieb aus dem Landkreis X wegen unwesentlicher Mängel der Werkleistung nur zu 90%. Der Kunde hat daher nur 90%, der Handwerksbetrieb 10% aller Kosten zu tragen (Gerichts-, Rechtsanwalts- und Sachverständigenkosten). Man spricht umgangssprachlich auch vom Justizkredit, denn der Handwerksbetrieb muss nicht nur auf seine Vergütung warten, sondern auch die Kosten für seinen Rechtsanwalt, das Gericht und je nach Beweislast auch für den Sachverständigen vorauszahlen. Erst mit nicht mehr angreifbarem und gewonnenem Urteil bekommt er seine ihm entstandenen Kosten erstattet, sofern der beklagte Kunde nicht zahlungsunfähig ist (Insolvenzrisiko).

Die Kosten richten sich nach dem Streitwert. Bedürftige Parteien erhalten auf Antrag je nach dem Stadium der Streitigkeiten Beratungs- oder Prozesskostenhilfe. Voraussetzung dafür ist insbesondere Bedürftigkeit und im Fall der Prozesskostenhilfe hinreichende Erfolgsaussicht.

Verfahrensziel

#### e) Ziel

Ziel des Verfahrens ist die rechtskräftige Feststellung des erhobenen Anspruchs durch das Gericht, also dessen Unanfechtbarkeit durch weitere Rechtsmittel, und die Vollstreckbarkeit des festgestellten Anspruchs auch gegen den Willen des Unterlegenen.

#### f) Obligatorische außergerichtliche Streitschlichtung

Aufgrund gesetzlicher Vorgaben zur Förderung außergerichtlicher Streitbeilegung können die Bundesländer den Streitparteien vor Einleitung zivilgerichtlicher Verfahren verbindlich einen außergerichtlichen Schlichtungsversuch vorschreiben.
Möglich ist dieses Verfahren insbesondere in zivilrechtlichen Streitigkeiten mit einem Streitwert von bis zu 750,00 Euro, in Nachbarschaftsstreitigkeiten und in Streitigkeiten wegen Verletzung der persönlichen Ehre außerhalb von Presse und Rundfunk. Ausgenommen hiervon sind in erster Linie familienrechtliche Streitigkeiten und Geldforderungen, die im gerichtlichen Mahnverfahren durchgesetzt werden.
Verpflichtende Streitschlichtungsstellen gibt es in einer Reihe von Bundesländern. Verpflichtende Streitschlichter können Rechtsanwälte, Notare und andere dauerhaft eingerichtete Schlichtungsstellen sein. Bleibt die verpflichtende Streitschlichtung erfolglos, ist der Weg zu den Gerichten offen.

### 9.2.3 Gerichtliches Klageverfahren

Antrag

Rechtsschutz gewährt der Staat im Bürgerlichen Recht nur auf Antrag. Erforderlich ist daher die Erhebung einer Klage bei Gericht. Wo kein Kläger, da kein Richter!

**Beispiel:**

Im vorhergehenden Beispiel hat der Betrieb aus dem Landkreis X zwar Anspruch auf seine Vergütung in Höhe von 5.000,00 Euro, er entscheidet sich aber wegen der mit einer Klageerhebung verbundenen Kosten, seiner angeschlagenen Gesundheit und voller Auftragsbücher zunächst gegen eine Klageerhebung, zumal der Anspruch erst in drei Jahren verjährt.

Nach Einzahlung der Gerichtsgebühr durch den Kläger stellt das Gericht die Klageschrift dem Beklagten zu mit der Aufforderung, hierzu binnen einer bestimmten Frist Stellung zu nehmen (Klageerwiderung).

Inhalt

#### a) Inhalt der Klage

Die Klageschrift muss insbesondere die Bezeichnung des Gerichts, der Parteien und ihrer Anschriften und einen konkreten Klageantrag enthalten.

Mündliche Verhandlung

#### b) Mündliche Verhandlung

Der Verhandlungstermin soll so vorbereitet sein, dass die Streitsache in der Regel in einem mündlichen Termin erledigt werden kann. Zum Zweck der gütlichen Streitbeilegung geht eine Güteverhandlung voraus, es sei denn, sie erscheint aussichtslos, es hat bereits ein Einigungsversuch vor einer außergerichtlichen Gütestelle stattgefunden, oder die Parteien verzichten übereinstimmend darauf. Über die mündliche Verhandlung wird vom Gericht ein Sitzungsprotokoll geführt, das alle wesentlichen Vorgänge und Förmlichkeiten wiedergibt.

### c) Beweisaufnahme und Beweislast

Erbringt die Verhandlung keine Klärung der strittigen Fragen, ordnet das Gericht die Beweisaufnahme an. Es kann Zeugen vernehmen, Sachverständige anhören, Urkunden verlesen, amtliche Auskünfte einholen oder durch Augenschein vor Ort sich einen eigenen Eindruck verschaffen. Beweislast

Jede Partei muss die für sie günstigen Tatsachen beweisen (Beweislast).

**Beispiel:**

Im vorhergehenden Beispiel muss der Betrieb aus dem Landkreis X beweisen, dass er einen oder mehrere Aufträge oder einen oder mehrere Nachträge hat, wonach ihm 5.000,00 Euro zustehen. Will der Kunde mit Erfolg die Zahlung verweigern, muss er vor Gericht die Voraussetzungen dafür beweisen, beispielsweise eine im Wesentlichen mangelhafte Werkleistung des Handwerksbetriebs.

### d) Gerichtlicher Vergleich oder Urteil?

Die Parteien können sich in jedem Stadium des Verfahrens außergerichtlich oder gerichtlich einigen. Ein gerichtlicher Vergleich ist dann zu empfehlen, wenn die Rechtslage unklar und damit das Prozessrisiko groß ist. Aus einem gerichtlichen Vergleich kann wie aus einem Urteil vollstreckt werden. Vergleich

Wenn kein Vergleich zustande kommt oder der Rechtsstreit sich nicht auf sonstige Weise erledigt (z. B. Klagerücknahme), entscheidet das Gericht durch Urteil. Auch die Kostenentscheidung und Vollstreckbarkeit ergeben sich aus dem Urteil. Urteil

### e) Besonderheit: Versäumnisurteil in Zivilverfahren

Versäumt der Kläger oder Beklagte einen Termin zur mündlichen Verhandlung, kann auf Antrag der erschienenen Partei ein Versäumnisurteil ergehen. Versäumnisurteil

Voraussetzung ist die Zulässigkeit der Klage und, wenn es gegen den Beklagten ergeht, auch die Schlüssigkeit der Klage. Gegen den Beklagten ergeht ein Versäumnisurteil also nur, wenn die vom Kläger vorgetragenen Gründe seinen Klageanspruch rechtfertigen. Aus einem Versäumnisurteil kann zwar die Zwangsvollstreckung betrieben werden. Gegen ein Versäumnisurteil kann der Betroffene aber binnen zwei Wochen seit Zustellung Einspruch einlegen. Der Prozess wird dann in dem Stadium fortgesetzt, in dem er sich zum Zeitpunkt der Säumnis befand.

### f) Schutz vor überlangen Gerichtsverfahren

Um seinen Anspruch auf Rechtsschutz zu angemessener Zeit zu sichern, muss ein Kläger das säumige Gericht rügen. Bei weiterer Verzögerung kann er auf Entschädigung materieller (z. B. Insolvenz) und immaterieller (z. B. seelische Belastungen) Nachteile klagen.

## 9.2.4 Rechtsmittel gegen ein Urteil (Berufung und Revision)

Gegen ein Urteil kann der Unterlegene grundsätzlich die Rechtsmittel Berufung und Revision einlegen.

### a) Berufung

Berufung findet statt gegen Endurteile der ersten Instanz – Amts- oder Landgericht. Im Berufungsverfahren wird der Streitfall in rechtlicher und, soweit begründete Zweifel bestehen, auch in tatsächlicher Hinsicht nochmals überprüft. Voraussetzung ist, dass der Berufungsführer mit mehr als 600,00 Euro aus dem erstinstanziellen Urteil beschwert ist – Differenz zwischen Antrag und ergangener Entscheidung – oder die Berufung wegen grundsätzlicher Bedeutung, Rechtsfortbildung oder zur Sicherung einheitlicher Rechtsprechung vom Erstinstanzgericht zugelassen wird.
Berufungsgericht gegen Entscheidungen des Amtsgerichts in Familiensachen und des Landgerichts ist das Oberlandesgericht. Im Übrigen ist das Landgericht für die Berufung gegen Urteile des Amtsgerichts zuständig.

**Beispiel:**

Im vorhergehenden Beispiel verliert der Betrieb aus dem Landkreis X in 1. Instanz vor dem Amtsgericht und kann in diesem Fall in 2. Instanz Berufung beim Landgericht einlegen.

Revision

### b) Revision

Die Revision findet statt gegen Urteile der Berufungsgerichte: Landgericht und Oberlandesgericht. Zuzulassen ist die Revision im Urteil des Berufungsgerichts oder durch das Revisionsgericht auf Beschwerde gegen die Nichtzulassung,

- wenn die Rechtssache grundsätzliche Bedeutung hat oder
- wenn die Rechtssache der Rechtsfortbildung dient oder
- wenn die Sicherung einer einheitlichen Rechtsprechung eine Revisionsentscheidung erfordert.

Die Revision geht zum Bundesgerichtshof (BGH) und kann nur auf Gesetzesverletzung gestützt werden.

### c) Fristen für Berufung und Revision

| | |
|---|---|
| Einlegung → | binnen eines Monats seit Zustellung des Urteils |
| Begründung → | binnen zwei Monaten seit Zustellung des Urteils |

## 9.2.5 Gerichtliches Mahnverfahren

Wegen eines Geldanspruchs, etwa eines Vergütungs- oder Schadensersatzanspruchs, kommt neben der Einreichung einer Klage auch die Einleitung eines gerichtlichen Mahnverfahrens in Betracht. Eine eventuelle Gegenleistung, z.B. die Herbeiführung des vereinbarten Werkerfolgs oder zumindest einer Teilleistung davon, muss aber bereits erbracht sein.

**Beispiel:**

Im vorhergehenden Beispiel kann der Betrieb aus dem Landkreis X entweder beim Amtsgericht Klage einreichen oder das gerichtliche Mahnverfahren durch Beantragung eines gerichtlichen Mahnbescheids beim zuständigen Mahngericht einleiten.

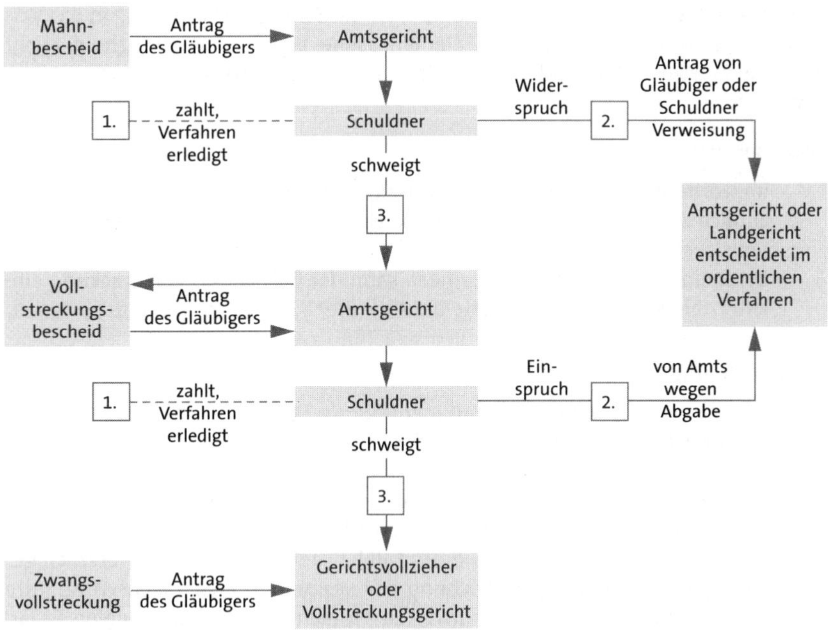


**a) Wesentliche Unterschiede zum Klageverfahren:**

Das Mahnverfahren ist ein abgekürztes Verfahren und kann – abhängig von der Reaktion des Schuldners – dem Gläubiger rasch zu einer Vollstreckung in das Vermögen des Schuldners verhelfen durch die Verwendung von Formularen, den möglichen Erlass gerichtlicher Bescheide ohne Prüfung der inhaltlichen Berechtigung der Forderung, die Einführung kurzer Fristen für Rechtsmittel und vergleichsweise niedrige Gerichtsgebühren.

**b) Zuständiges Gericht**

Örtlich zuständig ist grundsätzlich das Amtsgericht, in dessen Bezirk der Antragsteller seinen Wohn- oder Gewerbesitz hat.
Die Bundesländer können die Zuständigkeit bei einem Amtsgericht zentralisieren, in Bayern ist beispielsweise das Mahngericht in Coburg zentral zuständig.
Sachlich zuständig, unabhängig von der Höhe des Streitwerts, sind die Amtsgerichte.

**c) Parteien**

Im Gegensatz zur Klage heißen die Parteien Antragsteller und Antragsgegner.

**d) Verfahren**

Das Amtsgericht erlässt auf Antrag des Gläubigers einen Mahnbescheid – 1. Stufe – und stellt ihn dem Schuldner zu. Dieser kann zahlen, innerhalb von zwei Wochen Widerspruch erheben oder untätig bleiben.
Reagiert der Schuldner nicht, erlässt das Amtsgericht auf Antrag des Gläubigers den Vollstreckungsbescheid – 2. Stufe – und stellt ihn dem Schuldner zu. Dieser kann wiederum zahlen, innerhalb von zwei Wochen Einspruch einlegen oder untätig bleiben.

Im Falle der Nichtreaktion kann der Gläubiger die Zwangsvollstreckung in das Vermögen des Schuldners betreiben. Der erlassene Vollstreckungsbescheid reicht dazu aus. Zu empfehlen ist allerdings, die Zwei-Wochen-Frist für den Einspruch abzuwarten.

**Beispiel:**

Im vorhergehenden Beispiel beantragt der Betrieb aus dem Landkreis X zunächst einen gerichtlichen Mahnbescheid und dann den gerichtlichen Vollstreckungsbescheid. Nachdem der Kunde auch auf den Vollstreckungsbescheid nicht fristgerecht reagiert, kann der Betrieb die Vollstreckung einleiten. Ein Klageverfahren hätte deutlich mehr Zeit in Anspruch genommen.

**e) Beendigung**

Das Verfahren endet, wenn der Schuldner in Stufe 1 (Mahnbescheid) oder Stufe 2 (Vollstreckungsbescheid) die Forderung des Gläubigers erfüllt.

Widerspruch
Einspruch

Das Verfahren endet auch, wenn der Schuldner in Stufe 1 fristgerecht Widerspruch oder in Stufe 2 fristgerecht Einspruch erhebt. In diesem Fall kann die Forderung nur im ordentlichen Gerichtsverfahren vor dem örtlich und sachlich zuständigen Gericht geltend gemacht werden. In diesem Fall hat der Gläubiger zwar letztlich gegenüber der sofortigen Klageeinreichung Zeit verloren. Die vergleichsweise gute Erfolgsquote von gerichtlichen Mahnverfahren rechtfertigt aber in vielen Fällen die Eingehung dieses Risikos.

## 9.3 Inkasso und Zwangsvollstreckung

### 9.3.1 Inkasso

Inkasso-Unternehmen übernehmen die Zwangsvollstreckung nicht, lediglich die beiden staatliche Organe, Gerichtsvollzieher und Vollstreckungsgericht, sind dazu berechtigt. Andernfalls läge Selbstjustiz vor, und Straftatbestände wie etwa Nötigung, Körperverletzung oder Hausfriedensbruch würden verwirklicht werden. Hauptzweck von Inkasso-Unternehmen ist die nachdrückliche Anforderung offener Rechnungen ohne Ausübung von Gewalt oder Zwang. Dadurch kann Handwerksbetrieben erheblicher Aufwand abgenommen werden, nämlich die Auslagerung des Forderungsmanagements.

### 9.3.2 Zwangsvollstreckung

Hat der Gläubiger gegen den die Vergütung schuldenden Kunden beispielsweise ein rechtskräftiges Urteil erwirkt, ist damit die Erfüllung der gerichtlich festgestellten Forderung noch nicht sichergestellt. Weigert sich der Kunde weiterhin zu bezahlen, kann der Gläubiger seinen Anspruch mithilfe staatlicher Gewalt durchsetzen. Das ist dann keine Selbstjustiz, sondern Zwangsvollstreckung im Rahmen des Rechtsstaats!

**a) Voraussetzungen der Zwangsvollstreckung**

Die Zwangsvollstreckung ist an drei Voraussetzungen gebunden. Vollstreckbarer Titel, Vollstreckungsklausel und Zustellung des vollstreckbaren Titels an den Schuldner.

### b) Vollstreckungstitel

Vollstreckungstitel sind in erster Linie rechtskräftige Urteile. Es gibt jedoch, wie die folgende Abbildung zeigt, weitere Vollstreckungstitel. Vollstreckungs-titel

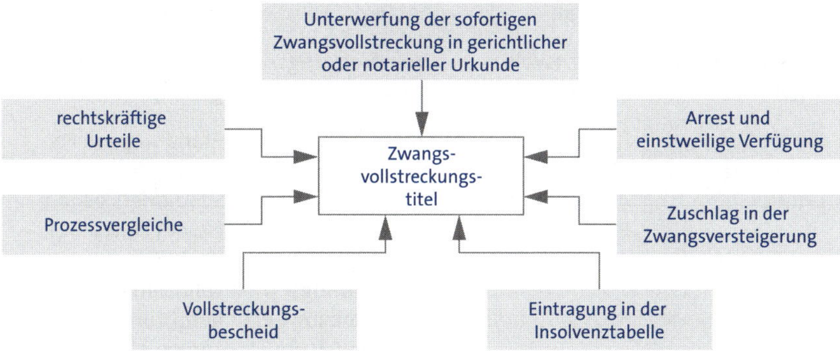


### c) Vollstreckungsklausel

Die Vollstreckungsklausel macht den Titel in der Regel vollstreckbar. Der Urkundsbeamte des Gerichts vermerkt auf dem Urteil: „Vorstehende Ausfertigung wird dem Gläubiger zum Zwecke der Zwangsvollstreckung erteilt“. Klausel

### d) Zustellung des Vollstreckungstitels

Die Zustellung des Vollstreckungstitels muss vor oder mit dem Beginn der Zwangsvollstreckung erfolgen.

**Beispiel:**

Der Handwerksbetrieb hat gegen einen seiner Kunden wegen ausstehender Vergütung vor dem Landgericht 8.000,00 Euro erstritten. Die Rechtsmittelfristen sind abgelaufen, sodass das Urteil rechtskräftig ist. Der Kunde zahlt trotzdem weiterhin nicht. Um nun die Zwangsvollstreckung mithilfe der staatlichen Organe betreiben zu können, fehlen noch die Vollstreckungsklausel und die Zustellung des Urteils. Der Rechtsstaat geht wegen des mit der Zwangsvollstreckung verbundenen Grundrechtseingriffs auf Nummer sicher.

### e) Zwangsvollstreckung wegen Geldforderungen

Die jeweilige Zuständigkeit hängt davon ab, ob wegen Geld- oder sonstiger Forderungen – z.B. auf Herausgabe einer Bürgschaftsurkunde zur Ablösung eines vertraglich vereinbarten Gewährleistungs-Sicherheitseinbehalts – und ob in das bewegliche Vermögen, unbewegliche Vermögen, Rechte oder Forderungen des Schuldners vollstreckt werden soll.

Geldforderungen sind der häufigste Grund für Zwangsvollstreckungsmaßnahmen. Dabei gelten folgende Besonderheiten und Unterschiede:

| Zwangsvollstreckung in | bewegliche Sachen | unbewegliche Sachen | Forderungen und Rechte |
|---|---|---|---|
| Vollstreckungsorgane | Gerichtsvollzieher | Vollstreckungsgericht | Vollstreckungsgericht |
| Art und Weise der Vollstreckung | Pfändung und Mitnahme<br>Anbringung des Pfandsiegels | Zwangsversteigerung<br>Zwangsverwaltung<br>Eintragung einer Zwangshypothek im Grundbuch | Pfändung von Forderungen des Schuldners gegen (seine) Drittschuldner, z. B. Lohnforderungen, Vergütungsanspruch eines Fachbetriebs oder Bankguthaben durch Pfändungs- und Überweisungsbeschluss sowohl gegen Schuldner als auch Drittschuldner |
| Grenzen der Vollstreckung | unpfändbar sind: lebensnotwendige Sachen, berufsnotwendige Sachen, Fremdsachen | | nur in Grenzen pfändbar sind Lohn- und Vergütungsforderungen. Bei Bankguthaben ist insbesondere das Pfändungsschutzkonto zu beachten |
| Rechtsmittel zum Amtsgericht | Vollstreckungserinnerung<br>Vollstreckungsabwehrklage<br>Drittwiderspruchsklage | | |
| Befriedigung des Gläubigers | aus Versteigerungserlös nach Abzug der Verfahrenskosten | aus Versteigerungs-, Zwangs-, Verwaltungserlös nach Abzug der Verfahrenskosten | Drittschuldner muss gepfändete Forderung gegenüber dem Gläubiger erfüllen. Der Gläubiger kann ihn auf Zahlung verklagen |

**Beispiel:**

Der Betrieb kann den Gerichtsvollzieher mit der Vollstreckung in dessen bewegliche Gegenstände, wie etwa dessen Wohnmobil oder Motorrad, beauftragen. Soweit es um die Vollstreckung in das Grundstück oder die Eigentumswohnung geht, ist ein Antrag beim Vollstreckungsgericht zu stellen. Dasselbe gilt für die Vollstreckung in Forderungen des Kunden gegen seine Bank (Bankguthaben). Der Kunde kann sich beispielsweise mit der Vollstreckungsabwehrklage wehren, wenn er im Zeitraum zwischen Erlass des Vollstreckungsbescheids mit Ablauf der Einspruchsfrist und Vollstreckung seine Verpflichtungen gegenüber dem Handwerksbetrieb erfüllt hat.

### f) Vermögensauskunft

Der Gläubiger kann bereits zu Beginn des Vollstreckungsverfahrens beim örtlich zuständigen Gerichtsvollzieher beantragen, dass der Schuldner ein Verzeichnis über sein Vermögen aufstellt und für die Richtigkeit seiner Angaben eine eidesstattliche Versicherung abgibt. Dadurch kann der Gläubiger vollstreckbares Vermögen ermitteln (insbesondere bewegliche Sachen, Forderungen und Immobilien). Der Schuldner muss die Vermögensauskunft grundsätzlich nur alle zwei Jahre abgeben. Der Schuldner wird dazu mit einer zweiwöchigen letzten Zahlungsfrist zur Forderungserfüllung geladen.

**Beispiel:**

Der Betrieb hat gegen seinen Kunden einen gerichtlichen Vollstreckungsbescheid erwirkt. Die Einspruchsfrist von zwei Wochen ist verstrichen. Um zu erfahren, in welches Vermögen er vollstrecken kann, beantragt er die Vermögensauskunft.

Verweigert der Schuldner die Abgabe des Vermögensverzeichnisses, kann das Gericht auf Antrag des Gläubigers Erzwingungshaft anordnen. Zusätzlich kann in diesem Fall der Gläubiger vom Gerichtsvollzieher – kostenpflichtig – Auskünfte über das Schuldnervermögen einholen lassen.

### g) Schuldnerverzeichnis

Schuldnerverzeichnis

Insbesondere Schuldner, die den geschilderten Auskunftspflichten im Rahmen der Vermögensauskunft nicht nachkommen oder deren Liquidität offensichtlich nicht gegeben ist, werden in das Schuldnerverzeichnis beim Vollstreckungsgericht eingetragen. Jeder kann unter Darlegung seines berechtigten Interesses kostenpflichtig darin Einsicht nehmen. Die Eintragung in das Schuldnerverzeichnis wird insbesondere gelöscht, wenn der Schuldner die Erfüllung der Forderung des Gläubigers nachweist oder drei Jahre seit Ende des Jahres, in dem die Eintragung erfolgte, verstrichen sind.

## Wiederholungsfragen sowie handlungsorientierte, fallbezogene Übungs- und Prüfungsaufgaben

1. Nennen Sie die verschiedenen Gerichtsbarkeiten und ihre Zuständigkeit nach der Art der Rechtsansprüche!

>> Seite 294 |

2. In welchen Bereichen der Rechtspflege sind die ordentlichen Gerichte tätig?

>> Seite 294 |

3. Welche von den nachfolgend aufgeführten Gerichten gehören zu den ordentlichen Gerichten?

- [ ] a Amtsgericht, Landgericht, Oberlandesgericht, Bundesgerichtshof
- [ ] b Arbeitsgericht, Landesarbeitsgericht, Bundesarbeitsgericht
- [ ] c Verwaltungsgericht, Verwaltungsgerichtshof, Bundesverwaltungsgericht
- [ ] d Sozialgericht, Landessozialgericht, Bundessozialgericht
- [ ] e Finanzgericht und Bundesfinanzhof.

>> Seite 294 |

4. Erklären Sie die sachliche und örtliche Zuständigkeit der Zivilgerichte in erster Instanz!

>> Seite 295 |

5. Wenn ein Handwerksmeister gegen einen deutschen Kunden gerichtlich vorgehen muss, weil dieser eine Rechnung nicht bezahlt, an welches Gericht wendet er sich dann?

- [ ] a Immer zuerst an das Amtsgericht.
- [ ] b Zuerst an das Amtsgericht, wenn er einen Mahnbescheid beantragen oder eine Klage über einen Streitwert bis zu 5.000,00 EUR einreichen will. Eine Klage mit einem Streitwert von über 5.000,00 EUR muss beim Landgericht eingereicht werden.
- [ ] c Immer zuerst an das Landgericht, wenn der Streitwert 500,00 EUR übersteigt.
- [ ] d Zuerst an das Amtsgericht, wenn seine Forderung 3.000,00 EUR nicht übersteigt und er Klage einreichen oder Mahnbescheid beantragen will. Bei höherem Streitwert reicht er Antrag auf Mahnbescheid oder Klage beim Landgericht ein.
- [ ] e An das Landgericht, das für alle Streitigkeiten zwischen Handwerker und Kunden, auch im Mahnverfahren, zuständig ist.

>> Seite 294 |

6. Der Kunde A in X-Stadt hat den Schreiner B aus Y-Stadt mit der Anfertigung einer Einbauküche beauftragt. Vereinbarungen über den Ort der Zahlung wurden nicht getroffen. Der Auftrag wurde von B fachgerecht und ordnungsgemäß ausgeführt. Trotz wiederholter Mahnung zahlt A den geschuldeten Werklohn nicht.

Aufgabe: Welches Gericht ist für die Klage auf Zahlung des Werklohns örtlich zuständig?

- [ ] a Das Wohnsitzgericht des Schreiners B.
- [ ] b Das Wohnsitzgericht des Kunden A.
- [ ] c Das Wohnsitzgericht des Kunden A, wenn kein anderer Gerichtsstand (z. B. der Wohnsitz des Schreiners B) vereinbart ist.
- [ ] d Sowohl das Wohnsitzgericht des Schreiners B wie das des Kunden A; der Schreiner B kann wählen.
- [ ] e Das Gericht, auf das sich die Parteien vorher geeinigt haben.

>> Seite 295 |

7. Wer trägt grundsätzlich die Prozesskosten?

- [ ] a Der Kläger.
- [ ] b Der Beklagte.
- [ ] c Derjenige, der den Prozess verliert; der Kläger muss die Kosten aber vorschussweise einzahlen.
- [ ] d Die Parteien gemeinsam, und zwar je zur Hälfte.
- [ ] e Der Staat, weil es sich bei den Gerichten um soziale Institutionen handelt.

>> Seite 295 |

8. Nennen Sie die Rechtsmittel, die gegen richterliche Entscheidungen eingelegt werden können!

>> Seite 297 |

9. Nennen Sie die wesentlichen Unterschiede zwischen dem ordentlichen Klage- und dem gerichtlichen Mahnverfahren!

>> Seite 299 |

10. Der Inhaber einer Fachwerkstatt hat die Bremsenreparatur fachgerecht ausgeführt und den reparierten Pkw dem deutschen Kunden inkl. Rechnung ausgehändigt. Der Kunde hat den Pkw täglich ohne Beanstandung in Gebrauch, reagiert jedoch seit drei Monaten weder auf mündliche noch schriftliche Zahlungsaufforderungen.

Aufgabe: Wie macht der Handwerker am einfachsten und kostengünstigsten seine Werklohnforderung gerichtlich geltend?

- [ ] a Durch Einreichung einer Klage bei dem zuständigen Gericht.
- [ ] b Indem er einen Antrag auf Erlass eines Mahnbescheides bei dem nach dem Streitwert zuständigen Gericht einreicht.
- [ ] c Indem er ein Mahnbescheidformular selbst ausfüllt und beim Amtsgericht einreicht.
- [ ] d Indem er seine Klage bei der Geschäftsstelle des zuständigen Gerichts zu Protokoll gibt.
- [ ] e Indem er beim zuständigen Amtsgericht den Erlass einer einstweiligen Verfügung beantragt.

>> Seite 299 |

11. Wenn der Schuldner gegen den Mahnbescheid nicht fristgerecht Widerspruch eingelegt hat, erlässt das Gericht auf Antrag des Gläubigers eine Entscheidung.

Aufgabe: Wie heißt diese?

- [ ] a Urteil
- [ ] b Beschluss
- [ ] c Vollstreckungsbescheid
- [ ] d Pfändungsbeschluss
- [ ] e Vollstreckungs- und Überweisungsbeschluss.

>> Seite 299 |

12. Nennen Sie die drei Voraussetzungen für die Zwangsvollstreckung!

>> Seite 300 |

13. Wenn man gegen einen Schuldner die Zwangsvollstreckung betreiben will, braucht man einen Vollstreckungstitel.

Aufgabe: Was ist das?

- a Das ist ein Amtstitel, der mit der Vollstreckung in Zusammenhang steht, z. B. Vollstreckungssekretär.
- b Eine gerichtliche oder notarielle Urkunde, aus der man die Zwangsvollstreckung betreiben kann.
- c Das ist eine Urkunde mit einer Überschrift (Titel), die sich über die ganze Breite der Urkunde erstreckt.
- d Das ist eine Urkunde, die sich auf das ganze (volle) Vermögen des Schuldners erstreckt.
- e Das ist eine gerichtliche Liste, auf der die Vermögensgegenstände des Schuldners verzeichnet sind.

>> Seite 301 |

14. Nennen Sie verschiedene Titel, aus denen die Zwangsvollstreckung betrieben werden kann!

>> Seite 301 |

15. Welche gerichtlichen Organe sind für die Zwangsvollstreckung zuständig?

>> Seite 302 |

16. Welche Art der Zwangsvollstreckung erledigt der Gerichtsvollzieher? Er kann vollstrecken

- a in die beweglichen Sachen des Schuldners.
- b in die unbeweglichen Sachen des Schuldners (Grundstücke, Häuser).
- c in Forderungen des Schuldners (Außenstände, Bankguthaben, Lohnforderungen usw.).
- d in sonstige Rechte des Schuldners, z. B. Patente, Gebrauchsmuster, Herausgabeansprüche usw.
- e in Lohn- und Gehaltsforderungen des Schuldners gegen seinen Arbeitgeber.

>> Seite 302 |

17. Was darf der Gerichtsvollzieher nicht pfänden?

- [ ] a Kleidungsstücke.
- [ ] b Möbel.
- [ ] c Sachen, deren Wert mehr als das Dreifache des Wertes der Gläubigerforderung ist.
- [ ] d Wertpapiere, Edelmetalle und Edelsteine.
- [ ] e Sachen, die Dritten gehören oder die lebens- oder berufsnotwendig für den Schuldner sind.

>> Seite 302 |

18. Was geschieht, wenn der Schuldner der Aufforderung des Gerichtsvollziehers, ein Vermögensverzeichnis aufzustellen und eine eidesstattliche Versicherung über dessen Vollständigkeit abzugeben, keine Folge leistet?

- [ ] a Dann erlässt das Gericht auf Antrag des Gläubigers gegen den Schuldner einen Haftbefehl zur Erzwingung der eidesstattlichen Versicherung.
- [ ] b Dann können der Gläubiger und das Gericht gar nichts machen.
- [ ] c Dann muss der Gläubiger beim höheren Gericht (Landgericht) Beschwerde einlegen.
- [ ] d Dann muss der Gläubiger den Schuldner auf Abgabe des Vermögensverzeichnisses und der eidesstattlichen Versicherung verklagen.
- [ ] e Dann wendet der Gläubiger sich an die Staatsanwaltschaft, und diese ermittelt, wo der Schuldner sein Vermögen hat.

>> Seite 303 |

# 10. Notwendigkeit der Planung einer Unternehmensnachfolge, auch unter Berücksichtigung von Erb- und Familienrecht sowie steuerrechtlicher Bestimmungen, darstellen und begründen

**Kompetenzen**

> Regelungen der gesetzlichen Erbfolge kennen und verstehen.
> Möglichkeiten der Gestaltung durch Erbvertrag und Testament abwägen.
> Grundfreibeträge sowie Steuerklassen der Erbschafts- und Schenkungssteuer sowie Gestaltungsmöglichkeit kennen.
> Unterschiede zwischen Zugewinngemeinschaft und Gütertrennung kennen.

## 10.1 Familien- und Erbrecht

### 10.1.1 Eheliches Güterrecht

#### a) Allgemeines zum Familienrecht

Familienrecht

Das Familienrecht regelt die rechtlichen Beziehungen der Familienmitglieder zueinander und zu Dritten. Den Unternehmer interessieren vor allem die vermögensrechtlichen Beziehungen der Ehegatten und das eheliche Güterrecht sowie am Rande die gegenseitige Vertretungsmacht von Mann und Frau.
Aber auch gleichgeschlechtlichen, volljährigen, nicht verheirateten und nicht in gerader Linie miteinander verwandten Partnern ist es möglich, durch persönliche und gleichzeitige Erklärung vor dem Standesamt oder Notar eine der Ehe weitgehend angeglichene Partnerschaft auf Lebenszeit zu begründen. Das Familienrecht des Ehegatten findet hierauf im Wesentlichen Anwendung.

#### b) Gegenseitige Vertretungsmacht der Ehegatten

Jeder Ehegatte ist berechtigt, alle Rechtsgeschäfte zur angemessenen Deckung des Lebensbedarfs der Familie auch mit Wirkung für und gegen den anderen Ehegatten abzuschließen. Das gilt grundsätzlich unabhängig vom Güterstand, also etwa auch bei der Gütertrennung.

**Beispiel:**

Einkauf von Lebensmitteln, Beauftragung mit Heizungswartung, Ergänzungskauf eines defekten Wasserkochers. Kauft dagegen ein Ehegatte eine Maschine für sein Unternehmen, wird der andere nicht verpflichtet. Denn es ist kein Rechtsgeschäft zur angemessenen Deckung des Lebensbedarfs der Familie. Dasselbe gilt für die Renovierung der beiden Badezimmer im Einfamilienhaus.

Die gesetzliche Vertretungsmacht kann auch ausgeschlossen werden, wenn sie zum Nachteil des anderen Ehegatten ausgenutzt wird.

Dritten gegenüber wirkt der Ausschluss nur bei Eintragung im Güterrechtsregister beim Amtsgericht.
Leben die Ehegatten getrennt, ruht die gegenseitige Vertretungsmacht.

### c) Güterstände

Eheliches Güterrecht

Die Ehe ist Lebens- und Vermögensgemeinschaft. Zur Regelung der Vermögensbeziehungen haben die Ehegatten drei Möglichkeiten. Sie können wählen zwischen Zugewinngemeinschaft, Gütergemeinschaft und Gütertrennung.

### d) Zugewinngemeinschaft als gesetzlicher Güterstand

Zugewinngemeinschaft

Form: Sie entsteht durch Heirat kraft Gesetzes, wenn kein notarieller Ehevertrag vereinbart wird.

**Beispiel:**

Der Inhaber eines Handwerksbetriebs heiratet seine Verlobte. Ein Ehevertrag wird nicht geschlossen. Somit gilt der Güterstand der Zugewinngemeinschaft.

- Wesen: Solange sie besteht, gelten im Wesentlichen die Regeln der Gütertrennung. Endet sie beispielsweise durch Scheidung der Ehe, ist der Zugewinn unter den Ehegatten auszugleichen.
- Vermögen: Was einer in die Ehe einbringt und in dieser hinzuerwirbt, gehört ihm allein.
- Verwaltung: Es gibt zwei Vermögensmassen. Das Vermögen des einen und das des anderen. Jeder verwaltet sein Vermögen selbst. Einschränkungen gibt es allerdings bei Verfügungen über das gesamte Vermögen und bei Verfügungen über Hausratsgegenstände. Sie bedürfen der Zustimmung des anderen Ehegatten.
- Schulden: Jeder haftet für seine Schulden allein, soweit vertraglich nichts anderes vereinbart wird.
- Ende: Der Zugewinn ist unter den Ehegatten auszugleichen.

### e) Ausgleich des Zugewinns bei Scheidung

In diesem Fall ist der beiderseitige Zugewinn zu berechnen und auszugleichen.
Zugewinn ist der Betrag, um den das Endvermögen eines Ehegatten sein Anfangsvermögen übersteigt. Wer während der Ehe mehr Zugewinn erzielt hat, muss dem Ehepartner die Hälfte des Überschusses auszahlen.

**Beispiel:**

Herr Maier geht im Mai 2015 mit einem Vermögen in Höhe von 250.000,00 Euro in die Ehe. Der Betrag errechnet sich im Wesentlichen aus einem Grundstück, auf dem sich das Betriebs- und auch Wohngebäude befindet, Rücklagen auf dem Festgeldkonto und Verbindlichkeiten bei der Bank. Frau Maier geht mit einem Vermögen von – 50.000,00 Euro in die Ehe. Sie hat mit ihrem damaligen Freund eine Immobilie in Berlin gekauft und auf nicht realisierbare Mieteinnahmen vertraut. Letztlich hat sie die Immobilie mit Verlust verkauft. Im November 2025 wird die Ehe zwischen Herrn und Frau Maier geschieden. Herr Maier hat unter dem Strich sein Vermögen in Höhe von 250.000 Euro gehalten, sodass er keinen Zugewinn hat. Frau Maier konnte zu

Zeiten der Ehe ihre Verbindlichkeiten komplett abbauen, sodass sie einen Zugewinn in Höhe von 50.000 Euro hat. Da sie um 50.000 Euro mehr Zugewinn hat wie er, kann er von ihr 25.000 Euro Zugewinn verlangen.

Für die Berechnung des Anfangs- und des Endvermögens gelten folgende Regeln:

> Berechnung des Anfangsvermögens

Negatives Anfangsvermögen, das während der Ehe getilgt wird, ist in Höhe des tatsächlichen Vermögenszuwachses auszugleichen.

> Regeln zur Berechnung des Vermögens

Während der Ehe erhaltene Schenkungen und Erbschaften werden dem Anfangsvermögen zugerechnet, werden also vom Endvermögen abgezogen.

Vermögensberechnung

**Beispiel:**

Ein Ehegatte bekommt während der Ehe den Betrieb seines Vaters überschrieben oder erbt den Betrieb von seinem Vater. In beiden Fällen wirkt sich das auf einen eventuell später bei einer Scheidung einmal auszugleichenden Zugewinn grundsätzlich nicht aus.

Kann ein Ehegatte sein Anfangsvermögen nicht beweisen, wird es mit null angesetzt.

> Berechnung des Endvermögens

Hat ein Ehegatte in den letzten zehn Jahren Vermögen verschenkt, kann der andere Ehegatte in manchen Fällen verlangen, dass das Verschenkte dem Endvermögen zugerechnet wird, also auszugleichen ist.
Reicht das Vermögen nach einer solchen Schenkung nicht mehr aus, um den Ausgleichsanspruch des anderen Ehegatten zu befriedigen, kann dieser das Erforderliche als ungerechtfertigte Bereicherung vom Beschenkten herausverlangen.

> Schutz vor Vermögensmanipulationen

Maßgeblicher Zeitpunkt für die Berechnung des Zugewinns und die Höhe der Ausgleichsforderung ist die Zustellung des Scheidungsantrags.
Zum Schutz vor Vermögensverschiebungen kann ein Ehegatte vorzeitig vor Gericht Zugewinnausgleich verlangen.

### f) Gütertrennung durch Ehevertrag

- Form: Erforderlich ist notarielle Beurkundung des Ehevertrags bei gleichzeitiger Anwesenheit beider Ehegatten.
- Wesen: Es handelt sich um eine absolute Trennung der Vermögensmassen zwischen den Ehegatten.
- Vermögen: Es gibt zwei Vermögensmassen, das Mannes- und Frauenvermögen.
- Verwaltung: Jeder Ehegatte verwaltet sein Vermögen allein. Er unterliegt keinen Verfügungsbeschränkungen.
- Schulden: Jeder Ehegatte haftet für seine Schulden allein.
- Endet der Güterstand beispielsweise durch Scheidung, findet kein Vermögensausgleich statt.

Gütertrennung

#### g) Gütergemeinschaft durch Ehevertrag

Gütergemeinschaft

- Form: Es gilt das Gleiche wie bei der Gütertrennung.
- Wesen: Die Gütergemeinschaft beinhaltet die Vereinigung der Vermögen der Ehegatten.
- Vermögen: Das Gesamtgut bildet das gemeinschaftliche Vermögen der Ehegatten. Beide Ehegatten können Vorbehaltsgut, insbesondere durch Ehevertrag, und Sondergut haben. Während das Vorbehaltsgut grundsätzlich frei vereinbar ist, entsteht das Sondergut kraft Gesetzes. Dabei geht es um Gegenstände, die nicht durch Rechtsgeschäft übertragen werden können, wie z. B. das Urheberrecht oder der Schmerzensgeldanspruch.

**Beispiel:**

Im Ehevertrag wird nicht nur die Gütergemeinschaft festgehalten. Der Betrieb als Existenzgrundlage von Herrn Huber wird als Vorbehaltsgut von der Gütergemeinschaft nicht erfasst. Somit gehört der Betrieb allein Herrn Huber. Dasselbe gilt laut Gesetz für die Urheberrechte von Herrn Huber hinsichtlich seiner individuell gestalteten Webseite.

- Verwaltung: Das Gesamtgut verwalten beide Ehegatten zusammen oder ein Ehegatte nach Vereinbarung allein. Vorbehalts- und Sondergut verwaltet jeder Ehegatte allein.
- Schulden: Schulden des Gesamtguts betreffen beide, Schulden von Vorbehalts- oder Sondergut jeden allein.
- Bei Beendigung der Gütergemeinschaft, beispielsweise durch Scheidung, behält jeder Ehegatte die Hälfte des Gesamtguts sowie sein Vorbehalts- und Sondergut.

### 10.1.2 Erbfolge

#### a) Allgemeines

Erbfall

Mit dem Tod eines Menschen (Erbfall) geht das gesamte Vermögen (Nachlass) des Erblassers von der einen auf die andere Sekunde mit allen Rechten und Pflichten auf die Erben über – Gesamtrechtsnachfolge.

**Beispiel:**

Herr Müller verstirbt um 0:54 Uhr an der Unfallstelle. Sein Vermögen geht um 0:54 Uhr auf die Erben über, etwa seine Frau und seine drei Kinder. Das gilt auch für den Fall, dass diese noch nichts davon wissen. Hinsichtlich seines Grundstücks bedarf es keiner Auflassung und Eintragung im Grundbuch. Die Berichtigung des Grundbuches reicht aus.

#### b) Grundbegriffe

- Erblasser: Der Verstorbene.
- Nachlass: Die Gesamtheit der Rechtsverhältnisse des Erblassers, die auf die Erben übergeht. Sie beinhaltet Eigentum, Beteiligungen, Forderungen, Rechte, aber auch Schulden des Erblassers. Nicht vererbbar sind höchstpersönliche Rechte, z. B. Unterhaltsansprüche, Nießbrauch, Ehrungen oder persönliche Titel.

> Erbe: Wer kraft Gesetzes (gesetzlicher Erbe) oder kraft Verfügung von Todes wegen (gewillkürter Erbe) Gesamtrechtsnachfolger des Erblassers wird. Erbe kann grundsätzlich jede natürliche oder juristische Person werden, die zum Zeitpunkt des Erbfalles lebt oder besteht.

> Gesetzliche Erben: Die Verwandten des Erblassers, sein Ehegatte und ersatzweise das jeweilige Bundesland.

Gesetzliche Erben

> Gewillkürte Erben: Natürliche oder juristische Personen, die der Erblasser durch Testament oder Erbvertrag bestimmt.

Gewillkürte Erben

> Erbschein: Amtliches Zeugnis über das Erbrecht. Zuständig ist das Nachlassgericht beim Amtsgericht am letzten Wohnsitz des Erblassers.

Erbschein

> Ausschlagung: Jeder Erbe kann innerhalb von sechs Wochen seit Kenntnis vom Erbfall und dem Berufungsgrund die Erbschaft ausschlagen. Vor allem bei Überschuldung des Nachlasses wird er diesen Weg wählen. Zuständig ist das Nachlassgericht. Die Ausschlagung bewirkt, dass der Nachlass nicht an den Ausschlagenden fällt.

Ausschlagung

**Beispiel:**

Der verwitwete Herr Huber verstirbt. Sein einziger Sohn ist auf Weltreise und erfährt erst zwei Wochen später davon. Er hat nun zur Ausschlagung der Erbschaft sechs Wochen Zeit. Schlägt er sie wegen der das Positivvermögen übersteigenden Verbindlichkeiten aus, gilt er als nicht existent. Sie geht auf den nächsten in der Erbfolge über, der ebenfalls fristgemäß ausschlagen kann.

Bei der Aufteilung des Nachlasses sind Pflegeleistungen durch Abkömmlinge gegenüber dem Erblasser zunächst zu berücksichtigen. Der Ausgleich erfolgt unabhängig davon, ob sie für diese Leistungen auf eigenes berufliches Einkommen verzichtet haben.

Pflegeleistungen

**Beispiel:**

Die Tochter pflegt die kranke und verwitwete Mutter. Nach deren Tod erhält die Tochter zunächst den Ausgleichsbetrag. Das verbleibende Erbe wird je zur Hälfte zwischen Tochter und deren Bruder geteilt.

### c) Gesetzliche Erbfolge

Gesetzliche Erben sind einerseits die Verwandten des Erblassers und andererseits sein Ehegatte. Sie erben, wenn der Erblasser die Erbfolge durch letztwillige Verfügung – Testament oder Erbvertrag – nicht anders geregelt hat.
Die Verwandten sind in 5 Erbordnungen zur Erbfolge berufen:

Erbordnungen

1. Erbordnung: Alle Abkömmlinge des Erblassers, das heißt Kinder – auch adoptierte und uneheliche – und deren Abkömmlinge
2. Erbordnung: Die Eltern des Erblassers und deren Abkömmlinge
3. Erbordnung: Die Großeltern des Erblassers und deren Abkömmlinge
4. Erbordnung: Die Urgroßeltern und deren Abkömmlinge
5. Erbordnung: Alle entfernteren Verwandten

Erben einer näheren Erbordnung schließen Erben einer entfernteren Erbordnung aus.

**Beispiel:**

Sind Kinder vorhanden, erben Eltern und Geschwister nichts.

Nahe Erben schließen entferntere Erben derselben Erbordnung aus.

**Beispiel:**

Kinder schließen Enkel aus.

Erben der ersten drei Erbordnungen erben nach Stämmen und zu gleichen Teilen.

**Beispiel:**

Stirbt ein Witwer, erhalten seine drei Kinder je $1/3$ vom Nachlass. Eventuell vorhandene Enkel erhalten nichts.

**Variante:**

Ist ein Kind vorverstorben, bekommen seinen Anteil von $1/3$ seine Kinder zu gleichen Teilen.

Ab der vierten Erbordnung wird derjenige Erbe des gesamten Nachlasses, der zum Erblasser am nächsten verwandt ist.

Gesetzliche Erbfolge des Ehegatten

Der Ehegatte hat ein eigenes gesetzliches Erbrecht. Grundsätzlich – Zugewinngemeinschaft – erhält er neben Verwandten der ersten Erbordnung $1/2$, der zweiten Erbordnung und Großeltern des Nachlasses $3/4$, der dritten oder fernerer Erbordnungen den gesamten Nachlass. Ausnahmen gelten für die Güterstände der Gütertrennung und Gütergemeinschaft.

**Beispiel:**

Der Inhaber eines Betriebs verstirbt. Ein Testament oder Erbvertrag liegt nicht vor. Er ist verheiratet und hat zwei eheliche und zwei uneheliche Kinder. Sein Ehegatte ist zu 50 % Erbe, und die vier Kinder sind jeweils zu 12,5 % Erben.

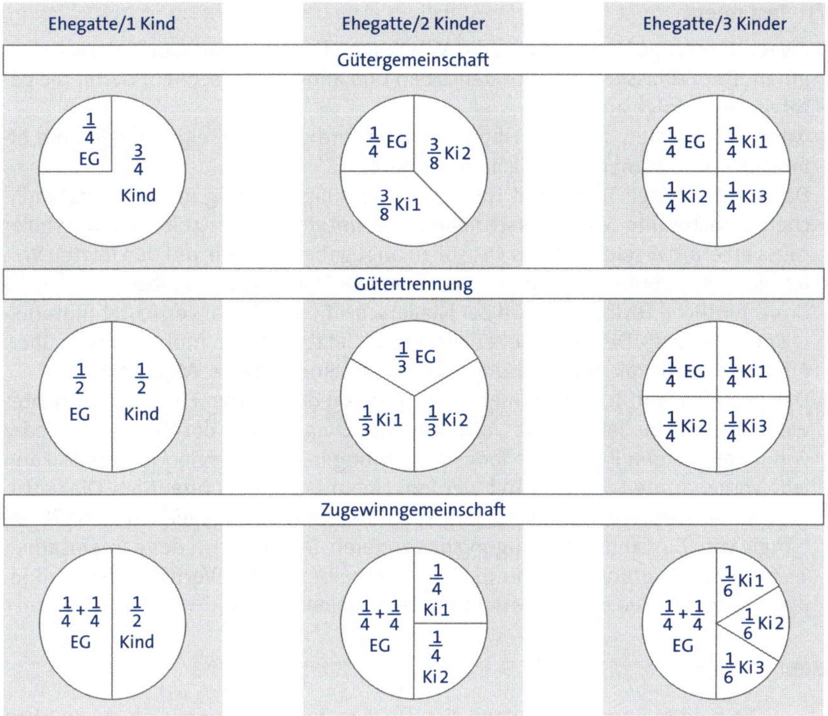


### d) Gewillkürte Erbfolge

Die Erbfolge kann auch vertraglich oder testamentarisch geregelt werden. Dafür sind bestimmte Formen zu beachten.

Gewillkürte Erbfolge

**Beispiel:**

Der Inhaber eines Betriebs schließt mit seinem Ehegatten und seinen zwei volljährigen Töchtern einen notariell beurkundeten Erbvertrag für den Fall, dass einer der vier verstirbt. Gleichzeitig wird die Schenkung des Betriebs an eine seiner Töchter sowie der Ausgleich für die andere Tochter und den Ehegatten im Erbvertrag mitgeregelt. Die einseitige Loslösung von einem Vertrag dieser Art ist nicht möglich. Anders als ein Testament, das grundsätzlich vom Verfügenden jederzeit widerrufen werden kann, ist der Erbvertrag mit weitreichenden Folgen verbunden.

### e) Erbvertrag

Erbvertrag

- Zweck: Der Erbvertrag ist eine die Vertragspartner bindende und in der Regel unwiderrufliche Verfügung von Todes wegen.
- Form: Er muss bei gleichzeitiger Anwesenheit der Vertragspartner notariell beurkundet werden und kann nur in dieser Weise wieder aufgehoben werden.
- Inhalt: Erbeinsetzungen, Schenkungen oder auch Erbverzichte.

### f) Testament

Testament

- Zweck: Einseitige Verfügungen, die Mitwirkung Dritter ist nicht erforderlich.
- Inhalt: Der Erblasser bestimmt den Erben und ändert oder schließt damit die gesetzliche Erbfolge aus.
- Arten und Formen: Es gibt insbesondere das ordentliche – eigenhändig und öffentlich – und gemeinschaftliche Testament.
  Das eigenhändige Testament muss zwingend eigenhändig in einer verständlichen Sprache und Schrift geschrieben und unterschrieben sein. Der Aussteller muss erkennbar sein. Zeit und Ort sollen angegeben werden, um den letzten Willen sicher feststellen zu können. Das aktuellste Testament ist gültig.
  Das öffentliche Testament wird zur Niederschrift eines Notars errichtet (notarielle Beurkundung). Der Erblasser erklärt seinen letzten Willen mündlich oder übergibt eine Schrift mit der Erklärung, dass diese seinen letzten Willen enthält.
  Das gemeinschaftliche Testament kann nur von den beiden Ehegatten errichtet werden. Es ist die letztwillige Verfügung der Ehegatten in der Weise, dass jeder von ihnen für den Fall seines Todes Anordnungen trifft. Für den Abschluss kann jede vorgenannte Form gewählt werden: eigenhändig oder öffentlich. Die Verfügungen können völlig selbstständig sein oder wechselbezüglich, das heißt abhängig vom Bestand der Verfügung des anderen. Der Widerruf des gemeinsamen Testaments ist grundsätzlich möglich, wechselbezügliche Verfügungen sind jedoch nach dem Tod des Erstversterbenden unwiderruflich.

**Beispiel:**

Die beiden Ehegatten setzen sich für den Todesfall jeweils als Alleinerben ein. Erst nach dem Tod des zuletzt Versterbenden soll der gemeinsame Sohn Erbe werden. Da es sich hier um wechselbezügliche Verfügungen der Ehegatten handelt – die Verfügungen der Ehegatten hängen offensichtlich voneinander ab – kann der eine Ehegatte nach dem Tod des anderen seine im gemeinschaftlichen Testament enthaltene Verfügung nicht mehr widerrufen.

### g) Pflichtteilsansprüche

Pflichtteil

Die Testierfreiheit wird durch das Pflichtteilsrecht zugunsten der Berechtigten erheblich eingeschränkt.

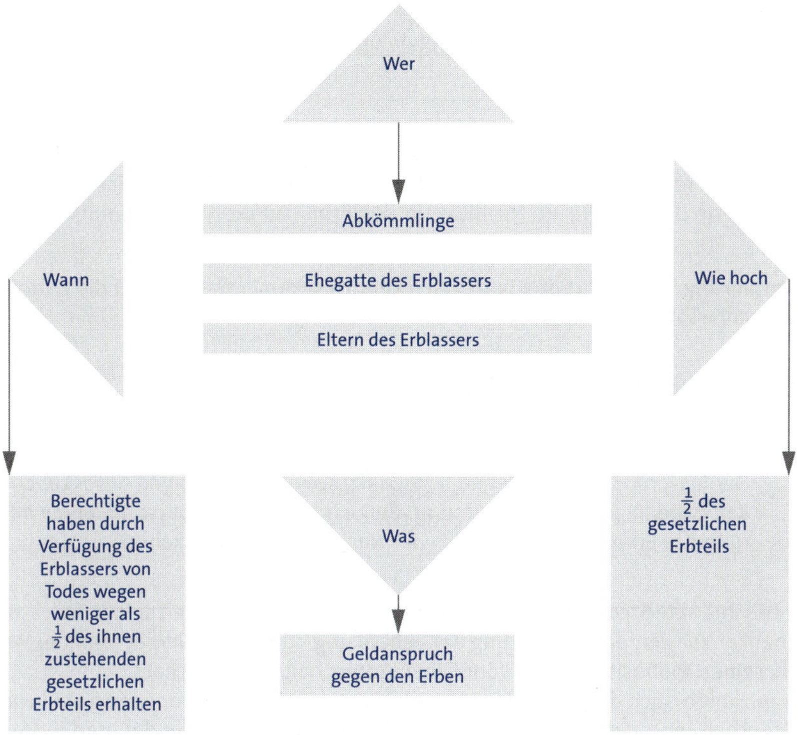


**Beispiel:**

Setzt der Ehemann seine langjährige Freundin als Alleinerbin ein, sind seine Abkömmlinge und sein Ehegatte zumindest durch das Pflichtteilsrecht geschützt. Dasselbe gilt etwa bei der Einsetzung eines eingetragenen Vereins als Erbe. Die langjährige Freundin und der eingetragene Verein werden zwar infolge eines wirksamen Testaments Alleinerben, die Pflichtteilsberechtigten haben aber einen Geldanspruch gegen sie.

> Berechtigter Personenkreis: Abkömmlinge und Ehegatte. Die Eltern nur dann, wenn keine Abkömmlinge vorhanden sind.
> Voraussetzung des Anspruchs: Die Berechtigten sind durch Verfügung des Erblassers von Todes wegen – Testament und Erbvertrag – von der gesetzlichen Erbfolge ganz oder zu einem wesentlichen Teil ausgeschlossen.
> Art: Geldanspruch gegen den Erben.
> Höhe: Der Geldanspruch beträgt die Hälfte des gesetzlichen Erbteils zum Zeitpunkt des Erbfalles. Die Auszahlung kann dem Erben bei unbilliger Härte, z. B. Haus oder Betrieb als wesentliches Vermögen, gestundet werden. Der Berechtigte, der wegen Schenkungen des Erblassers vor dem Erbfall weniger als den Pflichtteil erbt, hat einen Pflichtteilergänzungsanspruch. Für die Berechnung des Ausgleichsanspruchs werden dabei Schenkungen immer weniger berücksichtigt, je länger sie zurückliegen, z. B. bei Schenkung ein Jahr vor dem Erbfall Anrechnung zu $^{10}/_{10}$, zwei Jahre davor zu $^{9}/_{10}$.

> Entziehung: Dem Pflichtteilsberechtigten kann der Erblasser nur bei Vorliegen besonderer Gründe den Pflichtteil entziehen.

**Beispiel:**

Insbesondere die rechtskräftige Verurteilung zu einer mindestens einjährigen Freiheitsstrafe ohne Bewährung berechtigt zur Pflichtteilsentziehung, wenn die Teilhabe am Nachlass für den Erblasser deshalb unzumutbar ist.

> Verjährung: Er verjährt drei Jahre nach Kenntnis vom Erbfall und der die Erbfolge ausschließenden Verfügung.

## 10.2 Erbschaft- und Schenkungsteuer

Der Erwerb von Todes wegen (Erbschaft) sowie Schenkungen unter Lebenden unterliegen der Besteuerung. Bemessungsgrundlage ist die Bereicherung des Empfängers, abzüglich der Nachlassverbindlichkeiten.

Unbeschränkte Steuerpflicht besteht, wenn der Erblasser zur Zeit seines Todes, der Schenker zur Zeit der Ausführung der Schenkung oder der Erwerber Inländer war, d. h. seinen Wohnsitz oder gewöhnlichen Aufenthalt im Inland hat.
Dazu zählen auch deutsche Staatsangehörige ohne Wohnsitz oder gewöhnlichen Aufenthalt im Inland, sofern sie sich nicht länger als fünf Jahre dauernd im Ausland aufgehalten haben, ebenso Angehörige ausländischer Vertretungen.

### 10.2.1 Wertermittlung

Wertermittlung

Der Wert der Bereicherung richtet sich, soweit diese nicht steuerfrei ist, nach den Bewertungsvorschriften des Erbschaft- und Schenkungsteuergesetzes und des Bewertungsgesetzes. Dies gilt auch für Nachlassverbindlichkeiten, also Erblasserschulden, Erbfallschulden und sonstige Nachlassverbindlichkeiten (nicht Erbschaftsteuer).

Gemeiner Wert

Danach ist im Allgemeinen bei Bewertungen der gemeine Wert zugrunde zu legen. Der gemeine Wert wird durch den Preis bestimmt, der im gewöhnlichen Geschäftsverkehr nach der Beschaffenheit des Wirtschaftsgutes bei einer Veräußerung zu erzielen wäre. Der Wert ist im Allgemeinen mit dem Marktwert identisch.

Teilwert

Wirtschaftsgüter, die einem Unternehmen dienen, sind mit dem Teilwert anzusetzen. Teilwert ist der Betrag, den ein Erwerber des ganzen Unternehmens im Rahmen des Gesamtkaufpreises für das einzelne Wirtschaftsgut ansetzen würde, unter der Voraussetzung, dass er den Betrieb weiterführt.

Nennwert

Kapitalforderungen sind mit dem Nennwert anzusetzen. Unter Nennwert versteht man den tatsächlichen Bestand der Forderungen.

Rückkaufswert

Noch nicht fällige Ansprüche aus Lebens-, Kapital- oder Rentenversicherungen werden mit dem Rückkaufswert bewertet. Rückkaufswert ist der Betrag, den das Versicherungsunternehmen dem Versicherungsnehmer im Falle der vorzeitigen Aufhebung des Vertragsverhältnisses zu erstatten hat.
Der steuerpflichtige Erwerb wird auf volle 100,00 EUR nach unten abgerundet.

### a) Grundbesitzbewertung

Man unterteilt das Grundvermögen in unbebaute und bebaute Grundstücke:

Bodenrichtwerte

> Unbebaute Grundstücke
  Der steuerliche Wert wird durch Multiplikation der Grundstücksfläche mit dem Bodenrichtwert ermittelt.
  Bodenrichtwerte sind die Bodenpreise, die für Grundstücke in vergleichbaren Gebieten und gleicher Lage bezahlt werden, also die Bodenpreise, wie sie sich aus vergangenen Beurkundungen ergeben. Die Werte werden vom Gutachterausschuss ermittelt, sie werden den Finanzämtern mitgeteilt.
> Bebaute Grundstücke
  Der Wert von bebauten Grundstücken wird nach unterschiedlichen im Bewertungsgesetz geregelten Verfahren bewertet:
  - Das Vergleichswertverfahren kommt für Wohnungseigentum, Teileigentum sowie Ein- und Zweifamilienhäuser zur Anwendung. Dabei wird der Marktwert eines Grundstückes aus tatsächlich realisierten Kaufpreisen von anderen Grundstücken (Vergleichsgrundstücken) abgeleitet, die mit dem zu bewertenden Grundstück hinsichtlich der ihren Wert beeinflussenden Merkmale hinreichend übereinstimmen. Vorrangig sind die von den Gutachterausschüssen mitgeteilten Vergleichspreise zu verwenden. Wertbeeinflussende Belastungen privatrechtlicher und öffentlich-rechtlicher Art sind nicht zu berücksichtigen.
  - Der Wert von Mietwohngrundstücken, Geschäftsgrundstücken sowie gemischt genutzten Grundstücken, für die sich auf dem Grundstücksmarkt eine übliche Miete ermitteln lässt, ist nach dem Ertragswertverfahren zu ermitteln. Er setzt sich zusammen aus dem auf Grundlage des Ertrages ermittelten Wert der baulichen Anlagen und aus dem Bodenwert, der sich wie bei unbebauten Grundstücken aus der Fläche und dem Bodenrichtwert ermittelt.
  - Nach dem Sachwertverfahren werden bewertet:
    - Wohnungseigentum, Teileigentum sowie Ein- und Zweifamilienhäuser, soweit ein Vergleichswert nicht vorliegt,
    - Geschäftsgrundstücke und gemischt genutzte Grundstücke, für die sich auf dem örtlichen Grundstücksmarkt keine übliche Miete ermitteln lässt, sowie
    - sonstige bebaute Grundstücke.

  Beim Sachwertverfahren setzt sich der Wert zusammen aus der Summe der Herstellungskosten der auf dem Grundstück vorhandenen Gebäude und aus dem Bodenwert, der sich wie bei unbebauten Grundstücken aus der Fläche und dem Bodenrichtwert ermittelt.

Die Werte werden dann ermittelt, wenn und soweit sie für Besteuerungszwecke notwendig sind (Bedarfsbewertung).

### b) Bewertung von Betriebsvermögen

Die Bewertung erfolgt unabhängig von der Rechtsform. Es kommen folgende Verfahren zur Anwendung:
Der gemeine Wert ist in erster Linie aus Verkäufen unter fremden Dritten abzuleiten, die weniger als ein Jahr vor dem Besteuerungszeitpunkt liegen.
Liegen keine zeitnahen Verkäufe vor, ist der gemeine Wert zu schätzen. Dabei ist die Methode anzuwenden, die ein Erwerber der Bemessung des Kaufpreises zugrunde legen würde (Ertragswertverfahren).

Es können andere Bewertungsverfahren angewendet werden, die für außersteuerliche Zwecke anerkannt sind, z. B. der AWH-Standard der Handwerkskammern für größere und mittlere Handwerksunternehmen.
Als Mindestwert ist die Summe der gemeinen Werte aller Einzelwirtschaftsgüter abzüglich der Schulden anzusetzen (Substanzwert).

**c) Bewertung von Anteilen an Kapitalgesellschaften**

Der gemeine Wert von solchen Anteilen ermittelt sich grundsätzlich nach dem Börsenkurswert. Bei nicht notierten Anteilen ist wie bei Betriebsvermögen zu verfahren.
Die Bewertung des übrigen Vermögens, das also unter keine der vorgenannten Vermögensarten fällt, z. B. Anteile an Kapitalgesellschaften, Kapitalforderungen, Versicherungsansprüche, Sachleistungsansprüche, Nießbrauch, Hausrat etc., wird grundsätzlich mit dem Verkehrswert (Kurswert, Nennwert, Rückkaufswert, Kapitalwert, gemeiner Wert) bewertet.

### 10.2.2 Steuerklassen

Je nach dem Grad der Verwandtschaft des Erwerbers zum Erblasser/Schenker unterscheidet man die Steuerklassen I bis III mit unterschiedlichen Freibeträgen. Außerdem wird zwischen Erbschafts- und Schenkungsvorgängen unterschieden.

Steuerklassen I bis III

| | Steuerklasse I | Steuerklasse II | Steuerklasse III |
|---|---|---|---|
| bei Erbschaft | Ehegatte, eingetragene Lebenspartner<br>Kinder<br>Enkelkinder<br>Urenkelkinder<br>Stiefkinder<br>Eltern<br>Großeltern | Geschwister und Geschwisterkinder<br>Stiefeltern<br>Schwiegerkinder<br>Schwiegereltern<br>geschiedener Ehegatte<br>Nichten und Neffen | alle übrigen Erwerber |
| bei Schenkung | Ehegatte, eingetragene Lebenspartner<br>Kinder<br>Enkelkinder<br>Urenkelkinder<br>Stiefkinder | wie oben, zusätzlich:<br>Eltern<br>Großeltern | alle übrigen Erwerber |

### 10.2.3 Steuersätze

> Je nach Steuerklasse – also je nach Verwandtschaftsgrad – und je nach Höhe des zufließenden Vermögens sind die zu zahlenden Steuern entsprechend gestaffelt.

Die Höchstbelastung liegt bei 50% in Steuerklasse II und III bei Erwerben über 6.000.000,00 EUR, bei 30% in Steuerklasse I über 26.000.000,00 EUR.

| Bei steuerpflichtigem Erwerb bis: | Steuerklasse I | Steuerklasse II | Steuerklasse III |
|---|---|---|---|
| 75.000,00 EUR | 7% | 15% | 30% |
| 300.000,00 EUR | 11% | 20% | 30% |
| 600.000,00 EUR | 15% | 25% | 30% |
| 6.000.000,00 EUR | 19% | 30% | 30% |
| über 26.000.000,00 EUR | 30% | 43% | 50% |

### 10.2.4 Steuerfreibeträge

Den Personen der Steuerklasse I stehen folgende Freibeträge zu:
Dem Ehegatten sowie eingetragenen Lebenspartnerschaften ein allgemeiner Freibetrag von 500.000,00 EUR, den Kindern, Stiefkindern und Kindern verstorbener Kinder ein allgemeiner Freibetrag je Elternteil von 400.000,00 EUR, Enkel, Urenkel 200.000,00 EUR, allen anderen Erwerbern der Steuerklasse I ein allgemeiner Freibetrag von 100.000,00 EUR.
Den Personen der Steuerklasse II steht ein Freibetrag von 20.000,00 EUR zu.
Den Personen der Steuerklasse III steht ein Freibetrag von 20.000,00 EUR zu.
Neben dem allgemeinen Freibetrag gibt es besondere Freibeträge für Hausrat, Wäsche, bewegliche Gegenstände u.a.m. Für den Ehegatten und den eingetragenen Lebenspartner gibt es den besonderen Versorgungsfreibetrag in Höhe von 256.00,00 EUR.
Für sonstige Nachlassverbindlichkeiten wird ohne Nachweis ein Pauschalfreibetrag von 10.300,00 EUR abgezogen. Durch Erlass ist geregelt, dass auch Schenkungsverbindlichkeiten berücksichtigt werden können.

### a) Begünstigungen

**Unternehmensvermögen**

> Verschonungsabschläge

Begünstigungen

| | Regelverschonung | Verschonungsoption |
|---|---|---|
| | Grundsatz,<br>kein Antrag nötig | Unwiderruflicher Antrag |
| Begünstigung | Verschonungsabschlag 85 % | Verschonungsabschlag 100 % |
| Voraussetzung: Verwaltungsvermögen nicht mehr als | maximal 50 % Verwaltungsvermögen | maximal 10 % Verwaltungsvermögen |
| Lohnsummenklausel, nur wenn mehr als 20 Beschäftigte | 400 % der Ausgangslohnsumme über 5 Jahre (also durchschnittlich ca. 80 % pro Jahr)<br>Überprüfung erst am Ende des Fünf-Jahres-Zeitraumes<br>nur anteiliger Wegfall | 700 % der Ausgangslohnsumme über sieben Jahre (also durchschnittlich ca. 100 % pro Jahr)<br>Überprüfung erst am Ende des Sieben-Jahres-Zeitraumes<br>nur anteiliger Wegfall |
| keine schädlichen Vorgänge in der Behaltensfrist | 5 Jahre<br>nur anteiliger Wegfall (kein Fallbeileffekt) | 7 Jahre<br>nur anteiliger Wegfall (kein Fallbeileffekt) |

Verwaltungsvermögen sind Grundstücke, Grundstücksteile, grundstücksgleiche Rechte und Bauten, die Dritten zur Nutzung überlassen werden, also grundsätzlich vermietete oder verpachtete Grundstücke. U.a. gehören dazu auch Finanzmittel, soweit diese nach Abzug von Schulden 20 % des Unternehmenswerts übersteigen. Nicht dazu zählen z.B. Grundstücke, die der Gesellschafter einer Gesellschaft an diese vermietet (Sonderbetriebsvermögen), wenn der Verpächter den Pächter als Erben einsetzt, wenn Hauptzweck der Gesellschaft die Wohnungsvermietung ist oder bei land- und forstwirtschaftlicher Nutzung durch Dritte. Dazu zählen z.B. auch Anteile an Kapitalgesellschaften, wenn die Beteiligung 25 % oder weniger beträgt, Wertpapiere, vergleichbare Forderungen, Kunstgegenstände, Münzen, Bibliotheken etc.

Der Anteil des Verwaltungsvermögens am gemeinen Wert des gesamten Betriebes bestimmt sich nach dem Verhältnis der Summe der gemeinen Werte der einzelnen Wirtschaftsgüter des Verwaltungsvermögens zum gemeinen Wert des Betriebes.

Soweit die Verschonungsprozentsätze nicht überschritten werden, ist grundsätzlich das Betriebsvermögen in vollem Umfang erbschaftsteuerlich begünstigt. Hat Verwaltungsvermögen dem Betrieb weniger als zwei Jahre gehört, wird die Verschonung nicht gewährt.

Die Ausgangslohnsumme ermittelt sich aus der durchschnittlichen Lohnsumme der letzten fünf Jahre vor der Übertragung. Sie beinhaltet sämtliche Vergütungen an Arbeitnehmer.

Die Einhaltung der Mindestlohnsumme gilt nicht für Unternehmen mit maximal 20 Beschäftigten. Diese sind nur an die allgemeinen Behaltensregelungen gebunden.
Verstöße gegen die Behaltensregelungen führen rückwirkend zum Wegfall des Abschlages und zur Nachversteuerung. Die Nachversteuerung erfolgt in dem Umfang, der sich aus dem Verhältnis der verbleibenden Jahre der Behaltensfrist einschließlich des Jahres des schädlichen Vorgangs zur gesamten Behaltensfrist ergibt.
Schädlich sind z.B. die Veräußerung eines Betriebsteiles, eine Betriebsaufgabe, Überentnahmen am Ende der Fünf- oder Sieben-Jahres-Frist.
Die Nachversteuerung unterbleibt, wenn ein Veräußerungserlös innerhalb von sechs Monaten in entsprechendes, dem Grunde nach begünstigtes, nicht zum Verwaltungsvermögen gehörendes Vermögen investiert wird (Reinvestitionsklausel).

#### b) Abzugsbetrag

Auf den nicht der Regelverschonung von 85% unterliegenden Teil des begünstigten Betriebsvermögens wird ein Abzugsbetrag gewährt. Soweit dieser Vermögensteil 150.000,00 EUR nicht übersteigt, bleibt er für die Berechnung der Erbschaftsteuer außer Ansatz. Übersteigt der Wert dieses Vermögens 150.000,00 EUR, verringert sich der Abzugsbetrag um 50% des 150.000,00 EUR übersteigenden Betrages.

#### c) Entlastungsbetrag

Der Entlastungsbetrag für Steuerpflichtige der Steuerklassen II und III besteht darin, dass für den der Erbschaftsteuer unterliegenden Teil des begünstigten Betriebsvermögens der Steuersatz der Steuerklasse I zur Anwendung kommt.

### Immobilien

> Begünstigung fremdvermieteter Immobilien:
  Bei der Übertragung von Grundstücken, die zu Wohnzwecken vermietet werden, im Inland oder in einem EU-/EWR-Staat gelegen sind und nicht zum begünstigten Betriebsvermögen gehören, wird ein Abschlag von 10% der Bemessungsgrundlage gewährt.
> Begünstigung eigengenutzter Immobilien:
  Für von Familien selbst genutzte Wohnimmobilien (Familienheim) ist der Erwerb von Todes wegen durch den überlebenden Ehegatten oder überlebenden Lebenspartner von der Erbschaftsteuer befreit, soweit er das Familienheim bis zehn Jahre nach dem Erwerb selbst nutzt. Bei Pflegebedürftigkeit gibt es Ausnahmen. Auch Kinder und Stiefkinder sowie Kinder verstorbener Kinder oder Stiefkinder können das vom Erblasser zu eigenen Wohnzwecken genutzte bebaute Grundstück begrenzt steuerfrei erwerben, wenn das Familienheim vom Erwerber unverzüglich zur Selbstnutzung zu eigenen Wohnzwecken bestimmt wird und soweit die Wohnfläche der Wohnung 200 m$^2$ nicht übersteigt. Darüber liegende Flächen werden anteilig versteuert. Nutzt der Erwerber das Familienheim nicht zehn Jahre lang zu eigenen Wohnzwecken, entfällt die Steuerbefreiung rückwirkend.

**Doppelbelastung durch Erbschaft- und Ertragsteuern**

Die Einkommensteuer wird auf Einkünfte, die im Veranlagungszeitraum oder in den vier vorangegangenen Veranlagungszeiträumen als Erwerb von Todes wegen der Erbschaftsteuer unterlegen haben, auf Antrag um einen bestimmten Prozentsatz ermäßigt. Der Ermäßigungssatz ergibt sich aus dem Verhältnis der festgesetzten Erbschaftsteuer zum steuerpflichtigen Erwerb. Der steuerpflichtige Erwerb wird dabei um persönliche Freibeträge erhöht.
Der Güterstand der Zugewinngemeinschaft kann steuerfrei wirksam beendet werden.

### 10.2.5 Zehnjahresfrist

Für die Inanspruchnahme der persönlichen Freibeträge und der Steuerprogression werden Erwerbe von derselben Person innerhalb von zehn Jahren zusammengerechnet.

**Beispiel:**

Ein Kind erhält vom Vater 150.000,00 EUR steuerfrei geschenkt und erbt von ihm sechs Jahre später 520.000,00 EUR. Nach Abzug des Freibetrags von 400.000,00 EUR sind jetzt 270.000,00 EUR mit 11 % zu versteuern.

### 10.2.6 Verfahrensbestimmungen

Jeder dem Erbschaftsteuergesetz unterliegende Erwerb ist vom Erwerber binnen drei Monaten dem zuständigen Erbschaftsteuer-Finanzamt anzuzeigen. Bei einer Schenkung ist auch der Schenker zur Anzeige verpflichtet.
In den Steuererklärungen ist die steuerliche Identifikationsnummer anzugeben.
Im Todesfall sind die Banken, Sparkassen usw. verpflichtet, dem zuständigen Erbschaftsteuer-Finanzamt innerhalb eines Monats nach Bekanntwerden des Todesfalls Mitteilung über die bei ihnen geführten Konten und Depots und entsprechenden Werte zu machen. Das für die Bewertung der wirtschaftlichen Einheit örtlich zuständige Finanzamt kann die notwendigen Werte für das Betriebsvermögen gesondert feststellen.
Die aktuelle Entwicklung der Gesetzgebung ist in Bezug auf die vorangehenden Ausführungen zu beachten.

## Wiederholungsfragen sowie handlungsorientierte, fallbezogene Übungs- und Prüfungsaufgaben

1. Erklären Sie, wie der Gesetzgeber die gegenseitige Vertretungsmacht der Ehegatten bei Rechtsgeschäften zur angemessenen Deckung des Lebensbedarfs der Familie geregelt hat!

>> Seite 309 |

2. Nennen Sie die Güterstände, die den Ehegatten zur Regelung ihrer Güterverhältnisse zur Verfügung stehen!

>> Seite 310 |

3. In welchem Güterstand leben Ehegatten, die keinen vertraglichen Güterstand ausgemacht haben?

- [ ] a Im gesetzlichen Güterstand der Gütergemeinschaft.
- [ ] b Im gesetzlichen Güterstand der Gütertrennung.
- [ ] c Im gesetzlichen Güterstand der Zugewinngemeinschaft.
- [ ] d In keinem geregelten Güterstand, da sie immer bei Eheschließung einen der drei vorgenannten Güterstände vereinbaren müssen.
- [ ] e Im gesetzlichen Güterstand des Güterausgleichs.

>> Seite 310 |

4. Wie teilt sich das Eigentum am Vermögen der beiden Ehegatten in der Zugewinngemeinschaft auf?

- [ ] a Jeder Ehegatte ist Eigentümer dessen, was er in die Ehe mitgebracht hat (Anfangsvermögen). Was beide während der Ehe dazugewonnen haben, gehört ihnen gemeinsam.
- [ ] b Alles, was die Ehegatten besitzen, gehört ihnen gemeinsam.
- [ ] c Was beide Ehegatten in die Ehe mitbringen, gehört ihnen gemeinsam; was einer von ihnen während der Ehe erwirbt, gehört ihm allein.
- [ ] d Jeder Ehegatte ist Eigentümer dessen, was er in die Ehe mitgebracht hat und was er in der Ehe hinzuerworben hat. Die Vermögen von Mann und Frau bleiben getrennt.
- [ ] e Jeder Ehegatte hat den anderen zur Hälfte an dem Eingebrachten zu beteiligen. Während der Ehe erzielter Zugewinn ist sofort auszugleichen.

>> Seite 310 |

5. Haftet das Vermögen der Frau für die Schulden des Mannes oder umgekehrt, wenn die Ehegatten in Zugewinngemeinschaft leben?

- [ ] a Nein, das Vermögen des Mannes haftet nicht für die Schulden der Frau und auch nicht umgekehrt.
- [ ] b Ja, das Vermögen des einen Ehegatten haftet immer für die Schulden des anderen.
- [ ] c Das Vermögen der Frau haftet zwar für die Schulden des Mannes, aber sein Vermögen nicht für die Schulden der Frau.
- [ ] d Das Vermögen des Mannes haftet zwar für die Schulden der Frau, aber ihr Vermögen nicht für die Schulden des Mannes.
- [ ] e Aus Rechtsgeschäften im Rahmen der Schlüsselgewalt haftet zunächst die Frau, nachrangig der Mann.

>> Seite 310 |

6. Erklären Sie, was die Zugewinngemeinschaft dem Wesen nach ist, wer das Vermögen verwaltet und wie das Vermögen im Falle einer Scheidung auszugleichen ist!

>> Seiten 310 bis 311 |

7. Ein Handwerker, der sich demnächst verheiraten will, hat gehört, dass zwischen Ehegatten gesetzlich der Güterstand der Zugewinngemeinschaft gilt, wenn nichts anderes vereinbart wird. Er fürchtet, im Fall einer Scheidung seinen Betrieb auflösen zu müssen, um den in der Ehe erzielten Zugewinn ausgleichen zu können.

Aufgabe: Stellen Sie Überlegungen an, wie dies vermieden werden kann!

a) Welche weiteren Güterstände (neben der Zugewinngemeinschaft) kommen in Betracht?

b) Ist beim Abschluss dieser Güterstände eine besondere Form zu wahren?

c) Wie unterscheiden sich diese Güterstände hinsichtlich der Vermögensverhältnisse und deren Verwaltung?

d) Welcher Güterstand kommt vorrangig in Betracht, um bei Scheidung eine Betriebsauflösung zu vermeiden?

>> Seiten 311 bis 312 |

8. Nennen Sie den Zweck des Erbscheins!

>> Seite 313 |

9. Zu welcher Erbordnung zählen die Kinder des Verstorbenen?

- a Zur 1. Erbordnung.
- b Zur 2. Erbordnung.
- c Zur 3. Erbordnung.
- d Zur 4. Erbordnung.
- e Zu keiner, sie sind pflichtteilsberechtigt.

>> Seite 313 |

10. Wer sind die gesetzlichen Erben eines Verstorbenen, der seinen Ehepartner, zwei Kinder, Eltern und Geschwister sowie Vettern und Basen hinterlässt?

- a Alle aufgezählten Angehörigen.
- b Nur sein Ehepartner.
- c Nur seine Eltern.
- d Nur sein Ehepartner und seine Kinder.
- e Nur sein Ehepartner, seine Kinder und seine Eltern.

>> Seiten 313 bis 315 |

11. Ein in Zugewinngemeinschaft lebendes Ehepaar hat gemeinschaftlich einen Handwerksbetrieb aufgebaut. Keines der drei Kinder ist am Betrieb interessiert. Sollte einer von ihnen vorversterben, fürchten die Eheleute um den Fortbestand des Betriebes als Existenzgrundlage für den Überlebenden, weil – wie sie gehört haben – der Nachlass zwischen den gesetzlichen Erben, also auch den Kindern, gleichmäßig aufzuteilen ist. Die Eheleute überlegen, wie sie den Fortbestand des Betriebes und die Existenz für den länger lebenden Ehegatten sichern können.

Aufgabe: Entwerfen Sie anhand der nachfolgenden Fragen ein Lösungsmodell!

a) Was gilt, wenn ein Ehegatte ohne letztwillige Verfügung verstirbt?

b) Wie ist in diesem Fall der Nachlass zwischen dem überlebenden Ehegatten und den Kindern aufzuteilen?

c) Welche letztwilligen Verfügungen kommen in Betracht, die Erbfolge anders als durch das Gesetz zu regeln?

d) Wie unterscheiden sich diese letztwilligen Verfügungen nach Zweck, Form und Inhalt?

e) Was müssen die Ehegatten beachten, wenn sie ein Testament errichten wollen?

f) In welcher Weise wird dem Willen der Eheleute am besten entsprochen?

>> Seiten 313 bis 317 |

12. Zu welcher Erbordnung zählt der überlebende Ehegatte?

a Er zählt zur 1. Erbordnung wie die Kinder des Verstorbenen.

b Er zählt zur 2. Erbordnung wie die Eltern und Geschwister des Verstorbenen.

c Er zählt zur 3. Erbordnung wie die Großeltern des Verstorbenen.

d Er zählt in keine Erbordnung und hat ein besonders geregeltes Erbrecht.

e Er zählt zur 1. Erbordnung, wenn der Verstorbene keine Kinder hatte.

>> Seite 314 |

13. Wie hoch ist der gesetzliche Erbteil des überlebenden Ehegatten, wenn er mit seinem Ehepartner in Zugewinngemeinschaft gelebt hat und wenn drei Kinder vorhanden sind?

a Ein Fünftel.

b Ein Viertel.

c Ein Drittel.

d Die Hälfte.

e Drei Viertel.

>> Seite 314 |

14. Welche Arten von Testamenten sind Ihnen bekannt, und wie unterscheiden sie sich?

>> Seite 316 |

15. Wer gehört zu dem pflichtteilsberechtigten Personenkreis?

a Die Kinder, die Geschwister und die Eltern des Verstorbenen.

b Die Geschwister und der Ehegatte des Verstorbenen.

c Nur die Kinder und der Ehegatte des Verstorbenen.

d Nur die Kinder und die Eltern des Verstorbenen.

e Die Abkömmlinge, die Eltern und der Ehegatte des Verstorbenen.

>> Seite 317 |

16. Wie hoch ist der Pflichtteilsanspruch?

- a Ein Fünftel des gesetzlichen Erbteils.
- b Ein Viertel des gesetzlichen Erbteils.
- c Ein Drittel des gesetzlichen Erbteils.
- d Die Hälfte des gesetzlichen Erbteils.
- e Drei Viertel des gesetzlichen Erbteils.

>> Seite 317 |

17. Besteht in der Sachbehandlung von Erbschaften und Schenkungen ein Unterschied?

- a Erbschaften und Schenkungen sind im Gesetz einheitlich geregelt.
- b Ab einer Wertgrenze von 150.000,00 EUR werden Erbschaften und Schenkungen unterschiedlich behandelt.
- c Bei Nichtverwandten werden Schenkungen gegenüber Erbschaften höher besteuert.
- d Bestimmte Personen – wie Eltern und Großeltern – werden bei Schenkungen in eine andere Steuerklasse eingeordnet als bei Erbfällen. Dadurch ergeben sich auch unterschiedliche Freibeträge.
- e Bei Schenkungen an Kinder ist der allgemeine Freibetrag niedriger als bei Erbschaften.

>> Seite 320 |

18. Ein Betriebsinhaber hat testamentarisch seine Ehefrau zu ¼, seinen Sohn zu ¼ und seine zwei Neffen zu je ¼ als Erben eingesetzt.

Aufgabe: In welche Steuerklasse sind die Erben einzureihen?

- a Die Ehefrau fällt unter die Steuerklasse I; der Sohn fällt unter Steuerklasse II und die Neffen fallen unter Steuerklasse III.
- b Ehefrau und Sohn fallen unter Steuerklasse I, die Neffen unter Steuerklasse III.
- c Alle fallen unter Steuerklasse II.
- d Alle fallen unter Steuerklasse I.
- e Ehefrau und Sohn fallen unter Steuerklasse I, die Neffen fallen unter Steuerklasse II.

>> Seite 320 |

19. Innerhalb welcher Frist hat der Beschenkte die Schenkung dem zuständigen Finanzamt anzuzeigen?

- [ ] a Nur eine Erbschaft ist anzuzeigen.
- [ ] b Die Anzeige übernimmt die an der Abwicklung beteiligte Bank.
- [ ] c Innerhalb eines Monats nach Erhalt der Schenkung.
- [ ] d Innerhalb von zwei Monaten nach der Gutschrift auf dem Bankkonto.
- [ ] e Binnen drei Monaten nach dem Bekanntwerden der Schenkung; dazu ist auch der Schenker verpflichtet.

>> Seite 324 |

# 11. Notwendigkeit der Einleitung eines Insolvenzverfahrens anhand von Unternehmensdaten prüfen; insolvenzrechtliche Konsequenzen für die Weiterführung oder Liquidation eines Unternehmens aufzeigen

**Kompetenzen**

> Rechtsformabhängige Insolvenzantragspflicht erkennen und Konsequenzen der unternehmerischen und privaten Insolvenz darstellen.
> Ablauf der Insolvenzverfahren beschreiben und Möglichkeiten der Weiterführung und Liquidation einschätzen.
> Möglichkeiten und Voraussetzungen der Restschuldbefreiung kennen.

## 11.1 Insolvenzverfahren

### 11.1.1 Insolvenzfrühindikatoren

Dauerschuldverhältnisse, wie etwa Miet- und Darlehensverträge, sowie laufende Verpflichtungen gegenüber den Sozialträgern, insbesondere den Krankenkassen, und dem Finanzamt verlangen nach regelmäßigen und pünktlichen Zahlungen. Auch Lieferanten und sonstige Dienstleister werden nicht lange auf ihr Geld warten, ohne zunächst außergerichtliche und schließlich gerichtliche Schritte einzuleiten.
Geraten fällige Zahlungen dieser Art ins Stocken, kann dies das erste Anzeichen für eine sich anbahnende Zahlungsunfähigkeit oder Überschuldung sein. Die Ursachen sind unterschiedlichster Art, beispielsweise längere Krankheit des Betriebsinhabers, Zahlungsausfall von Kunden, sich im Nachhinein als falsch herausstellende strategische Entscheidungen oder auch Wirtschaftskrisen.

### 11.1.2 Insolvenzordnung

**a) Insolvenzverfahren**

Sowohl Unternehmer als auch Verbraucher können durch betriebliche oder persönliche Ursachen, z. B. Fehlentscheidungen, Krankheit und Ausfall von Forderungen, in ihrer Existenz bedroht werden. Lösungsmöglichkeiten aus dieser Bedrohung bietet die Insolvenzordnung. Sie enthält Regelungen für Unternehmens- und Verbraucherinsolvenzen. Sämtliche Insolvenzbekanntmachungen werden bundeseinheitlich im Internet dokumentiert.

Insolvenzordnung

**Beispiel:**

Der Handwerksbetrieb Hans Meier kann den Verpflichtungen gegenüber Lieferanten, Bank, Vermieter und Krankenkasse nicht mehr nachkommen. In diese Lage ist er durch Zahlungsausfälle von zwei seiner Großkunden geraten. Um Einzelvollstreckungen seiner Gläubiger zu verhindern und sich einen

wirtschaftlichen Neustart nach geraumer Zeit offen zu halten, beantragt Herr Meier Insolvenz, Restschuldbefreiung und Stundung der Verfahrenskosten. Da er als Einzelunternehmer mit Haus und Hof haftet, erfasst die Insolvenz sowohl sein Privat- als auch Betriebsvermögen. Einzelvollstreckungen, etwa seitens der Krankenkasse, sind nicht mehr möglich. Selbst wenn er in der Phase der Restschuldbefreiung – aktuell zwischen drei und sechs Jahren – trotz redlicher Bemühung um Arbeit angesichts seiner familiären Verpflichtungen kein pfändungsfreies Einkommen hat, wird er am Ende der Phase grundsätzlich von allen Verbindlichkeiten befreit. Allerdings zahlt er, wenn er etwa Eigentümer eines Grundstücks mit Wohn- und Betriebsgebäude ist, einen hohen Preis dafür. Denn er verliert in der Regel das Grundstück im Rahmen der Insolvenz zur Befriedigung der Gläubiger. Dennoch ist dieser Weg für Herrn Meier ohne Alternative, wenn er sich aus seinen Schulden auf absehbare Zeit nicht mehr heraussieht. Denn andernfalls besteht die Gefahr zeitlich unbegrenzter Verschuldung.
Auch dem im Einzelhandel angestellten Herrn Huber, der gleichzeitig Kunde von Herrn Meier ist und seine Rechnung über 10.000,00 Euro für eine Handwerksleistung nicht bezahlen kann sowie Verbindlichkeiten gegenüber Bank, Möbel- und Autohaus hat, steht der Weg offen für die Beantragung von Insolvenz, Restschuldbefreiung und Stundung der Verfahrenskosten.

### b) Restschuldbefreiung bei natürlichen Personen

Möglich ist sie grundsätzlich sowohl bei Unternehmern als auch Verbrauchern, nicht jedoch beispielsweise bei GmbHs als juristische Personen.

**Beispiel:**

Der Inhaber des Betriebs, Herr Meier, kann genauso wie der Angestellte, Herr Huber, erfolgreich Restschuldbefreiung beantragen. Anders verhält es sich etwa bei der Müller-GmbH. Ihr wird als juristischer Person keine Restschuldbefreiung ermöglicht.

Die Erteilung der Restschuldbefreiung erfolgt sechs Jahre nach Beantragung und Abtretung der pfändbaren Forderungen, fünf Jahre danach und Berichtigung der Verfahrenskosten sowie drei Jahre danach und Berichtigung der Verfahrenskosten sowie Begleichung der Forderungen der Insolvenzgläubiger in Höhe von mindestens 35 %.

Wohlverhaltensperiode

Um von den Restschulden befreit zu werden, hat der Schuldner insbesondere folgende Pflichten:

- Er muss innerhalb der nächsten drei bis sechs Jahre nach Insolvenz-Verfahrenseröffnung den pfändbaren Teil seines Arbeitseinkommens oder seiner Einnahmen an den Treuhänder abtreten.
- Er muss jede zumutbare Arbeit annehmen.
- Er muss jeden Wohnsitz- und Arbeitsplatzwechsel melden.

Verteilung des pfändbaren Einkommens des Schuldners:
Der Treuhänder verteilt die erhaltenen Beträge in der Regel einmal jährlich an die Gläubiger. Bisher überließ ihm der Treuhänder als Belohnung für das Wohlverhal-

ten und zur Motivation des Schuldners neben dem pfändungsfreien Betrag ab dem 4. Jahr einen immer höheren Anteil der gepfändeten Beträge:
- im 5. Jahr: 10 % des pfändbaren Teils der Beträge
- im 6. Jahr: 15 % des pfändbaren Teils der Beträge.

Diese Regelung ist seit 01.07.2014 zugunsten der Verkürzungsmöglichkeiten auf fünf oder sogar drei Jahre weggefallen.

Während der Wohlverhaltensperiode sind Vollstreckungen einzelner Gläubiger unzulässig.

Verhält sich der Schuldner redlich, erlässt das Amtsgericht nach Ablauf der Wohlverhaltensperiode die bisherigen Schulden.

Ausgenommen hiervon sind insbesondere Schulden aus vorsätzlich begangenen unerlaubten Handlungen, wie etwa die Verpflichtung zum Schadensersatz wegen mutwilliger Sachbeschädigung, pflichtwidrig nicht gezahltem Unterhalt sowie Steuerforderungen, für die der Schuldner rechtskräftig wegen Steuerhinterziehung verurteilt wurde.

Die Restschuldbefreiung kann auf Antrag eines Insolvenzgläubigers vom Amtsgericht auch wieder widerrufen werden. Stellt sich etwa im Nachhinein heraus, dass der Schuldner seine Pflicht in dieser Zeit vorsätzlich verletzt und dadurch die Befriedigung von Gläubigern erheblich beeinträchtigt hat, ist das der Fall. Widerruf

**Beispiel:**

Dem Angestellten, Herrn Huber, wurde Restschuldbefreiung erteilt. Herr Meier, der an sich noch 10.000,00 Euro für die Errichtung eines Anbaus von ihm bekommt, beantragt beim Amtsgericht den Widerruf: Es hat sich nach Erteilung der Restschuldbefreiung herausgestellt, dass Herr Huber seinen Wechsel zu einer besser bezahlten Arbeitsstelle nicht gemeldet hat, wodurch die Gläubigerbefriedigung erheblich beeinträchtigt wurde.

#### c) Unternehmensinsolvenz

Ziel ist die Befriedigung der Gläubiger durch Sanierung oder Liquidation des Unternehmens. Daneben tritt im Fall der Insolvenz von natürlichen Personen – insbesondere keine GmbHs – das Ziel, den redlichen Schuldner von restlichen Schulden zu befreien und ihm damit die Chance eines wirtschaftlichen Neubeginns zu geben. Ziel

Sanierung und Fortführung des Unternehmens haben Vorrang vor seiner Liquidation.

**Beispiel:**

Zunächst wird man versuchen, den insolventen Betrieb durch verschlankende Maßnahmen – Abbau von Arbeitsplätzen oder Aufgabe verlustreicher Geschäftsbereiche – zu sanieren und fortzuführen. Hilft auch das nicht weiter, wird als letztes Mittel der Betrieb zugesperrt und seine Werte, wie etwa Maschinen und Verkaufs- sowie Installationsmaterial, zu Geld gemacht.

In manchen Fällen – eine schematische Betrachtung verbietet sich – können sich die Aussichten für eine Sanierung verbessern, wenn der von drohender oder eingetretener Zahlungsunfähigkeit oder Überschuldung betroffene Schuldner frühzeitig Insolvenz beantragt.

### Verfahrensablauf im Überblick

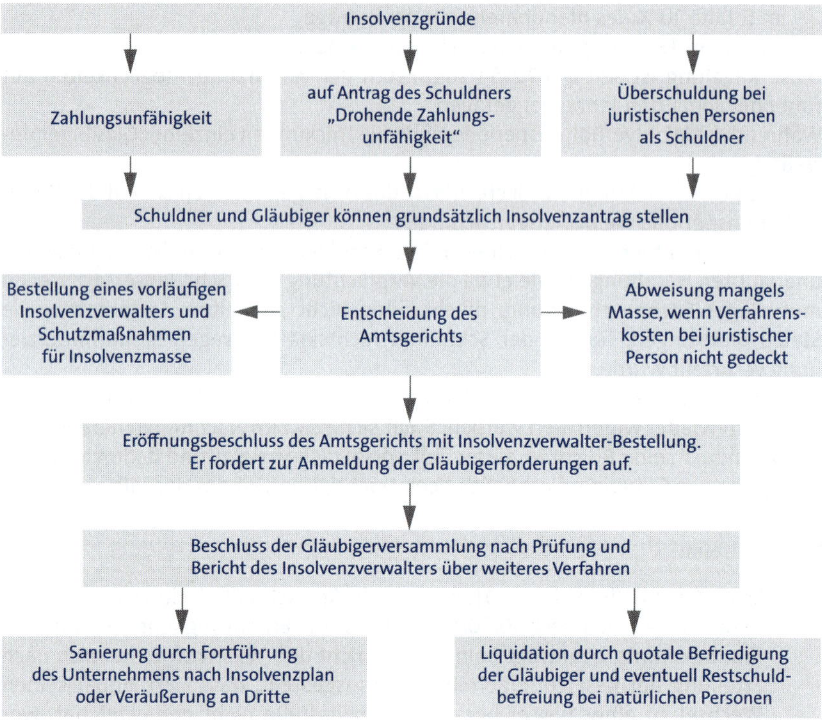


**Beispiel:**

Nach Eröffnung des Insolvenzverfahrens über das Vermögen des Inhabers eines als Einzelunternehmen geführten Betriebs fordert der Insolvenzverwalter die Gäubiger zur Anmeldung ihrer Forderungen auf. Er prüft die finanzielle Lage und berichtet über das Ergebnis der Prüfung. Die Gläubigerversammlung beschließt nun über die Frage, ob saniert oder liquidiert wird.

### d) Verbraucherinsolvenzverfahren und sonstige Kleinverfahren

Es gibt ein besonderes Entschuldungsverfahren für natürliche Personen, die aktuell keine wirtschaftliche Tätigkeit mehr ausüben oder nie ausgeübt haben. Insbesondere Verbraucher und ehemalige Kleingewerbetreibende, die sich keinen Forderungen von Arbeitnehmern ausgesetzt sehen, mit weniger als 20 Gläubigern. Im Handwerk spielen Kleinverfahren dieser Art kaum eine Rolle. Denn Voraussetzung dafür ist die bereits beendete wirtschaftliche Tätigkeit im Zeitpunkt des Insolvenzantrags.

**Das Verfahren gliedert sich in vier Abschnitte:**

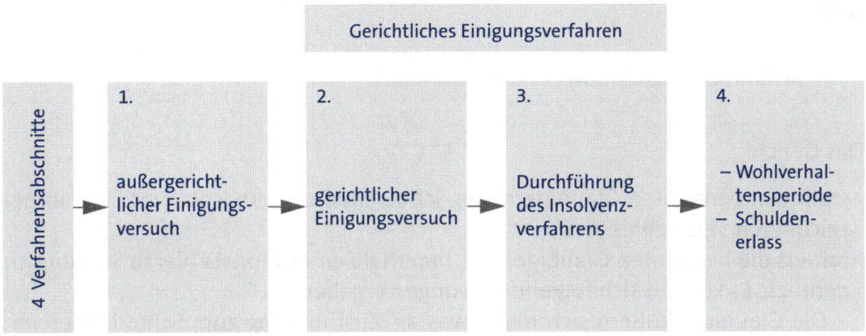


**Außergerichtlicher Einigungsversuch**

Zunächst muss der Schuldner ernsthaft versuchen, sich mit seinen Gläubigern außergerichtlich zu einigen. Dies ist zwingende Voraussetzung für die Einleitung der weiteren Abschnitte. Der Schuldner hat seinen Gläubigern seine Einkommens- und Vermögensverhältnisse darzulegen und konkret vorzuschlagen, wie er seine Schulden begleichen möchte (Schuldenbereinigungsplan).

> Misslingt die Einigung trotz ernsthafter Bemühungen, kann der Schuldner bei Gericht die Eröffnung des Insolvenzverfahrens beantragen.

**Gerichtliches Einigungsverfahren:**

Einigungsverfahren

Zuständig ist das Amtsgericht am Sitz des Landgerichts, in dessen Bezirk der Schuldner wohnt.

> Voraussetzungen
Mit dem Antrag auf Einleitung eines Insolvenzverfahrens hat der Schuldner dem Amtsgericht vorzulegen:
- eine Bescheinigung, etwa eines Rechtsanwalts oder einer Schuldnerberatungsstelle, über den vergeblichen Versuch einer außergerichtlichen Einigung innerhalb der letzten sechs Monate auf der Grundlage eines Planes,
- Verzeichnisse seines Einkommens und vorhandenen Vermögens, seiner Gläubiger und der gegen ihn erhobenen Forderungen,
- einen eigenen Plan zur angemessenen Bereinigung der Schulden, beispielsweise Stundung, Ratenzahlung oder Erlass der Schulden, mit Anpassungs- und Änderungsklauseln für den Fall, dass sich die wirtschaftlichen oder familiären Verhältnisse des Schuldners ändern,
- einen Antrag auf Restschuldbefreiung.

Reicht der Schuldner die geforderten Unterlagen trotz erneuter Aufforderung durch das Gericht nicht ein, gilt der Antrag als zurückgenommen, das gerichtliche Verfahren ist beendet.

Gerichtlicher Einigungsversuch

> Gerichtlicher Einigungsversuch

Das Gericht hat zunächst nochmals eine gütliche Einigung zwischen Schuldner und Gläubiger zu versuchen.

Das Gericht

- stellt den benannten Gläubigern den Schuldenbereinigungsplan und die vorbezeichneten Verzeichnisse zu,
- fordert die benannten Gläubiger auf, innerhalb eines Monats hierzu Stellung zu nehmen. Es können sich folgende Lösungen ergeben:
  - Die Gläubiger äußern sich nicht, was als Zustimmung zum Schuldenbereinigungsplan gewertet wird.
  - Die Gläubiger stimmen dem Schuldenbereinigungsplan zu, und der Plan gilt als angenommen, sodass der Schuldner nur noch die im Plan zugesicherten Verbindlichkeiten hat.
  - Stimmen mehr als die Hälfte der Gläubiger dem Plan zu, kann das Gericht die fehlende Zustimmung einzelner Gläubiger ersetzen.
  - Nicht benannte Gläubiger können vom Schuldner weiterhin ihre volle Forderung verlangen. Wichtig ist daher, dass der Schuldner alle Gläubiger benennt.

**Insolvenzverfahren**

> Verfahrenseröffnung

Mit der Entscheidung über die Verfahrenseröffnung infolge gescheitertem gerichtlichen Einigungsversuchs wird über das Vermögen des Schuldners ein Insolvenzverfahren durchgeführt:
- Das Gericht bestellt in der Regel einen Insolvenzverwalter.
- Dieser verwertet die Insolvenzmasse durch Veräußerung der Massegegenstände. Seit 01.07.2014 ist die Durchführung eines Insolvenzverfahrens auch für Verbraucher und ehemalige Kleingewerbetreibende möglich. Damit können Details der Entschuldung wie Höhe und Zeitraum festgelegt wurden und die Restschuld zügig erlassen werden.
- Insolvenzmasse ist das pfändbare Vermögen des Schuldners zur Zeit der Verfahrenseröffnung und alles, was während des Verfahrens hinzukommt. Ausgenommen sind unpfändbare Gegenstände, wie etwa lebens- und berufsnotwendige Dinge.

Beendigung

> Beendigung

Mit Beendigung des Insolvenzverfahrens kündigt das Gericht die Restschuldbefreiung an, wenn kein Gläubiger Versagungsgründe glaubhaft macht.

Versagungsgründe sind etwa Verurteilung wegen einer Insolvenz-Straftat, Verletzung von Auskunfts- und Mitwirkungspflichten während des Verfahrens; Vermögensverschwendung oder unangemessene Schulden im Jahr vor der Eröffnung.

## 11.2 Sanierung und Liquidation

Die Liquidation ist trotz aller Bemühungen das häufigste Ergebnis am Ende eines Insolvenzverfahrens. Hier wird das noch vorhandene Vermögen versilbert und nach Bezahlung der Verfahrenskosten werden die Gläubiger entsprechend ihren Forderungen zu gleichen Teilen befriedigt. Je geringer das vorhandene Vermögen ist, desto eher geht die Insolvenzquote gegen null: Lautet etwa die Insolvenzquote 5 %, bekommt beispielsweise ein Gläubiger von den ihm eigentlich zustehenden 10.000,00 Euro noch etwa 500,00 Euro.

Isolvenzquote

Erleichtert werden kann eine Sanierung insbesondere durch folgende Maßnahmen, wobei eine Sanierung beispielsweise ohne vorhandenes Vermögen oder einen guten Namen nicht gelingen kann:

### a) Betriebsveräußerung

Der Betrieb wird verkauft.

**Beispiel:**

Die Hans Huber GmbH ist ein alteingesessener Handwerksbetrieb im Landkreis X mit breitem Kundenstamm. Nach gestelltem Insolvenzantrag kauft ein deutschlandweit tätiges Unternehmen 100 % der GmbH-Anteile. Mit dem dadurch erzielten Kaufpreis werden die Verbindlichkeiten der GmbH größtenteils bezahlt.

### b) Insolvenzplan

Abweichend vom herkömmlichen Insolvenzverfahren kann insbesondere die Befriedigung der Gläubiger und die Verwertung des Vermögens durch einen Insolvenzplan geregelt werden. Zur Vorlage ist neben dem Schuldner auch der Insolvenzverwalter berechtigt. Nach Annahme des Plans durch die Gläubiger und Zustimmung des Schuldners muss noch eine Bestätigung durch das Insolvenzgericht erfolgen.

**Beispiel:**

Ein Betrieb mit 15 Angestellten ist zahlungsunfähig. Der Betrieb müsste aufgrund der hohen Verbindlichkeiten gegenüber Banken, Krankenkasse, Finanzamt und Lieferanten sowie Vermieter im Rahmen des Insolvenzverfahrens liquidiert werden, ohne dass mit einer nennenswerten Insolvenzmasse für die Gläubiger zu rechnen ist. Durch den mit den Gläubigern abgestimmten Insolvenzplan kann der Betrieb aber weiterlaufen, und im Ergebnis bekommen die Gläubiger mehr Geld, als sie bei der Liquidierung des Betriebs erhalten hätten.

Ohne Zugeständnisse der Gläubiger wird es allerdings keinen Insolvenzplan geben. Bestehen also die Gläubiger auf Erfüllung ihrer Forderungen in voller Höhe, wird es in der Regel zur Liquidierung des insolventen Betriebs kommen.

Der Schuldner erhält durch das Gericht Vollstreckungsschutz, wenn dadurch die Plandurchführung gefährdet ist.

### c) Eigenverwaltung

Das Insolvenzgericht kann die Berechtigung des Schuldners zur Verwaltung und Verfügung über die Insolvenzmasse unter Aufsicht eines Sachwalters zulassen. Voraussetzung dafür wird aber die nachgewiesene Zuverlässigkeit der Geschäftsführung des Schuldners sein.

### d) Schutzschildverfahren

Sanierungsplan

Der Schuldner erhält die Möglichkeit, innerhalb von drei Monaten mit seinen Gläubigern unter Aufsicht eines vorläufigen Sachwalters in Eigenverantwortung einen Sanierungsplan auszuarbeiten. Dieser kann anschließend als Insolvenzplan umgesetzt werden. Das Gericht soll den vorgeschlagenen Sachwalter in der Regel einsetzen. Er ist verpflichtet, auf Antrag Zwangsvollstreckungen gegen den Schuldner zu untersagen oder einstweilen einzustellen. Der Schuldner führt seinen Betrieb in Eigenregie weiter. Er behält die Verfügungsbefugnis über sein Vermögen.

### e) Stärkung der Gläubiger

Bereits im Eröffnungsverfahren haben sie das Recht, einhellig einen Gläubigerausschuss einzusetzen. Das Gericht ist daran gebunden. Die einstimmige Bestellung eines unabhängigen und geeigneten Insolvenzverwalters durch den Gläubigerausschuss bindet das Gericht.

### f) Beschränkung der Rechtsmittel

Einzelgläubiger können die Wirkung eines Insolvenzplans nicht mehr missbräuchlich verhindern.

### g) Umwandlung von Forderungen in Anteile

Gläubigerforderungen können in Gesellschaftsanteile umgewandelt werden.

**Beispiel:**

Herr Mayr, Inhaber eines Betriebs, hat gegen seine insolvente Kundin, eine GmbH, Forderungen in Höhe von 25.000,00 Euro. Er bekommt im Rahmen der Umwandlung seiner Forderungen in Anteile zwar kein Bargeld. Er ist aber nun Inhaber von Gesellschaftsanteilen an der GmbH und wird ein berechtigtes Interesse an deren Fortbestehen haben.

## Wiederholungsfragen sowie handlungsorientierte, fallbezogene Übungs- und Prüfungsaufgaben

1. Unter welchen Voraussetzungen kann ein Insolvenzschuldner von seinen Restschulden befreit werden?

>> Seite 332 |

2. Nennen Sie die Ziele des Unternehmensinsolvenzverfahrens!

>> Seite 333 |

3. Wer kann das Unternehmensinsolvenzverfahren beantragen?

>> Seite 334 |

4. Welche Maßnahmen kann die Gläubigerversammlung über das zukünftige Schicksal des insolventen Unternehmens beschließen?

>> Seite 334 |

5. Welche der nachfolgenden Aussagen ist falsch?

- [ ] a Sanierung oder Liquidation des Unternehmens werden von der Gläubigermehrheit beschlossen.
- [ ] b Mit der Liquidation wird das Unternehmen fortgeführt, mit der Sanierung aufgelöst.
- [ ] c Die Sanierung eröffnet die Möglichkeit, das Unternehmen weiterzuführen.
- [ ] d Mit der Liquidation wird das Unternehmen aufgelöst.
- [ ] e Mit der Sanierung wird das Unternehmen fortgesetzt, mit der Liquidation aufgelöst.

>> Seite 334 |

6. Worin unterscheidet sich das Unternehmensinsolvenzverfahren vom Kleingewerbe- und Verbraucherinsolvenzverfahren?

>> Seiten 334 bis 336 |

7. Welches sind die Verfahrensabschnitte des Kleingewerbe- und Verbraucherinsolvenzverfahrens?

- a Einleitungsphase, Eröffnungsphase, Durchführungsphase, Restschuldbefreiung.
- b Außergerichtlicher Vergleich, gerichtlicher Vergleich, Anschlusskonkurs, Wohlverhaltensphase.
- c Außergerichtliches Mahnverfahren, gerichtliches Mahnverfahren, Klage, Zwangsvollstreckung.
- d Außergerichtlicher Einigungsversuch, gerichtlicher Einigungsversuch, Insolvenzverfahren, Wohlverhaltensphase.
- e Vergleich, Konkurs, Konkurstabelle, Restschuldbefreiung.

>> Seite 335 |

8. Welche Möglichkeiten bieten sich im Rahmen der Sanierung eines Unternehmens vor der Liquidation?

>> Seiten 337 bis 338 |

9. Wer entscheidet im Unternehmensinsolvenzverfahren darüber, ob der Insolvenzplan angenommen wird?

- a Das Amtsgericht-Insolvenzgericht.
- b Die Gläubigermehrheit.
- c Der Insolvenzverwalter.
- d Alle Vorgenannten gemeinsam.
- e Der Schuldner.

>> Seite 337 |

# Lösungen zu den Wiederholungsaufgaben sowie handlungsorientierten, fallbezogenen Übungs- und Prüfungsaufgaben

## 1. Bedeutung der Aufbau- und Ablauforganisation für die Entwicklung eines Unternehmens beurteilen; Anpassungen vornehmen:

| | | | | | |
|---|---|---|---|---|---|
| 1. – | 2. e | 3. – | 4. – | 5. – | 6. – |
| 7. – | 8. – | 9. c), e) | 10. – | 11. a) | 12. – |
| 13. – | 14. –) | 15. c) | 16. – | 7. – | 18. – |
| 19. – | 20. – | 21. – | 22. – | 23. – | 24. b) |
| 25. – | 26. – | 27. – | 28. – | 29. – | 30. – |
| 31. – | 32. b), d) | 33. – | 34. – | | |

## 2. Entwicklungen bei Produkt- und Dienstleistungsinnovationen sowie Marktbedingungen, auch im internationalen Zusammenhang, bewerten und daraus Wachstumsstrategien ableiten:

| | | | | | |
|---|---|---|---|---|---|
| 1. – | 2. – | 3. – | 4. – | 5. – | 6. – |
| 7. – | 8. a) | 9. – | 10. – | 11. – | 12. – |
| 13. a), b) | 14. – | 15. – | | | |

## 3. Einsatz von absatzmarktpolitischen Marketinginstrumenten für Absatz und Beschaffung von Produkten und Dienstleistungen begründen:

| | | | | | |
|---|---|---|---|---|---|
| 1. e) | 2. b) | 3. – | 4. – | 5. – | 6. c) |
| 7. d) | 8. – | 9. – | 10. – | 11. – | 12. b) |
| 13. – | 14. – | 15. – | 16. – | 17. – | 18. – |
| 19. e) | 20. – | 21. b) | 22. – | 23. – | |

## 4. Veränderung des Kapitalbedarfs aus Investition-, Finanz- und Liquiditätsplanung ableiten, Alternativen der Kapitalbeschaffung darstellen:

| | | | | | |
|---|---|---|---|---|---|
| 1. – | 2. – | 3. – | 4. – | 5. – | 6. – |
| 7. – | 8. e ) | 9. – | 10. – | 11. a), b) | 12. – |
| 13. – | 14. – | 15. – | 16. – | 17. d | 18. – |
| 19. – | 20. c) | 21. b) | 22. c) | 23. – | 24. – |
| 25. – | 26. – | 27. – | 28. – | 29. e) | 30. – |
| 31. – | 32. – | 33. – | 34. – | | |

**5. Konzepte für Personalplanung, -beschaffung und -qualifizierung erarbeiten und bewerten sowie Instrumente der Personalführung und -entwicklung darstellen:**

| | | | | | |
|---|---|---|---|---|---|
| 1. a) | 2. – | 3. b) | 4. – | 5. – | 6. d) |
| 7. d) | 8. – | 9. – | 10. – | 11. – | 12. – |
| 13. e) | 14. – | 15. a) | 16. b) | 17. – | 18. – |
| 19. – | 20. b), c) | 21. – | 22. – | 23. – | 24. – |
| 25. – | 26. – | | | | |

**6. Bestimmungen des Arbeits- und Sozialversicherungsrechts bei der Entwicklung einer Unternehmensstrategie berücksichtigen:**

| | | | | | |
|---|---|---|---|---|---|
| 1. e) | 2. d) | 3. d) | 4. a) | 5. – | 6. – |
| 7. – | 8. – | 9. d) | 10. – | 11. – | 12. – |
| 13. – | 14. b) | 15. e) | 16. – | 17. b) | 18. – |
| 19. a) | 20. a) | 21. – | 22. b) | 23. – | 24. – |
| 25. – | 26. – | 27. e) | 28. c) | 29. – | 30. – |
| 31. a) | 32. – | 33. – | 34. d) | 35. – | 36. – |
| 37. b) | 38. – | 39. a) | 40. – | | |

**7. Chancen und Risiken zwischenbetrieblicher Kooperationen darstellen:**

| | | | | | |
|---|---|---|---|---|---|
| 1. c) | 2. – | 3. – | 4. – | 5. – | 6. – |

**8. Controlling zur Entwicklung, Verfolgung, Durchsetzung und Modifizierung von Unternehmenszielen nutzen:**

| | | | | | |
|---|---|---|---|---|---|
| 1. – | 2. a) | 3. b) | 4. – | 5. – | 6. – |
| 7. – | 8. – | 9. – | 10. d) | 11. e) | 12. b) |
| 13. b) | 14. – | 15. – | 16. – | 17. a) | 18. – |
| 19. – | 20. – | 21. – | 22. d) | 23. b) | 24. a) |
| 25. – | 26. – | 27. – | | | |

**9. Instrumente zur Durchsetzung von Forderungen darstellen und Einsatz begründen:**

| | | | | | |
|---|---|---|---|---|---|
| 1. – | 2. – | 3. a) | 4. – | 5. b) | 6. b) |
| 7. c) | 8. – | 9. – | 10. c) | 11. c) | 12. – |
| 13. b) | 14. – | 15. – | 16. a) | 17. e) | 18. a) |

**10. Notwendigkeit der Planung einer Unternehmensnachfolge, auch unter Berücksichtigung von Erb- und Familienrecht sowie steuerrechtliche Bestimmungen, darstellen und begründen:**

| | | | | | |
|---|---|---|---|---|---|
| 1. – | 2. – | 3. c) | 4. d) | 5. a) | 6. – |
| 7. – | 8. – | 9. a) | 10. d) | 11. – | 12. d) |
| 13. d) | 14. – | 15. e) | 16. d) | 17. d) | 18. e) |
| 19. e) | | | | | |

**11. Notwendigkeit der Einleitung eines Insolvenzverfahrens anhand von Unternehmensdaten prüfen; insolvenzrechtliche Konsequenzen für die Weiterführung oder Liquidation eines Unternehmens aufzeigen:**

| | | | | | |
|---|---|---|---|---|---|
| 1. – | 2. – | 3. – | 4. – | 5. b) | 6. – |
| 7. d) | 8. – | 9. b) | | | |

## A

ABC-Analyse 61
Abfindung 197
Abfindungsanspruch 197
Ablageorganisation 28
Ablauforganisation 21
Abmahnung 35
Abmahnung vor Kündigung 195
Absolute Zahlen 270
Abteilung 18
Abzahlungsdarlehen 122
Abzugsbetrag 323, 326
Abzug vom Arbeitsentgelt 217
Aktenordnung 28
Akten- und Dateiablage 29
Alleinstellungsmerkmal 67
Allgemeiner Kündigungsschutz 195
Allgemeines Gleichbehandlungsgesetz 149, 205
Alpha-Nummern-Ordnung 29
Ältere Arbeitnehmer 183
Altersrente für Frauen 236
Altersrente wegen Arbeitslosigkeit oder nach Altersteilzeitarbeit 236
Altersvorsorgeaufwand 239
Amtsgericht 294
Änderungskündigung 192
Anfangsvermögen 311
Anforderungsprofil 148
Angebot 284
Angebotserfolg 275
Anhörung des Betriebsrats 192
Anlageformen 239
Anlagendeckung I 276
Anlagendeckung II 276
Anlagenintensität 275
Annuitätendarlehen 123
Anteile an Kapitalgesellschaften 320
Antragsveranlagung 248
An- und Abmeldefristen 220
Anwaltszwang 295
Anweisung 167
Anwendungsbereiche der EDV 44
Anzeigengestaltung 89
Anzeigenwerbung 89
Arbeitgeberverbände 200
Arbeitnehmer-Entsendegesetz 185
Arbeitnehmerhaftung 184
Arbeitsanfall 26
Arbeitsbereitschaft 208
Arbeitsbescheinigung 231
Arbeitsbewertung 163
Arbeitsergebnisse 20
Arbeitsgericht 214
Arbeitsleistungsfaktoren 151
Arbeitslosengeld 230
Arbeitsmedizin 151
Arbeitspflicht 184
Arbeitspsychologie 151
Arbeitsrechtliche Freistellungsansprüche 226
Arbeitsschutzgesetz 206
Arbeitssicherheit 174, 243
Arbeitssicherheitsgesetz 207
Arbeitsstättenverordnung 207
Arbeits- und Leistungsbewertung 164
Arbeitsunfähigkeit 187
Arbeitsunfähigkeitsbescheinigung 188
Arbeitsunfall 242
Arbeitsvermittlung 228
Arbeitsverteilung 22
Arbeitsvertrag 181
Arbeitsvertrag auf bestimmte Zeit 182
Arbeitsvertrag auf unbestimmte Zeit 182
Arbeitsvertrag zur Probe 183
Arbeitszeit 184, 208
Arbeitszeitgesetz 208
Arbeitszeitkonten 244
Arbeitszeitmodelle 26, 154
Arbeitszeitverkürzungen 151
Arbeitszeugnis 158
Arten der Preisbildung 98
Arten der Werbung 87
Ärztliche Betreuung bei Schwangerschaft 210
Audit 24
Aufbauorganisation 15
Aufgabe der Sozialversicherung 216
Aufgabenanalyse 16
Aufgaben der Kostenrechnung 284
Aufgabensynthese 17
Aufhebungsvereinbarung 192
Aufmerksamkeiten 245
Auftrag 167

Auftragsbestätigung 34
Auftragsgröße 275
Aufwandsentschädigungen 245
Ausbildungsvermittlung 228
Ausfallbürgschaften 131
Ausgangslohnsumme 322
Ausgleichsabgabe 213
Ausgleich des Zugewinns 310
Ausgleichskasse 221
Ausgleichsverfahren 188
Ausgleichszeitraum bei Verlängerung der Arbeitszeit 208
Auskunftspflicht gegenüber Sozialversicherungsträgern 221
Auslagenersatz 245
Ausschlagung 313
Außenfinanzierung 118
Außenwerbung 88
Außergerichtlicher Einigungsversuch 335
Außerordentliche Kündigung 194
Aussprache 171
Ausstellungen 96
Austrittsquote 272
Auswärtstätigkeit 248
Autoritärer Führungsstil 168
Autorität 173

B

B2A 47
B2B 47
B2C 47
Backbones 45
Balanced Scorecard 279
Bankkarte (ec-Karte) 136
Bankscheck 135
Banküberweisung 134
Bankverbindung 126
Bargeldlose Zahlung 132, 134
Barzahlung 133
Basisrente 239
Bedarfsorientierte Grundsicherung 238
Beendigungskündigung 196
Beendigungsschutz 198
Befragungen 68
Befragungswege 68
Begünstigungen 322
Beiträge 224, 235, 242
Beitragsbemessungsgrenze 218
Beitragsberechnung 218
Beitragssatz 224, 226, 233
Beitragstragung 217
Beitragszahlung 217
Beklagter 295
Benchmarking 74
Bereitschaftsdienst 208
Berufsberatung 228
Berufsgenossenschaften 174
Berufskrankheit 242
Berufung 298
Beschaffung 103
Beschaffungsmärkte 65, 103
Beschaffungsmarkterkundung 104
Beschaffungsobjekte 104
Beschäftigung ohne Lohnsteuerkarte 247
Beschäftigungspflicht 191
Beschäftigungsverbote 209
Beschwerdemanagement 83
Besonderer Kündigungsschutz 197
Beteiligungsfinanzierung 119
Betriebliche Altersversorgung 166, 240
Betrieblicher Preis 284
Betriebliches Sozialwesen 173
Betriebliche Versorgungsleistungen 166, 241
Betriebliche Weiterbildung 245
Betriebsärzte 207, 243
Betriebsärztlicher Dienst 243
Betriebseröffnungsanzeige 244
Betriebsklima 172
Betriebsnummer 219
Betriebsrat 193, 194
Betriebsratssitzung 203
Betriebsratswahl 201
Betriebsstättenfinanzamt 246
Betriebsvergleich 75
Betriebsvermögen 319
Betriebsversammlungen 203
Beweisaufnahme 297
Beweislast 297
Bewerbungsschreiben 36
Bewerbungsunterlagen 149
Bewirtung 245
Beziehungszahlen 271

Bezugsmengen 105
Bezugsquellen 104
Bezugsquellenkatalog 105
Bodenrichtwert 319
Bonität 126
Bonitätsprüfungsverfahren 126
Briefabschluss 31
Briefkopf 31
Briefrand 31
Brieftext 31
Bruttoanpassung 238
Bruttoinvestition 113
Buchführung 51
Buchführung und Jahresabschluss 50
Budget 280
Budgetierung 280
Bundesagentur für Arbeit 227
Bundesarbeitsgericht 214
Bundesknappschaft 222
Bundesurlaubsgesetz 189
Bürgschaft 125
Bürgschaftsbanken 131

C

C2C 47
Cashflow 277
Coaching 156
Computervirus 40
CPU 38
CRM 63

D

Darlehen 122
Darlehensformen 122
Datenbanken
Datenschutz 162
Datenverlust 40
Dauerauftrag 134
Dauer der Betriebszugehörigkeit 196
Dialogmarketing 90
Direktmarketing 89
Direktversicherung 166
Direktzusage 166
Divisionale Organisation 19
Do-it-yourself 263
Dokumentenmanagement 28
Domain 46
DVD 38

E

E-Brief 31
ec-Karte 136
EDV-Anlage 43
EDV-Einführung 42
EDV-Einsatz 42
EDV-Nutzen 42
Effektive Kosten 285
Eheliches Güterrecht 310
Eigenfinanzierung 118
Eigenkapitalquote 276
Eigenkapitalrendite 278
Eigenverwaltung 338
Eingliederungszuschüsse 232
Einigungsstellen 203
Einigungsverfahren 335
Einkaufsplanung 103
Einspruch gegen den Vollstreckungsbescheid 299
Einvernehmliche Beendigung des Arbeitsverhältnisses 192
Einzelkosten 285
Einzelwerbung 87
Einzugsstelle für den Gesamtsozialversicherungsbeitrag 217
Elektronische Geldbörse 137
Elektronische Rechnung 35
ELSTAM 246
Elternzeit 211
Elternzeitberechtigte 199
E-Mail 46
E-Mail-Signatur 48
E-Mail-Werbung 88
EMAS-Verordnung 26
Empfehlungsmarketing 86
Endvermögen 311
Entgeltabrechnung 186
Entgeltanspruch des Arbeitnehmers 185
Entgeltarten 185
Entgeltnachweis in der Unfallversicherung 244
Entgeltumwandlung 239
Entgeltzahlung 186

Entgeltzahlung an Feiertagen 187
Entgeltzahlung im Krankheitsfall 187
Entgeltzahlung ohne Arbeitsleistung 187
Entgeltzahlungspflicht 185
Entlastungsbetrag 323
Erbfall 312
Erbfolge 312
Erbfolge des Ehegatten 314
Erblasser 312
Erbordnungen 313
Erbschaftsteuerfreibeträge 321
Erbschaftsteuerklassen 320
Erbschaftsteuersätze 321
Erbschein 313
Erbvertrag 315
Ermittlung des Marktanteils 65
Ersatzinvestition 113
Ertragswertverfahren 319
EU-Dienstleistungsrichtlinie 34
Excel 41
Existenzgründer 183

F

Fachkräfte für Arbeitssicherheit 243
Fachkräftemangel 148
Fachliches Können 152
Facility Management 262
Factoring 130
Faktorverfahren 246
Familienrecht 309
Familienversicherung 223
Fehlersuche 269
Fehlzeitenquote 272
Fertigungswirtschaftliche Kennzahlen 273
Festdarlehen 122
Finanz- bzw. Liquiditätsplanung 114
Finanzierungsanlässe 118
Finanzplan 114
Finanzwirtschaftliche Kennzahlen 275
Firewall 40
Firmenvideo 91
Fixe Kosten 285
Flash-Cards 38
Förderfähige Anlageformen 239
Förderung der Aufnahme einer selbstständigen Tätigkeit 229
Förderung der ganzjährigen Beschäftigung in der Bauwirtschaft 232
Forderungsabtretung 125
Forderungsmanagement 293
Forfaitierung 130
Form des Arbeitsvertrages 181
Fortsetzungskrankheit 188
Franchising 101
Freiwillige Versicherung 223
Fremdfinanzierung 120
Fremdkapitalquote 276
Friedenspflicht 203
Führungskraft 167
Führungsstil 168
Führungstechniken 169
Funktionale Organisation 19
Fürsorgepflicht 191

G

Geförderte Anlagen 238
Gegenseitige Vertretungsmacht 309
Gemeiner Wert 318
Gemeinkosten 285
Gemeinschaftswerbung 87
Generalunternehmen 261
Gerätesicherheitsgesetz 207
Gerichte für Arbeitssachen 214
Gerichtlicher Einigungsversuch 336
Gerichtliches Einigungsverfahren 335
Gerichtliches Klageverfahren 296
Gerichtliches Mahnverfahren 298
Gerichtsbarkeiten 294
Gerichtskosten 295
Gerichtsvollzieher 302
Geringfügige Beschäftigungen 218, 227, 234
Gesamtkapitalrendite 278
Gesamtkapitalrentabilität 278
Geschäftsbrief 30
Geschäftsprozessoptimierung 21
Gesetzliche Erben 313
Gesetzliche Erbfolge des Ehegatten 314
Gesetzlicher Mindesturlaub 189
Gesetzliche Unfallversicherung 241
Gesundheitsfonds 217, 224
Gesundheitsschutz 174, 209
Gewerbsmäßige Arbeitnehmer-

überlassung 184
Gewerkschaften 200
Gewillkürte Erben 313
Gewillkürte Erbfolge 315
Gleichgestellte – Schwerbehinderte 213
Gleichgültigkeitsstil 169
Gleitzeitmodelle 26
Gleitzone 219
Gliederung der Sozialversicherung 216
Gliederungszahlen 271
Globalzession 125
Grundbesitzbewertung – Erbschaftsteuer 319
Grundbuch 124
Grundpfandrechte 124
Grundregeln der Mitarbeiterbehandlung 170
Grundsätze der Menschenführung 171
Grundschuld 124
Gruppe 173
Gruppenführer 173
Gruppenorganisation 27, 155
Gütergemeinschaft 312
Güterstände 310
Gütertrennung 311

H

Haftung des Arbeitgebers in der Sozialversicherung 217
Halbbare Zahlung 132
Handlungsorientierte Kundenbeeinflussung 96
Hauptfürsorgestelle 194, 198
Häusliche Pflege 226
Heimwerkerbewegung 263
Höchstarbeitszeit 208, 210
Höhe der Rente 238
Höhe des Arbeitslosengeldes 230
Homepage 46
Hörfunkwerbung 91
Hypothek 124

I

Identifikationsnummer 246
Image 85
Imagepflege 85
Immobilien 323
Indexzahlen 271
Informationsauswertung 61
Informationsquellen 60
Inkasso-Unternehmen 300
Innenfinanzierung 118
Innungskrankenkasse 222
Insolvenzgeld 231
Insolvenzgründe 334
Insolvenzordnung 331
Insolvenzplan 337
Insolvenzquote 337
Insolvenzverfahren 331, 336
Instrumente der Preisgestaltung 106
Interessenausgleich 196
Internet 45, 91
Internetbanking 137
Internet-Provider 46
Internetserver 45
Inventar 50
Investitionsplanung 113
ISDN-Anschluss 46
ISDN-Karte 46
ISO 9001 24
Isolvenzquote 337
IT-Sicherheit 50

J

Jahresabschluss 50
Jahresmeldung 220
Job-Sharing 155
Jugend- und Auszubildendenvertretung 201, 203
Just-in-Time-Produktion 107

K

Kalkulation 50
Kalkulation durch Schätzung 283
Kalkulatorische Kosten 285
Kapitalbeteiligungsgesellschaften 132
Kapitalbildung 118
Kapitalgedeckte Altersvorsorge 238
Kapitalherkunft 118
Kapitalumschlag 277
Kaufkraftkennziffern 64

Kaufoption 129
Kennzahlenanalyse 271
Kennzahlen für die Rentabilität 278
Kernarbeitszeit 26
Kinowerbung 91
Klage 296
Kläger 295
Klageschrift 296
Kommando 167
Kommunikationspolitik 86
Komplettangebote 260
Komplettpreisangebote 283
Konfliktlösung 171
Konkurrenzanalyse 74
Kontokorrentkredit 121
Kontrolle 267
Kooperation 259
Kooperationsfelder 260
Kooperationsformen 261
Kooperationsvertrag 260
Kooperativer bzw. partnerschaftlicher Führungsstil 169
Kostenartenrechnung 285
Kostenrechnung 50
Kostenrechnung und Kalkulation 51
Kostenstellen 286
Kostenstellenrechnung 285, 286
Kostenträgerrechnung 285, 286
Kostenvoranschläge 84
Krankengeld 225
Krankenkassen 221
Krankenkassenwahlrecht 222
Krankenversicherung 221
Krankenversicherung der Rentner 237
Kreativität 173
Kreditarten 120
Kreditkarten 136
Kreditsicherheiten 123
Kreditwürdigkeit 131
Kundenanzahlungskredit 122
Kundenbefragung 83
Kundenbehandlung 82
Kundenbetreuung 85
Kundendatei 62
Kundendaten 61
Kundendienst 85
Kundendienstfahrzeuge 100
Kundendienstleistungen 81
Kundenkarten 137
Kundenorientiertes Personalmanagement 83
Kundenorientierung 82
Kundenzufriedenheit 25
Kündigungsdarlehen 122
Kündigungsfristen 193
Kündigungsfristen für gewerbliche Arbeiter 193
Kündigungsfristen für Schwerbehinderte 194
Kündigungsschutz 199
Kündigungsschutz für werdende Mütter 198
Kündigungsschutzgesetz 195
Kündigungsschutzklage 196
Kündigungsschutz von Betriebsräten 197
Kündigungsschutz von Jugendvertretern 197
Kurzarbeitergeld 231
Kurzzeitpflege 226

## L

Lagerdauer 274
Lagerhaltung 107
Lagertechnik 107
Lagerumschlag 274
Lagerumschlagshäufigkeit 274
LAN 39
Landesarbeitsgericht 214
Landgericht 294
Lastschriftverfahren 135
Laufbahnplanung 156
Leasing 128
Leasinggeber 129
Leasingnehmer 129
Leasingraten 130
Leasingvertrag 129
Lebensalter 196
Lebensarbeitszeit 27
Lebensarbeitszeitmodelle 155
Lebensversicherung 125
Leiharbeitsvertrag 184
Leistungen der Arbeitsförderung 228
Leistungen der Arbeitslosenversicherung 228

Leistungen der Krankenversicherung 224
Leistungen der Rentenversicherung 235
Leistungen der sozialen Pflegeversicherung 226
Leistungen der Unfallversicherung 243
Leistungsbereitschaft 152
Leistungsfähigkeit 152
Leistungsförderung 153
Leistungslohn 165, 185
Leistungsmerkmale 151
Leistungswille 152
Leuchtreklame 92
Lieferantenkredit 121
Liefertermine 105
Lieferungsbedingungen 105
Liquidation 333
Liquidität 277
Liquidität 1. Ordnung 277
Liquidität 2. Ordnung 277
Liquidität 3. Ordnung 278
Liquiditätsmanagement 117
Logistik 22
Lohnabzugsverfahren 217
Lohnformen 164
Lohngerechtigkeit 164
Lohngruppen 164
Lohnschema 163
Lohnsteuerabzugsmerkmale 246
Lohnsteueranmeldung 246
Lohnsteuerfreie Zuwendungen 245
Lohnsteuerkarte 246
Lohnsteuerklassen 246
Lohnsteuernachschau 249
Lohnstufen 163
Lohn- und Gehaltsabrechnung 159
Lohn- und Gehaltsgefüge 164
Lohnzahlungspflicht 185
Lohnzulagen 186

M

Mahnbescheid 299
Mahn- und Klageverfahren 293
Mailingaktion 89
Management by Delegation 169
Management by Exceptions 169
Management by Objectives 169
Mängelrüge 35
Marketinginstrumente 80
Marktanalyse 59
Marktbeobachtung 104
Marktbesetzungsfaktor 66
Marktforschung 59
Marktpreis 283, 284
Marktvolumen 65
Maschinenauslastung 273
Materialaufwand 274
Materialkontrolle 106
Materialkosten 285
Maximalprinzip 15
Mehrarbeitszuschläge 186
Meldefristen 220
Meldepflichten 220
Meldeversäumnis 231
Meldevorschriften 219
Meldevorschriften in der Unfallversicherung 244
Menschenführung 167, 168, 171
Mentoring 156
Messen 96
Mezzaninkapital 119
Mietoption 129
Mindesturlaubsanspruch 189
Mini-Jobs 247
Minijob-Zentrale 219
Minimalprinzip 15
Mitarbeiter 173
Mitarbeiterbefragung 154
Mitarbeiterbehandlung 170
Mitbestimmung bei Kündigungen 205
Mitbestimmung bei personellen Einzelmaßnahmen 204
Mitbestimmung in sozialen Angelegenheiten 204
Mitgliedsbescheinigung – Krankenversicherung 222
Mittelstandskreditprogramme 131
Mitwirkung in personellen Angelegenheiten 204
Mitwirkung in wirtschaftlichen Angelegenheiten 205
Mitwirkungs- und Mitbestimmungsrechte des Betriebsrates 204
Mobilfunk 37
Motivation 86
Mündliche Verhandlung 296

Mund-zu-Mund-Werbung 86
Mutterschaftsgeld 210, 212
Mutterschaftsversicherung 210
Mutterschutzgesetz 209
Mutterschutzlohn 210

N

Nachlass 312
Nachlassverbindlichkeiten 318
Nachnahme 133
Nachteile der Barzahlung 134
Nachweis der Arbeitsunfähigkeit 188
Navigation 37
Nennwert 318
Netzwerk 39
Newsletter 95, 96
Niederschrift über Arbeitsvertragsbedingungen 181
Nummern-Alpha-Ordnung 29
Nutzungsdauer 129
Nutzwertanalyse 76

O

Öffentlichkeitsarbeit 94
Office-Paket 41
Ökonomisches Prinzip 15
Online-Banking 137
Onlinedienste 37
Online-Netzwerke 92
Optische Archivierung 30
Ordentliche Kündigung 192
Ordentliches Gericht 294
Organigramm 18
Organisation 15
Organisationsentwicklung 21
Organisationsschema 19
Örtliche Zuständigkeit 294
Outplacement/Direct Placement 153

P

Parteien 295
Pauschalabgaben 218
Pensionsfonds 166
Pensionskasse 166
Personalakte 162
Personalauswahl 147, 148
Personalbedarfsanalyse 146
Personalbeschaffung 147
Personalbewegung 272
Personaleinsatz 151
Personalentwicklung 156
Personalerhaltung 153
Personalkosten 285
Personalleasing 148
Personalmanagement 83
Personalplanung 145
Personalverwaltung 157
Personalwirtschaftliche Kennzahlen 271
Personenbedingte Kündigung 195
Pfändungsschutz 240
Pflegekassen 225
Pflegekurse 226
Pflegeleistungen 313
Pflegeversicherung 216, 225
Pflegevertretung 226
Pflegezeit 212
Pflegezeitberechtigte 199
Pflichtenheft 42
Pflichtteil 316
Pflichtveranlagung 249
Plakat 91
Planung 267
Planungsrechnung 50
Postbearbeitung 30
Potenzialanalyse 228
Power Point 41
Prämienlohn 165
Preis 283
Preisbildung 98
Preispolitik 97
Printwerbung 88
Private und betriebliche Altersvorsorge 238
Probearbeitsverhältnis 183
Problem- und Wirtschaftlichkeitsanalyse 42
Produktinnovation 81
Produktive Löhne 273
Produktpolitik 80
Produkt- und Leistungsprogramm 81
Produktvariation 81

Produktwerbung 88
Projektmanagement 20
Projektorganisation 20
Prospekt 90
Prozessanalyse 22
Prozesssynthese 22
Prozessvertretung 295

Q

Qualitätsmanagement-Handbuch 24
Qualitätssicherung 23
Qualitätszirkel 262

R

RAM-Speicher 38
Rating 126
Rationalisierungsinvestition 113
Raumausstattung 100
Raumgestaltung 100
Rechnung 34
Rechnungskontrolle 107
Rechnungswesen 51
Rechte und Pflichten des Betriebsrats 202
Rechtsmittel 297
Rechtswidrige Beendigung des Arbeitsverhältnisses 194
Regelaltersrente 236
Regelverschonung 322
Registratur 28
Rehabilitation 235, 243
Reklamation 84
Rentabilität 278
Rentenanpassung 238
Rentenberechnung 238
Rentenfaktoren 238
Rentenformel 238
Rente wegen Alters 236
Rente wegen Berufsunfähigkeit 236
Rente wegen Todes 237
Rente wegen verminderter Erwerbsfähigkeit 236
Restschuldbefreiung 332
Revision 298
Rückkaufswert 318
Ruhepausen 208
Rürup-Rente 239

S

Sachliche Zuständigkeit 294
Sachwertverfahren 319
Saison-Kurzarbeitergeld 232
Sammelwerbung 88
Sanierung 333, 337
Sanierungsplan 338
Scanner 39
Schadenersatzpflicht des Arbeitnehmers 184
Schaufenster 92
Schaukasten 92
Scheck 135
Schichtarbeit 27, 154
Schriftform 181
Schriftgutablage 28
Schriftverkehr 30
Schuldnerverzeichnis 303
Schulung 103
Schutzfristen vor und nach der Entbindung 210
Schutzschildverfahren 338
Schwachstellenübersicht 269
Schwangerschaftsnachweis 210
Schwellenwert 195
Schwerbehinderte 194, 198, 213
Schwerbehindertengesetz 213
Schwerbehindertenpflichtplätze 213
Schwerbehindertenschutz 213
Schwerbehindertenvertretung 202, 214
Schwerbehinderung 196
Selbstfinanzierung 120
Selbstfinanzierungsquote 120
Selbstschuldnerische Bürgschaft 125
Selbstverwaltung der Sozialversicherung 216
Selbstverwaltungsorgane 216
Seniorenmarkt 82
SEPA-Lastschrift 135
SEPA-Überweisung 134
Server 40
Servicemobile 100
Sicherheitsbeauftragte 243
Sicherungsübereignung 125
Sinnfindung 153
Sinnverwirklichung 153
Skontoabzug 121

Social media 92
Sofortmeldepflicht 220
Sondergut 312
Sonderkosten 285
Sondervergütungen 186
Sonn- und Feiertagsarbeit 209
Sonstige Kleinverfahren 334
Soziale Auswahl bei betriebsbedingter Kündigung 196
Soziale Pflegeversicherung 225
Sozialleistungen 173
Sozialplan 205
Sozial ungerechtfertigte Kündigung 195
Sozialversicherung – Beiträge 217
Sozialversicherung – Organe 216
Sozialversicherungsausweis 220
Sponsoring 96
Staatliche Zulage 239
Stelle 18
Stellenanzeige 148
Stellenbeschreibung 147
Stellenplan 147
Sterbegeld 243
Steuerberater 51
Steuerfinanzierte Grundsicherung 238
Steuerklassen, allgemeine Freibeträge, Erbschaftsteuer 320
Steuerklassen – Lohnsteuer 246
Steuersätze 321
Steuerung 267
Streitschlichtung, obligatorische 296
Strukturdaten 64
Subunternehmen 261
Suchmaschinen-Marketing 47
SWOT-Analyse 75
Szenariotechnik 282

T

Tarifbindung 200
Tarifliche Ausschlussfristen 191
Tarifliche Versorgungseinrichtungen 166
Tarifliche Zusatzversorgungskassen 166
Tariflohn 163
Teamorganisation 20
Technischer Gefahrenschutz 207
Teilarbeitslosengeld 230, 231
Teilrente 236
Teilwert 318
Teilzeit 155
Teilzeitarbeit 27
Teilzeitarbeitsvertrag 183
Teilzeitbeschäftigte – Urlaub 190
Telefax 37
Telefon 36
Telefon-Banking 138
Telekommunikationsmittel 36
Testament 316
Textverarbeitung 36
Treuepflicht 185
Treuhänder 332

U

Übernahme von Kalkulationshilfen 283
Übernahme von Konkurrenzpreisen 283
Überschuldung 331
Umfragen in der Bevölkerung 72
Umlagepflicht zur Insolvenzsicherung 166, 241
Umlage zur Ausgleichskasse 189
Umlage zur Unfallversicherung 242
Umlaufintensität 276
Umsatzrentabilität 278
UMTS-Stick 46
Umwandlung von Forderungen in Anteile 338
Umwelt-Management-System 25
Umweltschutz 25
Unabdingbarkeit des Urlaubsanspruchs 189
Unbefristeter Arbeitsvertrag 182
Unfallanzeige 244
Unfallschutz 174
Unfallverhütung 243
Unfallverhütungsvorschriften 243
Unterhaltspflichten 196
Unternehmensinsolvenz 333
Unternehmenswerbung 88
Unternehmensziele 267
Unterstützungskasse 166
Unverfallbarkeit 239
Unverschuldete Arbeitsunfähigkeit 187
Urlaub 189
Urlaub für Erwachsene 189

Urlaub für Jugendliche 189
Urlaub für Schwerbehinderte 189
Urlaub für Teilzeitbeschäftigte 190
Urlaubsbescheinigung 190
Urlaubsdauer 189
Urlaubsentgelt 190
Urlaubsgeld 174
Urlaubsjahr 189
Urlaubskassen 190
Urlaubsrecht 189
Urteil 297
USB-Sticks 38

## V

Variable Kosten 286
Verbraucherinsolvenzverfahren 334
Verbundwerbung 88
Verfahren vor dem Arbeitsgericht 215
Vergleich 297
Vergleichswertverfahren 319
Vergütungsanspruch 212
Verhältniszahlen 271
Verjährungsfristen für Sozialversicherungsbeiträge 218
Verkaufsförderung 95
Verkaufsgespräche 102
Verkaufsorganisation 101
Verkaufspersonal 101
Verkaufspsychologie 103
Verkaufsverhandlungen 102
Verkaufswagen 100
Verletztengeld 243
Verletztenrente 243
Vermittlungsbudget 229
Vermögensauskunft 303
Vermögensberechnung 311
Vermögensmanipulation 311
Verpfändung von Sachen 124
Verrechnungssatz 84
Verrichtungsprinzip 16
Versäumnisurteil 297
Verschonungsabschläge 322
Verschuldungsgrad 276
Versicherungsfreiheit 223, 227, 234
Versicherungskonto 235
Versicherungsnachweis 235
Versicherungsnummer 220, 235
Versicherungspflicht 223, 225, 227, 233, 241
Versicherungspflicht auf Antrag 234
Versicherungsschutz – Unfallversicherung 242
Versicherungsträger 216, 221, 233, 241
Versicherungszweige – Sozialversicherung 216
Vertretungsmacht der Ehegatten 309
Vertriebsformen 100
Vertriebspolitik 99
Vertriebswege 99
Verwaltungs- und vertriebs(absatz)wirtschaftliche Kennzahlen 275
Verwaltungsvermögen 322
Vollrente 236
Vollstreckungsbescheid 299
Vollstreckungsgericht 302
Vollstreckungsklausel 301
Vollstreckungsorgane 302
Vollstreckungstitel 301
Vollurlaub 190
Vorausgefüllte Steuererklärung 249
Vorfälligkeitsentschädigung 123
Vorgesetzter 173
Vorratshaltung 107, 112
Vorstellungsgespräch 150

## W

Wartezeit 237
Wartezeit für Entgeltfortzahlung im Krankheitsfall 187
Wartezeit in der Rentenversicherung 237
Wechselkredit 122
Wegeunfall zwischen Wohnung und Arbeitsstätte 242
Weihnachtsgeld 174
Weihnachtsgratifikation 186
Weisungsrecht des Arbeitgebers 184
Werbeadressaten 93
Werbebrief 89
Werbeerfolg 93
Werbeetat 93
Werbekosten 93
Werbemittel 88
Werbeplanung 93
Werbe- und Handzettel 90

Werbewege 88
Werbeziele 86
Werbung 86
Werbungskosten 247
Werktägliche Arbeitszeit 208
Wertermittlung 318
Wertschöpfungskette 259
Widerspruch gegen den Mahnbescheid 299
Windows 41
Winterbauumlage 232
Wirksamkeit der Kündigung 192
Witwen- und Witwerrente 243
Wohlverhaltensperiode 332

## Z

Zahlungsmodalitäten 293
Zahlungsreserve 117
Zahlungsrhythmus 162
Zahlungsschonfrist 246
Zahlungsunfähigkeit 331
Zahlungsverkehr 132
ZDH-Zert 25
Zehnjahresfrist – Erbschaftsteuer 324
Zeitarbeit 27
Zeiterfassung 163
Zeitlohn 165, 185
Zeitpunkt, Ort und Form der Lohnzahlung 186
Zertifikat 239
Zertifizierung 24
Zession 125
Zeugniserteilung 158
Zielbildung 268
Ziele 259
Zielsteuerung 268
Zielüberwachung 268
Zielvereinbarung 169
Zinsbindung 123
Zinsen 121, 123
Zugangsrecht der Gewerkschaften 202
Zugewinngemeinschaft 310
Zukunftssicherung 25
Zulagen 186
Zumutbarkeit 230
Zusatzbeitrag 224
Zusatzurlaub – Schwerbehinderte 189
Zuschläge 186
Zuschuss zum Mutterschaftsgeld 210
Zuständiges Gericht 294
Zuzahlungen – Krankenversicherung 225
Zwangsvollstreckung 300